情绪控制方法
彩色图解版

韩佳媛⊙编著

中国华侨出版社
北京

图书在版编目（CIP）数据

情绪控制方法：彩色图解版 / 韩佳媛编著. — 北京：中国华侨出版社，2017.12
ISBN 978-7-5113-7224-6

Ⅰ.①情… Ⅱ.①韩… Ⅲ.①情绪—自我控制—图解 Ⅳ.①B842.6-64

中国版本图书馆CIP数据核字(2017)第278846号

情绪控制方法：彩色图解版

编　　著：	韩佳媛
出 版 人：	刘凤珍
责任编辑：	江　冰
封面设计：	李艾红
文字编辑：	郝秀花
美术编辑：	杨玉萍
插图绘制：	圣德文化
经　　销：	新华书店
开　　本：	720mm×1020mm　1/16　印张：28　字数：592千字
印　　刷：	三河市金元印装有限公司
版　　次：	2018年1月第1版　2021年11月第6次印刷
书　　号：	ISBN 978-7-5113-7224-6
定　　价：	75.00元

中国华侨出版社　北京市朝阳区西坝河东里77号楼底商5号　邮编：100028
发 行 部：（010）88893001　　传　　真：（010）62707370
网　　址：http://www.oveaschin.com　　E-mail：oveaschin@sina.com

如果发现印装质量问题，影响阅读，请与印刷厂联系调换。

前　言

　　情绪，是一个人各种感觉、思想和行为的一种心理和生理状态，是对外界刺激所产生的心理反应以及附带的生理反应，包括喜、怒、忧、思、悲、恐、惊等表现，比如高兴的时候会手舞足蹈，发怒的时候会咬牙切齿，忧郁的时候会茶饭不思，悲伤的时候会痛心疾首……这些就是情绪在身体动作上的反应。情绪最可怕的就是"失控"，有人喜极而泣，有人自怨自艾，有人乐极生悲，有人自杀绝望，原因何在？主要是情绪的失控！其实，每个人都像在同自己战斗，情绪掌控能力差的人就会迷失自己，成为彻底的失败者；而情绪掌控能力强的人就能控制自己内心较为极端的想法，能调节即将喷发的怒火，缓解内心的焦虑。唯有掌控好自己情绪的人，才能在人生的道路上不致偏离轨道太远。

　　现代医学已经证实，情绪源于心理，它左右着人的思维与判断，进而决定着人的行为，影响人的生活质量。正面情绪使人身心健康并使人上进，能给我们的人生带来积极的动力；负面情绪给人的体验是消极的，身体也会有不适感，进而影响工作和生活。情绪问题如果不予理会、不妥善处理就会越积越多、越纠缠越复杂，最后把你的一切都搅得面目全非。成功者掌控自己的情绪，失败者被自己的情绪所掌控，处理情绪问题的关键在于学会对各种情绪进行调适，将其控制在适当的范围内。事实上，喜、怒、忧、思、悲、恐、惊等情绪表现，恰恰是关系到成功或失败的关键，这些情绪的组合有着非凡的意义，掌控得当可助你成功，掌控不当就会导致失败，而成功与失败完全由你自己决定。

　　我们每天都在经历各种各样的事情，以及这些事情给我们带来的诸多感受：时而冷静，时而冲动；时而精神焕发，时而萎靡不振。有时可以理智地去思考，有时又会失去控制地暴跳如雷；有时觉得生活充满了甜蜜和幸福，而有时又感觉生活是那么无味和沉闷。这就是情绪在作怪，它存在于每个人的心中，而且在不同的时期、不同的场合产生着奇妙的效果。你是否也有过这样的体验：心情好的时候，看什么东西都顺眼，就连原来不喜欢的人也有了几分好感，对原来看不惯的事也觉得有了几分道理；而心情不好的时候，面对再美味的佳肴也难以下咽，再美丽的风景也视若无睹。情绪的影响力可见一斑。而成功和快乐总是属于那些善于控制自己情绪的人。卓越的成功者活得充实、自信、快乐；平庸的失败者过得空虚、窘迫、颓废。究其原因，仅仅是因为这两类人控制情绪的能力不同。善于控制自己的情绪的人，能在绝望的时候看到希望，能在黑暗的时候看到光明，所以他们心中永远燃烧着激情和乐观的火焰，永远拥有积极向上、不断奋斗的动力；而失败者并不是真的像他们所抱怨的那样缺少机会，或者是资历浅薄，甚至是上天不公。其实，大多数失败者失意时总是一味地抱怨而不思东山再起，落后时不想奋起直追，消沉时只会借酒消愁，得意时却又忘乎所以。他们之所以失败，是因为他们没有很好地掌控自己的情绪。

因此，我们要擅于掌控自己的情绪，只有这样我们才不会沉沦。一个人要想在事业上取得成功，务必要克制自己的欲望，若克制不住自己，就会沉溺于"失控"状态中不能自制，必然会陷入绝境。人生最可怕的就是失控，而导致人生失控的罪魁祸首莫过于情绪失控。坏情绪是一座监狱，阴暗、潮湿；好情绪就像人间天堂，充满阳光和希望。这就是情绪的威力！错误表达自己的情绪，忽视甚至误解他人的情绪，都可能招致不可估量的损失；正确调节自己的情绪，并理解他人的情绪，可以让生活顺风顺水。让生活失去笑声的不是挫折，而是内心的困惑；让脸上失去笑容的不是磨难，而是禁闭的心灵。没有谁的心情永远是轻松愉快的，战胜自我，控制情绪，就要从"心"开始。我们无法改变天气，却可以改变心情；我们无法控制别人，但可以掌控自己。心态可以决定命运，情绪可以左右生活。早晨起来，先给自己一个笑脸，你一天都会有好心情。好情绪会融洽人与人之间的关系；好情绪会让人生充满欢声笑语。如何掌控好自己的情绪，如何疏导和激发情绪，如何利用情绪的自我调节来改善与他人的关系，是我们人生路上的必修课。

《情绪控制方法·彩色图解版》是一部系统讲解情绪掌控原理、方法和现实运用的图书。本书首先从情绪的原理出发，全面、深入、系统地讲解情绪是什么，情绪有哪些方面等问题；其次，从情绪如何产生入手，讲解了人为什么会有不同情绪的产生，我们该如何使积极的情绪得到良好的培养以及怎样杜绝不良情绪的滋生；最后，从实际运用入手，通过比较具体、实用和典型的方法来管理自己的情绪，最终达到掌控情绪的目的。同时，本书通过大量实例，解读了情绪与心理的对应关系，并制订了如何在生活中保持情绪健康的综合方案，提出了行之有效的情绪掌控方法，从不同角度向读者介绍了如何保持健康的情绪，为读者的健康心理保健提供有力的保障。本书从心理学角度解析了关于情绪的种种问题，帮助读者了解情绪，掌控情绪并走出情绪陷阱，塑造一个平和、充实的人生，同时，也为那些正处于负面情绪中的人们提供一个走出困境的途径，帮助他们重新回到积极、乐观的生活中来。

目 录

第一篇　认识自己的情绪

第一章　情绪是什么 ……………………………………… 2
情绪伴随我们一生 ………………………………………… 2
情绪是怎么一回事 ………………………………………… 4
情绪是一种反应形态 ……………………………………… 7
情绪是一个警示信号 ……………………………………… 9
情绪的"蝴蝶效应" ……………………………………… 11
人人都有情绪周期 ………………………………………… 12
情商与情绪管理 …………………………………………… 16
情绪与情感的区别 ………………………………………… 19
情绪不等于性情 …………………………………………… 20
角色各异，情绪各异 ……………………………………… 22

第二章　是什么情绪在影响你 …………………………… 25
性格对情绪的影响 ………………………………………… 25
时时警惕心理失衡 ………………………………………… 27
为何负罪感久久不能散去 ………………………………… 28
我们为何会产生忧虑 ……………………………………… 30
是什么原因造成了悲观情绪 ……………………………… 32
焦虑随时随处可以产生 …………………………………… 35
自卑情绪生成的因素 ……………………………………… 37
抑郁对情绪的影响 ………………………………………… 40

第三章　情绪的惊人力量 ………………………………… 43
情绪决定生活质量 ………………………………………… 43
情绪对认知和行为的影响 ………………………………… 46
好心情对健康的积极效用 ………………………………… 48

1

心情的颜色影响世界的颜色 …………………………………… 50
1%的坏心情导致100%的失败 …………………………………… 52

第四章　提升自我认识，摆脱情绪负债 …………………………… 55
情绪债务从童年开始产生 …………………………………………… 55
情绪负债多半由自己造成 …………………………………………… 57
三种因素造成情绪负债 ……………………………………………… 58
我们如何摆脱情绪负债 ……………………………………………… 61

第五章　提升认知更能拥有好情绪 ………………………………… 63
厘清负面情绪的罪魁祸首 …………………………………………… 63
不断强化你的健康信念 ……………………………………………… 66
告别"灾难化信念" ………………………………………………… 68
从"森田疗法"中学会接受一切 …………………………………… 71
不断提高自我对挫折的认知 ………………………………………… 73
完美主义是一种情绪问题 …………………………………………… 75
情绪不是恶意发泄 …………………………………………………… 78

第二篇　失控的内心世界

第一章　情绪爆发，人体不定时的"炸弹" ……………………… 82
什么是情绪爆发 ……………………………………………………… 82
负面情绪消耗着我们的精神 ………………………………………… 84
"情绪风暴"中人容易失控 ………………………………………… 86
负面情绪的极端爆发 ………………………………………………… 88
勿让情绪左右自己 …………………………………………………… 89

第二章　梦想遭遇灭顶之灾——恐惧爆发 ………………………… 92
时刻怀疑自己的能力 ………………………………………………… 92
输给自己的假想敌 …………………………………………………… 94
不能正确认识已经历或未经历的事 ………………………………… 97
内心怯懦容易导致失败 ……………………………………………… 99
直面恐惧才能消除恐惧 ……………………………………………… 101
勇敢去做让你害怕的事 ……………………………………………… 103

第三章　无法承受的心灵伤痛——悲伤爆发 ············· 106
　　沉浸在失去的痛苦中不能自拔 ················· 106
　　认为难以找到理解自己的人 ··················· 108
　　总为逝去的昨天流泪 ······················· 109
　　内心世界没有阳光 ························· 111
　　感觉挫折像暴雨一样袭来 ···················· 113

第四章　不可抑制的气愤脱缰——愤怒爆发 ············· 115
　　杀人不见血的"气" ························· 115
　　愤怒有信号，多加观察 ····················· 117
　　认为事情到了无法容忍的地步 ················· 119
　　情绪失控导致坏结果 ······················· 120
　　总为无谓的小事抓狂 ······················· 122
　　愤怒不能随心所欲 ························· 124
　　主动抑制愤怒情绪 ························· 126
　　战胜冲动这个魔鬼 ························· 127

第五章　见不得别人比自己好——嫉妒爆发 ············· 130
　　心胸狭隘让你"情非得已" ··················· 130
　　极度自卑导致妒火中烧 ····················· 131
　　虚荣心引发嫉妒 ··························· 133
　　缺失正确的竞争心理 ······················· 134
　　在攀比中迷失自己 ························· 136
　　化解嫉妒心理 ····························· 138

第六章　希望屡屡被现实击破——绝望爆发 ············· 141
　　不要让别人偷走自己的梦想 ·················· 141
　　怀着正面信念生活 ························· 142
　　每天给自己一个希望 ······················· 145
　　不要为无法控制的事情绝望 ·················· 147
　　在绝望中追逐希望的光芒 ···················· 148

第七章　自己总遭遇"不公平"——抱怨爆发 ············· 151
　　做不到顺其自然 ··························· 151
　　不能坦然面对问题 ························· 152

对未来不再抱有希望 ……………………………………… 154
对拥有的东西不珍惜 ……………………………………… 155
受控于自己的缺陷 ………………………………………… 156
随时随地抱怨 ……………………………………………… 157

第八章　难以走出心里的阴霾——郁闷爆发 ……………… 160
遇到不感兴趣的事 ………………………………………… 160
不够忙碌，身心空荡 ……………………………………… 161
生活激情被懒惰扼杀 ……………………………………… 162
在等待或拖延中耗费时光 ………………………………… 164
没有一双善于发现美的眼睛 ……………………………… 167

第九章　情绪爆发的极端天气——情绪疾病 ……………… 169
强迫症的自我调适 ………………………………………… 169
神经衰弱的自我调适 ……………………………………… 171
恐惧症的自我调适 ………………………………………… 173

第三篇　控制自己的情绪

第一章　我们为何总是情绪化——情绪认知 ……………… 176
接受并体察自己的情绪 …………………………………… 176
正确感知你所处的情绪 …………………………………… 177
运用情绪辨析法则 ………………………………………… 180
了解我们自身的情绪模式 ………………………………… 182
情绪同样有规律可循 ……………………………………… 183
用默剧的方式获知他人情绪 ……………………………… 185

第二章　探究我们的情绪发生——情绪动机 ……………… 188
善于运用情绪的自动发生系统 …………………………… 188
给你的情绪留一个思考空间 ……………………………… 189
回忆也能存储情绪经历 …………………………………… 190
勾勒一个美丽的情绪幻境 ………………………………… 192
学会向别人倾诉 …………………………………………… 194
用表情带动你的积极情绪 ………………………………… 197

第三章　摸清情绪的来源——情绪评价……199

对人对己，情绪归因有不同……199
情绪分析的"内观疗法"……200
将换位思考运用在情绪分析中……202
运用辩证法策略改善情绪……204
消除因偏见产生的情绪问题……206
培养你的加法思维……209
行动前的利益权衡……210

第四章　状态不好时换件事做——情绪转移……212

给自己换件事情做……212
思维不能钻死胡同……214
攀比心理有法可治……216
疲惫时，和工作暂时告别……218
适当想想生活不如你的人……219
唱歌也能疏解情绪压力……221

第五章　消极情绪的积极评估——情绪转化……223

发掘负面情绪的价值……223
换个角度看问题……225
"ACT"疗法助你接受现实……227
让思维活在当下……228
积极的后悔才可能产生积极的情绪……229

第六章　别让不良情绪毁了你——情绪调控……232

以目标的形式改进情绪问题……232
稳定的情绪状态为你的决策加分……234
不要被小事拖入情绪低谷……236
多从正面探讨情绪的意义……238
九型人格中的情绪调控……240
走出情绪调适的误区……242

第七章　微小情绪的强大力量——情绪传导……244

情绪具有感染力……244
"退一步"中的情绪感染……247

用笑容改善情绪气场 249
　　不要太在乎别人对你的看法 250

第八章　心理暗示能左右心情——情绪激励 254
　　绕过苦难直达目标需要积极暗示 254
　　积极的自我暗示激发潜能 256
　　积极的暗示让你更优秀 257
　　意识唤醒法使人走出悲伤 260
　　你就是最优秀的那个人 261

第九章　给负面情绪找个出口——情绪释放 265
　　他人给的负面情绪不要留在心里 265
　　为情绪找一个出口 266
　　不要刻意压制情绪 268
　　情感垃圾不要堆积在心中 270
　　情绪发泄掌握好分寸 272

第四篇　改变自己的情绪

第一章　打开心结，肯定自己——驱除自卑 276
　　正确认识自己 276
　　别抓住自己的劣势不放 278
　　内心不要残留失败的伤疤 279
　　爱自己是一门艺术 281
　　在克服自卑中超越自我 283

第二章　减压，让生活更轻松——清除焦虑 285
　　现代人的"焦虑之源" 285
　　别透支明天的烦恼 287
　　学会让自己放轻松 288
　　清除多余的情绪性焦虑 290
　　及时说出压力，清理情绪垃圾 291

第三章　慢慢品味，快乐生活——摆脱疲劳 …………………… 294
　　远离扰人的职业倦怠 ………………………………………… 294
　　生活的乐趣不仅是不停地奔跑 ……………………………… 296
　　冲破"心理牢笼" …………………………………………… 298
　　学会忙里偷闲，张弛有度 …………………………………… 299
　　量力而为，才不会力不从心 ………………………………… 301

第四章　远离精神疾病——提防抑郁 …………………………… 303
　　做自己最好的朋友 …………………………………………… 303
　　别让抑郁遮盖了五彩斑斓的生活 …………………………… 305
　　正视无法控制的事情 ………………………………………… 307
　　不拿过去犯的错误惩罚自己 ………………………………… 309
　　好心态创造好人生 …………………………………………… 310

第五章　对发生的事不要纠结——放下后悔 …………………… 313
　　不要长期沉浸在懊悔的情绪中 ……………………………… 313
　　别让不幸层层累积 …………………………………………… 314
　　学会从失败的阴影里走出来 ………………………………… 316
　　别抓住自己的缺点不放 ……………………………………… 318
　　与其抱残守缺，不如断然放弃 ……………………………… 320

第六章　锻造屡败屡战的魄力——战胜挫折 …………………… 321
　　对自己说声"不要紧" ……………………………………… 321
　　别让自己打败自己 …………………………………………… 322
　　有意识地训练坚强的意志 …………………………………… 324
　　正视挫折，战胜自我 ………………………………………… 326
　　获得"逆境情商"的能量 …………………………………… 328

第五篇　激发自己的积极情绪

第一章　相信阳光一定会再来——永怀希望 …………………… 332
　　事情没有你想象的那么糟 …………………………………… 332
　　困难中往往孕育着希望 ……………………………………… 334
　　任何时候都不要放弃希望 …………………………………… 335

别让精神先于身躯垮下 ……………………………………… 337

第二章　对生命满怀热忱——常怀感恩 ……………………… 339

　　感谢你所拥有的，这山更比那山高 …………………………… 339
　　逆境感恩，减轻心中的痛楚 …………………………………… 340
　　感谢磨难，它们让你变得更加坚强 …………………………… 341
　　别以为父母的付出理所当然 …………………………………… 344
　　感谢对手，是他们激发了你的潜能 …………………………… 346

第三章　善待他人胸怀更广阔——学会宽容 …………………… 348

　　及时原谅别人 …………………………………………………… 348
　　气量大一点，生活才祥和 ……………………………………… 349
　　豁达是衡量风度的标尺 ………………………………………… 351
　　忘记惹你生气的人 ……………………………………………… 353
　　原谅别人，其实就是放过自己 ………………………………… 354

第四章　学会给自己热烈鼓掌——增强自信 …………………… 356

　　激发自己的潜能 ………………………………………………… 356
　　多做自己擅长的事 ……………………………………………… 358
　　善于发现自己的优点 …………………………………………… 360
　　打造一颗超越自己的心 ………………………………………… 362

第五章　升华战胜一切的力量——提高热情 …………………… 365

　　消融冷漠，去除人际隔膜 ……………………………………… 365
　　热忱：促使你采取行动的原动力 ……………………………… 367
　　在工作中寻找乐趣 ……………………………………………… 369

第六章　常存平平常常一颗心——享受平静 …………………… 372

　　"接受"才会平静 ……………………………………………… 372
　　用"难得糊涂"增添生活美景 ………………………………… 373
　　建一道宠辱不惊的防线 ………………………………………… 374
　　善于做金钱的主人 ……………………………………………… 376

第七章　不要和快乐形同陌路——经营快乐 …………………… 379

　　快乐不在于拥有得多，而在于计较得少 ……………………… 379

学会付出，学会与人分享 ·· 381
知足常乐，不做欲望的仆人 ·· 383

第六篇　做情绪的主人

第一章　懂得表达自己的情绪·· **386**
用表情传递你的情绪 ·· 386
听声音，也能知晓情绪 ·· 387
了解语言中的深层情绪 ·· 389
隐藏在习惯动作中的情绪 ·· 390

第二章　学会引导他人的情绪·· **393**
情绪掌控高手能管理他人的情绪 ·· 393
如何激发对方的说话情绪 ·· 395
演讲中如何掌控听众的情绪 ·· 396

第三章　正确地思考才能拥有好情绪·· **399**
执着，但不固执 ·· 399
站在对方的角度看问题 ·· 400
懂得放弃是具有较高情绪控制能力的表现 ·································· 402
对自己的人生主动出击 ·· 404

第四章　掌控好职场给你带来的情绪·· **407**
老板的批评应冷静对待 ·· 407
看清老板的"黑色情绪" ·· 408
与同事交往要摆脱自卑 ·· 410
清除"心理污染"，办公室也阳光 ·· 412
面对客户，调控好自我情绪 ·· 414

第五章　社交、婚恋中如何掌控自己的情绪······································ **417**
打开心窗，战胜社交焦虑症 ·· 417
无故的猜疑会加重情绪负担 ·· 419
适当地保留自己的秘密 ·· 421
增强你的亲和力 ·· 423

恋爱中男女情绪各异 …………………………………………… 426
有最佳距离，才有良好情绪 …………………………………… 428

第一篇
认识自己的情绪

　　情绪是人对客观事物是否符合自身需要而产生的态度体验。在现实生活中，人们时而开心快乐，时而悲伤忧虑，可见情绪是极其复杂的心理现象，伴随着身体的行为表现而发生变化。那么，我们如何认识自己的情绪呢？情绪又是如何影响你的日常生活、学习和工作的呢？情绪蕴含着怎样惊人的力量？面对当前的情绪现状，如何提升认识进而拥有积极的情绪？

第一章
情绪是什么

情绪伴随我们一生

生活中，我们难免会有各种各样的情绪随境而生。心中愉快时，我们就会开怀大笑；心中愤怒时，我们就会横眉竖眼；心中伤感时，我们就会泣涕涟涟。这些都是情绪的表达，仿佛也是我们与生俱来的技能。但是情绪有时候也会让我们十分苦恼，一些坏情绪干扰了我们的行为与生活，也给我们带来很多负面影响。

这就是情绪，无论你是否喜欢，它都与你绑在一起，伴随我们每个人的一生，它是客观事物是否符合人们需要、愿望和观点而产生的主观体验，也是对现实的反映，既体现了主体对客体的关系，也反映了主体对客体的态度和观点。

所以这种情绪反应带有很强烈的个人色彩，每个人因外物而引起的情绪体验都是不同的。如当你正在安静思考的时候，一声紧急的刹车声就有可能让你心生厌烦；但是换成另外一个人，他的情绪可能就不会受这种外界的干扰，还是专注于思考。

情绪体验除了会有各方面的不同外，它还是会保持一定稳定性的，也就是形成我们所说的心境。《辞海》里这样解释：心境，心情也。心境之好，使人悦，催人奋进；心境之坏，使人颓丧，茫然无措。当一个人处于持续的健康情绪中，心境自然而平和，他的整体心理状况是积极向上的。

但是现在很多人无法保持心境的平静，尤其是在高压力、高节奏的工作环境下，每个人的心情就像是六月的天空，瞬息万变。很多人容易被自己的情绪左右，结果不仅影响工作，还不利于自己的身心健康。

我们与情绪朝夕相处、日日为伴，所以我们应该学会调整自己的情绪，使自己的心境保持在一个平和、极佳的状态。如果你现在面临困境，那么请保持乐观，将挫折视为鞭策自己前进的动力，遇事多往好处想，多聆听自己的心声，努力在消极情绪中加入一些积极的思考；如果此刻你感到焦虑，那么就静下来理智地分析原因，冷静地恢复自信心，使自己振奋，摆脱主观臆断。如果此刻你感到抑郁，那么就可以郊游、运动、与人交谈、读书写字、听音乐、看图画等既能转移"视线"又对健康有益的活动，往往对人产生良性刺激，使你得以解脱。

同一件事给人的情绪体验可能会不同

人们在不同的时间段引发的情绪体验会有所不同：

比如一个人在前一分钟可能还觉得桌子上摆着的盆栽很漂亮。

但是下一分钟可能就会觉得它既突兀又难看。

真是难看，我好好修理你一下！

原因可能就是他想起一件让自己生气的事。

这种现象在我们的生活中十分普遍；又或者第一次的失败让你情绪低落，但是下一次的失败你就可能更快地从低落情绪中走出，失败的经验多了，也许就不会对你的情绪产生负面影响。

另外，情绪还对生命健康有很大的影响。当心情愉悦的时候，个人的精神、体力、想象力都达到了最佳状态，这个时候不仅在工作、生活上会觉得如鱼得水，而且还能化干戈为玉帛、化疾病为健康，甚至还能把握机遇，享受成功的喜悦，从而让生命锦上添花。但是坏心情就不同，当个人情绪处于低迷消极期，不仅会觉得各种琐事、烦心事都向你涌来，让你应接不暇、招架不住，而且会整天愁眉苦脸地面对生活，不管做什么事情都不积极，导致错误百出，还经常跟别人发脾气，不愿意配合别人的工作，人际关系相当紧张，从而使心情更加消极抑郁，这时候的你茶不思、饭不想、夜不寐，长此以往，这些负面的情绪很可能诱发各种疾病，你的健康就会亮起红灯。

既然情绪是伴我们一生的朋友，我们就要把握住自己的情绪规律，从而由渐悟到顿悟，让自己的心境修成正果。当然，我们还要学会呵护、调理好心情，不断使其滋润生命，让生命更加丰盈、饱满，促使生命之花灿烂绽放。

情绪是怎么一回事

情绪与我们的生活密不可分，我们就应该时刻关注情绪，并深入地了解它。下面我们就从以下4个方面来认识情绪：

1. 情绪如何产生

科学研究表明，人的大脑中枢的一些特殊的原始部位明显地决定着人的情绪。但是，人类语言的使用和更高级的大脑中枢又影响和支配着比较原始的大脑中枢。影响着人的情绪和行为的主要来源是人自己的思维。另外，有些专家也指出，遗传结构只是在很小程度上决定着你是倾向于安静还是倾向于激动。而孩提时的经验和当时周围人的情绪则诱发着你的情绪萌芽。各种生理因素（如疾病、睡眠缺乏、营养不良等）可能使你变得容易激动。但是，对大部分人来说，这些因素并不能决定我们能否免受焦虑、愤怒和抑郁之苦。

我们的情绪在很大程度上受制于我们的信念、思考问题的方式。如果是因为身体的原因而使自己产生不愉快的情绪，则可借助药物来改变身体状况。但我们非理性的思维方式就像我们的坏习惯一样，都具有自我损害的特性，而又难以改变。这正是情绪不易控制的真正原因。

2. 情绪的种类

情绪的种类主要分为以下几种：

（1）原始的基本的情绪。

这类情绪具有高度的紧张性，包括快乐、愤怒、恐惧和悲哀。

（2）感觉情绪。

这类情绪包括疼痛、厌恶、轻快。

（3）自我评价情绪。

这类情绪主要取决于一个人对自己的行为与各种行为标准的关系的知觉，包括成功感与失败感、骄傲与羞耻、内疚与悔恨。

（4）恋他情绪。

这类情绪常常凝聚成为持久的情绪倾向或态度，主要包括爱与恨。

（5）欣赏情绪。

这类情绪包括惊奇、敬畏、美感和幽默。

3. 情绪的反应模式

情绪的反应模式是多种多样的，依据情绪发生的强度、持续的时间以及紧张的程度，可以把情绪分为心境、激情和应激反应三种模式。

（1）心境。

心境是一种微弱、平静、持续时间很长的情绪状态。心境受个人的思维方式、方法、理想以及人生观、价值观和世界观影响。同样的外部环境会造成每个人不同的情绪反应。有很多在恶劣环境中保持乐观向上的例证，像那些身残志坚的人、临危不惧的人都是情绪掌控的高手。

（2）激情。

激情是迅速而短暂的情绪活动，通常是强有力的。我们经常说的勃然大怒、大惊失色、欣喜若狂都是激情所致。很多情况下，激情的发生是由生活中的某些事情引起的。而这些事情往往是突发的，使人们在短时间内失去控制。激情是常被矛盾激化的结果，也是在原发性的基础上发展和夸张表现的结果。

（3）应激反应。

应激反应是出乎意料的紧急情况所引起的急速而又高度紧张的情绪状态。人们在生活中经常会遇到突发事件，它要求我们及时而迅速地做出反应和决定，应对这种紧急情况所产生的情绪体验就是应激反应。在平静的状况下，人们的情绪变化差异还不是很明显，而当应激反应出现时，人们的情绪差异立刻就显现出来。加拿大生理学家塞里的研究表明，长期处于应激状态会使人体内部的生化防御系统发生紊乱和瓦解，随之身体的抵抗力也会下降，甚至会失去免疫能力，由此就更容易患病。所以我们不能长期处于高度紧张的应激反应中。

4. 影响情绪变化的因素

影响情绪变化的因素有很多，概括起来主要有以下三个方面：

（1）遗传因素。

遗传因素对情绪的影响主要体现在人的高级神经活动方面。我们可根据高级神经活动类型的三个基本特征，即兴奋与抑制过程的强度、灵活性、平衡性，将受遗传影响的情绪分为四种类型：胆汁质、多血质、黏液质、抑郁质。遗传因素对情绪的影响一经产生，就很难改变。

环境对情绪的影响

人的生活和环境是离不开的,不同的环境对人的情绪也有不同的影响,比如:

真的好漂亮啊!

美丽的山水、清新的空气、宽松整洁的办公室等良好的环境会使人的心情愉快。

而在嘈杂的街区、拥挤的交通等环境中,则无疑会让人们感到烦躁,从而有不好的情绪体验。

我来扶您吧。

真是太谢谢你了。

社会环境对人的影响可能更大,他人对自己的关怀、帮助,将使个体出现的焦虑、紧张、痛苦得到缓解,甚至彻底消失。

（2）个人认知因素。

情绪是由刺激引起的一种主观体验，但刺激并不能直接导致情绪反应，而是要经过人的认知活动进行评价，而后才决定人体验到什么样的情绪。对同一事物，不同的人由于需要不同、观念不同、理解不同，情绪体验相去甚远。同样，由于认知不同，表现在不同人身上的同样的情绪，其产生的原因也可能是千差万别的。同一种刺激会产生不同的情绪，比如：迎面来了一个熟人，他并未向你打招呼，匆匆而过。如果你认为他故意装作没看到，你的心情会很坏；如果你认为他很忙，根本没注意到你，你就不会懊恼。因此，你对事件的理解，很大程度上决定了你的情绪状态是好是坏。如果改变认知观念，转变理解角度，你就会有一个良好的情绪体验。

（3）特定的环境因素。

环境因素对人的情绪也有一定的影响。特定的环境可以增强或者减弱情绪变化的速度和强度。

了解了这些情绪的基本知识，有助于我们下面深入探讨情绪。情绪说浅显真的很浅显，说高深也就真的很高深，需要我们每个人认真学习。

情绪是一种反应形态

情绪作为一种反应形态，有快乐、悲伤、兴奋、惊讶、愤怒、沮丧等多种表现形式。不同的原因引发不同的情绪，了解这些原因，才能更好地掌控情绪。总体来看，情绪包括生理变化、主观感觉、行为冲动和表情动作这四个方面的反应形态。每一种反应形态有其特点，并不是所有形态都必须同时出现，我们的情绪可能会通过其中的几项来表达。下面就简单介绍一下：

1. 生理变化

情绪会引起人们的某种生理反应，这是在生活中司空见惯的。比如"怒发冲冠"这四个字就是形容人极度愤怒而让头发都竖起来了，虽然有一点夸张，但也能很好地说明情绪反应与生理变化之间的关系。还有些人害羞时会脸红，也是情绪反应中的生理变化，反之，我们通过脸红，就可以知道这个人可能是害羞了。

另外，情绪的变化也会受人自身神经系统的控制。人的神经系统分为自律神经和向律神经。向律神经不受人的完全控制，自己会动，而自律神经则可以通过大脑的控制指令进行自我情绪调节。当你很兴奋的时候，自律神经会告诫自己要保持冷静；当你很激动的时候，自律神经又会自我调整到缓和的状态。

2. 主观感觉

不同的人面对同一种事物，反应不一定相同，这就是主观感觉特征。比如有人看到晴天会产生愉悦感，讨厌阴雨天，而有人则喜欢雨天漫步，讨厌艳阳高照。他们对于天气的不同感受也同样影响着其自身的情绪。

不同的行为对人的情绪影响

人们很容易受到情绪的影响从而做出不同的行为,然而不同的行为对人们的情绪也有不同的影响,比如学生的考试成绩如果不好:

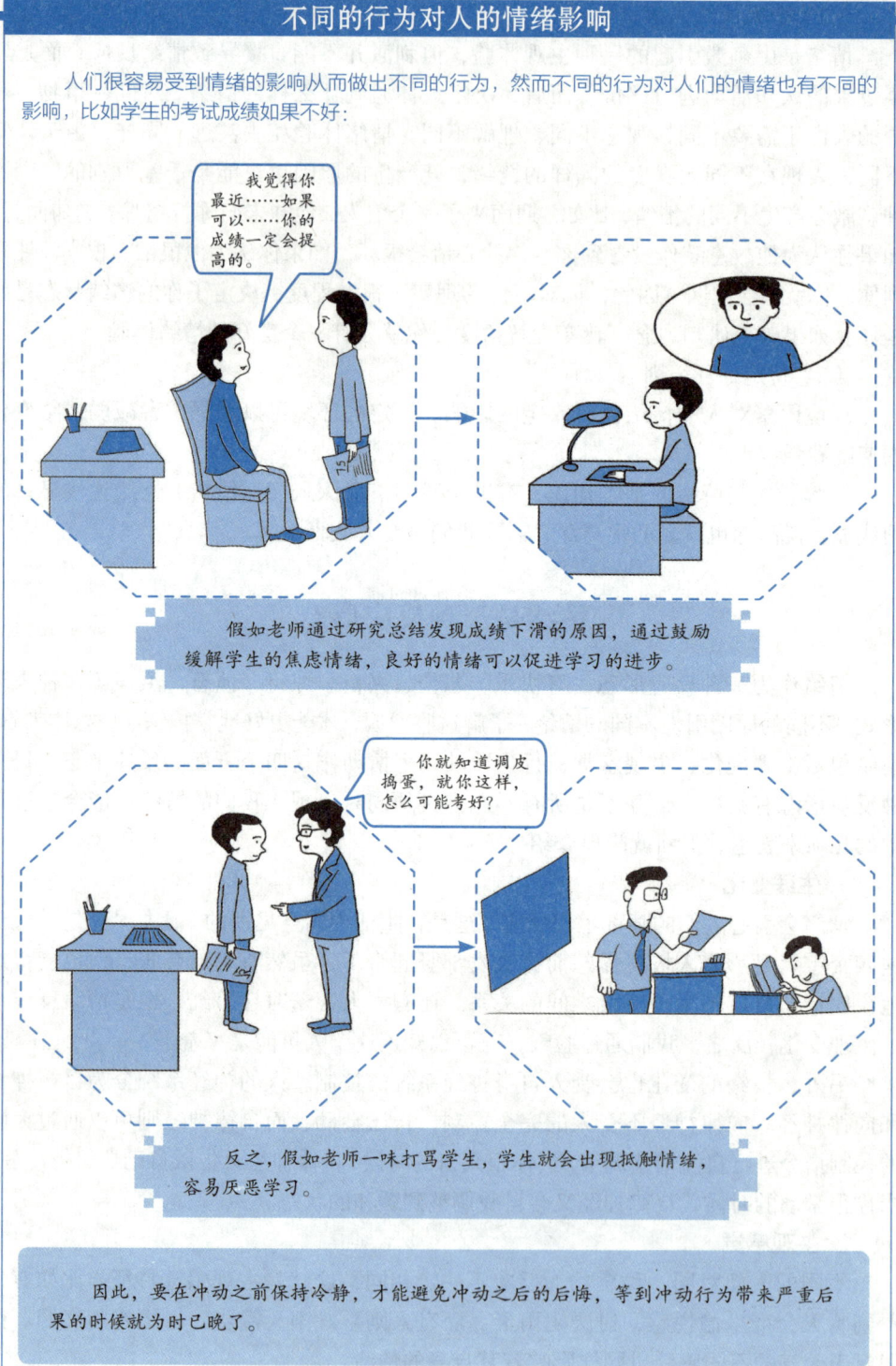

假如老师通过研究总结发现成绩下滑的原因,通过鼓励缓解学生的焦虑情绪,良好的情绪可以促进学习的进步。

反之,假如老师一味打骂学生,学生就会出现抵触情绪,容易厌恶学习。

因此,要在冲动之前保持冷静,才能避免冲动之后的后悔,等到冲动行为带来严重后果的时候就为时已晚了。

不同的人有不同的主观感觉，或高兴或生气，或喜欢或不喜欢，这都是自己的情绪，与他人关系不大。即使面对相同的情况，每个人的反应也不尽相同。因此，我们要彼此尊重对方的情绪，千万不要将自己的感觉推己及人。你喜欢喝咖啡提神，有人或许喝咖啡容易犯困。假如你出于好意请对方喝咖啡一同加夜班，反而会耽误了对方的工作。错误地通过自己的主观感觉去判断别人的主观感觉，很有可能会弄巧成拙。

另外需要注意的是，主观感觉的私人化特征比较明显。对一件事物不同的主观感觉，对情绪的影响也不尽相同，"将心比心"应当站到别人的立场去想问题，观察问题，尤其不要将自己的主观感觉强加到别人头上，剥夺别人的评估能力。正所谓"己所不欲，勿施于人"。

3. 行为冲动

行为对人的情绪影响分为正面和反面的影响，好的行为能够促进积极情绪的产生，然而行为上的冲动则容易导致负面情绪的产生。

4. 表情动作

喜欢某种东西时会表现出高兴，厌恶某人时会撇嘴，看东西时会很专注……表情动作这一特征对于全人类来说，状态都是一样的，大家都能从表情动作上看出个人情绪的变化，这也是不需要语言的"世界语"。

然而，很多情绪并不是表面上的表情动作就能体现出来的，不同的后天教育和文化的影响，表情动作表现的方式方法也不一样。

中西文化有差异，即使同样表达同一种情绪，个人采用的表情动作也会不同，西方人喜欢自然地表现出喜怒哀乐的情绪，中国人则讲究含蓄；美国人认为一个人有话就说是有能力的表现，中国人在很多时候会认为这是"出风头"，容易成为众矢之的，"枪打出头鸟"。大学生走上工作岗位，尤其要注意如何利用表情动作去合理表达情绪，不能不表现，也不要乱表现，通过适当的表现来表达情绪才是比较合理的。

了解了这四种反应形态之后，我们就能更好地把握自身和他人的情绪。注意不要刻意压制自己的情绪反应，长此下去，对我们的精神与身体都是非常有害的。

情绪是一个警示信号

情绪有好有坏，坏的情绪很明显，好的情绪却往往容易被人忽略。然而，无论情绪是好是坏，我们都应该认识到，虽然情绪作为一种本能的反应，但是我们都应当意识到情绪对自身的警醒作用和管理情绪的重要性。

1. 情绪提醒我们自身观念的问题

人和人之间情绪的不同，主要源于彼此观念的不同。如果我们的观念出现了问题，那么情绪也会随之出现问题。例如有些人存在浓重的个人私利观念，一旦别人侵犯到他们的利益，他们就会立刻产生愤怒情绪；还有一些人对自我认识不足，他们容易产生自满情绪或自卑情绪。

所以想要拥有良好而且适度的情绪，我们必须调整自己的观念，使它达到一个

情绪提醒我们的行为习惯

情绪有警示我们行为的作用，它使人在处事时三思而后行，有助于个人在为人处世中不致失礼。比如：

当感到饿的时候，面对满桌的美味佳肴，在饥饿感的驱使下很多人会迫不及待地想动筷子，这是饥饿情绪的本能反应。

怎么还不来啊，真是饿死了。

然而，肚子饿只是一个讯号，你应当在动筷子之前，考虑一下是否需要等待别人来了之后一起就餐，否则会显得很不礼貌。

倘若吃饭的时候一味地从自己的本能情绪出发，自己的情绪虽然受到了照顾，却容易引起其他人的反感，任由情绪发展，不是一件好事。

正常的标准。

2. 情绪提醒我们心理的问题

一些不良情绪暗示我们自身心理可能出现了偏差，甚至出现了心理问题。例如郁闷情绪就容易和抑郁挂上钩，如果只是短时间的郁闷，那只是一个正常的情绪反应；但如果一个人长期处于郁闷情绪中难以自拔，或许就是抑郁心理在作祟了。

我们需要区分哪些情绪是短暂的、符合正常值的，哪些情绪是长期的、超出正常值的。这样我们才能及早排除自己心理存在的问题，让情绪及早回归理性。

3. 情绪提醒我们行为习惯的问题

情绪作为一种反应，还向我们昭示了一些自身行为习惯的问题。

我们需要将情绪自然反映出来，但也不能忽视情绪产生的不良后果，应当具体问题具体分析，通过对情绪生成的解析来具体行事，这正如过马路的黄灯区，行人都会停下来考虑自己下一步该干什么，情绪的表现也需要一个思考的过程，不能任由情绪自由发展。现在很多人没有将情绪作为警示灯来认真分析对待，喜怒哀乐直接显示在脸上，这样不利于人与人之间的相处。

4. 情绪提醒我们身体的问题

我们都知道，身患疾病的人在情绪方面表现得很强烈，他们经常情绪不稳定，起伏性大。易烦躁激动，爱发脾气。情绪激动时，表现出极大的焦躁不安，有时难以控制自己。对外界因素反应更加敏感，对身体的细微变化和各种刺激往往表现出过度的情绪反应。一点微小的事情，也会成为引起强烈情绪产生的导火索。别人的一句不合意的话，也会使其感到受了极大的委屈。甚至别人说话声音太大或者收音机音量太响，也会令其烦恼。

从这一点就可以看出，某些情绪的集中爆发可能就是我们身体出现问题的警讯，不能不加以重视。找不到情绪源的负面情绪可能就是由身体疾病引发的，例如莫名其妙地烦躁不安、毫无理由地生气和低落消沉的情绪可能都是某种疾病潜伏在你身体里的征兆，我们要多加注意。

当代社会高速发展，人们的压力也越来越大，对情绪的管理便显得非常重要，在稳定的情绪下，一切都很容易顺利展开，但情绪不好的时候，行事则十分困难。因此，我们要管理好自己的情绪，适当地调整自己的情绪，然后才能一心一意地去做事，所做的事情才能更见成效。

情绪的"蝴蝶效应"

气象学中有一种"蝴蝶效应"的说法：如果身处南美洲亚马孙河流域热带雨林中的一只蝴蝶偶尔扇动几下翅膀，两个星期之后，美国的得克萨斯州可能会发生一场龙卷风。一只小小的蝴蝶扇动翅膀引起一场大的龙卷风，这听起来有些不可思议，但事实确实如此。因为蝴蝶扇动翅膀的过程中，可以引起微弱气流的产生，由此导致旁边的空气和其他系统发生变化，从而引起连锁反应，最终导致其他系统的极大变化。

同样，在生活中也存在"蝴蝶效应"，其中最明显的一种表现是情绪，情绪的起因往往就是一句话、一个无意识动作的影响，或许说话人自己都没有注意，但为日后事情的发生埋下了伏笔。如果我们不注意处理微小的不良情绪，就有可能由于情绪的积累酿成大祸。

生活中的小事情往往是情绪产生的最根本原因，小事情可以置人于死地，也可以挽救生命，关键就看这小事情所引起的情绪是正面的还是负面的，而我们又是否能够妥善地处理好产生的情绪。

很多朋友都不明白东子是怎样把临街那家水果店开得如此红火，以前在那个位置开店的总是不超过一个月就关门了，而东子的店自从开张以来生意就没有断过，而且还越来越好。一次朋友们去参观东子的店才明白这其中的奥妙：有大爷大妈来店里买东西的时候，东子总是亲切地叫出王大妈或李大爷，从没有叫错过，而且还会关心地问一句身体状况，遇到年轻人还会和他们聊聊天。在朋友眼里，所有客人都成了东子的朋友。

在东子的水果店里，人们得到的都是轻松愉悦的心情和积极正面的情绪。即使在客人进店之前还有些许负面情绪，也能在东子那里得到发泄和沟通。有时候一句关怀的话、一个善意的行动也能温暖人心，可以产生促进好的情绪的"蝴蝶效应"。

我们需要关注情绪最初产生的细微原因，并对此保持高度的"敏感性"，尤其要注意情绪的变化，通过及时调整心态来保持自身良好的情绪状态。只有从最初的根源对情绪及时把握好，才能避免负面情绪的积累，才能促进积极情绪的有效形成。

人人都有情绪周期

我们的情绪好比月有阴晴圆缺一样，也会有高低起伏的周期，这叫作情绪周期。情绪周期又称"情绪生物节律"，是指一个人的情绪高潮和低潮的交替过程所经历的时间。情绪周期反映的是人体内部的周期性张弛规律。

科学研究表明，人的情绪周期从出生的那一天就开始循环，周而复始。一个情绪周期一般为28天，也不排除有的人的周期较长或较短。前一半时间为"高潮期"，后一半时间为"低潮期"。在高潮与低潮过渡的2～3天是"临界期"，这一阶段的特点是情绪不稳定，机体各方面的协调性能差，容易发生不好的事情。

少泽有一个温柔内向的女朋友小佳，他对小佳各方面都很满意，唯独有一点让他不能理解，那就是小佳有时会莫名其妙地发脾气。事后小佳总是说自己当时就是

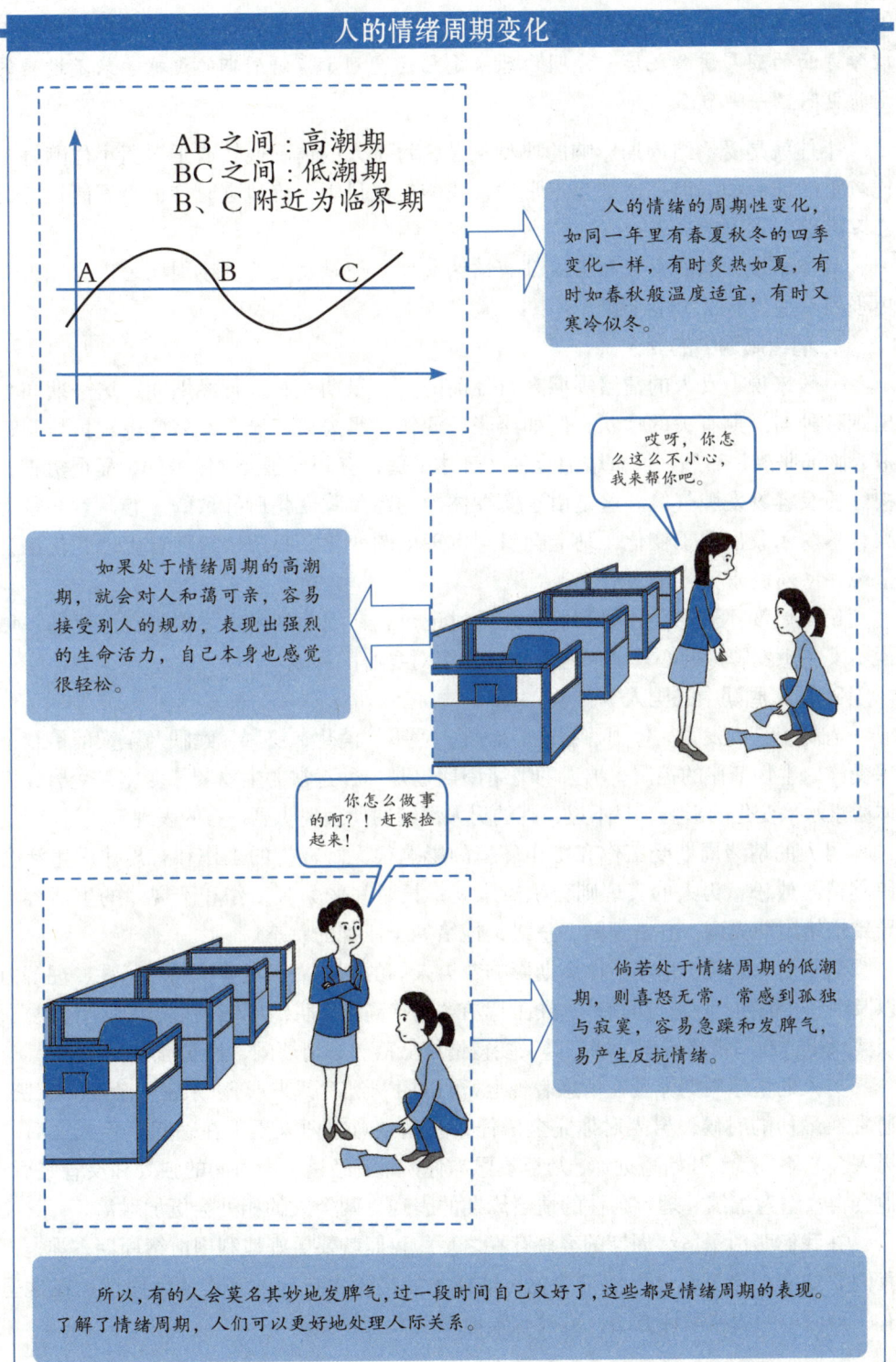

控制不住情绪，总有一股无名之火在胸中燃烧。后来，少泽经过自己的一位学习心理学方面的朋友讲解之后，才明白原来小佳是受到了情绪周期的影响，只不过她的症状更明显一些而已。

小佳就是受情绪周期影响的典型例子，每个人的情况或轻或重，而小佳刚好是比较重的那一种，但是这都是正常的，我们应该科学正确地去看待，而不能视此为心理疾患。

具体来说，虽然女人和男人都有情绪周期，但是女人的情绪周期表现要比男人更强烈一些，下面就详细解读一下：

1. 情绪周期中的女人

一般来说，女人的情绪周期在行经前的一个星期左右及行经期间，这一期间会出现种种与经期有关的症状，例如腹胀、便秘、肌肉关节痛、容易疲倦、长粉刺暗疮、胸部胀痛、头痛、体重增加等种种身体不适；有些人还会食欲增加、显得沮丧、神经质及容易发脾气等。这是由于女性体内的荷尔蒙变化所导致的，雌激素、肾上腺素等荷尔蒙出现了变化，马上会引起生理上的变化。心理情绪随着生理变化也会呈现一系列表征。

情绪周期不可避免，但我们可以通过记录，在周期到来之际控制自己忧郁、焦躁不安、想发脾气的心理，来避免不良情绪对身心的影响。

2. 情绪周期中的男人

人的生长、发育、体力、智能、心跳、呼吸、消化、泌尿、睡眠乃至人的情绪全部受体内生物节律的控制。男人的情绪周期也是一种正常的生物节律变化，受男性机体激素水平变化的影响。只不过，有的男人情绪周期表现明显，有的表现不明显。

男人的情绪周期受工作和工作环境的影响很大。轻松的工作和有规律的生活会使其情绪放松，男人的表现则会积极乐观；长时间的紧张工作和不规律的生活容易导致情绪周期失调，心情烦闷、急躁，情绪处于压抑的状态。

科学研究表明，情绪节律周期影响着男人们的创造力和对事物的敏感性、理解力以及情感、精神、心理方面的一些机能。在"情绪高潮"期，男人往往表现得精神焕发、谈笑风生；在"情绪低潮"期，其又变得情绪低落、心情烦闷、脾气暴躁。

男人的情绪周期体现在情感表现上，可以用"橡皮筋"来形容：亲密—疏远—亲密。通常在最初的时候，男人对你完全信任，充满爱意，两人天天在一起。不久之后，男人会心不在焉，开始疏远你，乃至不愿与你说话。经过一段时间的独处和反省之后，他会再次情意绵绵。理解男性的情绪周期的表现，两个人的相处会更加融洽。

在我们明白了情绪周期的客观存在之后，我们就要更好地利用情绪周期，首先，我们要如实记录下自己的情绪变化，这样才能描画出自己的基本情绪周期，在这里有一种简单的表格测评方法，可以有效地帮助大家自测。

日期＼心情	1日	2日	3日	……
兴高采烈 +3				
愉悦快乐 +2				
感觉不错 +1				
平平常常 0				
感觉欠佳 -1				
伤心难过 -2				
焦虑沮丧 -3				

通过每天晚上对当天情绪的回想，在与日期相符合的表格里打上记号，一个月之后，把记号联系起来，就可以发现情绪韵律的模式，经过几个月的概括，我们便可以知道自己情绪的高潮期和低潮期。

情绪周期在交往中的运用

遇上低潮和临界期，我们可以运用意志加强自我控制，可以把自己的情绪周期告诉自己最亲密的人。

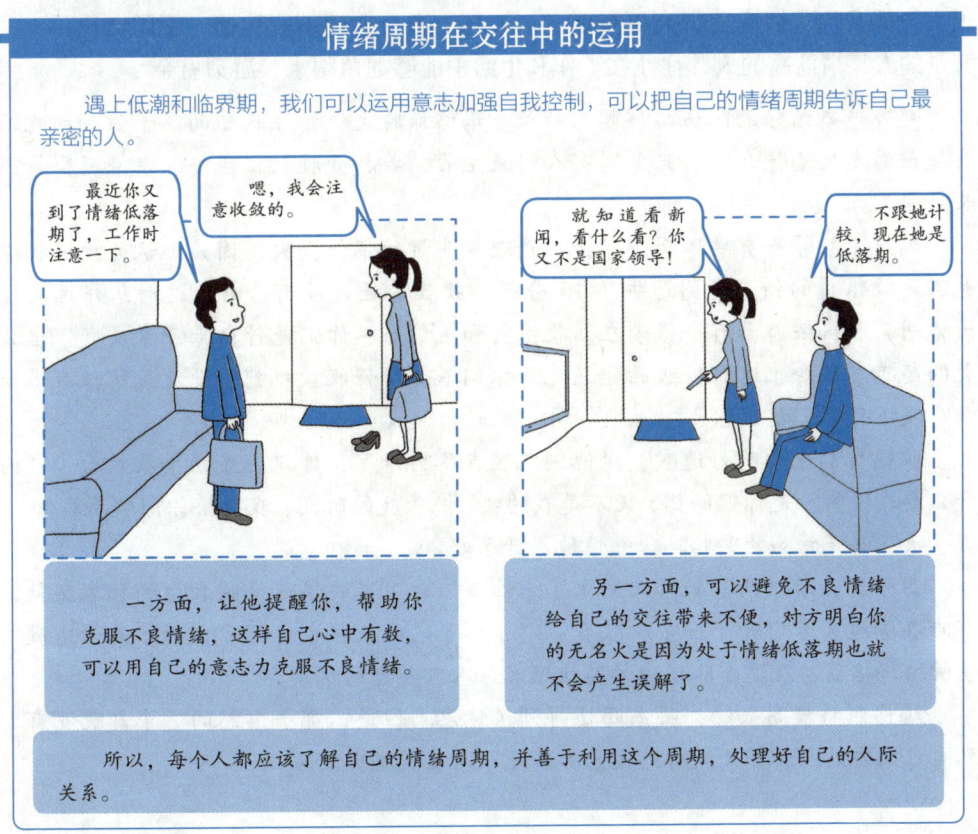

一方面，让他提醒你，帮助你克服不良情绪，这样自己心中有数，可以用自己的意志力克服不良情绪。

另一方面，可以避免不良情绪给自己的交往带来不便，对方明白你的无名火是因为处于情绪低落期也就不会产生误解了。

所以，每个人都应该了解自己的情绪周期，并善于利用这个周期，处理好自己的人际关系。

掌握了自己的情绪周期，可以将其运用到日常生活中。根据自己情绪周期的"晴雨表"，我们可以安排好自己的生活和工作。在工作和生活中，因为人在情绪低落的时候容易畏惧不安，而在情绪高涨的时候乐意迎接挑战。我们则可以在情绪良好的时候安排一些难度大、烦琐、棘手的任务，在情绪处于低潮期的时候做一些简单的工作，放松思想，多参加群体活动，学会倾诉，寻求心理支持，切记不要强迫自己违背情绪周期的规律。

情商与情绪管理

我们所说的情绪控制与管理能力被心理学家引申为"情商"这个概念。1990年，一个心理学概念的提出在世界范围内掀起了一场人类智能的革命，并引起了人们旷日持久的讨论，这就是美国心理学家彼得·塞拉维和约翰·梅耶提出的情商概念。紧跟其后的1995年10月美国《纽约时报》的专栏作家丹尼尔·戈尔曼出版了《情感智商》一书，把情感智商这一研究成果介绍给大众，该书也迅速成为世界范围内的畅销书。

过去，人们往往认为智商比情商更重要，从而忽视了对情商的开发和培养。但现实告诉我们，情商比智商更重要。与人打交道会遇到不同性格、不同文化、不同背景的人，情商高的人，往往在工作和生活中能够如鱼得水、游刃有余。

超市等着结账的队伍排得越来越长。玛格丽特大概排在队伍的第十位，因此不清楚前面发生了什么事。只见到有人叫来主管，要打开收款机检查，看来还得等很长时间了。

玛格丽特等得有些不耐烦了，但是理智告诉她不能发火，因为她认为出现故障也不是收银员的错。时间过去了10分钟，收款机还是没有修好，这时队伍远处发出喊叫声。队伍前面有个男子在骂收银员和主管："你们是什么专业素质啊！这么大的超市怎么会犯这种低级的错误呢？你们不会修好收款机啊？没看见队伍有多长吗？我还有事，太可恶了。"

收银员和主管只好道歉，说他们已经在尽力修了，建议男子换个收款台。"为什么要我换啊？是你们的错，又不是我的错，浪费我的时间，我要给你们领导写信。"男子丢下满是物品的购物车，气愤地离开了超市。

男子离开后一两分钟，又发生了三件事。为了不耽误这个收款台的顾客交款，超市在旁边又专门开了一个收款台；刚才坏了的收款机也修好了；为了表示道歉，主管给玛格丽特及这个队伍中的其他顾客每人5英镑的优惠券。

玛格丽特挺高兴的，买东西还得到了优惠。但是，那个愤怒的男子却既没有买到自己想要的东西，又没得到优惠券，还跟人生气发火。

在这个故事中，谁运用了情商？显然是玛格丽特，她虽然也有些生气，但她没有发火，只是耐心地等待，她站在别人的角度分析了情况，而她前面那个愤怒的男子完全没有控制自己的情绪，情商从某种程度上来说有些不足。

情商不是天生注定的，它由下列 5 种可以学习的能力组成：

1. 了解自己情绪的能力

这种能力包括能立刻察觉自己的感觉、情绪、情感、动机、性格、欲望，以及基本的价值取向等，行动上以此为依据。能够了解情绪产生的原因，能够适时地认识到自己的负面情绪。了解自己的真实感受的人才不至于沦为感觉的奴隶；掌握自己的感觉，个人才能成为生活的主宰，对人生大事做出妥善的选择。

2. 控制自己情绪的能力

这种能力是能够认识和协调自己的快乐、愤怒、恐惧、爱、惊讶、厌恶、悲伤、焦虑等情感。能够安抚自己，摆脱强烈的焦虑、忧郁以及能够控制产生刺激情绪的根源。懂得进行自我调节，把负面情绪抛到九霄云外。这方面能力较匮乏的人往往会陷入低落的情绪之中。

3. 激励自己的能力

这种能力是能够整顿情绪，让自己朝着一定的目标努力，增强注意力与创造力。自我激励能够使人走出生命中的低潮，重新出发。人生难免会碰到一些挫折和困难，面对这种情况，积极的人往往会自我激励，迎难而上，从失败中吸取经验，提高自己；而消极的人，常常会往坏处想，越想越坏、越做越糟。

4. 了解别人情绪的能力

这种能力体现在能够理解别人的感觉，察觉别人的真正需要，具有同理心，即能善于感觉别人的感受。认知他人的情绪是与他人正常交往，实现顺利沟通的基础。一般，有同理心的人能从微小的信息上感觉他人的需求，了解他人的情绪、性情、动机和欲望等，并做出适度的反应。要学会察言观色，善于从对方的语言、语调、语气、表情、手势和姿势等来判断他人真实的情绪和情感。善于识别他人的情绪，想人之所想，急人之所急。

5. 维系融洽人际关系的能力

人际关系属于一门管理他人情绪的艺术，一个人的人际和谐程度、领导能力通常与这个人能否细微地关注、恰当地对待他人的情绪有关。要能够理解并容忍别人的情绪。人际交往能力是情商的核心部分，高情商的人都是人际交往能力强的人，而沟通和交往的要点是善解人意。

以上几种能力中，情绪控制、自我激励是中心问题，它们和其他几种能力相互补充、相互贯通、相互制约。

自我激励的方法

生活中难免会遇到这样那样的问题，问题并不可怕，难的是我们该如何去面对。那么我们该如何激励自己呢？

没什么大不了的，笑笑就过去了！

遇到困难微笑面对。没有过不去的坎，也没有解决不了的问题。用微笑去面对生活中的一切，那么生活也会对你微笑。

下面有请下一位！

加油！我一定能做到！

自我暗示，握紧拳头大声说一句"我可以"，多想一下自己的优点，暗示自己一定行！

还可以多看一些名人传记或者一些名人故事，看一下他们是如何激励自我的。

当然，最重要的还是要坚持不懈，永不放弃，持之以恒。在前进的路上不断地鼓励自己就是不断地建立和积累自信的过程。

情绪与情感的区别

在我们的生活中,情绪和情感常常被广泛地用来表述同一类事物,但两者还是存在着细微的差别。我们不能把这种区别简单地理解为情绪是情感的表达,需要更深入地去探讨两者的区别。

例如,我们爱自己的父母,但是也难免会有对父母生气发火的时候,我们的情感不会因为一次情绪的表达而改变,而情绪只是会短暂停留,并且由于自身情感的存在,我们可能还会克制自己的情绪。

情感与情绪具体有哪些不同呢?我们还是要仔细分析。

1. 满足的需要不同

人的需要分为生理需要和社会需要。生理需要是必不可少的维持生存的需要,人类离不开食物、空气、水、睡眠,这些在一定程度上具有原始本能的特性。生理需要的满足与否也会影响人们的情绪变化,如品尝美味佳肴让我们愉快满足,而面

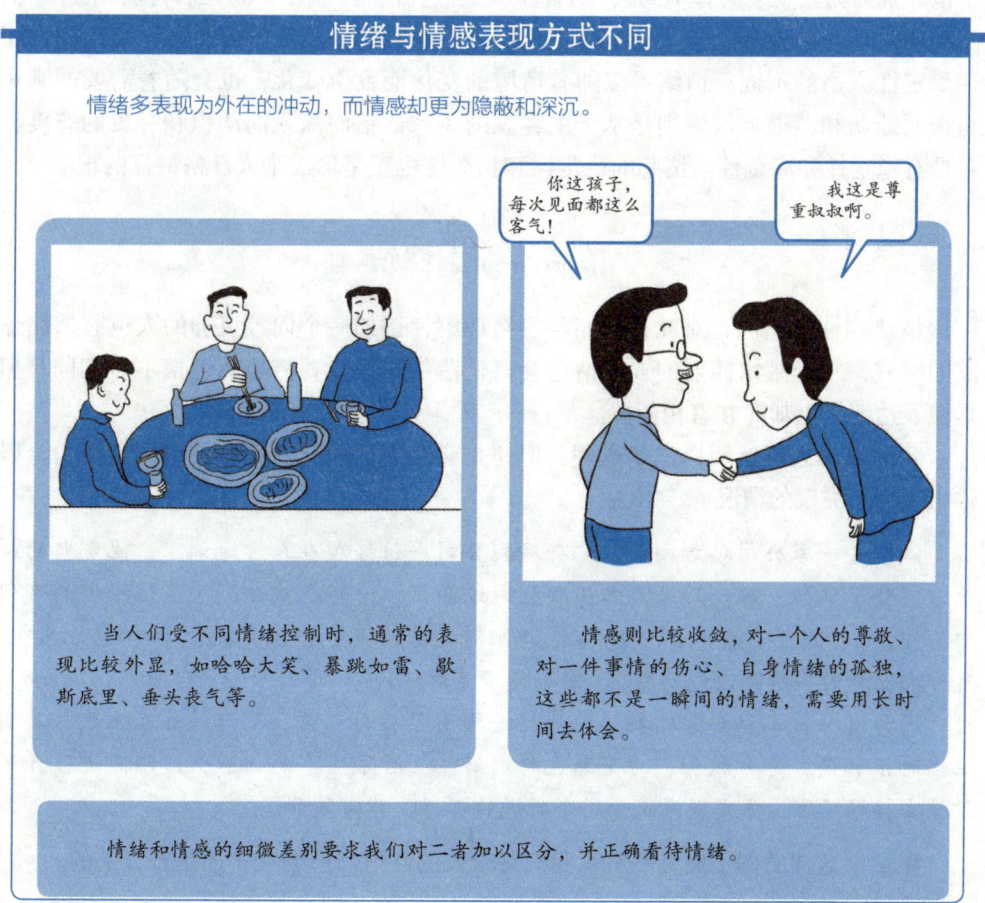

情绪与情感表现方式不同

情绪多表现为外在的冲动,而情感却更为隐蔽和深沉。

当人们受不同情绪控制时,通常的表现比较外显,如哈哈大笑、暴跳如雷、歇斯底里、垂头丧气等。

情感则比较收敛,对一个人的尊敬、对一件事情的伤心、自身情绪的孤独,这些都不是一瞬间的情绪,需要用长时间去体会。

情绪和情感的细微差别要求我们对二者加以区分,并正确看待情绪。

临危险处境时无论成人或儿童都会有恐惧感，这都属于情绪的范畴。社会需要在很多时候我们可以看作是精神的需要。如团队精神、受人尊重的程度、受人爱护的需要、爱国主义精神等，指的是人类在社会中形成的、为维护生存和发展而产生的需要。劳动的需要、交往的需要、友谊的需要、情感的需要、求知的需要和道德的需要等，这些都是人类情感的范畴而非情绪体现。

2. 发生的角度不同

无论是人还是动物，都能制造情绪和表达情绪，这也就是说，情绪发生得更早一些，我们在很早以前就对情绪熟知。但是情感就不同了，它是人类特有的东西，是我们的大脑发展到一定程度之后才进化出的产物。

我们从智力低下的人中可以明白，由于受大脑的局限，他们懂得表达情绪，比如笑和哭。但是他们却很难产生具象的情感。

3. 稳定性不同

从二者的稳定性来看，情绪具有情境性和暂时性，情感具有稳定性和长久性。小孩经常因为调皮惹父母不高兴，这种生气是一种情绪，一段时间之后自然就会淡忘，而父母对孩子的爱却是长久的情感，长期伴随着我们的成长。由此可见情绪和情感在稳定性方面的不同：情绪可以随着情境的变化而发生变化，也会随着需要的满足与否而减弱和消退。情感则是基于主客观的关系概括而深入的认识和一贯的态度，它具有稳定性和深刻性。情感的稳定性和长久性也正是形成个人性格特征的根本。

情绪不等于性情

情绪和性情不同，对此，我们很容易理解，正如一个内敛沉静的人也有情绪爆发的时候，一个激情四射的人心情也会有低落的时候，我们虽然性情不尽相同，但是在表达情绪上却存在着相似性。

我们很多人虽然明白这个道理，但还是会在生活中把情绪和性情两者混淆，以致出现判断失误的情况。

江阳去一家公司参加面试，偏巧碰到公司一位经理在严厉地训人，他发火的样子着实吓了江阳一跳。后来，江阳顺利通过面试，恰好就被分到了这位经理的部门中工作，由于有了"第一次"的经验，江阳对这位经理总是小心翼翼，生怕惹他生气。有一次他和同事聊天谈到了经理，同事笑了笑对他说："那是咱们经理唯一一次发火，当时因为有个员工私自拿回扣了，而且还损害了公司利益，刚好被你碰上了，其实他平时很和蔼，非常随和，对下属也特别好。"听了同事的话后，江阳慢慢放开了胆量去接触经理，才发现他正如同事所说的那样，非常随和。

生活中这样的例子屡见不鲜，我们每个人的性情与情绪其实还是有分别的。

如何缓解低落的情绪

每个人一生中总会遇到一些不如意的事情，无论是在情场还是职场，或者是跟亲人朋友之间的一些矛盾，难免让人心情沮丧、情绪低落，那么这个时候应该怎么办呢？如何去缓解呢？

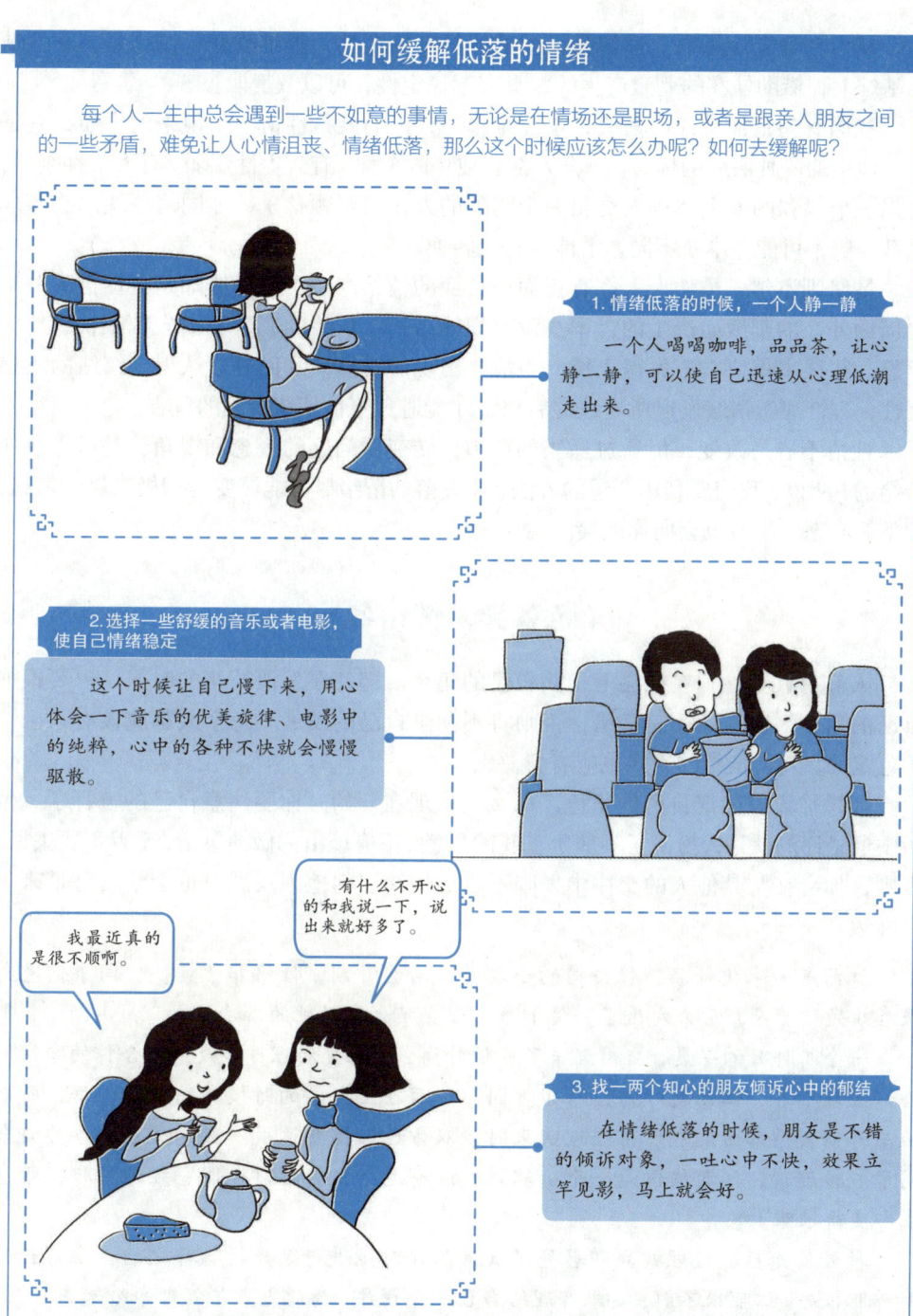

1.情绪低落的时候，一个人静一静

一个人喝喝咖啡，品品茶，让心静一静，可以使自己迅速从心理低潮走出来。

2.选择一些舒缓的音乐或者电影，使自己情绪稳定

这个时候让自己慢下来，用心体会一下音乐的优美旋律、电影中的纯粹，心中的各种不快就会慢慢驱散。

有什么不开心的和我说一下，说出来就好多了。

我最近真的是很不顺啊。

3.找一两个知心的朋友倾诉心中的郁结

在情绪低落的时候，朋友是不错的倾诉对象，一吐心中不快，效果立竿见影，马上就会好。

其实，只要平时经常梳理思路，调整心态，就会拥有一份好心情。

从内在稳定性来看，性情是天生的，具有稳定性，很难改变；情绪是基于性情的基础上，借助外在的刺激产生的，具有不稳定性，可以改变。

我国有句古话"江山易改，本性难移"，讲的就是性情与生俱来的本质，它是个人性格的一种明显的标志，每个人都有独特的个性。有人生性懦弱，有人生性刚烈，勉强一个温和的人上战场或委屈一个刚烈的人在家照顾孩子，如同将一块木头磨成铁针一般不可能，本质不同，潜能就无法转换。

情绪则不然，虽然人人都有正面或负面的情绪产生，但情绪却是在性情的基础上借助外在的刺激而产生的，本身没有规律可言。情绪的产生和消失都很快，比如愤怒，往往来得快，消失得也快。当情绪出现的时候，我们应当认识到情绪的不稳定性，理性思考情绪发泄所导致的后果，才能避免不良情绪造成的危害。

性情不容易改变，但通过适当的调节，转变看问题的观念和视角，是可以改变情绪的，所以，我们要利用合适的方法，让失落的情绪尽可能转变为积极高昂的情绪，调整好心态，生活也会向你微笑。

角色各异，情绪各异

人具有社会性，在社会上扮演自己的角色。即使在发泄情绪的时候，也要根据自己的角色，适当地控制情绪，否则将不利于自己的发展。每个人都应该有自己的角色定位，对待情绪的方式也应有所差别。

如果你没有确定自己的角色，那么，从现在开始，你要注意自己的言行了。生活中最忌讳的就是人扮演了不属于自我的角色。不应该由你做的事情，千万不要去做。否则，你会在与其他人的交往中，因不当的情绪引起他人反感，也会给自己带来很多麻烦。

江丽是一家化妆品销售公司的小职员，活泼开朗，性格非常爽快。同事们也都很喜欢她。然而，后来发生了一件小事，改变了大家对她的看法。

一个工作日的早晨，公司里来了一位外商，要求见经理，洽谈一下合作的事情。恰好经理不在，江丽就代为接待了。因为江丽在上大学的时候学的就是外语，所以她与外商谈得非常顺利。待经理回来时，双方已经快要达成一致意见，准备签订合同了。按理说，江丽仅仅是一个小职员，没有这个权力签订合同。经理见状，脸色立即变得很难看。

待外商走后，经理就立即召见了江丽。在对她进行了严厉批评之后，准备让她写辞职报告。江丽很不解，要求经理给自己一个说法。为此差点与经理争吵起来。"我这也是为公司好啊！"江丽委屈地掉下了眼泪。

同事见状过来开导她："你的确是好心，但是公司有公司的规定，你怎么能随便代表公司签合同呢？何况，在经理面前吵闹，这明显是对经理的不尊敬。"

学会换位思考

平时我们免不了要与各种各样的人交往，也免不了和别人有些冲突。而学会角色换位是消除社会角色冲突的有效方法。

比如，丈夫站在妻子的角度上，就会理解妻子持家的辛苦。

孩子站在父母的角度上，就会明白父母的打骂都源于恨铁不成钢。

学生站在老师的角度上，就会理解他们的训诫出自一番好意。

我们在考虑和处理问题时，如果能够站在对方的立场上，将心比心地思考，多一分宽容与谅解，许多因为角色的差异而导致的矛盾便会迎刃而解了。

听罢，江丽无奈地坐到位子上写辞职报告。

生活中，每个人都有自己的责任和义务。扮演好你自己的角色，才能让人觉得你是个懂得分寸的人。如果你连基本的规则都不懂，那么你将在社会中寸步难行。像江丽那样，虽然是为了公司好，但到头来却触犯了职场上的禁忌。如果一个人不了解自己和他人各是什么角色，就很难体会到他人的心意和情绪，也很难做出令人满意的事情来。再看看下面这个例子，以了解不同角色表达不同情绪的重要性。

张洁是一家外贸公司的销售经理。为人正直，业务能力强，一直很受公司领导的赏识。久而久之，他变得越来越自满。一次公司例会上，谈论下一步的工作计划。公司老板在提到上个季度销售成绩时，提到了一个数字，张洁觉得数目有偏差，于是直接打断老板的话，纠正了这一错误，弄得老板当时非常尴尬。

事后，张洁自己也做出反省：既然老板特意提起这个数字，就说明他有信心。我当时纠正他，无异于当场给他一个耳光。

公司的老板都想在员工面前树立威信，希望员工尊重他。也就是我们经常说的有面子。张洁没有顾及这一点，当众纠正老板的错误，让老板很尴尬。

职场是我们每个人在生活中停留时间最长的场所。人在职场，想要处理好情绪，就不要把自己看得过高，也不要把自己看得过低，踏踏实实地做好自己的工作就行。即便自己有鸿鹄之志，有杰出的才能，那也要在现在这个位置上踏踏实实地工作。即使你有委屈，有不顺心的地方，也要分场合、分角色，不能随时随处大发雷霆。

除了在职场要认清自己的位置以外，在社会中的各个场合我们都要认清自己的角色，恰当表达自己的情绪，以免引起不必要的误会。

第二章
是什么情绪在影响你

性格对情绪的影响

不同的外界刺激会使不同的个体产生不同的情绪。由于情绪是个体和外界刺激共同作用的结果,因此,个体心理特征对情绪的产生具有重大的影响。所谓个体心理特征就是我们常说的性格。

性格是情绪的宏观表现,情绪是性格的微观组成,性格与情绪之间有着千丝万缕的联系,如果要认识并有效管理自己的情绪,就必须首先了解并熟悉自己的性格。

性格主要表现在对自己、对他人、对事物的态度所采取的言行上,是个体独特的、一贯的行为心理倾向。如,大多数人都具有趋利避害的倾向,总是愿意去接近那些能给自己带来快乐的事物,同时回避那些可能会给自己带来痛苦的事物。人类的性格在很多方面具有共性,这些共性甚至被提炼成不同的品质一代代地继承和发扬。举例来说,从人们对社会、对集体、对自己的态度中所展现出的诸如公正和徇私、热情和冷漠、慷慨和吝啬、勇敢和懦弱等,都属于性格特征。由于性格特征种类繁多且彼此并不相同,这使每个人身上都表现出自己独特的风格和个性差异。以下介绍两种典型的性格:

安静型的性格,又称内向型性格。这种性格的人心理敏感,感情细腻丰富,善于分析,但易得出消极的结论,所以看待事物较为悲观。

冲动型的性格,又称外向型性格。这种性格的人比较乐观,而且热情,总是精力充沛,可以同一时间做好几件事,而且热衷于此,享受忙碌的感觉。性格冲动,善于取悦他人,也容易获得他人的好感,融入新的氛围。但通常组织能力较差,耐受性不高。冲动型性格的人自始至终对社交活动保持高度的热情,适合有弹性的工作,特别是交际类型的工作。但是,对于必须遵守预设好的时间行程,或有时间限制的事情,他们很容易感觉沮丧。因此,这种性格的人不太适合稳定、枯燥的工作。

性格的形成是一个很复杂的过程,是内外因共同作用的结果,既有先天因素,也有后天因素。先天因素主要是基因方面,后天因素则主要是自身长期受外界环境影响而积累的情绪体验。如人的成长过程中或多或少会受到他人的影响,有直接的言传身教,也有间接的学习、模仿,或是通过书籍、电视、网络等媒介认识和观察到其他人对事物的态度和行为方式,然后自己会对这些事物产生相关的情绪反应,并由情绪引导做出行动,情绪加行动的组合就成为我们后天的性格。

人与人的性格千差万别,有的人偏激刚烈,有的人中庸温和。刚烈可以说是天生的性格,严格地说,这不能算是缺点,但具有刚烈的性格的人不容易控制自身的情绪,会给生活带来麻烦。我们可以通过后天的努力,有意地使自己的性格朝着有利于控制自身情绪的方向发展。

安静型性格的人情绪发生变化时的反应

安静型性格的人在情绪发生变化的时候,通常有两种反应:

一是在情绪中挣扎,时而战胜情绪,时而被情绪所战胜,乐观和悲观交替,直至有新的刺激介入并打断这种混乱状况。

二是沉溺在情绪中,任由情绪掌控自己登上兴奋的顶点或是落至沮丧的低谷,不加以任何控制。

时时警惕心理失衡

现实生活中，每个人都会存在一些不平衡心理。某人赚了钱，某人升了官，某人买了车，某人买了别墅等，自己本来能力比他们强，可自己却不如他们风光体面。由此便心理不平衡，而这种心理不平衡又驱使着人们去追求一种新的平衡。倘若在追求新的平衡中，你能不昧良知、不损害别人，自觉接受道德的约束和限制，通过正当的努力、奋斗去实现人生的自我价值，达到一种新的平衡，获得了正面的情绪，是值得称道和庆幸的；倘若在追求新的平衡中，不择手段、毫无廉耻、丧失道义、膨胀自私贪欲之心，让情绪处于一种失控的状态中，那么就必然会产生一些意想不到的可怕后果。由此，你的人生必将陷入难以回旋的败局之中。

约翰逊曾是个表现不错、能力很强的科员，因政绩突出不断受到提拔。但在最近这几年，当他知悉过去的同事、同学通过各种途径生活条件都比他好时，心里总不是滋味，想想自己能力不比他们差，职位也比他们高，可钱却比他们挣得少；而且自己作为一地之长，担子比他们重，责任比他们大，工作也比他们辛苦，经济上却不如他们，因此心里深感不平衡。

他有一段时间觉得自己抬不起头来，同学们组织的聚会也不愿参加，因为一点小事他就会与别人发生口角，他甚至还将不满的情绪发泄到家人身上。后来，他竟然在他任职期间，大肆收受贿赂。这样，他思想上警惕的闸门在不平衡心理的驱动之下终于倾斜了，欲望的洪水顿时倾泻而下，一发不可收拾，最终成了一名囚犯。

孙子杰是一名年轻的教师，以前在教学上精益求精、兢兢业业，对学生无私奉献，赢得了学生和家长的一致好评。但在一次朋友聚会的晚宴上，看见一些人很富有时，心理开始失衡。此后，他总在想：自己怎样也能富有？他变得焦虑，经常陷在不良情绪之中，当有学生打扰他思考发财的问题时，他就会把怒气转到学生身上。于是，他经常在上班的时间做发财的梦，开始对教书不负责任。学生和家长对他意见很大，他得到了学校的黄牌警告，但他不思悔改，每天还是只想着如何发财。一次，在一个朋友的鼓动下去做走私生意而被抓获。其结果是财没发，却进了监狱。

上述案例中原本好端端的两个人都在不平衡心理的影响下走上穷途末路。不平衡使得一部分人自始至终处于一种极度不安的焦躁、矛盾、激愤等情绪中，他们牢骚满腹，不思进取，得过且过，心思不专，更有甚者会铤而走险，走上了危险的钢丝绳。

不平衡心理隐藏在人的潜意识中，具有潜在的爆炸性力量。如果压抑自己的不平衡心理，将不合理的冲动伪装起来，它就会成为我们最可怕的敌人。这种无名的力量会冲击我们的生活和工作，搅乱我们心灵的平静，我们受着挫败感的折磨，使我们感到沮丧、自卑，对生活缺乏信心。因此，我们必须要走出不平衡的心理误区。

为何负罪感久久不能散去

负罪感的产生主要是源于自我的严格要求,对自己创造的全部价值进行否定,并由此产生强烈的愧疚感。具有负罪感的人通常这样评价自己:"我当时绝对不应该那样做,现在这样全都怪我。"或者:"我当初绝对应该那样做,但我却没有那样做,我应该承担所有责任,我应该被处罚。"

小刚和丽丽是一对恋人,他们大学毕业后在同一个城市工作,准备第二年结婚。有一天小刚因为工作上的问题与领导发生摩擦,心里很不舒服,于是在酒吧喝得酩酊大醉,温柔的丽丽送他回宿舍后又上街去买醒酒药,结果被一辆飞驰而过的汽车撞倒,23岁的女孩就此香消玉殒。

小刚在医院号啕大哭,泪流满面,最后不得不接受了这个残酷的现实——他的未婚妻真的已经不在了。

在所有人都认为这场悲剧的阴影已经在慢慢消散的时候,小刚的不良情绪却渐渐严重起来,他食欲不振、严重失眠、浑身乏力,不愿和别人来往,整天沉默寡言,对曾经非常喜爱的篮球也失去了兴趣。每当看到他和丽丽合影的照片、路过曾经经常约会的地方或是听到丽丽喜欢的歌曲时,他都会感到强烈的悲哀和痛苦。小刚失去恋人的痛苦已经发展成情绪过度低落和精神失常。

在朋友的劝说下,小刚咨询了心理专家,原来他一直生活在悔恨中无法自拔。那天本来俩人约好去选婚戒的,谁知下午开会时因为跟领导意见不合发生了小摩擦,所以把买婚戒的事给忘了,然后就去了酒吧,待他酒醒之后,悲剧已经发生。他很爱自己的未婚妻,因此无比自责:"如果我不去酒吧,我不喝醉,她就不会为我买药,也就不会发生车祸了。"

小刚如此伤心难过,沉浸在深深的自责中不能自拔。他无法摆脱对未婚妻死亡的负罪感。过分自我谴责的人,习惯把一切过错归咎于自己,即使一点小事,也是反复检讨,更不要说造成严重后果的事件,例子中的小刚就是这样,他不仅认定自己做过错事和犯过错误,而且也认定自己是个有罪的人。那些错误很可能已经抹杀了他个人的优秀品质,于是他一直懊悔不已。

如果一个人认定错误应该被"谴责",那么他不仅会这样要求自己,更重要的是他也会这样要求别人,并会因其他人做了错事而对其耿耿于怀。当自己犯了错,他会认定不只是犯错那么简单,这会成为他道德上的污点,认为这绝对不能被允许。一旦产生这种心理,他会找各种理由为自己开脱,拒绝承认错误,或是从一开始就否认自己做过错事。

这样的自责和罪恶感,非但不会消除错误行为造成的后果,而且可能会带来更多的虚伪错误和逃避个人责任的行为。

不仅如此,当一个人将全部的注意力都用来谴责和惩罚自己的时候,恰恰将最重要的一点遗忘了，那就是及时补救、总结经验、吸取教训。错误唯一能带给人们的正面意义就是从中总结的经验。为做错事而沮丧和悲伤，不如从失败和过错中找出经验和教训，挽回损失，防微杜渐。

罪恶感会彻底摧毁我们，容易引发诸如焦虑、沮丧、自卑和愤怒等多种情绪，当这些情绪一并向我们袭来时，人一般都难以承受，不仅如此，罪恶感还可能促使人们消极地逃避现实和推卸责任。所以，有些罪恶感应该及时抛开，让我们勇敢地面对生活、面对未来。

自我怨恨情绪可能导致的结果

我们为何会产生忧虑

忧虑是一种很复杂的情绪，是痛苦、愤怒、焦虑、悲哀、羞愧、冷漠等情绪复合的结果。它是一种广泛的负面情绪，又是一种特殊的正常情绪；忧虑超过了正常界限就会变为抑郁症，成为病态心理。由于每个人的心理素质不同，因此，忧虑有时间长短、程度强弱之分。

忧虑的核心表现就是郁郁寡欢，这样的人常常会莫名其妙地焦虑不安、苦闷伤感。如果再遇上环境刺激，就犹如"火上浇油"，进一步激发并加重忧愁和烦恼。大家所熟悉的《红楼梦》中的林黛玉，就属于这类带有忧虑情绪的人。林黛玉有着能让"落花满地鸟惊飞"的美貌，比传统美女的沉鱼落雁更富有情韵。而这样一个融古往今来之秀美，集仙界凡间之灵慧的标致人物，最后却因郁郁寡欢败给薛宝钗，丢了自己的大好姻缘，含恨魂归离恨天。一般来讲，性格内向、心胸狭窄、任性固执、多愁善感、孤僻离群的人多带有忧虑倾向。

除此之外，忧虑的表现还可以是这样：有的人总觉得生不逢时，有一种"怀才不遇"的感觉，于是抱怨上天对自己不公平，觉得一切都不顺心、不满意；有的人将个人的利害关系、荣辱得失看得太重，为了一些微不足道的事整日患得患失、忧心忡忡，以致造成心理疲劳，影响正常的工作、学习和生活；有的人甚至庸人自扰，整日忐忑不安，自寻烦恼。

有一位经营服装批发的商人，由于经营不慎，赔了几笔生意，为此他整天心情郁闷，每天晚上都睡不好觉。妻子见他愁眉不展的样子十分担心，就建议他去找心理医生看看，于是他前往医院去看心理医生。医生见他双眼布满血丝，便问他："怎么了，是不是受失眠所困扰？"商人说："可不是嘛！"心理医生开导他说："这没有什么大不了的，你回去后如果睡不着就数数绵羊吧！"商人道谢后离去了。

过了一个星期，他又来找心理医生。他双眼又红又肿，精神更加不好了，心理医生非常吃惊地说："你是照我的话去做的吗？"商人委屈地回答说："当然是呀！还数到三万多头呢！"

心理医生又问："数了这么多，难道还没有一点睡意？"商人答："本来是困极了，但一想到三万多头绵羊有多少毛呀，不剪岂不可惜？"心理医生于是说："那剪完不就可以睡了？"商人叹了口气说："但头疼的问题来了，这三万头羊毛所制成的毛衣，现在要去哪儿找买主呀？一想到这儿，我更睡不着了！"

无论做人还是做事，我们都要想得长远一些。但有些事想得太远，就会造成太多的压力，烦恼也会随之而来，就像案例中的失眠忧虑的那个人一样。因此，我们要学会静心，不牵挂那些不该牵挂的事情，这样才能保持轻松快乐的心情。

科学家对人的忧虑进行了科学的量化、统计、分析，结果证明忧虑是毫无必要的。

学会摆脱忧虑

忧虑虽然是我们对未来时间的一种准备状态,但它是一种消极的情绪,我们要意识到它的存在并用恰当的方式去处理。

顺其自然,接受你的忧虑

面对焦虑时,首先你要承认忧虑的存在,允许它存在,但不要让它对你造成困扰。

减少花在忧虑上的时间

在你接受和认识到自己的忧虑之后,有意识地时刻提醒自己,尽量减少你花在忧虑上的时间。

向别人学习

向身边的朋友倾诉想法,问问他们的意见和建议,和他们一起讨论问题,这样可以让你更清楚地看待问题,用更有效的方式去处理。

生活中总会有起伏,很多事情是我们不能预料也不能控制的。我们要学会承认和接受这一点,与其花时间担心未知的事情,不如通过自己的实际行动去改变来得实际。

统计发现，40% 的忧虑是关于未来的事情，30% 的忧虑是关于过去的事情，22% 的忧虑来自微不足道的事，4% 的忧虑来自我们改变不了的事实，剩下 4% 的忧虑来自那些我们正在做着的事情。

忧虑通常会使人心神不宁，进而精神失控。忧虑会使一个人老得更快，不仅会摧毁他的容貌，甚至会对其健康产生严重威胁。过度忧虑不可取。凡事退一步想，不要耿耿于怀。

当你忧心忡忡的时候，当你唉声叹气的时候，不妨把你的忧虑写下来，然后在科学家的分析中为自己的忧虑归类：它是属于 40% 的未来、30% 的过去、22% 的小事情、4% 的无法改变的事实，还是剩下的那一个 4%？

想要摆脱忧虑情绪，就要适时地安慰和劝导自己。无论是逃避问题还是对问题过分执着，实际上只可能有两种情况。一种情况是问题并不像我们所想的那么糟，没有到无可挽回的地步。只要采取积极正确的态度，问题就会得到解决。这样，我们也就没有什么可忧虑的了。另一种情况是问题的确超出了我们的能力所及的范围，这时我们就需要乐观一些，学会承受不可改变的事实，尽可能地让自己的情绪不至于失控。

是什么原因造成了悲观情绪

一个人为什么会有悲观的情绪？其产生原因是多方面的，但主要是来自自我。正如英国作家萨克雷所说："生活就是一面镜子，你笑，它也笑；你哭，它也哭。"有悲观情绪的人总喜欢想到事情最坏的一面，仿佛天马上就要塌下来了一样。这种人看不到美丽的云彩，只会一味地担心天是否要下雨；看不到拳击手被击倒后爬起来的顽强，而只为他的伤痕累累而心悸。对于悲观者而言，一个很小的打击也足以使他绝望，令他一败涂地。

玲玲是一个年轻的女孩，但她并不像同龄人那样开朗，悲观情绪总是萦绕着她。她时常觉得生活没有目标，最近这种情绪越来越强烈，好像做什么都没心情，很孤独，周围的环境又让她觉得很无趣。她也想改变，但又觉得自己能力不够，越来越自卑，不爱说话，于是也就显得有些孤僻。她也是个爱思考的人，曾用很长一段时间来思考活着的意义，但她发现自己找不到答案，她觉得很迷惘，眼看就要大学毕业了，她不知道以后的路该怎么走。

在心理咨询室里，她对心理医生说："我很不幸，可以说是在同学和邻居的指指点点下长大的。我从小心里就充满了自卑，很封闭、很悲观，导致了我从来交不到朋友，别人看我外表冷漠也不敢和我交流。现在长大了，外表使我有不少追求者，也不那么自卑了，我也爱上了一个男孩，现在是我的男朋友，可是我总是很悲观，认为我们早晚会分开。他开始还能忍受，可现在经常因为这个和我吵架，我也知道自己不对，可就是不能改变。"

玲玲的烦恼正是一种常见的心理障碍——悲观。悲观是一种有害的心理状态，是瘟疫，是一种毁灭。人类的一切疾病都有医治的可能，但倘若一个人的内心不再有任何希望，充满着抑郁的影子，那么再高明的医生也回天乏术。

美国著名心理学家赛利格曼认为，悲观的人对失败的看法与乐观的人有所不同，悲观者在看待失败上有三个特点：

第一，从时间长度上，悲观的人把失败解释成永久性的；而乐观的人则认为一次失败只是暂时的，下次就会好了。

第二，从空间维度上，悲观的人把失败解释成普遍的，如果某个阶段目标失败了，就会认为自己会在所有目标中都失败；而乐观的人则不会将失败普遍化，认为某个目标没实现只是说明自己在这个方面需要进一步努力，下次就会成功。

第三，从失败原因上，悲观的人倾向于将失败解释为个人原因，认为自己要对失败完全负责；而乐观的人则认为失败虽然有个人原因，但也不完全是，有时一些无法抗拒的力量和机遇也影响着成败。

赛利格曼的理论告诉我们，只要改变对失败的看法，就会使悲观者有信心去重新面对现实，树立学习、生活的目标。

悲观是一种严重的负面情绪，对人身心的危害极大。要摆脱悲观情绪，需要个人积极地进行心理调适，具体有以下几种方法：

1. 别盯住消极面

你可能对别人的"抢白"和不公正的待遇牢记于心，或你总是对自己说："我真倒霉，总被人家误会、欺负。"那么，你当然没有一刻的轻松愉快。

如果你把注意力盯在与别人友善和好的事物上，并常常告诉自己，误解、敌视毕竟是次要的，并把愉快、向上的事串联起来，由一件想到另一件，你就可以逐步排遣自怨自艾或怨天尤人的情绪。

2. 寻找积极因素

即使处境危险，也要寻找积极因素，这样，你就不会放弃取得微小胜利的努力。你越乐观，克服困难的勇气就越大。

3. 做自己的"造命人"

偶有不如意时，切勿对自己说："我时时都是倒霉的。"而对自己说："似乎很多时候我做事都不大如意，到底原因何在？"当你立志改变灰色的人生观，树立光明的人生观时，你便不会再由"命运"操纵了，因为你自己已成了一个"造命人"。

4. 要有幽默感

以幽默的态度来接受现实中的失败。有幽默感的人，才能排除随之而来的倒霉念头，轻松地克服厄运。

不论因何事产生的悲观情绪都能通过上述方法渐渐消除，只要我们对自己抱有坚定自信的信念。有的时候，打倒我们的不是苛刻的外部环境，而是我们脆弱的内心，

乐观者和悲观者的不同

对于同一件事情，乐观者和悲观者往往会有不同的看法，结果也会大不相同。比如，有一个卖鞋的公司要求销售人员到一个沙漠地区去：

销售人员到了地方之后发现，那里的人们竟然没有一个人穿鞋。

我还是回去吧，这里的人根本就不穿鞋。

悲观的销售员觉得这里的人根本就不穿鞋，鞋一定卖不出去，就直接回去了。

而乐观的销售员却认为这里没有卖鞋的，自己是第一家，只要劝说这里的人穿鞋，自己的销售额一定是惊人的。

所以说，对于同一件事情，乐观的人往往会往好的方面想，而悲观的人却总是会看到不好的方面。

当内心充满阳光时，悲观情绪就不会来打扰我们。

焦虑随时随处可以产生

在如今这个快节奏的社会里，升学就业、职位升降、事业发展、恋爱婚姻、名誉地位，种种事情使人们承受着巨大的心理压力，由此产生焦虑情绪，心神不宁，焦躁不安，严重影响人们的工作和生活。发生焦虑的原因有时候匪夷所思、出人意料。

1. 守规焦虑

遵纪守法、照章办事，理所当然，又有什么好焦虑的呢？但是在某些"老实人吃亏"的场合，守规焦虑就在所难免。

我们不妨先看两个例子：一是"人行道焦虑"——过马路走人行道，应该是无忧无虑的吧？但当很多人都不走人行道，一窝蜂跨栏杆而过时，你甘心多绕些路去走人行道吗？当奔驰的车辆对人行道上的行人并不礼让，朝你直冲过来时，你敢走人行道吗？二是"排队焦虑"——当你老老实实地排着长队，等着购物、购票、分房子、评职称时，有人却在前面加塞、在后门另排小队，也许你等上大半天甚至大半辈子都在候补之列，等轮到你的时候什么都没有了，你心里面生不生气？

2. 付账焦虑

当几个熟人一起坐车、聚餐时，大家抢着购票、付账是司空见惯的事。但是，这种争先恐后只是表面现象而已，有些场合是出于真情实意，心甘情愿地要为他人付账；有些场合则多少有点虚情假意，只是不得不做做样子。虽说AA制现在在青年中已流行开来，但一般人还是不习惯这种"分得太清"的方式。觉得既然是"熟人"，就不能太"生分"，为了表示热情主动、不分彼此，就该抢先付账，否则显得不够交情，甚至有爱占别人便宜之嫌。但如果"抢付"成功，内心又不免有点担忧：这份人情，别人会及时还吗？因此，抢付时不免"进亦忧，退亦忧"，心里面紧张一番。

3. 催账焦虑

如果请你想象一下催账人、讨债人的形象，在你的脑海中绝不会浮现出一个和蔼可亲的面目，而极有可能联想到《白毛女》一类的电影中地主逼租的镜头。其实，向人讨账并非"黄世仁""南霸天"的专利，你自己在日常生活中恐怕也难免遇到需要向人催账的情况，但是"催账焦虑"也许最终使你没能开口。

4. 点钱焦虑

有些人一碰到钱，就显得马虎大意，从别人手中接钱时（如领工资、取买东西找回的余款），尤其是从熟人、好友手中接钱时往往看都不看，一把塞在口袋里。待回家查点对不上数，便只好自认倒霉或者闹出不小的矛盾。其实，在这种"马虎"的背后，有一种"点钱焦虑"在作怪：不点心里不放心，点又显得太多心。当面一五一十地核点，似乎太不信任对方，两人都不免有点难堪，朋友之间说不定还会

焦虑症的危害

如今,焦虑已经是很多人的情绪体验了,如果人们的焦虑情绪严重,就可能会形成焦虑症,危害人们的身体健康。具体来说,焦虑症有以下几方面的危害:

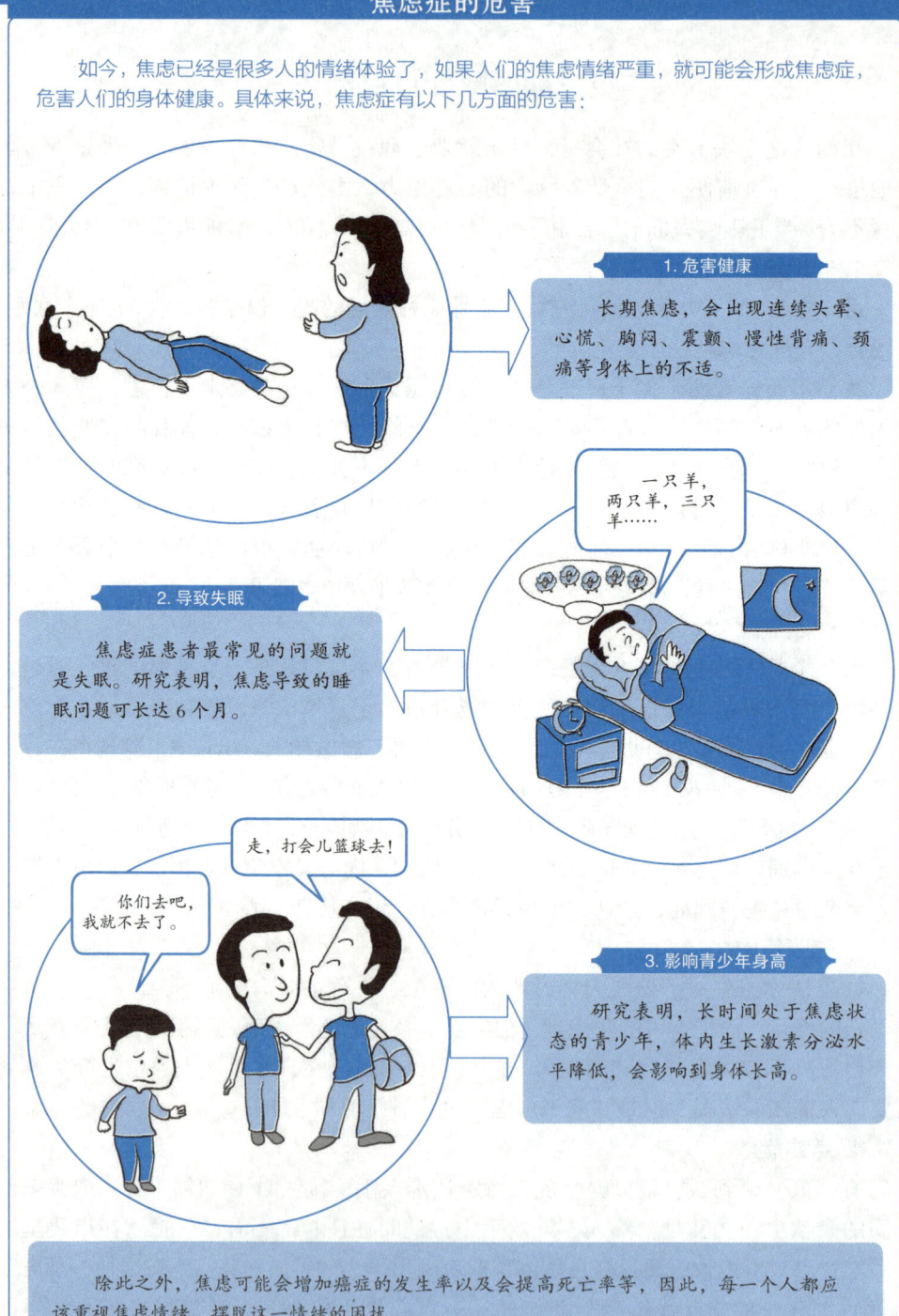

1. 危害健康

长期焦虑,会出现连续头晕、心慌、胸闷、震颤、慢性背痛、颈痛等身体上的不适。

2. 导致失眠

焦虑症患者最常见的问题就是失眠。研究表明,焦虑导致的睡眠问题可长达6个月。

3. 影响青少年身高

研究表明,长时间处于焦虑状态的青少年,体内生长激素分泌水平降低,会影响到身体长高。

除此之外,焦虑可能会增加癌症的发生率以及会提高死亡率等,因此,每一个人都应该重视焦虑情绪,摆脱这一情绪的困扰。

因此影响交情；不当面点清，一旦有差错，事后再查就说不清、道不明了。点和不点都不好，自然免不了一番焦虑。

5. 诚信焦虑

中国民间流传的告诫人们如何为人处世的人生格言非常多，但其中又有不少相互矛盾的说法。例如，一方面提倡"以诚待人""以心换心"，另一方面又鼓吹"防人之心不可无""逢人只说三分话，未可全抛一片心"。如果人们同时接受了这两种截然相反的格言，在实际生活中就难免产生"诚信焦虑"——不信任别人，不以诚相待，就会感到一种道德压力。反之，又担心被人利用。

形形色色的焦虑充斥人们的生活，不胜枚举。它们像病菌一样侵蚀人们的灵魂和肌体，妨碍人们的正常生活，影响人们的身心健康。所以，走向美好的生活，应该从拒绝焦虑的情绪开始。

自卑情绪生成的因素

自卑，顾名思义，就是自己瞧不起自己，它是一种消极的情绪。自卑属于性格的一种缺陷，表现为对自己的能力和品质评价过低。自卑的原因包罗万象，比如家庭出身、社会地位、财富、名誉、相貌等。

自卑是一种可怕的消极情绪。其实，自卑心理人人都有，只是程度不同罢了。经常遭受失败和挫折，是产生自卑心理的根本原因。一个人经常遭到失败和挫折，其自信心就会日益减弱，自卑感就会日益严重。自卑的产生会抹杀掉一个人的自信心，本来有足够的能力去完成学业或工作任务，却因怀疑自己而失败。由于自卑的情绪影响到了生活和工作，给人的心理、生活带来了很大的不良影响。

十几年前，他从一个北方小城考进了北京的大学。上学的第一天，与他邻桌的女同学第一句话就问他："你从哪里来？"而这个问题正是他最忌讳的，因为在他的逻辑里，出生于小城，就意味着小家子气，没见过世面，肯定被那些来自大城市的同学瞧不起。就因为这个女同学的问话，使他一个学期都不敢和同班的女同学说话，以致一个学期结束的时候，很多同班的女同学都不认识他！

很长一段时间，自卑的阴影都占据着他的心灵。最明显的体现就是每次照相，他都要戴上一个大墨镜，以掩饰自己的内心。

20年前，她也在北京的一所大学里上学。大部分日子，她也都在疑心、自卑中度过。她疑心同学们会在暗地里嘲笑她，嫌她肥胖的样子太难看。她不敢穿裙子，不敢上体育课。大学时期结束的时候，她差点儿毕不了业，不是因为功课太差，而是因为她不敢参加体育长跑测试！老师说：只要你跑了，不管多慢，都算你及格。可她就是不跑。她想跟老师解释，她不是在抗拒，而是因为恐慌，恐惧自己肥胖的身体跑起步来一定非常愚笨，一定会遭到同学们的嘲笑。可是，她连向老师解释的勇气也没有，茫然不知所措，只能傻乎乎地跟着老师走。老师回家做饭去了，她也跟着。最后老师烦了，勉强算她及格。

在一个电视晚会上，她对他说："要是那时候我们是同学，可能是永远不会说话的两个人。你会认为，人家是北京城里的姑娘，怎么会瞧得起我呢？而我则会想，人家长得那么帅，怎么会瞧得上我呢？"他，现在是中央电视台著名节目主持人，经常对着全国几亿电视观众侃侃而谈，他主持节目给人印象最深的特点就是从容自信。他的名字叫白岩松。她，现在也是中央电视台著名节目主持人，而且是第一个完全依靠才气而走上中央电视台主持人岗位的。她的名字叫张越。

自卑的情绪谁都会有，并不可怕，可怕的是被自卑所操纵，迷失了自我。一个人如果太看重别人的评价，因为自己的一点缺陷就自卑，势必会影响他的正常生活。严重自卑的人，并不一定是其本身具有某些缺陷或短处，而是不能接纳自己，自惭形秽，妄自菲薄，常把自己放在一个低人一等、别人看不起自己的位置上，并由此陷入不能自拔的痛苦境地，心灵笼罩着永不消散的愁云。其实，每个人身上都有闪光点，不管这个闪光点是多么微不足道，但它毕竟是个优点，是别人没有的优点。

有一次，一名士兵奉命将一封信送往自己景仰的统帅——拿破仑的手中，由于过于兴奋，拼命地策马前行，胯下的坐骑一到目的地就累死了。拿破仑读了信后，立即复信，命人牵过自己的战马，吩咐那名士兵骑马回营。"不，尊敬的将军，"那名士兵看到统帅那匹心爱的骏马，恳切地说，"我只是一个普通的士兵，没有资格骑这匹高贵的马。"拿破仑不假思索地答道："世上没有一样东西是法兰西战士不配享有的！"士兵一下子想明白了，立即上马，绝尘而去。

正如那个士兵一样，很多人都把自己想得太卑微，这使得他们往往无法实现自己的目标。在优秀人士身上，我们看不到自卑的影子。每个人都有自己独特的价值，有什么理由自卑呢？

那么怎么样才是自卑呢？自卑主要表现在三个方面：

1. 胆怯封闭

一些人由于深感自己不如别人，认为在与人交往或者从事某项事业中必败无疑，于是把自己封闭起来。但是他们越是封闭自己，越是对自己没有自信，从而造成不良循环。

2. 自尊过强

自尊过强，即人们常说的过分的自卑以过分的自尊表现出来，尤其当屈从的方式不能减轻其自卑之苦时，就采用好斗的方式。有自卑感的人，他们比任何人更在意被别人发现其内心的真实想法，因此当他们认为别人可能会发现时，便采用这种方式阻止别人的了解。

怎样克服自卑心理

自卑心理都是自己造成的，所以自卑心理也完全可以通过努力来克服。

建立自信
建立自信是克服自卑最快、最有效的方法，比如当众发言等，都可以建立自信。

体验成功
经常回忆因自己努力而成功了的事，或合理想象将要取得的成功，以此激发自信心。

积极暗示
当遇到某些情况感到信心不足时，不妨运用语言暗示："别人行，我也能行。"增强自己改变现状的信心。

3. 跟随大溜

丧失信心之人，常对自己的决定缺乏自信，便随大溜以求与他人保持一致。自卑者在做某件事之前就想：别人是不是有这样的看法？我这样做会让人笑话吗？会不会被认为是出风头？在做了事之后，又想：不知会不会得罪人？如果刚才不那样做就会更好，等等。

总之，自卑情绪能给人们带来精神上的折磨，一个自卑感非常强烈的人，他的生活也会非常痛苦。想要走出自卑，就要树立自信，这样我们才会得到真正的快乐，那么是选择自卑的痛苦，还是生活的快乐，结果不言而喻。

抑郁对情绪的影响

抑郁是比忧虑更深一层次的情绪状态，被人们称为"心灵流感"。作为现代社会的一种普遍情绪，抑郁并没有引起人们足够的重视，然而较长时间的抑郁会让人悲观失望、心智丧失、精力衰竭、行动缓慢。

对于抑郁的人，所有的怜悯都不能穿透他把自己和世人隔开的那面墙壁。在这封闭的墙内，不仅拒绝别人哪怕是极微小的帮助，而且还用各种方式来惩罚自己。在抑郁这座牢狱里，其中的人同时扮演了双重角色：受难的囚犯和残酷的罪人。正是这种特殊的心理屏障——"隔离"，把抑郁感和通常的不愉快感区别开来。

心境低落是抑郁情绪的主要表现。抑郁情绪属于心理学的范畴，却不单纯表现为心理问题，还可能诱发一些躯体上的相关症状，比如口干、便秘、恶心、憋气、出汗、性欲减退等，女性患者可能会出现闭经等症状。抑郁情绪症的具体症状有以下表现：

（1）常常不由自主地感到空虚，为一些小事感到苦闷、愁眉不展；

（2）觉得生活没有价值和意义，对周围的一切都失去兴趣，整天无精打采；

（3）非常懒散，不修边幅，随遇而安，不思进取；

（4）长时间的失眠，尤其以早醒为特征，醒后难以再次入睡；

（5）经常惴惴不安，莫名其妙地感到心慌；

（6）思维反应变得迟钝，遇事难以决断，行动也变得迟缓；

（7）敏感而多疑，总是怀疑自己有大病，虽然不断进行各种检查，但仍难消除其疑虑；

（8）经常感到头痛，记忆力下降，总是感觉自己什么也记不住，脾气古怪，常常因为他人一句不经意的话而生气，感觉周围的人都在和他作对；

（9）总是感到自卑，对自己所做的错事耿耿于怀，经常内疚自责，对未来没有自信；

（10）食欲不振，或者暴饮暴食，经常出现恶心、腹胀、腹泻或胃痛等状况，但是检查时又没有明显的症状；

(11)经常感到疲劳,精力不足,做事力不从心;
(12)变得冷酷无情,不愿意和他人交往,酷爱生活在一个人的空间,甚至自己的父母都难以与其进行交流,害怕他人会伤害自己;

抑郁的自我治疗方法

抑郁会给人带来很多不利的影响,无论是对于工作还是身体的健康,所以,在发现自己有抑郁的倾向时就应该积极进行自我治疗。

1.坚持锻炼
很多抑郁症患者还会表现出行动迟缓、懒惰的状况。锻炼身体可以增强对抑郁情绪的抵抗,放松心情。

2.外出交际
一定要强制自己多去公共场合与人接触,不要让自己一直处于封闭的状态。

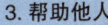

3.帮助他人
抑郁的人往往会不断想到自己某些不愉快的事,帮助别人可达到转移注意力的目的。

自我疗法一般用于抑郁症初期患者或者是辅助治疗,抑郁症详细的治疗方法还是因人而异,最好在医生的指导下进行,切勿私自治疗,以免延误病情。

（13）对性生活失去兴趣，甚至会厌恶，觉得很恶心；

（14）常常有自杀的念头，认为自杀是一种解脱。

抑郁者的人生态度通常很消极。正由于抑郁使人丧失了自尊与自信，总是自我责备、自我贬低，无论是环境还是自我，都不能积极对待；对环境压力总是被动地接受而不能积极地控制，更谈不上改造；对自我也总感到难以主宰而随波逐流。于是在人生征程上没有理想与期待，只有失望与沮丧。总感到茫然无助，陷入深重的失落感而难以自拔，对一切都难以适应，只能退缩回避。

作为美国第十六任总统，林肯也经历过抑郁情绪的困扰："现在我成了世上最可怜的人。如果我个人的感受能平均分配到世界上每个家庭中，那么，这个世上将不再会有一张笑脸。我不知道自己能否好起来，我现在这样真是很无奈。对我来说，或者死去，或者好起来，别无他路。"

我们周围常常有这类人，当生活环境发生重大变化而呈现出巨大反差时，当人生之旅中出现一些变故、遇到一些挫折时，或者仅仅由于环境不如意，便精神不振、心神不定，百无聊赖而焦躁不安，茶饭不思更无心工作，甚至对生活失去信心，整个人跌入消极颓丧中。

抑郁是禁锢人心灵的枷锁，困扰着人们，使人不能在现实的世界中调整自我，只能渐渐退缩到自我的小天地里。

为了使我们的生活永远充满阳光，为了使我们有一个健康向上的心理，人们曾费尽心思地寻找克服抑郁的药方。通过研究，克服抑郁的有效办法有：从事可振奋情绪的活动，观看让人振奋的运动比赛，看喜剧电影，阅读让人精神振奋的书。不过值得注意的是，有些活动本身就会让人沮丧，比如，研究发现，长时间看电视通常会使人陷入心情低潮的状态。

科学家发现，有氧舞蹈是摆脱轻微抑郁或其他负面情绪的最佳方式之一。不过这也要看对象，效果最好的是平常不太运动的人。至于每天运动的人，效果最好的时期大概是他们刚开始养成运动习惯的时期。

善待自己或享受生活也是常见的抗抑郁药方，具体的方法包括泡热水澡、吃美食、听音乐等。送礼物给自己是女性常用的方式，大量采购或只是逛逛街也是抗抑郁的方式。研究发现，女性利用吃东西治疗悲伤的比率是男性的3倍，男性诉诸酒精的比率则是女性的5倍。

抑郁就好像透过一张网看外面的世界，无论是考虑你自己，还是考虑世界或未来，任何事物看起来都处于被网线牵绊的状态。我们要摆脱抑郁情绪的困扰，只有让健康的心态永远伴随着我们，才能不受心灵流感的侵袭。

第三章

情绪的惊人力量

情绪决定生活质量

情绪是人类天性的重要组成部分，没有情绪，我们都会成为植物人。然而，情绪却是人类历史上最容易被忽视、研究最少的题目之一。在20世纪90年代以前，你几乎无法在书店里找到一本关于情绪的书。此后，科学家才开始对这个题目感兴趣。1995年，随着美国人丹尼尔·格尔曼《情感智商》一书的出版，人们开始广泛关注情绪。情绪之所以重要，在于它能够决定我们的生活质量，这一点可以从以下几个方面得到印证。

1. 情绪影响你的幸福感

幸福的感觉通常是受情绪影响的，这是因为人的一切行为的改变都必须从自己的感受开始改变。请看：

外界刺激→想法→感觉（情绪）→行为→结果（幸福或不幸）

上面这个推论是什么意思呢？让我们举例说明一下，假设一个人失恋（外界刺激）后，他认为这是不好的事情，他觉得自己被抛弃了，从此将生活在黑暗之中，再也没有希望了（想法）。他感觉到沮丧（情绪），他把自己关在房间里，趴在床上哭，不和任何人讲话（行为）。久而久之，他变得内向、孤僻，不敢和异性接触（不幸）。不同的情绪状态会产生不同的行为，你自信时的行为会与自卑时的行为不同，在心情平静时的行为会和冲动时的行为不同，在沮丧时的行为会和兴奋时的行为不同，在大多数情况下，不同的行为会导致不同的结果。

我们都曾有过万事如意的时光，有时清晨起来就觉得神清气爽、精神饱满，对一切都充满热情，平日里棘手的工作也觉得得心应手，你微笑地面对周围的人，热情地投入生活，总之，你觉得一切都是那么美好。但是我们也有过完全相反的经历，有时会莫名其妙地感到情绪低落，被巨大的忧虑所包围，你无精打采，面对一大堆待办的事，却怎么也提不起精神，什么也不想做。平时做起来易如反掌的事，此时却感到举步维艰，有时竟然会突然叫不出一位熟悉的朋友的名字，或者突然忘了一个字怎么写，觉得整个生活都是灰色的。有时，自己自信、坚强、果断、快乐、兴奋、有激情；有时，自己却忧虑、沮丧、恐惧、悲伤。

之所以会出现这些差别，原因就在于我们处于不同的情绪状态。所有生活幸福的人，并不是因为他们比较幸运，而是由于他们都能够很好地控制自己的情绪，使情绪时常处于最佳状态。因此，从现在起，你要了解这两种情绪，并学会调整它们。

2. 积极情绪有利于你的健康

现代科学研究证明，情绪可以通过大脑而影响心理活动和全身的生理活动，从而影响我们的健康。积极的情绪能提高大脑皮层的张力，通过神经生理机制，保持人体内外环境的平衡与协调，消极情绪则严重干扰心理活动的稳定，致使我们的体液分泌紊乱，免疫功能也随之下降。

积极情绪是身心活动和谐的象征，是心理健康的重要标志。一项心理学研究发现，对自我前途和未来持冷淡态度是身体健康不良的预兆。有一位外国流行病学专家断言，长期持有这种绝望意识的人，其死亡率高于心脏病、癌症和其他病因造成的平均死亡率。这说明，乐观态度对健康大有裨益。

积极情绪能使人的大脑处于最佳活动状态，能充分发挥有机体的潜能，提高活动效率，使人精力充沛，食欲旺盛，睡眠安稳，充满生机与活力，从而增强对疾病的抵抗能力。英国著名科学家法拉第，年轻时由于工作紧张，造成神经失调，身体虚弱。后来他不得不去看医生，而医生却没开药，只说了一句话："一个小丑进城，胜过一打医生。"法拉第仔细琢磨，悟出真谛。从此他经常抽空去看戏剧、马戏和滑稽戏，不久健康状况大有好转。

因此，要想保证身体健康，我们必须要学会控制不良情绪。

3. 负面情绪容易导致疾病的发生

负面情绪是引起身心疾病的重要原因。它一旦产生，一方面会引起整个心理活动失去平衡；另一方面则导致生理方面的一系列变化，如脸色苍白、心跳加速等。早在两千多年前，我国古人就有"怒伤肝""思伤脾""忧伤肺""恐伤肾"等说法。古往今来，因情绪过激而致死的故事也不少，英国著名生理学家亨特，天生脾气急躁，他生前常说："我的命迟早要葬送在一个惹我真正动怒的坏蛋手上。"结果，在一次会议上，"坏蛋"出现了，他盛怒之下，心脏病猝发，当场身亡。

人在负面情绪的笼罩下，意识会变得狭窄，判断力、理解力会降低，甚至会失去理智和自制力，造成正常行为瓦解，人际关系失调，目标混乱，免疫力下降，从而导致疾病的发生。

美国的自我管理专家杰克迪希·帕瑞克总结出了一些负面情绪可能引发的疾病，请看下页表。

情绪影响着一个人的幸福感，也影响着一个人的健康。遇到不顺心的事，可以用积极的情绪自救，积极乐观地看待事情。一个会控制自己情绪的人即使面对困境，也依然会获得幸福，摆脱各种疾病的困扰，从而保证身心健康。

负面情绪	可能引发的疾病
愤怒、怨恨	皮疹、脓肿、过敏、心脏病、关节炎
困惑、沮丧、气恼	感冒、肺炎、呼吸道不畅、眼鼻喉不适、哮喘
焦虑、烦躁	高血压、偏头痛、溃疡、听力障碍、近视、心脏病
愤世嫉俗、悲观、厌恶、恐惧、愧疚	低血压、贫血、肾病、癌症

负面情绪对人的影响

负面情绪是快乐的杀手，对人的身心健康会造成不同程度的伤害，具体来说，负面情绪对人的影响有哪些呢？

1. 阻碍自身的发展

长期的情绪恶劣，会妨碍个体正常的心理功能，如记忆、思考的能力，同时导致社会功能的下降，如上学、上班、社交能力削弱。

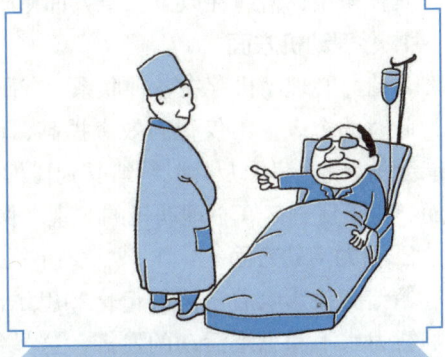

2. 负面情绪影响身体健康

情绪在一些躯体疾病中，起着重要作用。而人的疾病状态，反过来也可引起情绪变化，两者互为因果。

3. 不利于家庭和工作

当员工带着不良情绪回家后，配偶不得不容忍对方的懒散表现，就会增加夫妻间的矛盾，也会影响配偶在工作中的表现。

情绪对认知和行为的影响

人们经常爱拿这样一个实验展现情绪的力量：水平差不多的两班同学在即将参加一个大型竞赛时，老师对其中一个班的同学大加赞赏，认为其一定能在竞赛中取得好成绩，这个班的同学在得到鼓励和认可之后非常高兴；而老师则对另一班的同学表现出比较担忧的样子，老师的否定让班里的同学垂头丧气。最后的竞赛结果也可想而知：得到鼓励和赞赏的班级取得了非常好的成绩，而被否定的班级成绩则是一塌糊涂。

情绪具有一种神奇的力量，这种力量可以影响甚至左右一个人的认知行为。比如在你情绪好、心情愉快的时候，你的办事效率就会高，做事情就比较顺利；但是在你情绪低沉、心情抑郁的时候，你会觉得思路阻塞，任何事情都进展迟缓。

情绪就像是我们精神的感知棒，它时时影响甚至左右人的认知行为。我们每做一件事、每说一句话，都受到一定的心理状态和心理活动的影响和制约，尽管有时候我们觉察不到。

具体来说，情绪在以下三个方面影响并左右着人的认知行为：

1. 心理动机方面

情绪与心理动机存在各种联系。有研究表明，良好的情绪能增强人的心理动机，因为此时的个人，不仅行为效率提高，而且相信自己可以把事情圆满完成，这种状态能激励人的行为。反之，情绪受到压抑，行为效率受到阻碍，心理动机也因此减弱。因而，为了促进良好心理动机的实现，保持较佳的情绪也显得非常重要。

2. 智力活动方面

情绪直接影响着个人的记忆和思维活动。心理学家丹尼尔·戈尔曼指出，情绪影响智力水平和思维活动的发挥，这是每个老师都知道的。学生在焦虑、愤怒、沮丧的情况下，根本无法学习。事实上，任何人在这种情况下都难以有效地从事正常的工作和学习。

3. 人际交流方面

情绪是人际交流的重要手段。人们通过自己的面部表情、身体动作以及语言声调等表达自己的看法或者观点，如高兴时笑，痛苦时哭，发怒时横眉立目、握紧拳头，等等。在所有情绪表达中，微笑是最有利于人际交流的一种情绪表达，它能拉近沟通者之间的距离，增加亲和力，促进沟通的顺利开展。

情绪对人们的心理动机、智力活动以及人际交流产生这么重要的影响，那么面对情绪变化，我们应该培养自我的心理调节能力，这种心理调节能力是一种理性的自我完善，在实际行为上主要体现为强烈的意志力和忍耐力。它使人以平和的心态来面对人生的起起落落，保持与他人交往时的淡定从容，也能促使自己的身心配合默契，做什么事情都得心应手。

当然，在生活中的每个人都具有不同的能力，或富有自信、勇气、冷静、理性，或富有决心、创造力、幽默感等，实际上，这些能力都是个人内心的一种感觉。当人们没有这些良好感觉的时候，即使具备知识、技能等资源，也不能很好地运用它们，或者根本不去运用它们。

因此，在面对情绪影响甚至左右个人认知行为时，学会控制自己的情绪是个人成功的要诀。那些情绪健康的人，往往神采飞扬、激情澎湃，他们肯冒险、爱创新，善于把握生命中出现的每个机遇，从而让人生处于一种最佳的竞技状态。反之，情绪低迷的人，竞技状态比较差，也更容易遭到失败。

情绪对人际关系的影响

人际关系取决于一个人情绪表达是否恰当。正确的情绪表达可以增进彼此的关系，拉近彼此的距离。

倘若常在他人面前任由负面情绪决堤，丝毫不加控制，如乱发脾气，久而久之，别人会视我们为难以相处之人。

若常面带微笑、多赞美他人，以亲切态度与别人和谐相处，人际关系自然会逐渐改善。

所以，在人际交往时，我们应该善于控制自己的情绪，尽量表现出积极情绪，让人际关系更加和谐。

世上有许多事情的确是难以预料的，情绪的波动在所难免。但是，不管我们面对怎样的境遇，都要调节好自己的情绪，既不要自暴自弃，也不可盛气凌人，以宽容豁达之心来面对这个世界，不要让情绪成为成功路上的绊脚石。

好心情对健康的积极效用

让自己保持愉快的心情是保持人体内分泌平衡的最佳方法。健康的情绪，比如平和镇定、乐天知命、勇敢坚定以及愉悦，都会刺激脑下垂体分泌激素以达到最佳激素平衡。这种平衡所产生的效力可能比世界上的任何药物都更加理想。

在1934年抗菌剂发明以前，曾经有个男人出现了肾脏感染。当时这还是一种很严重的病症。他脾气暴躁，时常有不满情绪。他的病情越来越严重，而那些不良情绪刺激了他体内肾上腺皮质激素的分泌。

不久，这位患者遇到了一位巫医。这位巫医让他的情绪变得愉悦起来，让他对生活充满了热情、希望和信心。后来，内分泌平衡在这个男人体内形成了最佳保护，体内的自我免疫系统是那个时代唯一的治疗手段。于是，他逐渐痊愈了。

其实，身体本身就能够治疗疾病。保持正面的情绪，给身体以正面的刺激，可有益于健康。不论通过何种形式，只要情绪得以改善，就会有同样良好的效果，比如，进行一次浪漫的恋爱。

有一个身患绝症的人，死神已经向他招手了，他几乎可以听见黄泉路上的潺潺流水声了。但他不想死，真的不想死。

忽然，有一天，他在医院门口看见了讣告。过去，他从未留意过医院门口的讣告。而这一次，讣告磁石般地将他吸引了。于是，他每天都到医院门口看讣告，看谁又被贴出来了。

一个又一个名字。有些是他很熟悉的：熟悉他们的音容笑貌，熟悉他们的家庭子女。于是，他开始一笔一画地抄写讣告。日积月累，他抄写了厚厚的一个本子。有这么多人，在前面走了，自己对死亡，还有什么可惧怕的呢！讣告上那些沉痛的词语感染着他，燃烧着他。燃烧过后，他的内心反倒平静下来了。如果有一天，自己的名字真的被加上了黑框，真的被写到讣告上了，应该是一件很平常的事情。

闲下来的时候，他开始整理那些讣告。他将每一条讣告整理成文辞精美的散文。他歌颂死者，超度死亡，心里没有一丝倦怠和杂念。

他有一个朴实的想法，写够99个人，然后就停笔，将第100个位置留给自己。虽然，他不知道，有谁会把他当作第100个逝者来写。他的心情很好，因为有99个人在另一个世界等着自己，还有什么可留恋的呢？

第100个死亡的人，他希望是自己。

情绪健康的标志

情绪健康是心理健康的重要标志,情绪健康的标志大致分为以下几种:

1. 情绪是由一定原因引起的
   一定的事物引起一定的情绪是情绪健康的标志,并且情绪具有一定的稳定性。

2. 心情愉快
   总体上积极情绪多于消极情绪。心情愉快是心理健康的重要标志。

3. 情绪能自我控制
   一个心理成熟的人,并不是没有消极情绪,而是善于调节和控制自己的情绪。

可是，上帝一直没有露面。

后来，有一天，他打算给自己写的那些文章编号，排查一下自己的写作数量。让他吃惊的是，他写的文章，已经超过100篇了。也就是说，他已经与死亡擦肩而过！

第100个逝者，不是自己！

他喜出望外，泪流满面！

医生不相信这个奇迹。医生说："如果真是这样的话，我直接给每个绝症患者开具《死亡通知书》好了，让患者与死神零距离接触！"

后来，他依然心情很好，每天跑到医院门口，抄写讣告，然后，回家整理成文章。

用正面情绪赶走了死亡，让自己健康地活着，可见保持良好的情绪对我们的身心健康异常重要。生活中，我们难免会遇到困难或险境，从而产生烦恼、痛苦、忧伤、愤怒等各种各样的消极情绪。我们要采取适当的方法宣泄不良情绪，重拾一份平和、快乐的心情，保持健康的活力。

有这样一个笑话，说人生有四大悲：久旱逢甘霖，一滴；他乡遇故知，债主；洞房花烛夜，情敌；金榜题名时，重名。本来是四件让人生大喜的事情瞬间变成大悲的事情，仅仅就是因为多加了两个字，其实也是因为最根本的两个字发挥了作用——心情。心情好了，看到任何事物都感到愉快；心情不好，即使是快乐的事情，也能品出悲苦的味道来。所以，在我们本就很忙碌的生活中，不妨开心一下，保持轻松愉快的好心情，才能开心健康地活着。

心情的颜色影响世界的颜色

生活的现实对于我们每个人来说都是一样的。但一经个人"心态"的反射以后，情绪就会折射出不同的色彩。正如太阳本一色，但是却由频率不同的七种颜色组成，当你的心态是红色，反射出的情绪就是红色；当你的心态是蓝色，反射出的情绪也就是蓝色。我们的心里承载着不同颜色的事实、环境和世界。心态改变，情绪也会随之改变，从而使得情绪的不同反应产生不同心理表现。心里装着哀愁，情绪就会低迷，眼里看到的就全是黑暗，只有抛弃已经发生的令人不痛快的事情或经历，才会迎来好心情。

有一天，詹姆斯忘记关上餐厅的后门，结果导致早上三个武装歹徒闯入室内抢劫，他们要挟詹姆斯打开保险箱。由于过度紧张，詹姆斯弄错了一个号码，造成抢匪的惊慌，开枪射击詹姆斯。幸运的是，詹姆斯很快被邻居发现了，送到医院紧急抢救，经过18个小时的外科手术以及长时间的悉心照顾，詹姆斯终于出院了，但还有块子弹碎片留在他身上……

事件发生6个月之后，詹姆斯的朋友问起抢匪闯入时他的心路历程。詹姆斯答道：

"当他们击中我之后,我躺在地板上,想我有两个选择:生或者死。我选择活下去。"

"你不害怕吗?"朋友问。詹姆斯继续说:"医护人员真了不起,他们一直告诉我没事,要我放心。但是在他们将我推入紧急手术间的路上,我看到医生和护士脸上忧虑的神情,我真的被吓到了,他们的脸上好像写着:他已经是个死人了!我知道我需要采取行动。"

"当时你做了什么?"

詹姆斯说:"当时有个护士用吼叫的音量问我一个问题,她问我是否会对什么东西过敏。我回答:'有。'"

"这时,医生跟护士都停下来等待我的回答。我深深地吸了一口气喊道:'子弹!'等他们笑完之后,我告诉他们:'我现在选择活下去,请把我当作一个活生生的人来开刀,而不是一个活死人。'"

好心态决定好生活

什么样的心态决定什么样的生活,如果一个人对生活抱一种达观的态度,就不会因不如意的事情激发负面情绪。

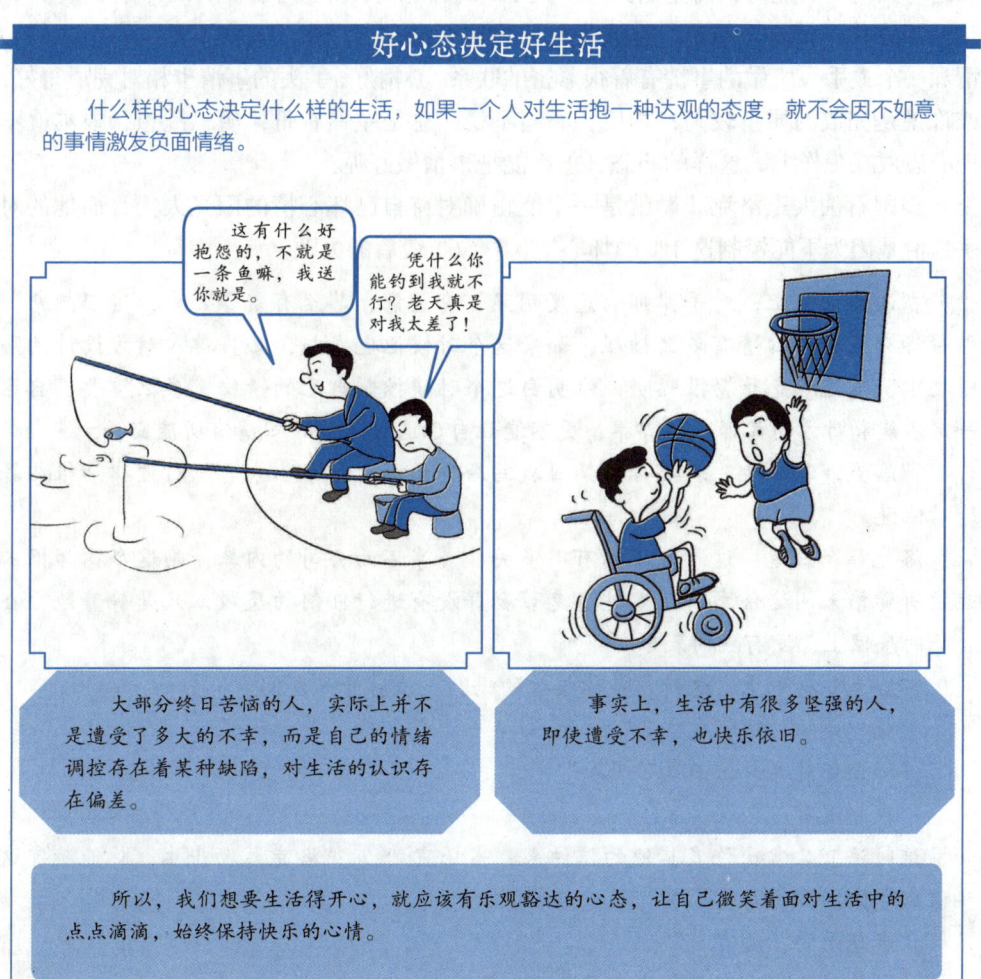

大部分终日苦恼的人,实际上并不是遭受了多大的不幸,而是自己的情绪调控存在着某种缺陷,对生活的认识存在偏差。

事实上,生活中有很多坚强的人,即使遭受不幸,也快乐依旧。

所以,我们想要生活得开心,就应该有乐观豁达的心态,让自己微笑着面对生活中的点点滴滴,始终保持快乐的心情。

詹姆斯能活下来当然要归功于医生的精湛医术，但同时也归功于他令人惊异的情绪状态。我们从他身上学到，每天你都能选择享受你的生命，或是憎恨它。这是唯一一项真正属于你的权利。没有人能够控制或夺去的东西，就是你的态度。如果你能时时保持好的心情，你强大的情绪力量会让很多困难的事情变得容易许多。

心情的颜色会影响我们看世界的颜色，也就是影响外界刺激下的情绪。充满着欢乐与战斗精神的人们，永远带着欢乐生活，无论生活是雷霆还是阳光。

1% 的坏心情导致 100% 的失败

生活中，我们经常见到有人因情绪失控而乱发脾气，也经常看到有人因为发了脾气而把事情搞得一团糟，其中的原因不是这个人的工作能力不高，更不是这个人缺乏与人沟通的能力，而是因为这个人 1% 的坏心情，导致了最后 100% 的失败。

或许你不信这个结论，也或许你认为这么说有点夸张。其实不然，一个人的心情和一个人手头所做的事情有着很紧密的联系，心情好，手头的事情也相对完成得好，或许说是完成的质量较高；相反，心绪不稳，总是左顾右盼，胡思乱想，根本就不把心思放在工作上，这样的心态又怎么能把事情做好呢？

美国石油大王洛克菲勒就是一个能正确对待自己坏心情的阳光人士，而他的对手恰恰是因为不能控制这 1% 的坏心情，导致了最后的失败。

在法庭询问上，对手律师的态度明显怀有恶意，甚至有羞辱之意，可以想象，当时洛克菲勒的心情有多么糟糕，如果这个时候他也发怒，必将掉入对方设计的陷阱之中，不过洛克菲勒很聪明，他明白这个时候控制自己的情绪有多么重要，自己一定不能和对方的律师一样鲁莽，更不能让自己这种气愤的心情有所流露。

"洛克菲勒先生，我要你把某日我写给你的那封信拿出来。"对方律师很粗暴地对他说。

洛克菲勒知道，这封信里面有很多关于美孚石油公司的内幕，而这个律师根本就没有资格来问这件事情，不过洛克菲勒并没有进行任何的反驳，只是静静地坐在自己的座位上，没有任何表示。

"洛克菲勒先生，这封信是你接收的吗？"法官开始发问。

"我想是的，法官先生。"

"那么你对那封信回复了吗？"

"我想没有。"

这时法官又拿出许多其他的信件来，当场宣读："洛克菲勒先生，你能确定这些信都是你接收的吗？"

"我想是的，法官。"

"那你说你有没有回复那些信件呢？"

如何发泄不良情绪

既然好心情对健康有利,那么当我们有不良情绪的时候就应该合理发泄,应该怎样合理发泄自己的不良情绪,从而让自己拥有一个好心情呢?

1. 在适当的场合哭一场

很多时候不必压抑自己的心情,可以在自己的房间关起门来痛哭一场。

2. 进行剧烈运动

剧烈的运动是个很好的发泄途径,通过运动可以把自己的不满、愤怒等统统发泄出来。

3. 放声歌唱

这个方法跟大声呼喊一样,可以达到发泄的作用,大声唱歌之后心情会轻松许多。

上面都是自己可以完成的方法,当然,如果自己不适合上面这些发泄方式,也可以找好朋友倾诉,只要说出来,心情就会轻松。

"我想我没有，法官。"

"你为何不回复那些信，你认识我，不是吗？"对方律师开始插嘴。

"是的，当然，我想我从前是认识你的。"

至此，看到洛克菲勒丝毫不动怒，像什么事都没发生过一样。对方律师心情已经坏到极点，甚至有点开始暴跳如雷了，而洛克菲勒还是坐在那里纹丝不动，似乎眼前的事情根本就没有发生过，全庭寂静无声，除了对方律师的咆哮声。

最后对方律师因为情绪失控，在法庭上说漏了嘴，最终结果可想而知，洛克菲勒不仅赢得了官司，还在美国人眼中留下了一个很优雅的形象。

这位律师因为自己的暴怒情绪，而将自己弄得方寸大乱，很多言行都被情绪控制，而不是头脑控制，这时的他就像一个提线木偶，情绪受对手也就是洛克菲勒所影响，坏心情一点点扩大，最后输了这场官司。

生活中有太多这样的例子，由于自己不懂得控制坏情绪，最后酿成难以挽回的错误。情绪的负面力量可见一斑。

当然一个人也不能像一根木头一样，没有情绪，没有思想，不可能永远都不发怒，不可能永远都能心情很好地走进每天的生活。可是当你真正发怒的时候，你试想这样会发生什么样的后果；这样到底会不会损害你的利益，会不会动摇你在别人心目中的地位，如果你能真正意识到这一点，真正明白发怒只能把事情搞砸，而绝对不能把事情完美解决的话，你肯定就会好好地约束自己的情感，好好地控制自己的情绪，这样也就能和石油大王洛克菲勒一样，轻而易举地打败对方。

第四章

提升自我认识，摆脱情绪负债

情绪债务从童年开始产生

现代社会对情绪发泄的限制，使人们从小被迫背上情绪的债务。尤其是童年时候的情绪负债，它可能是人类潜意识中最长久的阴影，会持续影响一个人的一生。

虽然刚出生的小孩不会说话，无法表达情绪，哭和笑的情绪是最自然不过的，大家也对小孩抱有最大的宽容之心，不会因为他淘气而去打骂他，但等到孩子可以听懂大人说话时，家长便会以不许哭之类的话吓唬孩子，在这个时候，孩子就已经背负着情绪债务了。

从小时候家长对孩子哭闹的教育，到长大后学校里老师对孩子的教育，以及家长的监管，一个孩子在"教育过程"中的情绪负债呈现逐渐上涨趋势。例如，一个孩子考试后回家，妈妈会问他考了多少分，假如没有考到满分，家长就会责怪他不好好学习，从而他便会认为在应试教育的过程中只有考了满分才对，但由于自己会出现各种失误，情绪会变得越来越紧张，以至于每次考试都害怕，压力过大就会形成"考前综合征"，甚至还会想到作弊。如果在教育过程中家长不是这么重视考试的结果，他恐怕不会想到用作弊去赢得高分。

其实，应付考试只是情绪负债导致的后果中最直接的一个。如果在教育中父母、师长、领导仍然一味刻意地追求好结果而忽视人性的本来弱点，就会导致孩子为了逃避责罚，慢慢学会撒谎和伪装自己。长大之后为了面子，更会不择手段，这才最可怕。这样的情绪负债会严重地扭曲一个人的人格。好的老师、好的家长应当让孩子的情绪得到正常的发泄，要在言行之间教会孩子真诚地做人。

另外，在教育过程中，情绪的负债容易导致我们的思维被严重禁锢。如果家长给孩子的教育标准是正确的，那么孩子的情绪在正确标准的范围内可以自由自在地发展自我。但是，倘若这个标准本身就有问题，违背人类发展的自然天性，甚至扭曲人性，则会导致被教育者的情绪负债。

现代教育中提倡素质教育，提倡新课改，其实，这都是在扭转以往教育导致的情绪负债问题。以前的教育一味进行满堂灌，吃大锅饭，其实每个孩子都是独一无二的个体，但老师却用整齐划一的方式去进行填鸭式的教学，扼杀孩子的创造性思维，这一类不符合孩子天性的教学方式就禁锢了他们的思维。在长期的伪装和压抑下，孩子从小就失去了充分表达自己的能力和权利，这对个人身心来说是一种情绪压力。我们都知道把所有的话都讲出来会很痛快，但都害怕直接说出来会造成局势的紧张，影响到周围的人、事、物与自己的关系，于是，不得不伪装自己。其实，这正是造成情绪负债的根源所在。

孩子情绪债务的积累

婴儿想哭就哭，想笑就笑，但是孩子长大一点之后，便会意识到大人对自己情绪的教育，开始知道自己需要隐藏起部分情绪。

比如，一个小孩摔倒了，即使很疼，但如果只有他自己在场，便不会哭。他已经知道哭要哭给别人看。

怎么没人过来呢？

有没有摔疼啊？

等到大人看到之后询问时，他才会哇哇大哭。

假如一直没有人看，他会一直压抑着自己的情绪，在小小的行为过程中便学会扭曲自己的感受，情绪负债由此开始累积。

情绪负债多半由自己造成

对于人的来源一说，中西方各有说辞。在西方，人们认为世界上有上帝，人类是上帝的孩子；在中国，人们认为人类是女娲创造出的孩子；达尔文从科学的角度解释道：人类是动物进化而来的。尽管对于人类的起源有各种各样的说法，但今天的我们，其实是先天影响和后天作用共同形成的社会中的人。其中，后天的影响是人们情绪产生、表达的重要因素。

人的心理结构大致都是相同的，都有喜怒哀乐的情绪。但是人生经历的不同，导致每个人心理形成因素不同。这就是为什么有人说"相由心生"，人在儿童时期都没有多大差异，除了先天的相貌之外，作为孩童都爱玩、自由自在、无拘无束，不过，随着年龄的增长，人与人之间的差异逐渐显现。

20岁的年轻人永远装不出60岁老人的儒雅和智慧，60岁的老人也不会有20岁的年轻人的活力和激情，这是必然的。然而，林肯总统评价一个人的时候说，一个人30岁之后就应该对自己的相貌负责。这其实是对个人修养提出的要求，尽管先天外在条件无法改变，但我们可以通过对后天素质的培养来展现自己的个人魅力。这就要求我们对个人情绪加以主观调控，而不能随意地发泄。

情绪是自然本能的感情反应，应当自由自在地去表达，想哭就哭，想笑就笑。只是，人生于社会、长于社会，发泄情绪的前提是要考虑到自己情绪发泄的时候别人的感受，恰当地去表达。

现实中的人要受到社会的种种限制，无法做到真正的无拘无束。孔子所说的"不逾矩"，就是指一个人在行为处事中不能违反规矩。为什么人比其他动物高明，却要在现实中如此羁绊自己的情绪呢？为什么需要上学、受教育、压抑自己的情绪呢？

仔细分析一下，完全的自由是不存在的，有限度的自由是对自由的最大保证。教育中的条条框框可以避免情绪的发泄失控，没有这种限制反而让人体会不到自由的美好。当在情绪的生成和表达过程中人们逐渐解除这些限制时，情绪负债就会慢慢解脱，这其实是一个螺旋式上升的发展过程。人们在情绪的负债过程中，一方面逐渐受到压抑和限制，这可以防止情绪的不合理发泄；另一方面，在逐渐摆脱这种压抑和限制的过程中可以使情绪获得更大的发泄空间。这正是人们走向自由的痛苦却又必需的过程。

在生活中，每个人都需要担负起自己的责任，履行属于自己的义务。对于情绪的负债亦是如此，我们必须对自己的情绪负债负责，而不能去逃避情绪或是随意发泄情绪。这是生活在社会中的人应有的底线。

三种因素造成情绪负债

人从小就背负着很多情绪上的债务，童年时期父母的影响，青年时期老师同学的影响，这些都有可能成为我们的情绪来源。生活是喜怒哀乐的总和，只有找到了负面情绪的来源，才能及时将其摆脱，塑造适合个人发展的正面情绪。由此，本节将从性格方面来分析情绪负债的来源。

情绪负债的产生主要源于人的三种性格：一是依赖型性格，二是矛盾型性格，三是竞争型性格。

首先来谈谈依赖型性格。依赖型性格主要是指缺乏独立性，喜欢顺从别人的意志，没有主见的一种表现。这种性格的产生，往往是由于小时候父母对孩子的过分宠爱，凡事代劳造成的。家长对孩子的爱护、保护过分严重，以致孩子享受着种种依赖的感觉，而独立能力却没有发展起来，自己和生活没有广泛地进行接触接轨，生活空间狭窄，兴趣单调，意兴懒散。他们总是等待，不会自己安排生活。有这种性格特点的人心目中总有个权威、有个家长，等待他们安排一切，因为从小就是这样。

有个高中生，他的爸爸是个军人，家庭教育也比较严格。从小到大，无论他做得多好、多么优秀，他爸爸从来不当面表扬他，只是说让他不要太骄傲自大。但在外人面前，谈起自己的儿子时爸爸却很高兴。记得有一次，儿子又考了全校第一，当他高高兴兴地回家把这个好消息告诉爸爸时，却没想到爸爸眼睛一瞪，说："看你，取得一点成绩就高兴成那样。"当时，他只觉得很委屈，跑到一边偷偷哭了很久，甚至还有些恨他爸爸。再长大一些，他已经知道爸爸的用意，只是他的性格已经养成。他已经形成了一种对爸爸的依赖，大事面前总是不果断，总想着会有两全其美的办法，认为这样可以少挨点骂。关于别人对自己的看法，他也特别在意。

从以上这个例子可以看出，孩子如果从小受到很严格的家庭教育，那么，他会一贯保持严谨、谦虚、谨慎的态度，为了保持判断事物的正确性，他就必须要反复考量，所以很容易产生情绪上的问题。一旦不这么做，自己就生怕会受到责备。长大以后，做事情可能就会为了得到两全其美的效果而优柔寡断、犹豫不决，严重一点甚至会产生焦虑情绪。

其次，是关于矛盾型性格。人本身是矛盾的，这句话没有错，但是如果人时时刻刻都处于一种显而易见的矛盾中，那么很容易背上情绪负债。

矛盾型性格的根源常常在于自我，具有这种性格的人总是以一种怀疑的态度看待周围的一切，总是在对与错、好与坏之间徘徊不定，情绪也随之不稳定地起伏。他们有的时候也明白事情的缘由到底如何，但却总是怀疑自己的判断，害怕做出错误的抉择，常常犹豫不定。这同样是一种性格缺陷，使他们不得不背上情绪负债。

这种矛盾型性格同样是源于小时候大人管教上出现偏差，不愿意肯定自己的孩子，而是以批评和怀疑的态度对待孩子，在这种成长环境下长大的小孩，会对自己缺乏信心，对自己的判断缺乏自信，产生许多负面的情绪。但是，矛盾型性格也是能逐步改善的。

最后，是关于竞争型性格。现在是一个竞争的社会，提倡要有竞争意识，竞争本身并不是什么坏事。但竞争也会给我们的情绪带来很多负面的影响，譬如，某些竞争，特别是互相攀比，其实本身是毫无意义的，但是却会让我们产生情绪负债。一旦看到比我们能力强的人，心里就立刻不平衡了。还有些人更为严重，互相攀比票子、车子、房子，甚至攀比父母的工作，似乎没有这些东西，或者在这些方面比不过别人，自己就会低人一等，比不上别人会产生自卑情绪或嫉妒情绪，超过别人又会产生自满情绪或盲目情绪。

不管是依赖型性格，还是矛盾型性格，抑或是竞争型性格，三者都有各自的优

不良竞争——攀比的表现

攀比是指不满足于现状，不甘落后于他人而想追求拥有甚至超越他人的心理意识。具体来说主要表现为：

比物质

喜欢丰厚的物质享受，互相比较谁买的东西多、买的东西好等。

比家庭条件

很多孩子喜欢炫耀自己的家庭有多富有，互相讲爸妈的本事大，甚至不惜撒谎说自己的家庭条件好。

比排场

现在的家庭条件都普遍好了，很多孩子开始比排场，比如，比谁过生日请客请的多、比谁请客的饭店更高级等。

为了这些没有任何意义的攀比，许多人的情绪已经极度扭曲，负债已经非常严重。这种竞争不再是良性竞争，如果这种情绪负债从小就养成，实在是危害极大。

点和不足。要及时了解和熟悉自己属于哪种类型、是什么性格。而后，及时发扬自己的优点，改正自己的缺点，有针对性地摆脱掉情绪负债，才能获得情绪自由。

我们如何摆脱情绪负债

我们从小背负的许多情绪债务可能会影响我们的一生，情绪债务就像一把枷锁，无时无刻不在遏制我们的情绪。我们必须要学会摆脱情绪负债。情绪是个人的情感要素，需要依靠自己来摆脱情绪负债。自身需要做以下几个方面的改变：

第一，适当地控制自己的情绪。

适当，即既不能过分抑制自己的情绪，又不能让自己的情绪任意释放。因而，恰如其分地控制自己的情绪，既不要过分抑制，也不要任其释放，这样才能不会有过多的心理负担，情绪才能有所缓解。

第二，学会改变自己的想法。

其实，有时情绪低落只是因为受某种想法的影响。学会从相反的角度看问题，改变自己的想法，那么，情绪或许会由消极变为积极。例如，许多人去市场购物，基本上都是先问遍价格，再选择性价比较高的商家。当发现一个商家的同种商品比之前买的性价比高出很多，自己又会情不自禁地买下来。然后再好奇地问其他商家所卖的同种商品的价格，也许会发现还有性价比更高的商家。这时，你的心情也许会立刻变得非常懊恼，后悔自己急于购买。假如从另一角度来思考，也许自己所买的商品差价并不是很大，抑或质量要比价格便宜的同种商品好很多，并且早点买还可以节省很多时间。这样想想，或许自己的情绪就会好起来。想法改变，心情或许就能变好，情绪也会得到改善。

第三，遇到情绪问题多与人沟通。

很多人在背负情绪负债后，不愿意与他人沟通，其实和自己的朋友多聊一聊关于情绪的话题，有助于我们加深对情绪的理解，也有助于排解不良情绪。

例如很多人都有工作压力大、容易发脾气的情况，不如就约上三两个好友，把自己的压力和情绪大大方方地讲出来，你会发现，讲完之后感觉轻松多了，而且朋友们之间还能分享很多关于缓解压力的方法，下一次遇到相同的事情时，压力很快消除了，情绪也就不会积累了。

相反，那些不懂得与人沟通情绪问题的人，他们会越活越累，直到情绪负债把他们压得喘不过气来，其实，有情绪问题是正常的，没有人会嘲笑你。

想彻底摆脱情绪负债，就要学会做好以上三点。适当控制自己的情绪，避免在人际交往过程中出现很大的情绪波动，甚至形成心理性疾病。学会改变自己的想法，让自己在看问题、处理事情的时候产生积极的情绪，不钻牛角尖，不进入情绪低落的死胡同，经常与他人沟通。

适当控制自己的情绪

控制情绪,并不是指一味压抑自己的情绪,而是要把情绪控制在适当的范围内。

一方面,过分抑制自己的情绪而不释放,会造成情绪严重积压,到一定程度就会不可遏制地爆发出来。

另一方面,也不能随意由着自己的情绪,任其自由释放,不顾别人的感受,这样的人到哪儿都不受欢迎。

情绪管理不好的人,很容易导致交际障碍,从而产生很大的精神压力,甚至可能使人产生自闭症。所以,要学会控制自己的情绪。

第五章

提升认知更能拥有好情绪

厘清负面情绪的罪魁祸首

正所谓一千个人心中有一千个哈姆雷特,每个人在面对不同的事物时,就会产生不同的情绪和处理方式,这除了与每个人的学识、经历、习惯不同有关以外,还与每个人的信念有着密切的联系。一些不合理的信念容易使人产生情绪困扰。一旦这些不合理的信念持续时间过长,就容易引发情绪障碍。

小张是李局长的下属,有一次在街上闲逛时与李局长擦肩而过,李局长只是从他身边走了过去,并没有和他打招呼。于是小张诚惶诚恐,他想是不是李局长因为上次开会时的不同意见而怀恨在心,以后会不会故意跟他作对让他难堪。于是小张陷入焦虑的情绪中不能自拔。

同样的事情隔天又发生在了小王的身上,小王也是李局长的下属,与李局长在街上偶遇,李局长也是没有和他打招呼,小王想李局长估计是在思考其他的事情没有看到自己,或者是虽然看到了自己但有其他的原因才没有打招呼。小王的心情没有因为这件事受到任何影响,依旧开心地去做自己的事情。

上述案例中的事情颇为常见,对此,心理学上有这样一种解释:人们对事物的看法很多情况下与人的情绪及行为反应有着极为密切的关系,也就是说,一个人情绪的产生主要是由他的信念主导的。

在这一基础上,美国心理学家艾里斯提出的"情绪ABC理论"做了进一步的阐述:人们处理问题的方式与情绪应对方式由其持有的信念所决定。

人们的信念各不相同,根据信念对人们行为的影响,可以分为合理的信念和不合理的信念。合理的信念能够引起人们对事物适当、适度的情绪和行为反应;不合理的信念则会导致不适当的情绪和行为反应。当人们坚持某些不合理的信念,长期处于不良的情绪状态之中时,最终将导致情绪障碍的产生。那么,如何区分信念合理不合理呢?心理学家提出5条标准来区分这两者。

标准 \ 信念	合理信念	不合理信念
产生基础	客观事实	臆测成分
对自身影响	使自己愉快生活	使自己受情绪困扰
关于实现目标	更快实现目标	难以达到目标并因此苦恼
面对他人麻烦	不介入他人的麻烦、苦恼	介入他人的麻烦、苦恼
面对情绪冲突	阻止或很快消除麻烦	受情绪困扰时间长

根据这些标准，心理学家又归纳了以下十种常见的易导致各种负面情绪的不合理信念，以下列出来供参考：

第一种称为绝对化信念，表现为总是以自己为中心对事物发生或不发生怀有确定的信念。

第二种称为灾难化信念，表现为主观认为某件不好的事情会发生，并带来一系列糟糕甚至悲惨的后果，从而担心、恐惧、羞愧、自责。

第三种叫归己化，主要表现为把外界许多消极事件的原因归结为自己，而实际上跟自己并没有直接必然的联系。

第四种叫先知错误，表现为总是担心不好的事情要发生，然后把这种担心当作事实，扰乱自己的情绪。

第五种叫情绪推理，表现为"情绪决定一切"，总是把主观情绪当作自己判断事物的证据。

第六种称为消极推测，即前边提到的案例中小张的心理，总是主观臆想他人的心理，得出消极的结论，并对此深信不疑。

第七种称为贬低性信念，即习惯于对自己、他人或某个复杂的整体事物给予简单、负面的评价。

第八种是夸大与缩小，表现为对事物的判断总是不合时宜地夸大或缩小。

第九种称为过分概括化信息，即著名的白纸黑点理论，对于白纸上的黑点，总是只看到黑点，并且因此否定整张白纸，对自己对他人都如此。

第十种是极端化理念，以绝对的是非对错来看待一件事，没有中间地带，又叫完美主义，用全有全无的方式思考问题。

"合理情绪疗法"

前面已经提到不良情绪产生的根源在于不合理的信念，针对以上的各种不合理信念，艾里斯提出了"合理情绪疗法"，通过发现并改变不合理信念来帮助人们远离不良情绪。

认识到自身的不合理信念是实施上述过程的关键一步。认识之后还要准确地理解它们。

不断强化你的健康信念

每个人都曾有过矛盾的时候,左右权衡,思前想后,反复对比仍然犹豫不决。其实,这种时候是我们心里不同的信念在斗争。面对同一个问题,通常会有完全不同的信念产生。它们有时力量悬殊便会迅速结束战斗,有时却势均力敌,彼此互不相让,耗费了人们大量的精力。针对这种情况有没有什么好办法呢?这就涉及"健康信念"的概念,下面,让我们系统地认识健康信念。

通常来说,健康信念有三个特点,即与现实相符、合乎道理逻辑、可以产生正面积极的情绪和结果。相对应地,不健康信念的特点就是与现实不符、不合道理逻辑,而且通常导致负面、消极的情绪和结果。

有这样一则故事:

阿楠快要和自己的未婚夫蒋然结婚了,但是她却感觉不到快乐,有很多次蒋然想要了解阿楠为什么总是闷闷不乐,都被阿楠拒在自己的心门之外。

原来阿楠曾经结过一次婚,但是那次婚姻带给阿楠的都是一些非常痛苦的回忆。自己的前夫酗酒,有的时候还借着酒力打骂阿楠,酒醒后又什么都不承认,阿楠十分痛苦,每天都活在恐惧之中。后来,前夫背着阿楠和另外一个女人秘密来往,竟然瞒了阿楠有半年之久,当阿楠知道真相的那一刻,心都碎了。她本想通过自己的努力来唤醒沉迷于酒瘾的丈夫,不想丈夫却有了外遇。后来两个人离了婚,阿楠却久久不能从悲观情绪中走出来,直到现在的未婚夫蒋然的出现,阿楠才获得生活中的一点阳光。

可是现在的她惧怕再次走入婚姻,虽然她确信自己很爱蒋然,但是过去的记忆对她来说是个阴影。

后来阿楠找到了一个心理医生,心理医生告诉她无论怎样逃避和拒绝,终究不能改变已经发生的事实。

阿楠心里清楚,自己应当从心底接受过去发生的事情。她也知道未婚夫是怎样的人,不能将他和前夫相提并论。最后,心理医生帮助阿楠从以前那种不健康的信念中走了出来。

阿楠的经历告诉我们,拥有健康的信念并不困难,但当健康的信念力量弱小时,人们通常很难感知到它。

当不健康信念强大而对应的健康信念弱小时,即使它们同时被认可,不健康信念也很容易在博弈中暂时取胜。为了强化健康信念,有时需要有意识地辨析与总结健康的与不健康的信念。有意识地将健康信念与不健康信念进行对比,这样就会发现健康信念闪烁的智慧和人性之光。

国外心理学家研究发现,通常情况下,人们很难改变自己的不健康信念,虽然他们承认这些信念有害且并不合理,健康的信念才真实而有益。造成这一问题的关键在于,缺乏行之有效的方法使人们放弃不健康信念。

那么,如何让自己的健康信念足够强大?

举例来说，如果 A 同学总是会在考试到来的时候感到过度紧张与焦虑，这时就需要分析 A 同学对考试这一事件所持的信念。紧张与焦虑的产生多半是因为存在不健康的信念，诸如"每当考试来临，我总是觉得自己没有准备好，我会得一个很差的成绩，大家会耻笑我"，而这往往就是负面情绪产生的根源。针对不健康的信念，A 同学可以在复习的时候不断告诉自己："考试是检验学习成果的最佳机会，紧张是不可避免的，适度的紧张还可以帮助我超常发挥。而且即使考试失败了也没有关系，一次考试说明不了什么。我会再接再厉。"将这些话写下来，找时间大声地读出来，然后把它们贴在能够经常看到的地方。考试前慢慢回想一遍，可以有效缓解紧张和焦虑的情绪，这一过程需要不断反复、巩固，才能完全拥有健康的信念。

告别"灾难化信念"

生活并不是时时都会阳光灿烂，每个人都可能遇到阴霾。

"灾难化信念"是指一种消极的心理与世界观，其表达方式是"这件事如果发生了，将是一件非常可怕的事"。

"灾难化信念"的思维方式由以下两个部分组成：部分"灾难化"成分和完整"灾难化"成分。可以举例来分析，例如"这件事发生了是非常可怕的"这是"灾难化"信念，它其实是两句话："这件事发生了是令人沮丧的"和"因此，它是非常可怕的"。分解之后的第一句话是部分"灾难化"成分，而第二句则是完整的"灾难化"成分。

从句子的表达中我们就可以看出"部分灾难化"并不是极端的，只是表达了一种沮丧的、糟糕的感觉，由此并不能逻辑地推导出"因此，它是非常可怕的"的结论。而这恰恰就是灾难化信念的不合理之处，它从根本上违背了逻辑原则，基于一个并不极端的前提得出一个极端的结论。

灾难化信念造成了我们思维运转的一种不正常模式，每当这种模式发生之后，我们就会难以避免地陷入各种负面情绪中，然后周而复始地遭受这些负面情绪的折磨。

卡瑞尔是一位杰出的空气调节器工程师。他取得了很多成就，也曾有过失败的教训。一次，他在工作中发生重大失误，可能给公司造成巨大的损失。这一发现如同晴天霹雳，令卡瑞尔痛苦万分，巨大的挫败感让他彻夜难眠。

痛苦之后，卡瑞尔振作起来，他提醒自己，痛苦和后悔毫无意义，必须要有所行动。他强迫自己平静下来，最终找到排除忧虑、解决问题的方法。正是这个方法让卡瑞尔终身受益：

首先，静下心来，客观地分析整个事件，假设事件可能导致的最糟糕的结果，并找到自己所能接受的更为糟糕的结果。

其次，充分了解事件最坏的结果后，就要做好思想准备，勇敢地把它承担下来。对卡瑞尔来讲，这次失败虽然可能让自己失去这份工作。但谁没有不完美的一面呢？

运用"卡瑞尔公式"告别"灾难化信念"

"灾难化信念"是一种消极的心理,会影响人们的正常生活,因此,应该想办法改变这种信念,而"卡瑞尔公式"就是一种非常有效的方法。

告别"灾难化信念"并没有我们想象的那么难,只要我们开始行动,正面的情绪反应过程就会慢慢养成的,请相信自己!

工作丢了也可以再找的。当卡瑞尔这样想的时候，他的心理迅速发生了变化，负担与压抑没有了，取而代之的是轻松与快乐。

最后，说服自己，平静下来，将全部的精力用到工作上，尽最大努力挽回失败。卡瑞尔不断地实验以减少可能的损失，后来公司不仅没有受到任何损失，反而因此次事件赢利 1.5 万美元。

故事中的卡瑞尔所采用的方法就是后来帮助了无数人的"卡瑞尔公式"。虽然卡瑞尔也曾经陷入"灾难化信念"，痛苦、忧虑、夜不能寐，但是最终他走了出来，并成功化解了这一危机。那么，对一般人而言，应该如何克服"灾难化信念"呢？

摆脱"灾难化信念"的根本方法在于建立"反灾难化信念"。与"灾难化信念"不同，"反灾难化信念"是站在客观的角度来看待事件与问题，用积极的心态面对事件产生的后果，像卡瑞尔那样冷静地分析之后，采取积极的行动，最大限度地挽回可能产生的损失，从而避免陷入消极、沮丧等负面情绪之中。

通过分析"反灾难化信念"可以看出，它同样包括两部分，"部分灾难化"成分和非极端的"对灾难化否定评价"成分。由此可以看出"反灾难化信念"构成是合理的，它所包含的非极端的对灾难化进行否定评价的部分，与"部分灾难化"成分在逻辑上是一致的。

其表达方式是这样："发生这样的事情是糟糕的，但它不是不可接受的。"

用"反灾难化信念"替代"灾难化信念"，可以帮助人们更加客观、更加冷静地面对困境，实践起来可能会遇到各种困难，以下的几种思维方法或许会有帮助。

当我们真的按照以下方法来做的时候，就会发现它的奇特功效。

方法	举例
用"即使"代替"万一"	"即使这家公司不录取我，我还可以再找工作，而且很可能比这家公司更好。"
把事物放在长远的时间观念当中	"多年以后哪怕半年以后，这件事看起来就不再那么糟糕了。"
好坏参半的思维方法	"如果我真的丢了这份工作，我可以休息一段时间，然后再找一份更好的工作。"
将事物放在对比的观念当中	"跟那些很糟糕的事情比起来，这又算什么呢？"

续表

向他人学习如何面对糟糕的事	"他比我不幸多了,但依然乐观向上努力奋斗,我要向他学习。"
活在当下	"事情已经发生了,将会是什么结果谁也不知道,我唯一能做的就是把握好现在,尽全力改变我能改变的,接受我改变不了的。成功与失败都是人生的必修课。"

从"森田疗法"中学会接受一切

接纳性信念是日本心理学家森田正马提出的一种心理疗法,又叫"森田疗法",在20世纪后期的日本国内及北美非常流行。它强调,只有在真正完全地肯定并接受现实的基础上,人们才有可能对自身及周围的环境进行客观评估,并正确地回应现实。

森田正马对精神病患者进行了大量的研究,其中有一位患者由于总是沉溺于自己设想的失败后的状态之中,所以心理极为消极,同时自我评价很低,自卑感强烈。正是这个事例的发现,森田正马提出了"唯事实为真实"的心理疗法。

森田疗法的关键在于放弃虚幻想象的影响,只把事实作为思维判断与行动的依据。

举例来说,一名运动员得了铜牌,虽然也是巨大的成功,但他很可能会懊恼,因为金牌才象征着胜利。在这名运动员看来,他的脑海中所想的并不是这枚已经到手的铜牌,而是那枚没有得到的金牌。这就产生了问题,因为如果只想着自己没有得到的东西,怀着"如果下次还是只得铜牌怎么办"的心态去训练和比赛,那么即使下次得到了银牌,他仍然会沉浸在"为什么没有得金牌"的沮丧中,继而产生这种想法:"看来我不是这块料,再怎么努力也不会成功。"这些由自我否定、不愿接受现实引起的虚像会加剧他的怯懦与自卑情绪。

反过来看这个问题,如果这位运动员能换一种思路,不是否定铜牌,而是接受它、肯定它、欣赏它,告诉自己"这次是第三,下次就是第二,再下次就是第一"。如果能这样看待问题,就是一种健康、积极的心态,它可以导致人们产生继续努力下去的积极行为。

铜牌获得者的目标必然都是金牌。"我只为金牌而战"与"我得到了铜牌,距离金牌又进了一步",虽然只是一种思维方式上的不同,但表现出两种截然不同的信念——排斥性信念与接纳性信念。

排斥性信念是指试图改变现实或拒绝接受现实,将自己的意志强加于现实之中,坚持去追求自我欲望的满足。例如,一位小女孩想要一个新款的芭比娃娃,但父母却因其他原因给她买了另外一款，小女孩因此愤怒。为了威胁父母，她将买来的芭比娃娃扔在地上，自己坐在床边，屏住呼吸和父母生气，想要父母满足她的要求。结果，她的脸变成了紫色。不理睬父母，始终拒绝去关注墙角里那个崭新的芭比娃娃。这种信念便是排斥性信念。

相反，接纳性信念是一种积极的、灵活的认知方式。它建立在对客观事实的肯定与

接受的基础上，无论人们内心意愿如何，第一步都必须承认事实，完全地接受现实。

例如，羽毛球运动员在刚开始训练的时候都是通过发球器来练习接球。机器会依照设定的速度和频率自动射出一个个羽毛球，受训者的球技和训练情绪无法影响到发球器，发球器也不会按照受训者的需求改变发球的方向和速度。这时，教练通常会让受训者站在指定位置接球，不会要求必须做到某种程度的接球动作，更不会要求其接到发球机的每一个球。教练如此训练的目的在于告诉受训者，唯有在学会接受并适应对方特点及面对自身状况的基础上，才有可能寻求技能的提升。

接纳性信念对每个人都有重要的现实意义。但它不是天生的，只有通过后天练习才可以获得，以下介绍几种练习的方法。

方法	具体介绍
放松面部半微笑	当人半微笑时，面部肌肉自然处于放松状态，心情也会随之变得安详与平静。经常保持半微笑状态，有助于人控制情绪并养成良好的接受现实的心态。这种练习可以随时随地进行——可以在清晨锻炼的时候、听音乐的时候、烦躁的时候、干家务的时候，甚至躺在床上的时候进行。
关注自我呼吸	关注自我呼吸以达到静思练习的目的，关注自我呼吸的过程有助于帮助我们平静下来，接受与面对现实，同时也能减压放松身心。呼吸练习的方式很多，包括计算呼吸次数、测量呼吸频率、深呼吸练习、听音乐节奏呼吸练习，等等。
专注练习	专注练习，顾名思义，强调关注自己和周围环境，静心感受其中细节和细微的变化，这一练习可以有效帮助我们接受现实，寻找突破并最终渡过难关。

培养接纳性信念就是鼓励我们在面临困难的时候勇敢接受现实，将负面情绪拒之门外，并且以乐观的积极情绪奋勇向前，最终走向成功。

不断提高自我对挫折的认知

人生如江海行船，碰到风浪、暗礁在所难免。但是，如何在困境中调整心态，培养积极正面的情绪，最终迎难而上并取得成功呢？我们必须提高自我对挫折的认知。

当人们具备面对挫折时的承受能力时，也会在负面诱发事件面前产生诸如忧虑、悲伤等负面情绪，但这些负面情绪的强度和持续时间都是在健康的范围内。人们很

如何提高"逆境情商"

当你遇到工作上的困难和挫折时,你是否经常发出"我为什么总是这么倒霉"这样的感慨和抱怨?如果答案是"是的",那么,你需要尽快重视并在平日工作生活中努力提高你的逆境情商。

就咱俩倒霉,业绩下滑又不是我们的错,对不对?

这都是一周前的事了,这周通过努力我已经达到销售目标了。

1. 把焦点集中在问题的解决方法上,抱怨的时间你还不如用来努力思考怎样能把眼前的问题解决掉。

唉,又没有得到奖金!

不过我没有被辞退啊,这样一想也挺好的!

2. 凡事先看好的一面,再看不好的一面,这种思维方式能够帮助你在困境中忍耐,并且帮助你减轻一定的心理压力。

兄弟,别灰心啊。马上就能找个好工作。

马上能找到是不错,不过我想找个车上的,骑马还是不如坐车舒服,哈哈。

3. 学会幽默,幽默能力能够帮助我们在逆境中增添勇气和信心,也能感染我们周围的人。

快就可以调整自己的心理,冷静地看待眼下的挫折困境及目前可利用的资源,通过采取有效的行为来快速摆脱困境。这种能力心理学家称为"逆境情商"。

逆境情商高的人通常有着较强的意志力与抗挫力,表现为手术后康复快、在单位中升职升迁的速度也较快,等等。

在遇到挫折时,只要坚持按照下面的方法说服自己,就能慢慢提高自己的逆境情商。

1. 关于工作

"这份工作很辛苦而且回报不高,但它锻造了我坚强的个性,这会让我受益无穷。"

"人生是由喜欢的事情和不喜欢的事情构成的,而有些事情是非做不可的,对于非做不可的事情,试着去喜欢,可能会让我们更顺利地完成它。"

2. 关于人际

"得到上级的认可固然重要,但是没有得到也没有关系,证明我还有需要改进的地方。"

"得到所有人的喜欢不仅不可能,而且即使做到了也不会是件幸运的事,那会意味着属于自己的时间很少。"

3. 关于困境

"困境是暂时的,但是困境历练出的品格却是长久的,这样看来,逆境和挫折都是人成长过程中的挑战和机遇。"

"失败是成功之母,这一次的失败很可能意味着下一次乃至再下一次的成功。"

"我很想通过考试,但人生没有事事顺心的。"

总之,提高自身逆境情商,就能极大地提高我们抗外界干扰的能力,也就是古人所说的"不以物喜,不以己悲"的境界。只有达到这种境界的人才能秉持着自身强大的信念,获得最后的成功。

完美主义是一种情绪问题

在工作、学习和生活中,很多人总是希望在各个方面都做到最好,这是一种追求完美的心态,它会让我们认真对待自己所做的事情,也是一种积极的状态。但是如果事事追求完美,这种心态就足以让情绪失衡,也违背了"完美"的初衷,会造成适得其反的效果。

我们的生活中不乏完美主义者,他们追求完美,已经到了不能容忍自己身上出现失败或者挫折的地步。他们对事物、对自己有着强烈的绝对化要求,这些要求僵化而武断,他们通常这样要求自己:

"我必须要通过这次考试,必须通过。"

"我一定要出人头地,一定要让别人对我另眼相看。"

"这次谈判只能成功,不能失败。"

"这是我最后的机会了,无论如何我都要达到这个目标。"

但是在这种心理的不断强化下,情绪却起了反作用,将我们带到了一条相反的路上。

先看一个著名的案例:

华伦达是20世纪美国著名的高空走钢索表演者,但死于一次重大的表演事故。他的妻子事后表示那并不是没有征兆:"我知道这次一定要出事。因为那次表演有一个重要人物在场。"

原来华伦达在上场前不断告诉自己这次表演很重要,非常重要,只能成功,不能失败。大家都知道,高空走钢索是一种非常危险的项目,它要求表演者不仅要有过硬的技术,更要有过硬的心理力量作为支撑。之前华伦达表演的时候他只想着走钢索这件事本身,而最后一次这种"必须成功,绝不能失败"的心态使华伦达产生了巨大的心理压力,才导致情绪失控,在表演中失败身亡。这就是后来心理学界著名的"华伦达心态"。

"华伦达心态"就是完美主义者的极端表现,它包含了对自己的绝对化要求,这其实包含两部分内容——"部分的希望"及"要求"。例如我们前面举例的"我必须通过这次考试"其实是由部分希望的"我希望通过这次考试"(灵活的部分)和要求部分"所以我必须通过"(僵化的部分)联合构成的。

"部分希望"表达了人们的需求,人们希望得到的东西,仅此而已,从它本身并不能直接地得出"一定"或者"必须"这样的"要求"成分。绝对化要求的不合理之处就在于,它违背了基本的逻辑推理原则,总是习惯性地从灵活的"希望"的部分中推出一个僵化的"必须"的结论。

正是这种违背逻辑的推理让人们的思维变得歪曲,以至于不能正确评估事件本身及其产生的影响。一旦希望部分没有完成时,就会产生诸如嫉妒、抑郁、内疚等一系列的负面情绪,更进一步导致对事态毫无益处的行为,如逃避、报复甚至强迫作为等。

对此,我们只需要改变绝对化要求中僵化的要求部分,用"合宜的热切希望"来代替"要求"的信念。合宜的希望不同于强求,它是有弹性的,并不武断和绝对。仔细分析一下,也有两部分构成,是灵活的"部分希望"及同样灵活的"对要求的否定"成分。"部分希望"是灵活的,"对要求的否定"成分也是灵活的。

"合宜的热切希望"改变了绝对化要求中的绝对的要求部分,取而代之两个灵活的部分,是十分合理的。

举例来看:"我很希望完成这个目标,得到家人、朋友的认同,但我不是一定

如何克服完美主义

要克服完美主义,具体有以下几种方法:

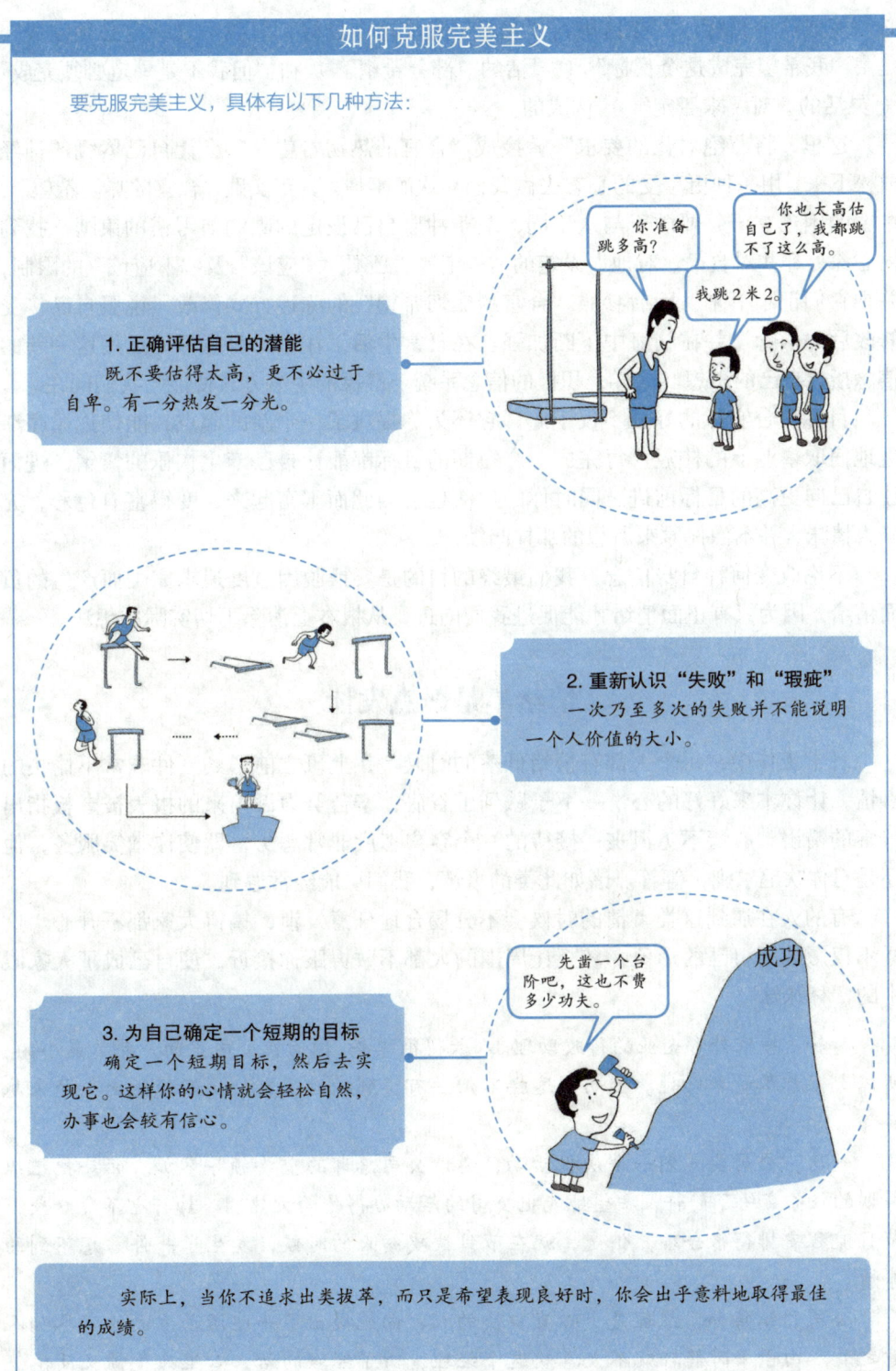

1. 正确评估自己的潜能
既不要估得太高,更不必过于自卑。有一分热发一分光。

2. 重新认识"失败"和"瑕疵"
一次乃至多次的失败并不能说明一个人价值的大小。

3. 为自己确定一个短期的目标
确定一个短期目标,然后去实现它。这样你的心情就会轻松自然,办事也会较有信心。

实际上,当你不追求出类拔萃,而只是希望表现良好时,你会出乎意料地取得最佳的成绩。

必须完成这个目标。"在这里,"我希望完成这个目标,但我不是一定必须完成"是由"我希望完成这个目标"(灵活的"部分希望")和"但我不是一定必须完成"(灵活的"对要求否定")构成的。

这里,将"绝对化的要求"替换成"合宜的热切希望",会让自己紧绷的神经放松下来,用一种更享受的心态去做我们喜欢的事情。真正实践"合宜的热切希望",主要的困难在于,要敢于与众不同,敢于冲破自己设定的限制与习俗的束缚。找到内心深处那些对自己、对他人设定的"一定""必须""应该"及"不应该"的限制,并把它们记录下来。而后参照"合宜的热切希望"的陈述方式修改,说服自己接受修改后的信念,并在脑海中不断加强。在日常生活工作中,有意识地运用这一新的信念指导自己的思想。这样,积极的信念系统与健康的生活方式便能与我们同在。

目标切合实际的好处不仅于此,它还为你提供了一个新的起点,能使你循序渐进地摘取事业上的桂冠。每完成一个短期的目标都能让自己产生快乐的情绪,进而让自己向更高的目标前进。同时你的生活也会因此而丰富起来,变得富有色彩,充满人情味,并不像你原来所想的那样暗淡。

不论改变何种自身信念,我们最终的目的是要摆脱因过度追求完美而产生的负面情绪,因为只有正面情绪才能促进我们前进,从根本上消除不切实际的想法。

情绪不是恶意发泄

日常工作中,每个人都有情绪低落的时候。在上班之前遇到一件非常不愉快的事情,让你本来好好的心情一下子跌到了谷底;辛苦努力做出来的报表被老板指出很多的错误,心情不免沮丧;接待的一个客户态度非常恶劣,即使你微笑服务,他还是对你吹毛求疵,等等。诸如此类的事情,我们可能经常遇到。

有的人在遇到这类事情的时候会不分场合地任意发泄,搞得大家都不开心。这样不仅影响了自己的形象,甚至让周围的人都不敢再跟你接近,使自己成了大家眼中的"林妹妹"。

静轩是一家外资企业的行政助理。人长得很漂亮,因为在公司里面是年龄最小的,所以大家都尽量帮助她。然而,这样不但没有得到她的感激,反而使她变得越来越娇气。

一次,公司要筹划一个庆祝活动,邀请公司总部的重要领导参加。领导把组织筹划的任务交给了静轩,希望她能把公司的活动办得体面又热闹。静轩也不负众望,节目流程安排得很合理。但是,就在节目快要结束的时候,发生了一件意想不到的事情。

公司的销售部门经理是个心直口快的人,向她提出了一些活动方面的不尽如人意之处。由于平时静轩就不太喜欢这个经理,听了经理的话,心里又气愤又反感,

如何控制自己工作中的情绪

不克制自己的情绪随便乱发脾气,只会让周围的人对你敬而远之,无法相互配合。那么,我们该如何控制自己的情绪呢?

这样僵持下去也不是办法,要不我先妥协吧。

首先,避免急躁情绪,培养自己解决问题的能力。

工作中遇到矛盾摩擦,不应该只考虑自己的委屈,而应找一个合理的解决办法。

其次,不要把生活中的不愉快带到工作中。

情绪需要合理宣泄,就事论事,不要因为一件事的情绪而影响所有事情的办理。不要混为一谈,更不要将个人私事与工作混为一谈。

最后,锻炼自己应对突发事件的能力。

工作中的负面情绪一般都是发生在出现问题之时,这时应做到冷静处理,从容应对。

我们应该用适当的方法宣泄自己的负面情绪,而不是将这样的情绪带到工作中,这样只会让事情变得更糟糕。

认为经理是故意针对她的，于是就和经理大吵了起来。经理也觉得委屈，自己明明是好意，竟然招来了一顿臭骂。俩人的吵闹惊动了参加活动的总部领导，于是，活动不得不中断。结局可想而知。静轩和经理吵闹让领导很下不来台，受到了公司领导的严厉批评。两人因为影响公司形象，受到了扣除三个月工资的处罚。

其实，生活中的小摩擦不可避免。只要相互谅解一下，更好地沟通，不愉快便可以避免。静轩的错误还在于，她没有分清场合，因为自己心里的不快，随意发泄情绪，进而影响到了公司的正式活动。这样做非常不得体，最终她也尝到了苦果。

闹情绪可以理解，但是要看在什么场合。如果是恋人之间，偶尔闹闹情绪反而会增加彼此的了解，使感情更加深厚。但是如果是在职场，闹情绪是绝对不被认可的。英国诗人、思想家约翰·米尔顿说："一个人如果能够控制自己的激情、欲望和恐惧，他就胜过国王。"

如果你无法控制你的负面情绪，那么不仅不利于你的事业发展，更不利于你在公司的人际关系。试想一下，谁会愿意跟一个不分场合闹情绪的人在一起工作呢？现代社会讲求的就是团队合作。没有人有责任或者有义务来忍耐你、迁就你。

不分场合地闹情绪只会耽误事情，并且弄得自己很疲惫。所以，不妨冷静下来，考虑一下事情的轻重缓急。最好不要把事件的不良影响扩大化。最好能够冷处理，而你的印象分也会大大增加。

有的人分不清工作和生活的界限，容易把生活中的小矛盾、小摩擦带到工作中来，或者把上一个项目的负面情绪带到下个工作中。这都是没有好好控制自己情绪的表现。针对客户的投诉，除了冷静处理之外，还要合理地安抚一下自己的心情，不要把不愉快带到接下来的项目中，否则会影响到下一个项目的进程。当你感到自己情绪消沉或者沮丧的时候，可以用转移注意力的方法改变它，比如出去散散步、听听音乐、做做运动；也可以向知心的朋友哭诉一下。你也可以写日记，或打个心理咨询热线，让自己的负面情绪宣泄出来。

如果你是一个追求事业进步的人，如果你想拥有一番成就，那么，从现在开始，不要随便闹情绪。需要注意的是，管理好自己的情绪，才有可能管理好自己的人生。

第二篇

失控的内心世界

　　重负荷的工作、居高不下的物价,诸多烦心事无时无刻不在搅扰我们的生活,因而产生的情绪也如天气般变化无常,一旦情绪发生波动,个人情绪就会表现出不同的内在感受。假如一个人负面情绪经常出现,而且持续时间较长,就会对自己产生负面影响,如影响身心健康、人际关系和日常生活等。那么,对于失控的内心世界,对于身处压力的现代人又该如何应对呢?

第一章
情绪爆发，人体不定时的"炸弹"

什么是情绪爆发

生活中，悲伤、愤怒、恐惧这些人体不定时的"炸弹"随时有可能会爆发。脆弱是情绪爆发者当时的特点，心理防线已经崩溃，所有情绪就不在自己控制范围内了。

碰到涕泪横流或暴跳如雷，或极度焦虑而接近崩溃的人时，你会怎么想？是替他们担心，想帮助他们，还是对此感到恼怒，不想被牵连？当你试着让他们静下心来时就会发现，这些办法却助长了他们的情绪爆发，尽管这些办法对那些理性的人有效。这就是所谓的情绪爆发地带。

那么，究竟什么是情绪爆发？

情绪爆发有着各种各样的原因。爆发可能来自危险、恐吓、痛苦、烦恼，等等。尽管起因和结果各不相同，但它们却有如下的共性：

1. 情绪爆发极为迅速

情绪爆发发生得极快，以致很难判断事态和思考应对的方法。速度之快往往让人认为情绪爆发是无法预知的，因为它们总是出现得非常突然。但是，这只是一种感觉，它并不能作为评判事实的最佳标准。

先冷静一会儿，使自己对事件的感知能力放慢下来，这样有助于了解起因和结果之间的关联性。通常，越是自己熟悉的所见所闻，就越觉得事物运动较慢。如相比自己的母语，外语听起来总是要快一些。

2. 情绪爆发非常复杂

情绪爆发包含言语、思想、荷尔蒙、神经传导和电脉冲。它由诸多同时发生的事件组成，也包括你和情绪爆发者都有的一些不同水平的体验。

当情绪爆发者对你说话时，你要清楚对方当时的说话内容，思考他们说话时的想法，以及他们身体里正在产生的相关生理反应。

3. 情绪爆发需要参与者

情绪爆发是一种需要他人参与的社会活动，即便找个隐秘的地方爆发，在爆发者的心里也是有听众的。可以这么说，情绪爆发就像一棵倒下的大树所发出的声响。

没人听到声响，谁也不知道发生了什么，倒下的大树只是扰乱了周围的空气。与此不同的是，情绪爆发者可能会持续扰乱空气，直至有人听见情绪的爆发。

一旦情绪爆发，人们就会被牵扯进去，不可能只是目睹它的爆发，不管他们自己是否愿意。而事态的发展都或多或少地取决于人们的回应方式。最佳的回应或许是什么也不要做，特别是当自己没有其他选择的时候。通常，人们对情绪爆发采取的方式是以爆发回应爆发，或是向爆发者解释不应该有那种情绪的理由。不幸的是，这样往往会使事态朝着更恶劣的方向发展。

像对婴儿一样对待情绪爆发的成人

当婴儿的情绪爆发时，家长往往能处理得得心应手，但对于成年人的情绪爆发问题，他们在应对时总是要差很多。其实，这两类人的情绪爆发极为类似，只是人们的反应和感受极为不同。

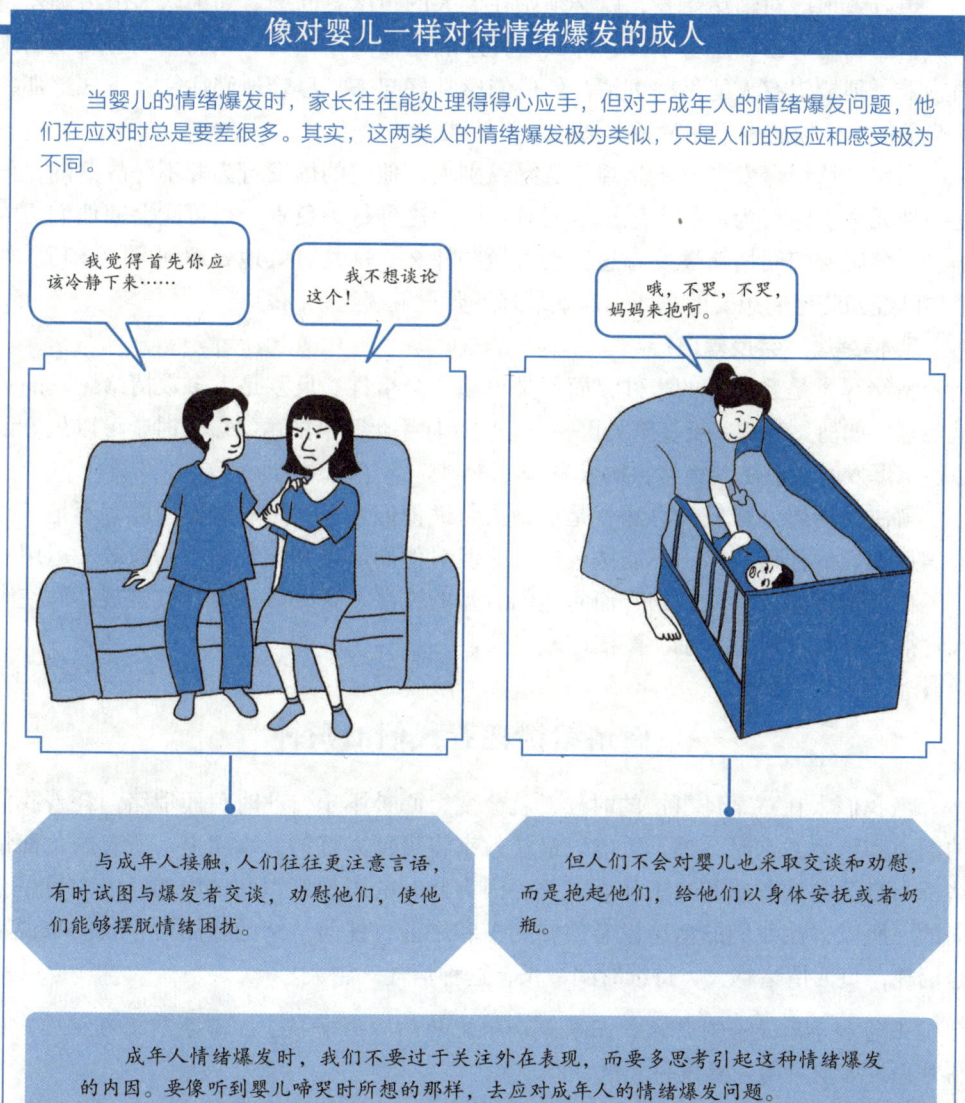

与成年人接触，人们往往更注意言语，有时试图与爆发者交谈，劝慰他们，使他们能够摆脱情绪困扰。

但人们不会对婴儿也采取交谈和劝慰，而是抱起他们，给他们以身体安抚或者奶瓶。

成年人情绪爆发时，我们不要过于关注外在表现，而要多思考引起这种情绪爆发的内因。要像听到婴儿啼哭时所想的那样，去应对成年人的情绪爆发问题。

4. 情绪爆发是一种表达

情绪爆发者往往想通过自己的极端行为来向外界表达自己的感情与思想。一般，他们因找不到合适的话语而用行为来引起其他人产生同样的感受。当知道自己的感受被别人理解时，他们的那种被迫性示威行为或许就不会发生。

处于爆发地带的人可能会有种被操纵的感觉，或者说，有一种被迫做自己不愿意做的事情的感觉。这样的想法只是一种急速的判断，非常不利于他们了解和处理情绪爆发。

想有效地应对情绪爆发，就必须站在他人的角度看问题。如果认为情绪爆发是别人企图利用自己的恶劣手段，那么这种想法是极为错误的。他们爆发时表现出来的感受，是希望有人能做些事情，使他们感觉好起来，尽管他们往往并不知道那些事情是什么，他们也不在意做事情的主体是谁。

当然，情绪爆发者并不是想故意操纵别人。他们的爆发行为并不是故意的，而是一种无意识的行为。如果想让他们对自己的这种行为负责，很可能会使他们更为恼怒。尝试着询问情绪爆发者想让别人做些什么，这是有效地处理问题的技巧。如果你已经知晓他们想要的东西，那就最好不要再继续这个问题。

5. 情绪爆发会反复进行

情绪爆发是系列性的事件，而不是单独一个事件。反复是大多数情绪爆发的关键要素。如何化解这些反复至关重要。遇到让你手足无措的情绪爆发时，可以想方设法稳定爆发者，以防其情绪再次爆发。

解决情绪爆发最好的方法就是尽力去帮助他们，但不是对他们屈服，不是一味地满足他们的任何要求。不能做老好人，但对他们尽量和蔼、细心、勇敢。运用一些不会使情绪爆发者受到伤害而对他们有益的方法。这些方法要打破常规，即使令人觉得不舒服的方法也可以拿来试试。

负面情绪消耗着我们的精神

当我们太在意某件事情的时候，就会变得心神不宁，此时负面情绪消耗着我们的活力和精力。这时，是不可能以最佳效率将事情办好的。事实上，所有的负面情绪都与自己的软弱感和力不从心有关，因为此时的思想意识和体内的巨大力量是分离的。所以，在我们的情绪没有回归到平和之前，任何情绪的作用对于我们来说都是消耗，负面情绪越大、持续时间越长，这种消耗就越大。

王萌和李乐是一对恋人，王萌是一个文静细心的女孩子，而李乐正好相反，性格外向、开朗。两人感情一直很好。

一天，李乐到外地出差，因为旅途疲惫就直接在旅馆里休息了，没有给王萌打电话。王萌却在另一个城市苦苦等着李乐的消息，左等右等始终不见李乐的电话，她自己着急了：他现在干什么呢？跟谁在一起呢？这么晚了还不打电话是不是出什么事了呢？越想越糟，却不好意思打电话问原因。就这样，王萌在焦虑不安中度过了一夜。

这是一个在恋爱中十分普遍的现象，如果王萌打个电话问明原因就不会整夜无眠，但是她陷入了不良情绪的旋涡中不能自拔。

很多事情证明，如果人们怀着某种美好的情绪去做事时，往往会出现事半功倍的效果；相反，如果用一种消极的态度来面对事情，结果只能是事倍功半。

想想平时发生在我们周围的事情，有多少人因为情绪不好与成功失之交臂，有多少人因为负面情绪而错过了美好的恋人，有多少人因为闹情绪而毁掉了自己的美好前途？

大部分人的智商其实都相差无几，要想在激烈的竞争中脱颖而出，你的情商起到了至关重要的作用，人们已越来越重视个人情商的培养。其实，通过一段时间的培训和坚持，我们是可以有效地控制和驾驭自己的情绪的。

首先，要随时避免自己产生不良的情绪，适时转移自己情绪注意的焦点。

学会驾驭自己的情绪，一旦出现不良情绪，就要告诉自己，生气郁闷不仅花费力气，还会伤元气。案例中的王萌就让负面情绪影响了自己，以至于浪费了时间，并把自己搞得筋疲力尽。

要学会适时地消除自己的不良情绪。气愤时做几个深呼吸，生气时数数绵羊、听听舒心的音乐、跟好友一起到KTV唱歌，等等，这些都有助于稳定自己的情绪。

其次，意念具有神奇的魔力，可以通过信念的力量来消除不良情绪的困扰。

用体力、情绪和信念三种方式来输出一个点数的能量，以体力的方式输出约10卡路里，而以信念的方式输出的能量是体力的100倍——1000卡路里。可见，信念的力量是巨大的。合理地运用信念，有助于克服不良情绪的困扰。

由真实故事改编的电影《美丽人生》的主人公纳什教授是一个患有精神分裂症的人，在他的生命长河中有三个想象中的人物一直不离不弃地伴随着他。当医生告诉他那三个人是不存在的，是他幻想出来的时候，他很受打击。但是当他确定自己的病情后拒绝服药，而是运用信念的力量杜绝自己与这三个人交流，专心于自己的研究，最终获得了诺贝尔奖。

最后，合理地转化不良情绪，变废为宝。

并非所有的不良情绪都会导致坏的结果，只要合理地运用不良情绪，转变观念，就能变废为宝。所谓"不愤不启，不悱不发"说的就是这个道理。

古往今来，有多少英雄人物成功地走出了人生的低谷，摆脱了不良情绪的困扰。宋代的苏轼留下了上千首千古绝唱，谁曾想过他官场失意，被贬数次？假如他因此郁郁寡欢，沉浸在悲伤的情绪中不能自拔，怎会有那被传颂至今的豪放词曲呢？

当我们抑郁时、痛苦时、沮丧时，要辩证地看待它们，把它们看作一次教训、一种对成功的磨炼，这样不仅帮助我们查漏补缺，而且有利于继续向美好的生活前进，何乐而不为呢？

"情绪风暴"中人容易失控

所谓情绪风暴，就是指机体长时间地处于情绪波动不安的应激状态中。美国学者在对500名胃肠道病人的研究中发现，在这些病人当中，由于情绪问题而导致疾病的占74%。根据我国食道癌普查资料，大部分患者病前曾有明显的忧郁情绪和不良心境。我国心理学家在对高血压患者的病因分析中也发现患者病前常有焦虑、紧张等情绪。可见"情绪风暴"对人体有着巨大影响，因而备受重视。

紧张的情绪，超负荷的工作压力会让你产生难以预料的情绪风暴，带给你更多的烦恼。

35岁的黄荣新是一家贸易公司的部门主管。年纪轻轻的他能有如此出色的事业，除了才华，更多的是靠勤奋。为了这份工作，他每天工作十几个小时，出差更是家常便饭。突然有一天，一向精力充沛的他发觉越来越多的困扰向他袭来：心悸、失眠、易怒、多疑、抑郁，以前10分钟就能解决的问题，现在却要花费一个小时，他甚至对工作产生了极其厌倦的情绪，整个人也变得日渐憔悴。

实际上，在现代社会中，由工作压力带来的心理矛盾和冲突是普遍存在的。竞争的压力、工作中的挫折、生活环境的显著变化、人际关系的日趋紧张等，使人不可避免地处于紧张、焦虑、烦躁的情绪之中。

当个体的情绪处于动荡不安的"风暴"中时，大脑的活动会受影响。例如，过度焦虑会引起大脑兴奋与抑制活动的失调，这不仅会使人的认知范围狭窄、注意力下降，严重者还会罹患精神疾病。日常生活中，常见的一些神经衰弱与焦虑等不良情绪有关。此外，有研究显示，大脑活动的失调还会使自主神经系统的功能发生紊乱，长此以往将使躯体出现某些生理疾病症状。

1943年，沃尔夫医生偶然遇到了一个名叫汤姆的病人。汤姆因误食一种腐蚀性的溶液而灼伤了食道，不能再吃食物。于是外科医生在他的胃部开了一个口，以便把食物直接灌入胃中，同时，也提供了从洞口中直接观察胃黏膜活动的机会。人们意外地发现，当病人处于紧张的情绪状态中时，胃黏膜会分泌出大量的胃液，而胃液分泌过多将会导致胃溃疡。由此可见情绪对身体有直接的影响。

加拿大心理学家塞尔耶在有关"情绪风暴"对个体的身心变化影响的研究中，提出了情绪应激理论。塞尔耶认为，当人遇到紧张或危险的场面时，他会有很重的精神负担，而此时人往往又需要迅速做出重大决策来应付这种危机，机体因此会处于应激状态。在应激状态下,人脑某些神经元被激活,它释放出促使肾上腺皮质激素因子,并使血管紧张。

随着现代文明进程的加速,社会竞争日益加剧。人们的生活节奏也跟着"飞"起来,以至于现代人把一个"忙"字作为口头禅。职场白领们在四季恒温的办公区,面对一个格子间、一个显示器、一大堆文件,总有做不完的事情。由于工作紧张、

学会给自己减压

每个人在工作或生活中都有压力,而压力过大容易让人处于情绪风暴中,从而影响到工作、家庭及身体健康,学习如何减压也是一种生活的技巧。

一是休假旅游或运动健身,旅游或者运动可以很好地转移注意力。

二是合理发泄,可以随身带个小橡皮球,郁闷时捏一捏,有条件也可以选择拳击沙袋。

通过多种方式,时常给自己减减压,每天用阳光的心情迎接朝阳,这样生活和工作才会更加有动力。

人际关系淡漠等因素的影响，导致人们的身心压力越来越大。

对于轻微的压力，人们可以通过自我调节来消除，或随着时间的推移而日渐淡化。如果处理得当，还能将压力转化为人生的动力，促进个体不断地奋发进取。但若是压力不能及时得以排除，长期积聚，无形的压力会影响人的身心健康，形成所谓的"亚健康"状态。

如果你已经处于"情绪风暴"中，就要尽快从中抽身，做一些对情绪平复有帮助的事情。早一点将"风暴"赶走，就早一点回归到安宁、平静、快乐的生活中。你是情绪的主人，要善于调控自己的情绪。

负面情绪的极端爆发

一位国外著名的心理咨询师这样说道："压力就像一根小提琴弦，没有压力，就不会产生音乐。但是如果弦绷得太紧，就会断掉。你需要将压力控制在适当的水平——使压力的程度能够与你的心智相协调。"

随着生活节奏加快、工作压力增加、人际关系日益复杂，家庭生活也充满越来越多的变数……情绪、心理疾患正日益困扰着现代人，在生活和工作的重压下，很多人常常控制不住自己的情绪，结果不仅影响自己的形象，还会给周围的人造成不好的影响。

40岁的阿利是一位IT高级经理，脾气好在单位里是出了名的。但最近这两个月部门的销售形势出现了"瓶颈"，尽管辛辛苦苦每天在外面跑，可业绩榜上还是"吃白板"。一天老板关起门，"和颜悦色"地给他上起了销售培训课，即便没有一句训斥的话，可他还是觉得心里不痛快。而平时十分细心的助理丽丽却在这时把一份报告接连打错了好几个字。一股无名之火立马蹿了上来，他拍着桌子把报告扔到了丽丽头上，小姑娘眼泪滴滴答答地往下流，他还是喋喋不休。后来他冷静下来，自己也觉得情绪失控，追根寻源，还是工作压力太大惹的祸。

无处不在的压力给现代人的情绪带来了恶劣的影响，你肯定也有亲身体会：是不是莫名其妙地发脾气、烦躁，看什么都不舒服；坐公交车、地铁，看旁边两个人有说有笑你就生气；别人不小心踩了一下你的脚，你就像找到发泄的渠道一样，与其大吵一架……其实，这些负面情绪无一不是压力带给你的，当压力越来越大，你的情绪越来越差时，结果只有两个，那就是：不在压力中爆发，就在压力中灭亡。当然，这两个结果我们最好是选择前者，情绪不好，发泄出来就可以缓解了。

姜玲是一家大型公关公司的客户总监，平均每天要工作10个小时以上，最不能忍受的是，常常要同时面对客户、同事、上司几方面的压力。"3个月前接一个项目，客户是一家外地民营公司，不了解这边的情况，提出很多无理的要求。这2个多月，我不断地打电话、发电子邮件,光是'空中飞人'就飞五六次,就是为把事情沟通好。"

"实在是压力太大!" 35 岁的姜玲说。

这边的事情还未处理好,同事中又有临时"掉链子"的,作为项目负责人的姜玲终于崩溃了。"那天我回到家,一个人喝了半瓶红酒,突然觉得很累,也很委屈,就趴在枕头上大哭了一场,嗓子都哭哑了,然后就睡着了。""哭能让我的心情变好。"第二天清醒过来的姜玲意识到这一点。

在有些城市的部分白领中,有一种被称为"周末号哭族"的群体,而这种看似奇怪的方式正是他们舒缓压力的途径。

不良压力使人感到无助、灰心、失望,它还能引起身体和心理上的不良反应;良性压力能够给人以动力,使人愉快并能有效地帮助人们生活。既然无法逃避压力,就要学会正确对待压力。

及时排解不良情绪,把心中的不平、不满、不快、烦恼和愤恨及时地倾泻出去。记住,哪怕是一点小小的烦恼也不要放在心里。如果不把它发泄出来,它就会越积越多,乃至引起最后的总爆发。

勿让情绪左右自己

情绪如同一颗炸弹,随时可能将你炸得粉身碎骨。遇到喜事喜极而泣,遇到悲伤的事情一蹶不振,人世间的悲欢离合都被人的心绪所左右。

爱、恨、希望、信心、同情、乐观、忠诚、快乐、愤怒、恐惧、悲哀、疼痛、厌恶、轻快、仇恨、贪婪、嫉妒等都是人的情绪。情绪可能带来伟大的成就,也可能带来惨痛的失败,人必须了解、控制自己的情绪,勿让情绪左右了自己。能否很好地控制自己的情绪,取决于一个人的气度、涵养、胸怀、毅力。气度恢宏、心胸博大的人都能做到不以物喜,不以己悲。

激怒时要疏导、平静;过喜时要收敛、抑制;忧愁时宜释放、自解;焦虑时应分散、消遣;悲伤时要转移、娱乐;恐惧时要寻求支持、帮助;惊慌时要镇定、沉着……情绪修炼好,心理才健康。

空姐吴尔愉是个控制情绪的高手。她的优雅美丽来自一个健康的心态。她认为,当心里不畅快的时候,一定要与人沟通、释放不快。如果一个人习惯用自己的优点和别人的缺点相比,对什么都不满意,却对谁都不说,日积月累,不但她的心情会很糟糕,而且她的皮肤也会变得粗糙,美貌当然会减半。所以,有不开心、不顺心的事,她一定找一个倾诉的伙伴。不但自己能一吐为快,朋友也能从旁观者的角度给她建议,让她豁然开朗。

在工作中,她更善于控制情绪,让工作成为好心情的一部分。飞机上常常遇见

做自己情绪的主人

当遇到意外的沟通情境时,要学会运用理智,控制自己的情绪,轻易发怒只会造成负面效果。

累了,去散散步。到野外郊游,到深山大川走走,散散心,荡涤一下心中的烦恼,唤回失去的理智和信心。

读一本书。在书的世界遨游,将忧愁悲伤统统抛到脑后,让你的心胸更开阔、气量更豁达。

穿一件漂亮的新衣。漂亮的装扮往往会让人心情愉悦,尤其对于女人而言,好看的衣服预示着好的心情。

生活中许多事情都不能左右,但是我们可以左右我们的心情,不再做悲伤、愤怒、嫉妒、怀恨的奴隶,而要以一颗积极健康的心去面对生活中的每一天,做自己情绪的主人。

刁钻、挑剔的客人。吴尔愉总是能够让他们满意而归。她的秘诀就是自己要控制好情绪，不要被急躁、忧愁、紧张等消极情绪所左右，换位思考，乐于沟通。

有一位患皮肤病的客人在飞机上十分暴躁，一些空姐都对他很生气。但是，吴尔愉却亲切地为他服务，并且让空姐们想想如果自己也得了皮肤病，是否会比他还暴躁。在她的劝导下，大家都细心照顾起这位乘客来。

做自己情绪的主人，是吴尔愉生活的准则，也是她事业成功的秘诀。以她名字命名的"吴尔愉服务法"已成为中国民航首部人性化空中服务规范。能适度地表达和控制自己的情绪，才能像吴尔愉一样，成为情绪的主人。人有喜怒哀乐不同的情绪体验，不愉快的情绪必须释放，以求得心理上的平衡。但不能过分发泄，否则，既影响自己的生活，也会在人际交往中产生矛盾，于身心健康无益。

唱一首歌，一首优美动听的抒情歌，一曲欢快轻松的舞曲或许会唤起你对美好过去的回忆，引发你对灿烂未来的憧憬。

看一部精彩的电影，吃一点最爱的零食……不知不觉间，你的心不再是情绪的垃圾场，你会发现，没有什么比被情绪左右更愚蠢的事了。

第二章

梦想遭遇灭顶之灾——恐惧爆发

时刻怀疑自己的能力

对于消极的失败者来说,他们的口头禅永远是"不可能",这使他们离梦想越来越远,恐惧情绪由此爆发。这已经成为他们的失败哲学,他们遵循着"不可能"哲学,一直与失败为伍。

那些成功人士,如果当初都在一个个"不可能"面前,因恐惧失败而退却,放弃尝试的机会,则不可能获得成功的青睐。没有经过勇敢的尝试,就无从得知事物的深刻内涵,而勇敢做出决断,即使失败,也会获得宝贵的体验,从而愈发坚强,愈发聪慧,愈发接近梦想。

古代有位国王,想挑选一名官员担任一项重要的职务。

他把那些智勇双全的官员全都召集起来,想试试他们之中究竟谁能胜任。官员们被国王领到一座大门前。面对这座国内最大的、谁也没有见过的大门,国王说:"爱卿们,你们都是既聪明又有力气的人。现在,你们已经看到,这是我国最大最重的大门,可是一直没有打开过。你们中谁能打开这座大门,帮我解决这个久久没能解决的难题呢?"

不少官员远远地望了一下大门,连连摇头。有几位走近大门看了看,退了回去,没敢去试着开门。另一些官员也都纷纷表示,没有办法开门。这时,有一名官员走到大门旁,先仔细观察了一番,又用手四处探摸,用各种方法试探开门。几经试探之后,他抓起一根沉重的铁链子,没怎么用力拉,大门竟然开了!原来,这座看似非常坚牢的大门,并没有真正关上,只要拉一下看似沉重的铁链,甚至不必用多大力气推一下大门,都可以打得开。如果连摸也不摸、看也不看,自然会对这座貌似坚牢无比的"庞然大物"感到束手无策。

国王对打开了大门的大臣说:"朝廷中重要的职务,就请你担任吧!因为你不仅限于你所见到的和听到的,在别人感到无能为力时,你也会仔细观察,并有勇气冒险试一试。"他又对众官员说:"其实,对于任何貌似难以解决的问题,都需要我们开动脑筋,仔细观察,并有胆量冒一下险,勇敢地试一试。"

那些没有勇气试一试的官员们,一个个都低下了头。

"不可能"并非真的不可能,而是被夸大的困难吓住了前进的脚步。困难就像是虚掩着的门,只要敢于蔑视困难,把问题踩在脚下,最终你会发现,所有的"不可能",最终都会变为"可能"。

"不可能"经常被人们所引用,它使人们对自己或他人失去信心,也让人们不相信奇迹的发生。"不可能"只是失败者心中的禁锢,具有积极情绪的人,从

培养自信心

很多事情觉得"不可能",是因为没有自信。自信是一个人成功的前提,更是基础,自信的人生必将是成功的人生。自信可以点燃理想之光,放飞梦想,自信更可以让生活充满色彩。

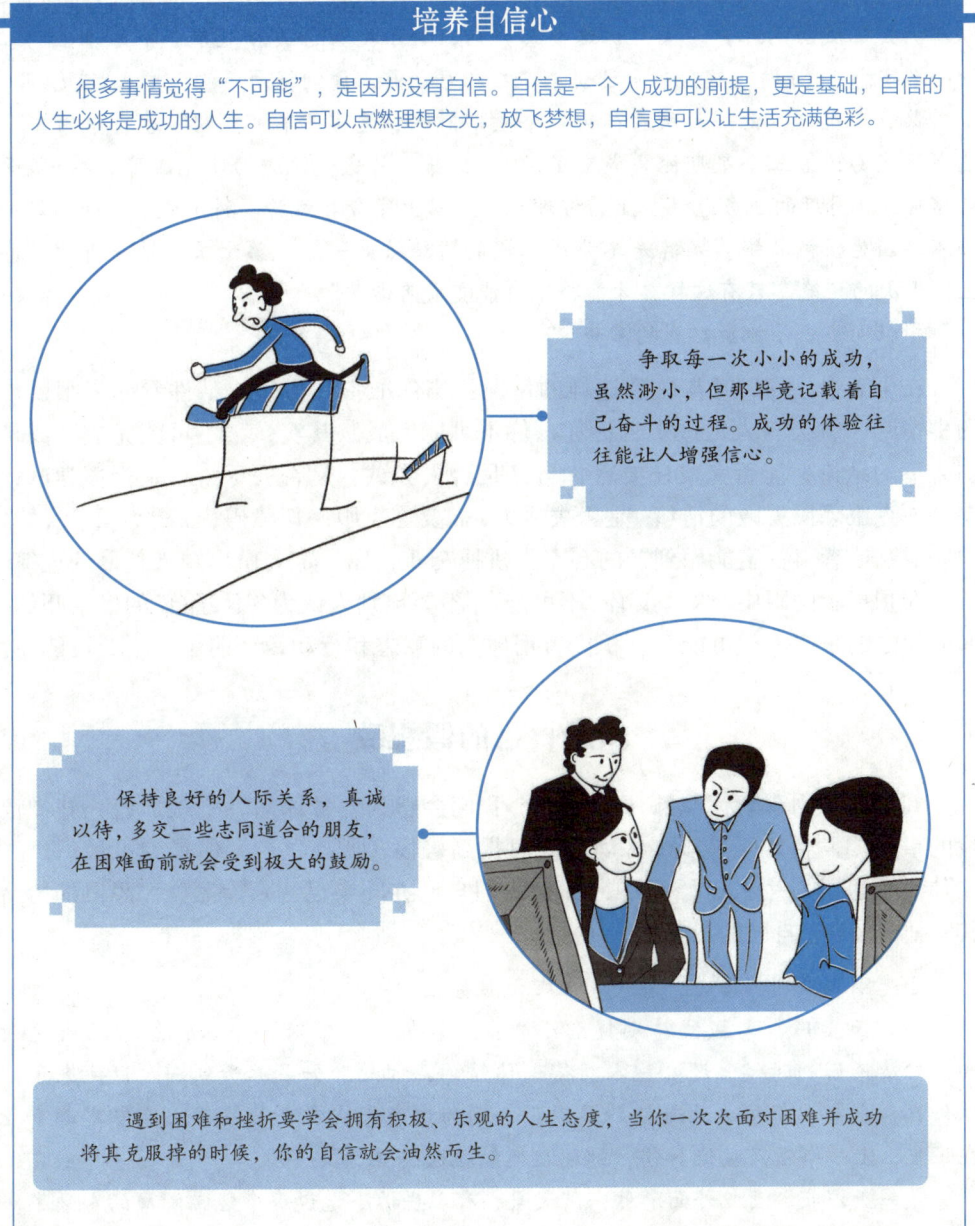

争取每一次小小的成功,虽然渺小,但那毕竟记载着自己奋斗的过程。成功的体验往往能让人增强信心。

保持良好的人际关系,真诚以待,多交一些志同道合的朋友,在困难面前就会受到极大的鼓励。

遇到困难和挫折要学会拥有积极、乐观的人生态度,当你一次次面对困难并成功将其克服掉的时候,你的自信就会油然而生。

不将"不可能"放在心上，更不会因为"不可能"而恐惧。

科尔刚到报社当广告业务员时，经理对他说："你要在一个月内完成20个版面的销售。"

20个版面？一个月内？人们认为这个任务是不可能完成的。因为报社内最好的业务员一个月最多才销售15个版面。

但是，科尔不相信有什么是"不可能"的。他列出一份名单，准备去拜访别人以前招揽不成功的客户。去拜访这些客户前，科尔把自己关在屋里，把名单上的客户的名字念了10遍，然后对自己说："在本月之前，你们将向我购买广告版面。"

第一个星期，他一无所获；第二个星期，他和这些"不可能的"客户中的5个达成了交易；第三个星期他又成交了10笔交易；月底，他成功地完成了20个版面的销售。在月度的业务总结会上，经理让科尔与大家分享经验。科尔说了下面的话："不要因恐惧被拒绝，尤其是不要因恐惧的情绪被第一次、第十次、第一百次，甚至上千次的拒绝。只有这样，才能将不可能变成可能。"

报社同事给予他最热烈的掌声。

在生活中，我们时常碰到这样的情况：当你准备尽力做成某件看起来很困难的事情时，就会有人走过来告诉你，你不可能完成。其实，"不可能完成"只是别人下的结论，能否完成还要看你自己是否去尝试、是否去尽力。是否去尝试，需要你克服恐惧失败的情绪；是否去尽力，需要你克服一切障碍，获得力量。以"必须完成"或者"一定能做到"的心态去拼搏奋斗，你一定会做出令人羡慕的成绩。

在积极者的眼中，永远没有"不可能"，不要被别人认为"不可能"的事情吓倒，取而代之的是"不，可能"。积极者用他们的意志和行动，证明了"不，可能"。

输给自己的假想敌

到了一个阴森森、黑漆漆的地方，我们会感到毛骨悚然，心跳加速，好像危险的事就要发生，于是步步惊魂，随时提高警惕，严阵以待，但是到了最后，往往什么事也没发生，自始至终，都是我们自己在吓自己。所有紧张、恐惧的情绪其实全都来自于自己的想象。

小光刚到深圳打工时，在一家酒吧做服务生。

第一天上班，老板便特别提醒小光："我们这一带有一个人，经常来白吃白喝，心情不好的时候，还会把人打得遍体鳞伤，因此，如果你听到别人说他来了，你什么也别想，想尽办法赶快跑就对了。因为这个人实在太蛮横了，连警察都不放在眼里，上一个酒保被他打伤，到现在还躺在医院里。"

某一天深夜，酒吧外面忽然一阵大乱，有人告诉小光说那个经常闹事的人来了。

当时，小光正在上厕所，等到他走出来时，酒吧里的客人、员工早就跑得干干净净，连个影子也见不到了。

这时，只听见"砰"的一声，前门被人踢开了，一个凶神恶煞般的男人大步走进门。

他的脸上有一道刀疤，手臂上的刺青一直延伸到后背。

他二话不说，气势汹汹地在吧台前坐了下来，对小光吼道："给我来一杯威士忌。"

小光心想，既然已经来不及逃跑了，不如就试着赔笑脸，尽量讨这个人的欢心，以保全自己吧！于是，他用颤抖的双手，战战兢兢地递给那个男人一杯威士忌。

男人看了小光一眼，一口气把整杯酒饮干，然后重重地把酒杯放下。

看到这一幕，小光的心脏简直快要跳出来了，若不是酒吧里还放着音乐，他的心跳声一定会被人听见。小光勉强鼓起勇气，小声地问道："您……您要不要再来一杯？"

"我没那时间！"男人对着他吼道，"你难道不知道那个喜欢闹事的人就要来了吗？"

不久之后，那个男人就走了，小光这才重重地舒了一口气。小光这才发现，其实那个人并不可怕，只是人们无形之中把恐惧扩大了。

很多时候，人们就像案例中的小光一样，到事情结束后才发现恐惧是自己制造的。

对于我们来说，世界是一个宏大的舞台，其中就有很多镁光灯照不到的地方，而我们有的时候就被迫在这些带给我们不安的黑暗中去跳舞，想象着各种危险，有的时候甚至逃避着这一切。

其实这个社会中不仅只有你一个人面临这些焦虑和恐惧，很多人都被突如其来的未知恐惧所打垮。

与陌生人的交往就是这么一种典型状况，我们把陌生人想象成很可怕的样子，害怕与他们交往。

一份来自美国的研究资料称，约有40%的美国人在社交场合感到紧张，那些神采奕奕的政界人士和明星，也有手心出汗、词不达意的时候，还有一些人表面上侃侃而谈、镇定自若，实际上手心早已捏一把汗。

事实上，我们每个人都需要面对自己的焦虑、紧张情绪，如果你承认并面对这种紧张情绪，你很快就能抛开它。而那些让紧张情绪影响工作和生活的人，则被心理专家定性为患有社交焦虑症或社交恐惧症的人，他们的糟糕表现，往往是因为不能承认自己的焦虑和紧张情绪所致。

对某些事物或情景保有适当的恐惧，可使人们更加小心谨慎，有意识地避开有害、有危险的事物或情景，从而更好地保护自己，避免遭受挫折、失败和意外事故。过度的恐惧则是最消极的一种情绪，并且总是和紧张、焦虑、苦恼相伴，而使人的精神经常处于高度的紧张状态。严重影响一个人的学习、工作、

怎样摆脱焦虑情绪

有焦虑症的人会常常担心还没有到来的一些事情，陷入焦虑情绪不能自拔，那么如何才能让焦虑症患者轻松摆脱焦虑情绪呢？

抽出时间让自己静静：尝试让自己有一小段的空白时间，好好沉静一下，或者发呆，或者沉淀一下杂乱的思维。

我今天一定能把工作做得出色！

增加自信：自信是治愈焦虑的必要前提。没有自信的人会怀疑自己的能力，夸大自己失败的可能性，从而忧虑、恐惧。

培养广泛的兴趣和爱好，使心情豁达开朗。

专家提醒，良好的沟通也是缓解焦虑的一剂良药。现代人的情感和生活复杂多变，很容易产生焦虑的情绪，应该及时沟通，说出自己的感受，可以有效避免焦虑情绪。

事业和前途。因此它必然损害健康，引起各种心理疾病，长期的极端恐惧甚至可使人身心衰竭。

为了自己的健康和进步，有恐惧心理的人必须下定决心，鼓足勇气，努力战胜自己不健康的恐惧心理。

现在，请闭上眼睛，什么都不要想，彻底放松，除去一切的紧张，然后让憎恨、愤怒、焦虑、嫉妒、艳羡、悲痛、烦忧、失望等精神中的一切不利因素离你而去，你会感到轻松无比。

不能正确认识已经历或未经历的事

恐惧是大脑的一种非正常状态，它是由个人经历的扭曲或受到伤害引起的。它产生的原因已经为大部分人所遗忘。因为我们不希望承认自己恐惧，这种恐惧感被我们埋在心底，犹如一个毒瘤。

有的学者说："愚笨和不安定产生恐惧，知识和保障却拒绝恐惧。"有的学者进一步指出："知识完全的时候，所有恐惧，将统统消失。"古罗马箴言说："恐惧所以能统治亿万众生，只是因为人们看见大地寰宇，有无数他们不懂其原因的现象。"宋朝理学家程颢、程颐认为："人多恐惧之心，乃是烛理不明。"显然，恐惧产生于惧怕，但惧怕的形成源于无知，源于对已经历或未经历的事的不认识。

无论作为个人还是作为社会，恐惧都是我们今天面对的最大的挑战之一。恐惧使我们无法充分地展示自我，同时又阻碍着我们爱自己和爱他人。没来由的、荒谬可笑的恐惧会把我们囚禁在无形的监牢里。随着先进的通信技术把世界各地发生的事件送进每个家庭，我们能了解到其他地区的文明，于是，我们对不可知物的恐惧与无知的阴影就会逐渐消失。

夏天的傍晚，有个人独自坐在自家后院，与后院相毗邻的是一片宁静的森林。这人的目的，就是要在大自然的怀抱中放松身心，享受一下黄昏时分的宁静。天色渐渐暗下来，他注意到，树林里的风越刮越大了。于是他开始担心，这样的好天气是否还能保持下去。接着，他又听到树林深处传来一些陌生的声音。他甚至猜想，可能有吃人的动物正向他走来。

不一会儿，这个人满脑子都是这种消极的想法，结果变得越来越紧张。这个人越是让怀疑和恐惧的念头进入他的头脑，他就离享受宁静夏夜的目标越远。这个人的体验很好地验证了布赖恩·亚当斯的生活法则："恐惧是无知的影子，若抱有怀疑和恐惧的心理，势必导致失败。"

在忐忑不安的情绪支配下，焦虑会在我们的心中积聚起来，转化为恐惧和惊慌失措，情绪就是这么层层递进的。在这种情况下，我们就不能充分享受生活了。面对可能蒙受的耻辱，我们就会退缩和自暴自弃，不去做创造性的贡献。由于害怕遭到拒绝，我们就不敢去努力争取我们真心想得到的东西。由于害怕失败，我们会拒绝承担责任。由于害怕与他人不一致，我们会放弃自身的个性。因而，消除恐惧心理，是十分必要的。

我们也许听说过这句老话:"你不知道的东西不会伤害你。"其实完全不是这么回事。无知并不是福气,相反,它往往会引起消极负面的情绪。

内心怯懦容易导致失败

有句名言说,失败的人不一定懦弱,而懦弱的人却常常遭遇失败。这是因为,懦弱的人害怕有压力的状态,因而他们害怕竞争。在对手或困难面前,他们往往不善于坚持,而选择回避或屈服。

懦弱通常是恐惧的同伴。懦弱带来恐惧,恐惧加强懦弱。它们都束缚了人的心灵和手脚。恐惧的字眼和言语,却常常将我们所恐惧的东西招到身边。

"如果你是懦夫,那你就是自己最大的敌人;如果你是勇士,那你就是自己最好的朋友。"美国伟大的推销员弗兰克如是说。对于内心胆怯而做事又犹豫不决的人来说,一切都是不可能的,正如采珠的人如果被鲨鱼吓倒,怎能得到名贵的珍珠呢?

那些总是担惊受怕的人,得不到真正自由的人生,因为他总是会被各种各样的恐惧、忧虑包围着,看不到前面的路,更看不到前方的风景。

在波士顿的一个小镇上有一个名叫杰克的青年,他一直向往着大海。一个偶然的机会,他来到了海边,那里正笼罩着浓雾,天气寒冷。他想:这就是我向往已久的大海吗?他的希望和失望落差很大,他想:我再也不喜欢海了。幸亏我没有当一名水手,如果是一名水手,那真是太危险了。

在海边,他遇见一个水手,他们交谈起来。

"海并不是经常这样寒冷又有浓雾的,有时,海是明亮而美丽的。但在任何时候,我都爱海。"水手说。

"当一个水手不是很危险吗?"杰克问。

"当一个人热爱他的工作时,他不会想到什么危险。我们家里的每一个人都爱海。"水手说。

"你的父亲现在何处呢?"杰克问。

"他死在海里。"

"你的祖父呢?"

"死在大西洋里。"

"你的哥哥呢?"

"当他在印度的一条河里游泳时,被一条鳄鱼吞食了。"

"既然如此,"杰克说,"如果我是你,我就永远也不到海里去。"

水手问道:"你愿意告诉我你父亲死在哪儿吗?"

"死在床上。"

"你的祖父呢?"

"也死在床上。"

"这样说来,如果我是你,"水手说,"我就永远也不到床上去。"

如果在海边你就开始惧怕海中的波浪,那么你注定无法体验到海的魅力。

学者马尔登曾说过:"人们的不安和多变的心理,是现代生活多发的现象。"他认为,恐惧是人生命情感中难解的症结之一。面对自然界和人类社会,生命的进

如何排除恐惧

恐惧虽然阻碍着人们力量的发挥,给人们做事情带来一定的困难,但它并非是不可战胜的。那么,怎样排除恐惧呢?

我相信自己一定可以做到!

首先,你要进行自我激励

不断地在内心里对自己说:"我一定可以把事情做好。"自我激励就是鼓舞自己做出行动。

您好,我是来向您介绍我们的新产品的。

其次,行动起来

很多事情没有做的时候,常常会感到恐惧,但是一旦做起来,就不会恐惧了。

我们要认识到恐惧不克服就会使自己做事情时产生更多的畏难情绪,严重影响到今后的发展,在恐惧所控制的地方,不可能成功。

程从来都不是一帆风顺、平安无事的，总会遭受各种各样、意想不到的挫折、失败和痛苦。当一个人预料将会有某种不良后果产生或受到威胁时，就会产生这种不愉快情绪，并为此紧张不安、忧虑、烦恼、担心、恐惧，程度从轻微的忧虑一直到惊慌失措。

恐惧，就是常常预感着某种不祥之事的来临。这种不祥的预感会笼罩着一个人的生命，像云雾笼罩着爆发之前的火山一样。

世界上没有永远的成功者，也没有永远的失败者。如果畏缩，得到的也会失去；如果勇敢，失去的也会重新得到。只要不断尝试、不断磨砺，我们就一定能战胜恐惧，获得积极正面的情绪。只要告别恐惧，勇敢地朝前走，别人能做到的我们也能做到。畏惧是人生路上一道深深的壕沟，跨过去你就拥有了出路和希望。

直面恐惧才能消除恐惧

恐惧能摧残一个人的意志和生命。它能影响人的胃、降低人的修养、削弱人的生理与精神的活力，进而破坏人的身体健康；它能打破人的希望、削弱人的意志，使人的心力"衰弱"，以致不能创造或从事任何事业。

恐惧有时候就像是一道门，实际上你没有必要害怕，那扇门是虚掩着的。一旦你勇于面对恐惧，就会立刻醒悟：自己拥有的能力竟然远远超过原来的想象。

约翰是一个非常平凡的上班族，却在40岁那年做出了一个令人惊讶的举动，放弃他薪水优厚的办公室工作，并把身上仅有的3美元捐给了街角的乞丐，只带了换洗的衣裤，他决定从自己的老家——阳光灿烂的加州出发，靠搭便车与陌生人的好心，到达东岸一处叫作"恐怖角"的地方。

他之所以做出这样仓促的决定，完全是因为自己的精神即将崩溃，虽然他有一份好工作、温柔美丽的妻子、善良可敬的亲友，但他发现自己这辈子从来没有下过什么赌注，平顺的人生从没有高峰或低谷。

他觉得自己的前半生在懦弱中虚度了。

他选择"恐怖角"作为最终目的，借以表明他征服生命中所有恐惧的决心。

为了检讨自己的懦弱，他很诚实地为自己的"恐惧"开出一张清单：从小时候开始算起，他怕保姆、怕邮差、怕鸟、怕猫、怕蛇、怕蝙蝠、怕黑暗、怕大海、怕飞、怕城市、怕荒野、怕热闹又怕孤独、怕失败又怕成功、怕精神崩溃……他无所不怕，唯一"英勇"的一次是他当众向妻子表白求婚。

这个懦弱的40岁男人上路前竟还接到母亲的纸条："你一定会在路上被人杀掉。"但他成功了，4000多里路，78顿餐，依赖82个陌生人的好心。

身无分文的他从没接受过别人在金钱上的帮助，在暴风骤雨中睡在潮湿的睡袋里，风餐露宿只是小事，他还曾经碰到精神病患者的骚扰，遇到几个怪异诡秘的家庭，甚至还会时不时地觉得有人像杀人狂魔和银行抢劫犯。经历这无数的"恐惧"之后，他终于来到"恐怖角"，接到妻子寄给他的提款卡（他看见那个包裹时恨不得跳上柜台拥抱邮局职员）。他不是为了证明金钱无用，只是用这种正常人会觉得"无聊"的艰辛旅程来使自己面对所有恐惧。

"恐怖角"到了，但令人意外的是，这"恐怖角"并不恐怖，原来"恐怖角"这个名称，是由一位探险家取的，本来叫"Cape Faire"，被讹写为"Cape Fear"，只是一个失误。

约翰终于明白："这名字的不当，就像我自己的恐惧一样。我现在明白自己一直害怕做错事，我最大的耻辱不是恐惧死亡，而是恐惧生命。"

地位、声望、财富、鲜花……这些美好的东西都是给富于勇气的人准备的。一个被恐惧控制的人是无法成功的，因为他不敢尝试新事物，不敢争取自己渴望的东西，自然也就与成功无缘。胆怯、逃避是没有用的，只有直面恐惧，才能战胜它。

恐惧心理有很多类型：担心事情发生变化、害怕遭遇未知的难题、因放弃稳定的收入而感到不安。每个人都有自己惧怕的事情或情景，而且不少事物或情景是人们普遍惧怕的，如怕雷电、怕火灾、怕地震、怕生病、怕高考、怕失恋，等等。但是，有的人的恐惧异于正常人，如一般人不怕的事物或情景，他（她）怕；一般人稍微害怕的，他（她）特别怕。这种无缘无故的与事物或情景极不相称、极不合理的异常心理状态，就是恐惧心理。它是一种不健康的心理，严重的就是恐惧症。

恐惧心理，就像干扰电波一样，让我们的情绪一直处于不正常值，生活和工作都会因它而有所损害，所以我们一定要尽快克服恐惧心理。以下是几种战胜恐惧的方法：

1. 学习科学知识

一位心理学家说的好："愚昧是产生恐惧的源泉，知识是医治恐惧的良药。"的确，人们对异常现象的惧怕，大多是由于对恐惧对象缺乏了解和认识引起的。

2. 勇于实践

经常主动接触自己所惧怕的对象，在实践中去了解它、认识它、适应它、习惯它，就会逐渐消除对它的恐惧。例如，有的人惧怕游泳、惧怕毛毛虫等。害怕异性，可以勇敢地去和异性交流，只要经常多实践、多观察、多锻炼、多接触，就会增长胆识，消除不正常的恐惧感。

3. 转移注意力

把注意力从恐惧对象转移到其他事物上，以减轻或消除内心的恐惧。例如，要克服在众人面前讲话的恐惧心理，除了多实践多锻炼外，每次讲话时把自己的注意力从听众的目光、表情转移到讲话的内容上，再配合"怕什么"等积极的心理作用，心情就会平静，说话就比较轻松自如了。

直面恐惧，让自己成为一个冒险家，人生便不再黑暗，敢于争取、敢于斗争的人才会给自己争取到成功境界里的一席之地，如果你无法战胜自己的恐惧心理，成功也就永远与你无缘。所以，不要害怕，去勇敢面对荆棘、坎坷，你才会活得有声有色。

勇敢去做让你害怕的事

每个人的内心都或多或少存在着害怕或者恐惧，害怕和恐惧会阻碍个人在生活和事业上取得的成功。

害怕具有强大的破坏力，它深藏在你的潜意识当中影响你、束缚你，让你消极地去看待世界。害怕的本质其实是一种内心的恐惧，由于担心被拒绝、被伤害，你的行为就被阻止。而恐惧和自我肯定处于对立的位置，就像跷跷板一样。害怕程度越高，自我肯定程度就越低。采取行动去提升自我肯定程度，或许就会降低让你裹足不前的恐惧。采取行动去降低你的恐惧，或许就会更加自信，从而获得成功。

要摒除害怕的情绪，就要不断鼓励自己要勇敢行动。举例来说，假如你害怕拜访陌生人，克服害怕的方式就是不断面对它直到这种害怕消失为止。这就叫作"系统化地解除敏感"，是建立信心与勇气最好、最有效的方法。就如同美国散文作家、思想家、诗人拉尔夫·瓦尔多·爱默生所说："只要你勇敢去做让你害怕的事情，害怕终将灭亡。"

一位推销员因为经常被客户拒之门外，慢慢患上了"敲门恐惧症"。但是推销是他的工作，他不得不去敲门，可是每次看到大门，他的手就颤抖。

迫不得已，他去请教一位推销大师，推销大师在弄清楚他恐惧的原因后，就问他："现在假如你正想拜访某位客户，你已经来到客户家门前了，我先向你提几个问题。"

"好的。"推销员答道。

"请问你现在站在何处？"

"客户家门前。"

"那么你想做什么？"

"进入客户家里，和客户交流。"

"如果你进入客户家里了，出现的最坏情况会是什么呢？"

"被客户拒绝，然后赶出来。"

"赶出来之后呢，你又会站在哪里？"

"又站在了客户的门外。"

在一问一答中，推销员惊喜地发现，原来敲门并不是他想象的那么可怕。在那之后，每当他来到客户门口，他就不再害怕了。他告诉自己，就当作自己的尝试了，

如果不成功的话，还可以累积经验。反正最坏的结果就是回到原点，也没什么损失。

最终，这位推销员战胜了"敲门恐惧症"，而且由于其突出的推销成绩，他被评为全行业的"优秀推销员"。

不仅在销售领域，在生活中的任何场合、对于任何事情，害怕的唯一原因就是像案例中的推销员最初的心理一样：担心被拒绝，担心失败。由于对被拒绝的恐惧，心里就会产生很大的压力，会极不愿意去做某件事，所以，要勇敢地敲开面前的那扇门。

勇气往往能给人带来意外的机会，无论是处在逆境或者顺境，勇气都能给你力量和指引。在面对各种挑战时，也许失败并不是因为自己智力低下，不是因为缺乏全局观念，也不是因为思维逻辑的问题，而仅仅是因为把困难看得太清楚、考虑得太多，才会被困难吓倒，举步维艰，因而缺乏勇往直前的勇气。

一个人缺乏勇气，就容易陷入不安、胆怯、忧虑、嫉妒、愤怒情绪的旋涡中，结果事事不顺。其实，恐惧无非是自己吓唬自己。世界上并没有什么真正让人恐惧的事情，恐惧只是人们心中的一种无形障碍罢了。摆脱害怕的心态，勇气是最好的解药。

勇气可以给人很多前进和成功的动力，也能帮助人冷静和自省。《勇气的力量》一书的作者认为，"勇气需要培植和坚守，真正的勇气能够让心灵始终与正义同行"。也唯有如此，我们才能保持生命的力量，勇敢迈向未来。

第三章
无法承受的心灵伤痛——悲伤爆发

沉浸在失去的痛苦中不能自拔

许多人都有过丢失某种重要或心爱之物的经历，如，不小心丢失了刚发的工资，最喜爱的自行车被盗了，相处了好几年的恋人分手而去，等等。这些大多会在我们的心理上投下阴影，使情绪一直处于低落中，有时甚至因此而备受折磨。究其原因，就是我们没有调整好心态，没有从情绪上承认失去，只沉湎于过去，而没有想到去创造新的未来。人们安慰丢东西的人时常会说："旧的不去，新的不来。"其实事实正是如此，与其为失去的自行车懊悔，不如考虑怎样才能再买一辆新的；与其为恋人的离开而痛不欲生，不如振作起来，重新开始，去赢得新的爱情。

日本有个70岁的老先生，拿了一幅祖传的画到电视台上做节目，要求"开运鉴定团"的专家鉴定。他说，他的父亲说这是价值数百万日元的宝物，他总是战战兢兢地保护着，由于自己不懂艺术，想请专家鉴定画的价值。

结果揭晓，专家认为它是赝品，连一万日元都不值。主持人问老先生："您一定很难过吧？"来自乡下的老先生脸上的线条却在短时间内变得无比柔软，他憨厚地微笑道："啊！这样也好，不会有人来偷，我可以安心地把它挂在客厅里了。"

老先生的自我解嘲令人感慨：失去竟然可以比拥有轻松。其实，失去并不可怕，可怕的是我们内心的希望和快乐也因此而失去。面对生活，我们完全可以剔除棱角，不要沉浸在悲伤的痛苦中。

失去的时候许多人通常会难过不已，往往越是这样越是关上了通向未来的门，打开的只是那扇能够看到过去的窗户，所以，我们看到的不是未来的美好，而是过去的伤痛。

人生在世，有得有失，有盈有亏。有人说的好，你得到了名人的声誉或高高在上的权力，同时也就失去了做普通人的自由；你得到了巨额财产，同时也就失去了淡泊清贫的欢愉；你得到了事业成功的满足，同时也失去了奋斗的目标。我们每个人如果认真地思考一下自己的得与失，就会发现，在得到的过程中也确实失去了某些东西。整个人生就是一个不断地得而复失的过程。在这个过程中，你会失去许多，但是，你同样也会收获很多。

　　有一位住在深山里的农民，一天，从外地来的商贩那里意外地获得了一些不起眼的种子。据商贩讲，这不是一般的种子，而是一种叫作"苹果"的水果的种子，只要将其种在土壤里，两年以后，就能长成一棵棵苹果树，结出数不清的果实，拿到集市上，可以卖好多钱。

　　欣喜之余，农民急忙将苹果种子小心收好，但脑海里随即涌现出一个问题：既然苹果这么值钱、这么好，会不会被别人偷走呢？于是，他特意选择了一块荒僻的山野来种植这种颇为珍贵的果树。

　　经过近两年的辛苦耕作，浇水施肥，小小的种子终于长成了一棵棵茁壮的果树，并且结出了累累硕果。

　　这位农民看在眼里，喜在心中。嗯！因为缺乏种子的缘故，果树的数量还比较少，但结出的果实也肯定可以让自己过上好一点儿的生活。

　　可是，这位农民并未能如愿。那一片红灿灿的果实，竟然被山里的飞鸟和野兽们吃了个精光，只剩下满地的果核。想到这两年的辛苦劳作和热切期望化为泡影，他不禁伤心欲绝，大哭起来。他的财富梦就这样破灭了。在随后的岁月里，他的生活仍然艰苦，只能苦苦支撑下去，一天一天地熬日子。

　　几年后，当他偶然来到那片种了果树的山野，却发现他面前出现了一大片茂盛的苹果林，树上结满了累累硕果。

　　原来，这一大片苹果林都是他自己种的。几年前，当那些飞鸟和野兽在吃完苹果后，就将果核吐在了旁边，经过几年的时光，果核里的种子慢慢发芽生长，终于长成了一片茂盛的苹果林。

　　农民意外失去少量苹果，几年后却换来一大片苹果林。有时候，失去是另一种获得。生活中，一扇门如果关上了，必定有另一扇窗为你打开。你失去了一种东西，必然会在其他地方收获另一种东西。关键是要有乐观的心态，正确对待你的失去。

　　每个人都曾失去过，有的人总是向别人反复表明他失去的东西有多么好、有多么珍贵。有些人却有不同的表现，比如，他们在失去了原有的工作之后，不是一味地伤感，而是主动寻找新的工作。他们相信，失去并不意味着失败，失去后还可以拥有更好的。

　　在失去不可避免的时候，你需要做的不是空怀惆怅，让自己陷入悲伤的情绪中，而是多思考一下，从失去中有所得，从悲伤、痛苦的消极情绪中走出来。

认为难以找到理解自己的人

有些人感到悲伤的原因在于，茫茫人海中找不到可以理解自己的人。一个人的过错，常常不是他一个人所造成的，如果我们试着对他人多一些谅解，将温暖传递给他，就能将他从负面情绪的泥沼中拖曳出来。

但是，有的时候我们却找不到真正理解自己的人，仿佛高山流水觅知音的故事只是一个传说。想到这些，悲伤的情绪就难以抑制地喷涌而出，无法控制。但是，我们要明白，世界上没有两个一模一样的灵魂，没有人能百分之百地理解我们，大可不必因此而悲伤。

上海女孩小王嫁给了湖南小伙子小丁，两人感情非常好，但总是因吃菜问题闹矛盾。小王做菜要放糖，因为上海人爱吃甜食；小丁做菜喜欢放辣椒，因为湖南人嗜辣如命。吵来吵去，婚姻出现裂痕，最终导致离异。

第二年，另一个白马王子被小王相中。婚后小王犯难了：这第二任丈夫小马，祖籍四川，也是个"吃辣大王"。第一次的失败婚姻记忆犹新，经过深思熟虑，小王终于想出一招妙计。婚后第一餐饭，她就抢着买菜烧菜，每样菜里都放了辣椒，四川丈夫小马吃得津津有味。可是，小马偶尔一看妻子，只见她被辣得满头大汗，惊问："你既然不爱吃辣椒，菜里面放这么多辣椒干啥？"小王听罢，心中甜丝丝的，笑道："因为你爱吃辣椒啊！"小马非常感动。

第二天，小马抢着买菜做菜，他在每样菜里都加了糖，小王一吃，挺对胃口的，就问丈夫："你不爱吃甜的，为什么每样菜都放糖呢？"小马笑了："因为你喜欢吃啊！"小王听了，泪水便止不住地流了下来。她暗想，要是当年和小丁在一起生活时也能像如今这样换位思考，也不至于和小丁分道扬镳！

两个人走到一起，组建成一个家庭，虽然文化和性格都可能存在一定的差异，但是只要相互间多一分理解，控制好自己的情绪，就会有一个幸福的家。

其实，很多时候我们找不到了解自己的人，是因为我们自己也没有试着去换位理解别人。正如感情是需要互动的，情绪也是要互动的。

理解，是人生路上未语先香的"瑰丽宝贝"，总是那么温馨、那么暖人。理解对方，就需要我们进行换位思考。因为不了解对方的立场、感受及想法，我们就无法正确地思考与回应，沟通便被阻断。

人们常说，良好的沟通是心与心的沟通，也就是情绪与情绪的沟通。生活中那些善解人意的人往往受到大家的喜爱和尊敬，原因就是他们能够做到移情换位，用别人的眼光来想问题、看世界，以别人的心情来品尝生活，以别人的情绪来处理事情，这样便拉近了人与人之间的距离。这样也就不难找到理解自己的人了。

总为逝去的昨天流泪

曾为英国首相的劳合·乔治有一个习惯——随手关上身后的门。一天,有一个朋友来拜访他,两个人在院子里一边散步,一边交谈,他们每经过一扇门,乔治总是随手把门关上。

朋友很是纳闷，不解地问乔治："有必要把这些门都关上吗？"乔治微笑着回答："哦，当然有这个必要。我这一生都在关我身后的门，这是必须做的事。当你关门时，也就是把过去的一切留在了后面，不管是美好的成就，还是让人懊恼的失误，然后，你才可能重新开始。"

把过去的一切关在身后，也就是卸下情绪上的包袱，放弃过去的一切，这样才

会更好地开始新的生活,然而这个问题却往往被我们所忽略。许多人总是习惯于让过去的事情挤占在脑海里,不忍抛弃,结果情绪负载过重,浪费了精力,影响了事业的发展。所以,你应该试着学会经常把身后的门关上,把过去的一切留在身后。

关上身后的门,只是关掉过去各种情绪,并不是把你过去的经验和教训也关在身后,这些都是你人生的宝贵财富。你应把它们潜移默化地融化到自己的血液里,让其变成一种本能,成为一种习惯,这样更有利于你奔向成功。

每个人来到这个世界上,都希望自己将美好的梦想尽可能多地变为绚丽的现实。于是,在人生路上行进时,我们犹如天真的孩童,总是在瞪大好奇的眼睛期待珍宝的出现,并在行走中欣喜地将它拾起。人生的行囊,在不断地捡拾中变得越来越重,直到我们举步维艰。是断然放弃还是继续珍藏?这是我们每个人都不可避免遇到的难题,是每个想前行的人都要遇到的麻烦。

其实,关上这一扇门,也是一种伤感的美丽……

当情绪低落到极点,悲伤到极点,为何不去把行囊中的悲伤扔掉?也许曾经收入行囊时,它们对于我们来说是值得珍视的,给我们带来了无穷的欢快。但随着岁月的流转,随着光阴的飞逝,当它们的存在只会触痛我们的伤痕,它们的出现只能给我们留下黑夜辗转难眠时无声的泪水,为什么还要保存着它们?扔掉它们,打开尘封已久的行囊,把它们倾倒出来。也许,这会使我们痛苦,但是,扔掉之后,你会发现,心会如此灵动,情绪会如此积极。

内心世界没有阳光

"我之所以高兴,是因为我心中的明灯没有熄灭。道路虽然艰难,但我却不停地去求索我生命中细小的快乐。如果门太矮,我会弯下腰;如果我可以挪开前进路上的绊脚石,我就会去动手挪开;如果道路太泥泞,我可以换条路走。我在每天的生活中都可以找到高兴事儿。信仰使我能够以一种快乐的心态面对事物。"歌德夫人如是说。

许多人内心世界没有阳光,以致陷入悲伤情绪,不能自拔。一样的事情,可以选择不同的态度来对待。内心充满阳光,并做出积极努力,就一定会看到前方的风景。

心中有乐者,人生字典里就没有"悲观"二字。

有两个见解不同的人在争论三个问题。

第一个问题——希望是什么?悲观者说:是地平线,就算看得到,也永远走不到。乐观者说:是启明星,能告诉我们曙光就在前边。

第二个问题——风是什么?悲观者说:是浪的帮凶,能把你埋葬在大海深处。乐观者说:是帆的伙伴,能把你送到胜利的彼岸。

第三个问题——生命是不是花？悲观者说：是又怎样，开败了也就没了！乐观者说：不，它能留下甘甜的果实。

突然，天上传来了上帝的声音，也问了三个问题：

第一个：一直向前走，会怎样？悲观者说：会碰到坑坑洼洼。乐观者说：会看到柳暗花明。

第二个：春雨好不好？悲观者说：不好！野草会因此长得更疯！乐观者说：好，百花会因此开得更艳！

第三个：如果给你一片荒山，你会怎样？悲观者说：修一座坟茔！乐观者反驳：不！种满山绿树！

于是上帝给了他们两样礼物：给了乐观者成功，给了悲观者失败。

上述是一个两种见解的典型范例。悲观者和乐观者在面对同一个问题时，会有不同的看法。不同的世界观会导致截然不同的人生结局。

心里装着哀愁，眼里看到的就全是黑暗。抛弃已经发生的令人不愉快的事情或经历，才会迎来美好的未来。

在曲折的人生旅途上，如果我们需要承受所有的挫折和颠簸，就要学会化解与

乐观者与悲观者

不同的人会有截然不同的人生态度，不同的人生态度会看到截然不同的人生风景。

乐观与悲观，只差一字，反映出人的世界观与方法论截然不同，当遇到挫折或灾难时，处理结果也完全两样，因而就会有两种不一样的生命质量。

消释所有的困难与不幸，这样我们才能够继续前进，我们的人生之旅才会更加顺畅、更加开阔。

找一件自己喜欢的事情，全身心投入地去做，本身就是一种快乐的享受。这种快乐，要比花费钱财到游乐场寻找乐趣要划算得多。快乐本来不需要刻意为之，为快乐而快乐，抓住生活中的每一个小惊喜，尽情发挥，你会发现，这种"碰巧为之"的乐趣是任何娱乐形式都无法比拟的。

感觉挫折像暴雨一样袭来

如果一个人在 46 岁的时候，因意外事故被烧得不成人形，4 年后又在一次坠机事故后腰部以下全部瘫痪，他会怎么办？你能想象他后来变成百万富翁、受人爱戴的公共演说家、扬扬得意的新郎及成功的企业家吗？你能想象他去泛舟、玩跳伞，在政坛角逐一席之地吗？

米契尔全做到了，甚至有过之而无不及。在经历了两次可怕的意外事故后，他的脸因植皮而变成一块"彩色板"，手指没有了，双腿细小，无法行动，只能瘫痪在轮椅上。

意外事故把他身上 65% 以上的皮肤都烧坏了，为此他动了 16 次手术。手术后，他无法拿起叉子，无法拨电话，也无法一个人上厕所，但以前曾是海军陆战队员的米契尔从不认为自己被打败了。他说："我完全可以掌握自己的人生之船，我可以选择把目前的状况看成倒退或是一个起点。" 6 个月之后，他又能开飞机了。

米契尔为自己在科罗拉多州买了一幢维多利亚式的房子，另外也买了一架飞机及一家酒吧。后来他和两个朋友合资开了一家公司，专门生产以木材为燃料的炉子，这家公司后来变成佛蒙特州排行第二的私人公司。坠机意外发生在 4 年后，米契尔所开的飞机在起飞时摔回跑道，把他胸部的 12 块脊椎骨压得粉碎，腰部以下永远瘫痪。"我不解的是为何这些事老是发生在我身上，我到底做了什么错事？要遭到这样的报应？"

米契尔仍不屈不挠，日夜努力使自己能达到最高限度的独立，他被选为科罗拉多州孤峰顶镇的镇长。后来竞选国会议员时，他用一句"不只是另一张小白脸"的口号，将自己难看的脸转化成一项有利的资产。尽管面貌骇人、行动不便，米契尔却坠入爱河，且完成了终身大事，也拿到了公共行政硕士学位，并持续着他的飞行活动、环保运动及公共演说。

米契尔说："我瘫痪之前可以做 1 万件事，现在我只能做 9000 件，我可以把注意力放在我无法再做好的 1000 件事上，或是把目光放在我还能做的 9000 件事上。如果你不把挫折拿来当成放弃努力的借口，那么，或许你可以用一个新的角度来看待一些一直让你裹足不前的经历。你可以退一步，想开一点，然后你就有机会说：'或许那也没什么大不了的。'"

挫折是弱者的绊脚石,却是强者成功的垫脚石。弱者因挫折产生消极悲观的情绪,强者却从中激发积极乐观的情绪。要想成功,就必须做生命的强者,做情绪的主人。

莎士比亚说:"与其责难机遇,不如责难自己。"这就是人生的基本课程。我们只要仔细回顾一下生活中坏运变为好运的大量实例,就会发现挫折和厄运仅仅是强者成功的起点罢了。

我们的一生犹如处在变幻不定的大海上,前一秒可能还是风平浪静,下一刻也就可能惊涛骇浪。挫折就如同一时的惊涛骇浪,只是暂时的风景,大海最后还会归于平静。所以在这大海上航行时,尽量做到情绪稳定,只有这样你才能战胜挫折,到达成功的彼岸。

人生的光荣,不在于永不失败,而在于越战越勇。有智慧的人往往能从失败的经验中获得成功,所以失败常常是人生的一种宝贵财富。

挫折让我们更能体会到成功的喜悦,没有挫折的人生是不完整的。

第四章

不可抑制的气愤脱缰——愤怒爆发

杀人不见血的"气"

世间万事，危害健康最甚者，莫过于愤怒。诸如，咆哮如雷的"怒气"、暗自忧伤的"闷气"、牢骚满腹的"怨气"、有口难辩的"冤枉气"等。"气"与人体健康关系密切。若"心不爽，气不顺"，必将破坏机体平衡，导致各部分器官功能紊乱，从而诱发各种疾病。所以《黄帝内经》就明确指出："百病生于气矣。"

美国生理学家爱尔马为了研究情绪状态对人体健康的影响，设计了一个很简单的实验：把一支玻璃试管插在装有冰水混合物的容器里，然后收集人们在不同情绪状态下的"气水"。研究发现，当一个人心平气和时，他呼吸时水是澄清透明无杂的；悲痛时水中有白色沉淀；悔恨时有乳白色沉淀；生气时有紫色沉淀。爱尔马把人在生气时呼出的"气水"注射到大白鼠身上，12 分钟后，大白鼠竟死了。由此爱尔马分析认为："人生气时的生理反应十分强烈，分泌物比任何情绪时都复杂，都更具有毒性。因此容易生气的人很难健康，更难长寿。"

震惊于实验结果的同时，我们更要清楚，我们每个人面对生活中的各种困惑、烦忧时，都应该学会宽容、学会理解、学会忍让，避免愤怒，牢记"气大伤身"，用宁静博爱的心态，对待世事是非，烦恼自会远离。哲人说：生气，其实就是拿别人的错来惩罚自己。

不错，何必为别人背沉重的情绪包袱？何必为别人犯下的错误承担责任？其实，人只要肯换个想法，调整一下态度，或者转移一下视角，就能让自己有一个新的心境。只要我们肯稍作改变，就能抛开坏心情，迎接新的生活。

我们不能让自己的情绪控制自己，我们必须学习"转念""少点积怨，多点包容""多洒香水、少吐苦水"，让愤怒情绪远离，而用乐观的态度来迎接人生。

控制自己的愤怒的确是件非常不容易的事情，因为我们每个人的心中永远存在着理智与情感的斗争。如同所有的习惯一样，控制冲动也是一种经过训练而得到的能力。要具备这种能力，有两个基本方法：第一，你必须不断地分析你的行动可能带来的后果；第二，你必须让自己为了获得最大的利益而行动。

从前，有一名叫爱地巴的人，每次生气和人起争执的时候，就以很快的速度跑回家去，绕着自己的房子和土地跑三圈，然后坐在田地边喘气。

爱地巴工作非常勤劳努力，他的房子越来越大，土地也越来越广，但不管房地有多大多广，只要与人吵架生气，他还是会绕着房子和土地绕三圈。爱地巴为何每次生气都绕着房子和土地绕三圈？所有认识他的人，心里都很疑惑，但是不管怎么问他，爱地巴都不愿意说。

后来，爱地巴很老了，他的房地也已经非常广大了，有一次他生气，拄着拐杖艰难地绕着土地和房子走，等他好不容易走完三圈，太阳都下山了，爱地巴独自坐在田边喘气。

他的孙子在身边恳求他："阿公，您已经这么大年纪了，这附近地区的人也没

如何排解自己的"气"

在愤怒的时候，安抚自己的内心远比找其他的人发泄来得高明。不生"气"难做到，但并不意味着没有解决的办法。

我们吵没什么用，不如我们先打电话给120和保险公司如何？

你开那么快干什么去？你想干什么啊？

在突发事故面前，应保持冷静的思考和稳定的情绪，遇事冷静，客观地做出分析和判断。

要多方面培养自己的兴趣与爱好，如书法、养花、下棋等，可以修身养性、陶冶情操。

有谁的土地比你更广大,您不能再像从前那样,一生气就绕着土地跑了!您可不可以告诉我这个秘密,为什么您一生气就要绕着土地跑三圈?"

爱地巴禁不起孙子恳求,终于说出隐藏在心中多年的秘密。

他说:"年轻时,我一旦和人吵架、争论、生气,就绕着房地跑三圈,边跑边想,我的房子这么小,土地这么小,我哪有时间、哪有资格去跟人家生气,一想到这里,气就消了,于是就把所有时间用来努力工作。"

孙子问:"阿公,你年纪老了,又变成最富有的人,为什么还要绕着房地走三圈?"

爱地巴笑着说:"我现在还是会生气,生气时绕着房地走三圈,边走边想,我的房子这么大,土地这么多,我又何必跟人计较?一想到这儿,气就消了。"

现实生活中,我们要像爱地巴那样进行自我心理调整,用平易温和的方式,使自己能够在此情绪中抚慰自己。

要有自知之明,遇事要尽力而为,适可而止,不要为了逞能而去做力所不能及的事。不要过于计较个人的得失,不要常为一些鸡毛蒜皮的事发火,愤怒要克制,怨恨要消除。

一个拥有平和心态的人,在各方面都会顺其自然,不必在意太多,并总能找到排解愤怒的渠道。

愤怒有信号,多加观察

有人这样说:如果你愤怒,就说明你遇到了麻烦,或者出现了问题。但也有人说:只要愤怒是事出有因的,就不会有什么问题。其实,愤怒情绪有迹象可循。不管愤怒的爆发是否意味着爆发者出现问题,只要留意愤怒爆发前的信号,并能对将要愤怒的反应和感觉保持高度敏感,就可能及早平息即将爆发的愤怒情绪。

吉姆的妻子希望丈夫变得更加善于表达自己的情感,以使他们的婚姻关系更加亲密。吉姆听从了妻子的建议,不久之后,他逐渐变得善于表达自己,他甚至把多年来压在心底的各种情绪都向妻子表达出来。

妻子对吉姆的做法感到非常不满,甚至愤怒。为此,二人前去咨询心理医生。妻子说:"吉姆现在整天说我让他多么生气,我烦透了。""不是你希望他更善于表达自己吗?"医生反问说。吉姆的妻子解释说自己只是想听一些正面的情绪,而不是整天听丈夫说他自己有多生气,生气是他的问题,可以不必说出来。

医生说,其实,吉姆现在很难控制自己的情绪,特别是没有在愤怒初期就控制好它而导致大怒,他仍然不善于表达自己的情绪。医生建议他们努力去发现对方愤怒的信号,共同解决问题。在医生和妻子的帮助下,吉姆再也不会轻易地生气了。

像吉姆一样,留心捕捉愤怒的信号,才更有利于控制自己的情绪。俗话说:"当断不断，必受其乱。"同样的道理，愤怒时应立即采取措施。当我们发现自己发怒的信号时，可以通过数数，从 1 数到 10，先让自己平静下来。但是，90% 的人在快要发怒时往往没有立即采取措施，以致愤怒很快就会升级到暴怒。不能任愤怒等情绪肆意地发展，越早控制住自己的愤怒越好。

乔治和女朋友为一个周末共同制订了一些计划，但女朋友在未告知他的情况下擅自更改了计划，乔治为此感到闷闷不乐。他向一位心理专家咨询解决方法。专家听了他的诉说，说如果把生气的程度分为 10 个等级，问乔治当他听说女朋友改变主

意时有多不高兴。乔治说大约 4 级。

专家把 1~3 级称为不高兴，把 4~6 级称为愤怒。那么，乔治的 4 级就是愤怒了。乔治当时也没有把那种生气的感觉告诉女朋友。他经常把怒火藏在心里。"接下来发生了什么？"专家问。

"后来我们一起出去吃饭，等了半天，餐厅的饭菜还没有上来，这时我越来越生气。"乔治说那时自己的生气程度已经达到 6 级或者 7 级，离暴怒只有一步之遥。"后来你怎么做？"专家又问。

乔治说他当时只想让自己平静下来，但并未采取任何措施。随后就和女朋友去看棒球比赛了。后来，他们就在车里吵了起来。乔治当时非常生气，愤怒地一拳打在汽车的通风口上，把它打碎了。乔治说那时他生气的程度肯定有 9 级或 10 级。

上述案例中，乔治没有注意到自己愤怒的信号，没有把自己生气的情绪告诉给他的女友，进而发生的一连串事情让他越来越生气，以致到最后完全爆发，情绪由愤怒变为暴怒。

在生气程度的 10 个等级中，"不悦"和暴怒分别处在等级序列的两端。通常情况下，你不必为自己的"不悦"而操心。感到不悦一般不是什么问题，但前提是这种感觉不会继续发展。那么，怎样才能抑制它发展呢？不妨这样去做：不要把情况想得过分严重，用正确的眼光对待问题。不要把一些问题个人化。或许别人根本没有意识到给你带来的不快，你应该意识到这并不是针对你本人。不要只想着指责别人，应该换位思考，从别人的角度看问题。不要总想着报复。

遇到不开心的事，要去想想怎样做才能不让这种不悦的感觉升级为愤怒。千万不要让负面情绪进一步发展，这样只会让你变得愈加愤怒。要告诉自己：不要因为这些小事情让自己的心情变得糟糕，让自己怒不可遏。随时随地留意愤怒，关注愤怒，化解愤怒，才能保持快乐和幸福。

认为事情到了无法容忍的地步

许多人一遇到不合自己心意的事就觉得难以容忍，甚至动不动就发怒。但是只要你想成为一个理智的人，就必须做到控制住自己所有的情绪与行为，不能为一点小事就大发脾气。

美国研究应激反应的专家理查德·卡尔森说："我们的恼怒有 80% 是自己造成的。"这位加利福尼亚人在讨论会上教人们如何不生气。卡尔森把防止激动的方法归结为这样的话："请冷静下来！要承认生活是不公正的。任何人都不是完美的，任何事情都不会按计划进行。"也就是说，遇到不好的事情时，先冷静下来。只有内心平静了，才会发现事情没有你想象的那么糟。

从前有一个农夫，因为一件小事和邻居争吵起来，争论得面红耳赤，谁也不肯让谁。最后,那人只好气呼呼地去找牧师,因为牧师是当地最有智慧、最公道的人,他肯定能断定谁是谁非。

"牧师,您来帮我们评评理吧!我那邻居简直不可理喻!他竟然……"农夫怒气冲冲,一见到牧师就开始了他的抱怨和指责。但当他正要大肆讲述邻居的过错时,被牧师打断了。

牧师说:"对不起,正巧我现在有事,麻烦你先回去,明天再说吧。"

第二天一大早,农夫又愤愤不平地来了,不过,显然没有昨天那么生气了。

"今天您一定要帮我评个是非对错,那个人简直是……"他又开始数落起邻居的恶劣。牧师不快不慢地说:"你的怒气还没有消退,等你心平气和后再说吧!正好我昨天的事情还没有办完。"

接下来的几天,农夫没有再来找牧师。有一天,牧师在前往布道的路上遇到了他,他正在农地里忙碌着,心情显然平静了许多。

牧师问道:"现在你还需要我来评理吗?"说完,微笑地看着对方。

农夫羞愧地笑了笑,说:"我已经心平气和了!现在想来那也不是什么大事,不值得生那么大的气,只是给您添麻烦了。"

牧师仍然心平气和地说:"这就对了,我不急于和你说这件事情就是想给你思考的时间让你消消气啊!记住不要在生气时说话或行动。"

很多时候怒气会自然消退,稍稍耐心等待一下,事情就会悄悄过去。

人是有感情的动物,表达情绪是无可厚非的,但是,如果不加控制地任意表达愤怒情绪,我们就变成了情绪的傀儡。

古罗马诗人奥维德说:"忍耐和坚持虽然痛苦,但却能渐渐为你带来好处。"的确,忍耐一下,三思而后行,冲动便消失得无影无踪。

学会控制愤怒情绪,是情绪掌控高手的一大秘籍。尽量做到不生气、少生气,性格开朗,心胸开阔,宽宏大量,宽厚待人,谦虚处世。这样不仅有益于身心健康,也利于提高自己的道德修养和思想水平,于人于己都有益而无害。

情绪失控导致坏结果

人的情绪中有两大暴君,其中之一就是愤怒,它常常与单枪匹马的理性抗衡,然而人的激情远胜于人的理性。不生气的人是聪明的,一个人必须学会自我调控,否则就会使事情更糟糕。

1809年1月,拿破仑从西班牙战事中抽出身来匆忙赶回巴黎。他得到消息说外交大臣塔里兰密谋造反。一抵达巴黎,他就立刻召集所有大臣开会。他坐立不安,含沙射影地点明塔里兰的密谋,但塔里兰却没有丝毫反应,这时候,拿破仑无法控

如何控制自己的愤怒

在人与人的日常交往当中，经常会有烦恼和生气的时候，我们该怎么克制自己愤怒的情绪呢？

1. 转移法

离开现场，去干别的事。在公园散步，找人对弈等。

2. 忘却法

精力集中，投入学习。想想别的，忘却生气。

3. 吐露法

与亲朋挚友，倾吐苦衷。或写在纸上，事后不想。

如果愤怒的情绪已经产生，要做的不是控制和压抑，而是转变一个角度去思考，想想发怒的严重后果，这样你就能让自己冷静下来了。

制自己的情绪,忽然逼近塔里兰说:"有些大臣希望我死掉!"但塔里兰依然不动声色,只是满脸疑惑地看着他,拿破仑终于忍无可忍了。

他对着塔里兰粗鲁地喊道:"我赏赐你无数的财富,给你最高的荣誉,而你竟然如此伤害我,你这个忘恩负义的东西,你什么都不是,只不过是穿着丝袜的一只狗。"说完他转身离去了。其他大臣面面相觑,他们从来没有见过拿破仑如此暴怒。

塔里兰依然一副泰然自若的样子,他慢慢地站起来,转过身对其他大臣说:"真遗憾,各位绅士,如此伟大的人物竟然这样没礼貌。"

皇帝的暴怒和塔里兰的镇静自若像瘟疫一样在人们中间传播开来,拿破仑的威望迅速降低了。

伟大的皇帝在盛怒下失去冷静,人们感觉到他在走下坡路了,如同塔里兰事后预言:"这是结束的开端。"

塔里兰激起了拿破仑的怒气,让他的情绪失控,这正是他的目的。人人都知道了拿破仑是一个容易发怒的人,他已经失去了作为一个领导的权威,这种负面效果影响了人民对他的支持。面对大臣企图密谋造反这样的事,焦躁和不安只能起到相反的作用,这说明他已经失去了主宰大局的绝对权力。

其实,在这种情况下,拿破仑如果采用不同的做法,那结果便会大相径庭。他首先应该思考:他们为什么会反对自己?他也可以私下探听,从手下的士兵身上了解自己的缺陷,更可以试着争取他们回心转意支持他……所有这些策略中,最不明智的就是激烈攻击和孩子气的愤怒。

愤怒起不到威吓效果,也不会鼓励忠诚,只会引发疑虑和不安,地位也因此摇摇欲坠,暴露出自己的弱点,这种狂风暴雨式的爆发,往往是崩溃的先声。谋略和战斗力也会在愤怒的情绪中消散,所以永远保持客观与冷静的态度至关重要。

愤怒容易让人失去理智,他们把一点小事看得像天一样大,过于认真让他们夸大了自身受到的伤害。他们以为愤怒可以让自己在别人眼中更具有权力,其实不是这样的。他们不仅不会被认为拥有权力,反而会被认为缺乏理智,难成大气候。怒气会让你失去别人对你的敬意,会认为你缺乏自制力而更加轻视你。

总为无谓的小事抓狂

在生活中,经常动怒生气的人气量狭隘,不讨人喜欢,而"泰山崩于前而色不变"的人则备受人们喜爱。事实上,多数让我们产生急躁情绪进而发怒的事情只是一些不足挂齿的小事。

古时有一个妇人,特别喜欢为一些琐碎的小事生气。她知道这样不好,便去求一位智者帮助自己。

智者听了她的讲述,一言不发地把她领到一个房间中,落锁而去。

妇人气得跳脚大骂。骂了许久，智者也不理会。妇人又开始哀求，智者仍置若罔闻。妇人终于沉默了。智者来到门外，问她："你还生气吗？"

妇人说："我只为我自己生气，我怎么会到这地方来受这份罪。"

"连自己都不原谅的人怎么能心如止水？"智者拂袖而去。过了一会儿，智者又问她：

"还生气吗？"

"不生气了。"妇人说。

"为什么？"

"气也没有办法呀。"

"你的气并未消，还压在心里，爆发后将会更加剧烈。"智者又离开了。

智者第三次来到门前，妇人告诉他："我不生气了，因为不值得气。"

"还知道值不值得，可见心中还有衡量，还是有气根。"智者笑道。

当智者的身影迎着夕阳立在门外时，妇人问智者："先生，什么是气？"

智者将手中的茶水倾洒于地。妇人视之良久，顿悟，叩谢而去。

何苦要气？气便是别人吐出而你却接到口里的那种东西，你吞下便会反胃，你不看它时，它便会消散。气是用别人的过错来惩罚自己的蠢行。

但生活中，有人往往容易为一点小事而使情绪失控，继而发怒，也正因为这样，往往会因小失大。

有一场举世瞩目的赛事，台球世界冠军已走到卫冕的门口。他只要把最后那个8号球打进洞，凯歌就奏响了。就在这时，不知从什么地方飞来一只苍蝇。苍蝇第一次落在握杆的手臂上。有些痒，冠军停下来。苍蝇飞走了，然后又落在了冠军锁着的眉头上。冠军只好不情愿地停下来，烦躁地去打那只苍蝇。苍蝇又轻捷地脱逃了。

冠军做了一番深呼吸再次准备击球。天啊！他发现那只苍蝇又回来了，像个幽灵似的落在了8号球上。冠军怒不可遏，拿起球杆对着苍蝇击去。苍蝇受到惊吓飞走了，可球杆触动了8号球，8号球当然也没有进洞。按照比赛规则，该轮到对手击球了。对手抓住机会死里逃生，一口气把自己该打的球全打进了。

卫冕失败，冠军恨死了那只苍蝇。在观众的喧哗声中，冠军不堪重负，不久就结束了自己的生命。临终时他对那只苍蝇还耿耿于怀。

一只苍蝇和一个冠军的命运胶着在一起，也许是偶然的。倘若冠军能制怒，并静待那只苍蝇飞走，故事的结局或许可以重写。人们如果不能及时消除自己的愤怒情绪，必然也会被生活中的种种琐事困扰，为无谓的小事抓狂，甚至造成生命中的悲剧。

心智成熟的人必定能控制住自己的愤怒情绪与行为。当你在镜子前仔细地审视自己时，会发现自己既是你最好的朋友，也是你最大的敌人。

当你生气时，你要问自己：一年后生气的理由是否还那么重要？这会使你对许多事情得出正确的看法。

愤怒不能随心所欲

梁实秋说过："血气沸腾之际，理智不太清醒，言行容易逾分，于人于己都不宜。"富兰克林也曾说过："以愤怒开始，以羞愧告终。"《圣经》里也说过："可以激动，但不可犯罪。可以愤怒，但不可含愤终日。"这就告诉我们要把握愤怒的度，愤怒要有底线，不可无顾忌地发怒，否则于人于己都不利。

我们都知道，愤怒往往是由于自己受到比较大的伤害，或者原本希望用理性的方式表达愿望，但在失望之后，才不得已采取了愤怒的方式。当然，社会允许你在一定范围内发泄情绪，也就是说愤怒是有底线的，因为极端的愤怒不是伤人就是伤己，有时还会造成两败俱伤的局面，它还会影响人际关系，影响个人的思维判断，造成不可控制的后果。因而，正确理解愤怒的限度，才有可能把愤怒的苗头消灭在萌芽状态，特别是在愤怒发生时，正确地引导从而消解愤怒，解决矛盾，这才是最重要的。

伊凡四世是沙皇俄国的第一任沙皇，因为其残酷的执政手段，他被后人称为"恐怖的伊凡"，他同样也将这种恐怖的手段施之于平民。

在他用军队征服了诺夫格罗德市之后，诺夫格罗德的居民因留恋自己独立开放的文明，他们仍习惯性地与立陶宛人、瑞典人进行贸易。尤其是在城市被侵占之后，这里的居民反抗、逃亡和袭击禁卫军的事件屡屡发生。伊凡知道这个小城市的居民袭击自己的军队之后，异常愤怒。他将其视为挑衅，并不停地咒骂，而且发布讨伐的命令。

他亲率禁卫军和1500名特种常备军弓箭手，于1570年1月2日来到诺夫格罗德城下。他命令士兵们在城市周围筑起栅栏，防止人逃跑。教堂上锁，任何人不准入内避难。

之后，每天，大约有1000位市民，包括贵族、商人或普通百姓，被带到伊凡面前，不听取其任何的辩护，不管这些人有罪没罪，只要是诺夫格罗德城的人他就对其用刑。鞭打、裂肢、割舌头等各种残酷的刑法他都用尽。很多居民还被扔入冰冷的水里，浮出水面的人，伊凡就命令士兵用长矛将其活活地刺死。这场恐怖的屠杀共持续了5个星期，诺夫格罗德城大概有2万多人被屠杀，这场残酷的屠杀在历史上是非常罕见的，也是令人发指的。

伊凡的残暴不仁，是因为他手中有可怕的权力，这是一个比较极端的例子，但是也能说明不受控制，没有底线的愤怒，就像愈烧愈烈的火焰一样，直到把身边的一切都烧毁。所以，没有底线的愤怒会对我们身边的人造成伤害。

在愤怒的时候，人往往容易冲动，大脑失去了理智的控制，造成不堪想象的后果。人也常常用极端的方式来发泄自己的愤怒，以父母批评孩子为例，因为孩子的成绩不好或者表现不佳，父母有时对孩子大打出手，结果孩子不仅身体觉得疼痛，心理上也会受到伤害，他们可能会仇视父母，而且心理上还可能会埋藏下阴影，对其未来的发展非常不利。

因而，在愤怒的时候，要善于将愤怒的"冲动"变成"理性"的思考。当遇到不平的事情之后，可以愤怒，但是不能表现得太过激烈。激愤的时候要懂得控制自己的情绪，避免出现丑态，更不能恶语伤人，甚至出现暴力等过激行为。由于情绪失控而做出伤害别人的事情，日后要想弥补就很困难了。

愤怒还可以用理智予以控制，对一些不开心的小事，与其憋在心里，让自己生闷气，不如把它抛在脑后，以保持心境的平静。确立了这种意识，就可以逐步实现控制愤怒情绪的目标，并且能够提高自己的忍耐力和毅力。

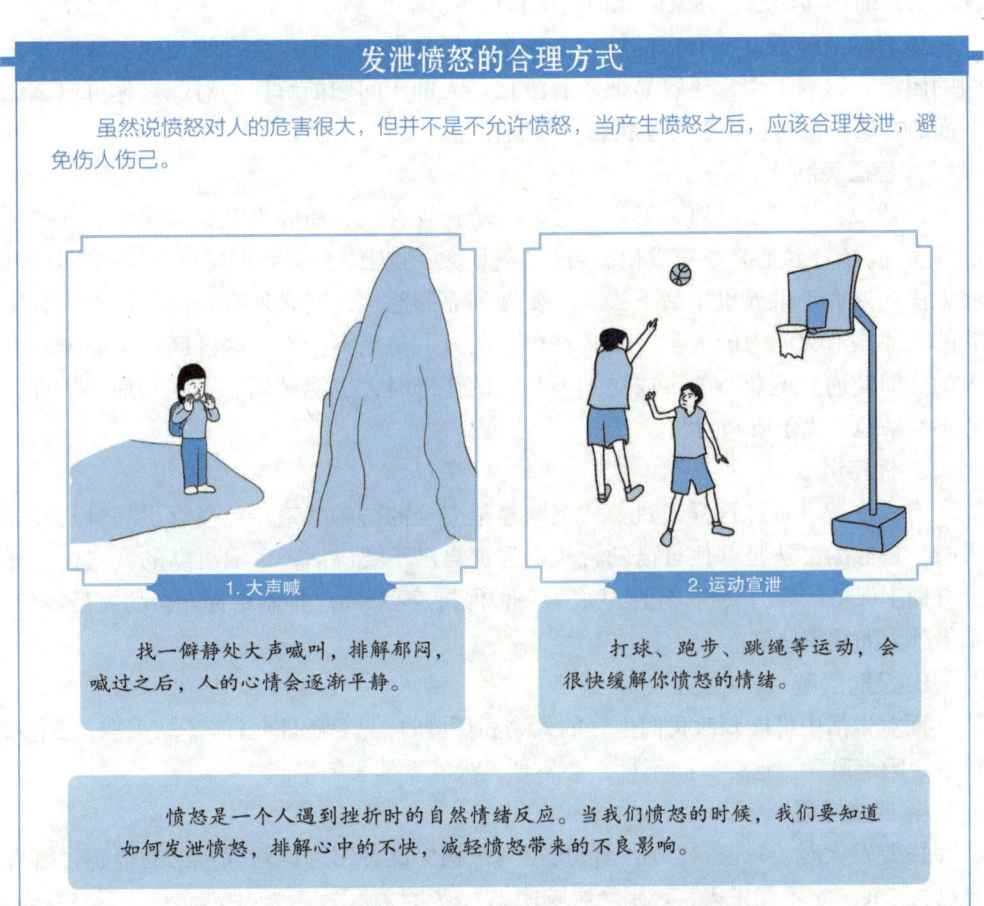

发泄愤怒的合理方式

虽然说愤怒对人的危害很大，但并不是不允许愤怒，当产生愤怒之后，应该合理发泄，避免伤人伤己。

1. 大声喊

找一僻静处大声喊叫，排解郁闷，喊过之后，人的心情会逐渐平静。

2. 运动宣泄

打球、跑步、跳绳等运动，会很快缓解你愤怒的情绪。

愤怒是一个人遇到挫折时的自然情绪反应。当我们愤怒的时候，我们要知道如何发泄愤怒，排解心中的不快，减轻愤怒带来的不良影响。

主动抑制愤怒情绪

也许有人会问：为什么我们现在的人常常要发怒，而古人却不像我们这样？花几分钟时间，让我们好好思考一下其中的原因。

现在，愤怒似乎成了现代人的一种通病。

现代人的生活节奏比以往任何时期都快，于是形成了一种张力，好像小提琴上的琴弦不断拉紧以致最后断裂。预期的目标未能实现——不管是生活中的琐事、学校里的成绩排名，还是工作中的种种不如意，所有这些及其他诸如此类的烦恼引起失望，一旦得不到解脱，就会产生愤怒。

我们把日程表安排得愈来愈满，直到有一天生气之后才问自己："我干吗发这么大的脾气？"这很简单——你在短短的时间内要做的事情太多了，但你没有做好，事情出了点意外，于是你觉得懊恼，并因此而感到惭愧，因为有修养的人是不轻易发怒的，而你却动怒，你就因此而讨厌自己了。

愤怒是一种不良和有害的情绪。一个人经常发火，不仅会影响与朋友或同事之间的团结，影响工作，还容易把矛盾激化，无助于问题的解决。对此，你可以试试下面的方法，在愤怒处于萌芽状态就控制住它。

1. 容忍克制

俗话说："壶小易热，量小易怒。"动辄发脾气、动肝火是胸襟狭窄、气量狭小的表现。有一位心理学家发出忠告："气量大一点吧，如果我们每件事情都要计较，就无法在这大千世界里生活下去。"要做到克制怒气，就必须有很高的修养，有修养的人才是有克制力的人。一个胸怀坦荡的人，是绝不会为一些区区小事而随意发火的。即使遇到不顺心的事或受到不公正的待遇时，也能做到心平气和地讲道理，心态和平地解决矛盾和问题。

2. 保持沉默

有一位智者曾经这样说过："沉默是最安全的防御战略。"当意识到自己要发火时，最好的办法是管住自己的舌头，强迫自己不要讲话，采取沉默的方式，这样会有助于保持冷静的头脑，让沉默成为一种保持身心平衡、抑制精神亢奋的灵丹妙药，不借外力而化解怒气。

3. 及时回避

面对生活中可能刺激我们生气的人物和环境时，只要条件允许，不妨采取"三十六计，走为上策"。这样，眼不见，心不烦，火气就消了一半。

4. 自我提醒

快要发火时，只要自己还能自我控制，就要试着用意识驾驭自己的情感，警告自己："我一定不能发火，否则会影响团结，把事情搞砸。"心中默念："不要发火，息怒、息怒。"这样坚持下去，就会收到一定的效果。

5. 转移注意力

根据一项心理学研究，在受到令人发火的刺激时，大脑会产生强烈的兴奋灶，这时如果有意识地在大脑皮质里建立另外一个兴奋灶，用它去取代、抵消或削弱引起发火的兴奋灶，就会使火气逐渐缓解和平息。例如，转移话题，找些开心快乐的事情干，听让自己愉快的音乐、戏曲，阅读引人入胜的小说、诗歌，或出去走走，等等。

其实，做到不生气并不难。心理医学研究表明，一个人心情舒畅、精神愉快，中枢神经系统就处于最佳功能状态，这时内脏及内分泌活动在中枢神经系统调节下保持平衡，从而整个机体保持协调，充满活力，身体自然健康。

总之，生活中愤怒的情绪难以完全避免，但只要理智地对待，学会掌握各种制怒的方法，愤怒是可以控制住的。

战胜冲动这个魔鬼

人们经常会因为一些事情陷入愤怒的情绪之中，愤怒其实是一种冲动。这种冲动是最无力的情绪，也是最具破坏性的情绪。许多人都会在情绪冲动时做出使自己后悔不已的事情来。培根说："冲动就像地雷，碰到任何东西都一同毁灭。"每个人都有冲动的时候，尽管它是一种很难控制的情绪，但不管怎样，一定要努力去做。如果不注意培养自己冷静平和的性情，一旦碰到不如意的事情就暴跳如雷，情绪失控，就会让自己陷入自我戕害的囹圄之中。

南南的爸爸妈妈大吵了一架，起因是妈妈放在自己外套里的 300 元钱不见了，妈妈认定是爸爸拿的，但爸爸却不承认。下班后，爸爸直接去保姆家接南南，保姆一边帮南南穿衣服，一边说："昨天我给南南洗衣服，从她口袋里找出 300 元钱，都被我洗湿了，晾在……"没等保姆把话说完，爸爸立刻就把南南拽了过去，狠狠地打了她两个耳光，南南的嘴角立刻流血了。"你竟敢偷钱！害得我和你妈妈大吵了一架，这样坏的孩子不要算了！"他丢下南南掉头就走了。南南根本不知道发生了什么事，只觉得脸很痛就哭了起来。保姆对南南妈妈说："你家先生也太急躁了，不等我把话说完就打孩子，这么小的孩子怎么可能偷钱啊！100 元钱对她来说就是张花纸。一定是她拿着玩时顺手放到口袋里的。"南南被妈妈抱回家后，总是不停地哭闹，妈妈只好带她去医院做检查。

检查结果让夫妻俩完全惊呆了：孩子的左耳完全失去听力，右耳只有一点听力，将来得戴助听器生活。由于失去听力，孩子的平衡感会很差，同时她的语言表达能力也将受到严重影响。

南南爸爸简直痛不欲生，他一时冲动打出的两个巴掌竟然毁了女儿的一生，他永远也无法原谅自己，并将终生背负着对女儿的亏欠。

愚蠢的行为大多是在冲动之下产生的。每个父亲都是爱自己的孩子的，南南的爸爸也一定希望女儿有一个美好的未来，但愤怒的冲动却使他亲手毁了这一切。

在遇到与自己的主观意向发生冲突的事情时，若能冷静地想一想，不仓促行事，也就不会有冲动和愤怒，更不会在事后懊悔了。

因交通拥堵在应聘面试时迟到；在超市付款时，一个顾客推着装得满满的购物车插队到自己的前边；为了一个至关重要的项目辛苦了几个月，懒散的同事却得到了提升；等等。遇到这样的事情会让你冲动发怒吗？在你拍案而起或爆发前，深吸一口气，然后提醒自己：冲动是魔鬼。

当冲动发生，愤怒不可避免时，这时，人有何种表现呢？人所共知，鼻孔鼓鼓的，

避免冲动

只要采取正确的手段，冲动的情绪是可以遏制的。

你去哪儿？
我先出去静一静再说。

首先
当某件事让你无法控制自己的愤怒时，你可以立即转移注意力，或离开现场。

莫生气
忍

其次
在你的周围挂上醒目的"制怒"标志。这是心理暗示法的灵活运用。

当然，克制住自己的冲动情绪并不是一蹴而就的，需要你时时刻刻提醒自己。

脸涨得红红的，拳头握得紧紧的。但这时身体里产生了什么样的变化呢？血液里的肾上腺素、去甲肾上腺素和葡萄糖增多，产生所谓的生物化学紧张、脉搏加快的现象。每分钟流经心脏的血液猛增，对氧气的需求也增加。经常这样，易导致高血压、动脉粥样硬化、偏头痛、多尿症……

为了排解愤怒的冲动，古罗马人手里总是拿着特别的樽（古代饮器），气愤时能随时把它打碎。日本人在事务所里放一个上司的泥塑，供下属下班后敲打发泄。如果没有多余的餐具，也没有泥塑，可以通过其他途径出气。

另外，我们还可以换一种思路，果敢地告诉自己，生气是拿别人的过错惩罚自己。

当你怒火中烧的时候，一定要克制冲动的情绪。当你被愤怒控制，处于激动之中时，会做出许多傻事。遇到这种情况，就要清醒地告诉自己：冲动是魔鬼，然后以最快的速度避免自己陷于水深火热之中。

即使是装，也要微笑，因为微笑会创造奇迹。你开口笑，脑海里会立刻浮现一些愉快的事，所有器官从准备"战斗"的状态中获得解放，血液趋于均匀，心脏跳动变得有节奏，大脑供氧得到改善。想一想，感情是很有感染力的。如果说，冲动引来愤怒，那么，微笑会回报微笑。

情绪是理智的大敌，一个人，特别是易怒的人，必须学会控制自己的情绪，做个不冲动、不生气的聪明人。

第五章

见不得别人比自己好——嫉妒爆发

心胸狭隘让你"情非得已"

有的人因为别人比自己的业绩突出，于是耿耿于怀，甚至设计圈套陷害别人；有的人因为别人穿的衣服比自己漂亮，就眼红心热，不惜违心去讽刺别人；还有的人甚至因为别人受到老板的一句表扬，而心生不满，在背后肆意传播这个人的谣言……这些现象在我们的生活中还是比较常见的。这些都是由于心胸狭隘而产生的嫉妒情绪。

有一位名叫卡莱尔的书店经理，无意中发现了店员写的一封对他极尽辱骂讽刺的信，说他是个能力很差的经理，希望副经理能马上接替他的职务。卡莱尔读了这封信以后，就带着信跑到老板的办公室。他对老板说："我虽然是一个没有才能的经理，但我居然能用到这样的一位副经理，连我雇用的店员们都认为他胜过我了，我对此感到非常自豪。"卡莱尔一点也没有嫉妒，没有感到自己的虚荣心受到损害，而是为自己雇用了那样能干的副经理而感到自豪。后来，他的老板不但没有撤换他，反而更重用他了。

案例中，如果书店经理对被别人认为能力胜过自己的副经理心怀嫉妒，结果，可能就大不一样了。狭隘是心灵的地狱，心灵狭隘的人总是拿别人的优点来折磨自己。

心灵狭隘不但会破坏友谊、损害团结，还会给他人带来各种负面情绪，既贻害自己的心灵，又殃及自己的身体健康。心胸狭隘是一种不健康的嫉妒情绪。在嫉妒情绪的影响下，人的身心健康就会受到损害，狭隘的人内心经常充满了失望、懊恼、悲愤、痛苦和抑郁，有的人甚至陷入绝望之中，难以自拔。因此，要健康，要成就事业，必须学会宽容大度。

南宋长寿诗人陆游曰："长生岂有巧？要令方寸虚。"宰相肚里能撑船，做事要有雅量，做人又何尝不是如此？保健也好，养生也好，关键就是"养气""扩量"，即修炼一种"海纳百川"之"宰相度量"。

那么，怎样才能克服气量狭隘的毛病呢？

1. 拓宽心胸

要想改掉自己心胸狭隘的毛病,首先要加强个人的品德修养,废私立公,遇到有关个人得失荣辱之事时,经常想到国家、集体和他人,经常想到自己的目标和事业,这样就不会计较一些闲言碎语,也没有什么想不开的事情了。

2. 充实知识

人的气量与人的知识修养有着密切的关系。一个人知识多了,立足点就会提高,眼界也会相应开阔一些,此时,就会对一些"身外之物"拿得起、放得下、丢得开,就会"大肚能容,容天下能容之物"。当然,满腹经纶、气量狭隘的人也很多,但这并不意味着知识有害于修养,而只能说明我们应当言行一致。培根说:"读书使人明智。"经常读一些心理卫生学方面的书籍,对于开阔自己的胸怀有很大益处。

3. 缩小"自我"

你一定要不断提醒自己,在生活中不要期望过高,要降低你的期望。如果你不降低期望,以使期望和现实达到平衡,那么你就会产生很多抱怨,让事情变得更糟。

许多人的人生之路越走越窄,这和自己狭隘的心态具有直接的联系。狭隘,生命不能承受之重。狭隘,只会让我们步入情绪的深谷。心胸开阔,天地自然宽广。告别狭隘心理,以宽广的心量去面对生活中的一切不如意,这样我们会看到更多亮丽的风景。

极度自卑导致妒火中烧

嫉妒,从某种意义上来说,是一种自卑。一个自信的人,绝不会嫉妒别人比自己优秀,相反,自卑的人往往容易产生嫉妒,因为他总在否定自己,怀疑自己不如别人。

从本质上说,嫉妒是看到与自己有相同目标和志向的人取得成就而产生一种不恰当的不适应感,是一种承认自己被别人挫败后的反应。由于羡慕较高水平的生活,想得到较高的社会地位,或者想获得较贵重的东西,自己没得到别人却得到了,因此内心觉得不平衡。

莎士比亚著名剧作《奥赛罗》中的主人公,正是由于内心有着很强的自卑情结致使其听信谗言,误杀爱妻,最后悔不当初,自寻短见。

自卑和嫉妒好比一对孪生兄弟,因为觉得比不上他人,所以产生自卑,可又不愿意承认别人比自己好,嫉妒心理由此就产生了。然而,嫉妒并不等同于自卑,它比自卑更为恐怖,它可以使一个人迷失心智。它像一条蛆虫,既蛀蚀自己,也伤害他人,危害远远超过自卑。

当然,人之所以嫉妒,无非是想让自己变得更好而已。既然如此,当看到自己与别人的差距时,就应该奋勇向前,而不是看到别人眼红而妒火中烧。"箭欲长而不在于折他人之箭",要想超过强于自己的人,不能靠毁灭、扼杀他人,而应该努

造成自卑心理的原因

孩子在小的时候并没有出现自卑,但是长大之后却变得不自信,那么是什么原因造成了人们的自卑心理呢?

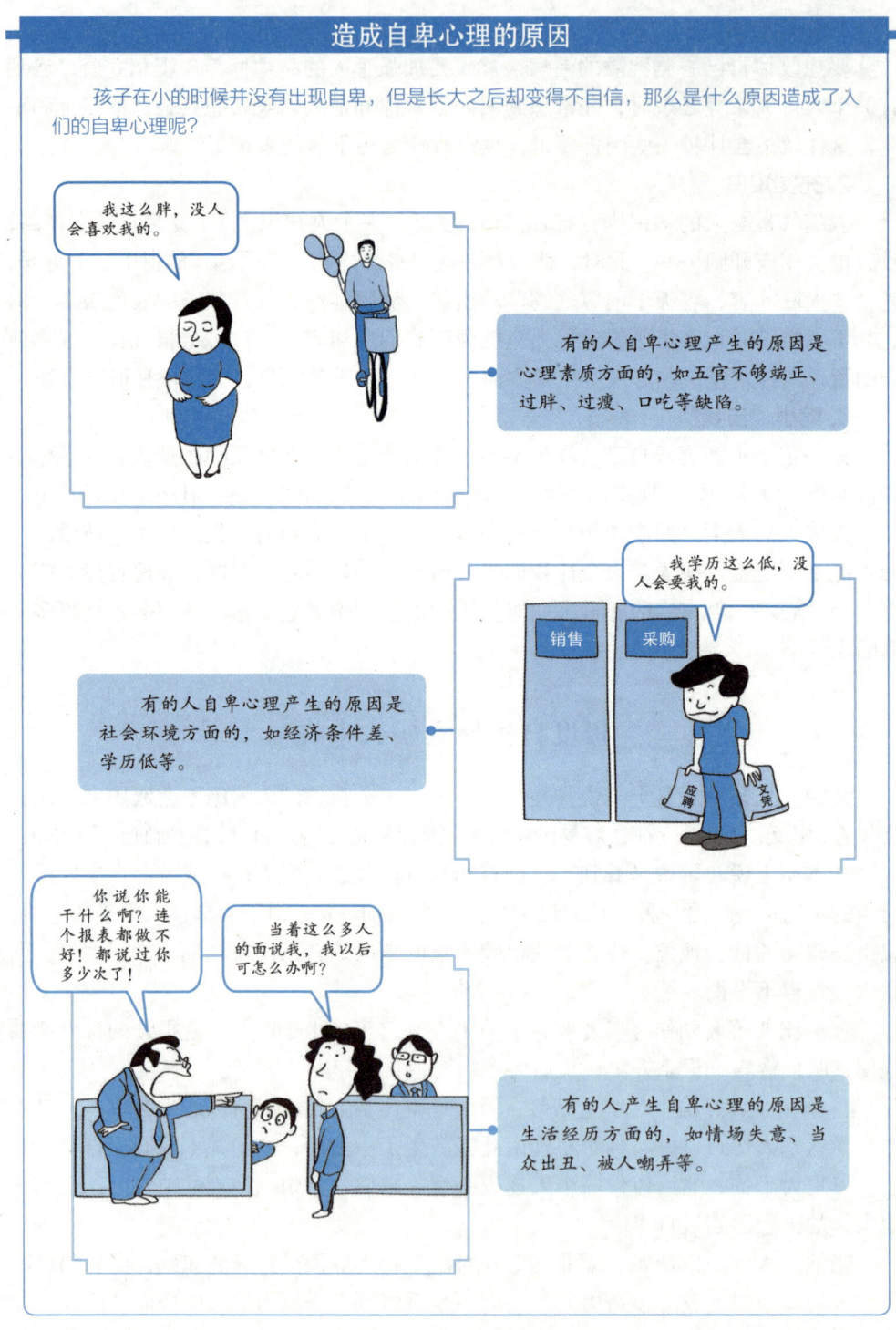

力提高自身的价值与素养。

嫉妒心是破坏乐观情绪的罪魁祸首,也是将自己和别人的关系带入深渊的魔鬼。因为嫉妒心重的人常自寻烦恼。嫉妒心是幸运和幸福的敌人。对于别人取得的成绩,平静地看待,真诚地祝福,这才是拥有幸福人生的秘诀。

虚荣心引发嫉妒

虚荣心是最易滋生嫉妒情绪的温床。关于虚荣心,《辞海》有云:表面上的荣耀、虚假的荣誉。心理学认为,虚荣心是自尊心的过分表现,是为了取得荣誉和引起普遍注意而表现出来的一种不正常的社会情感。人人都有自尊心,当自尊心受到损害或威胁,或过分自尊时,就可能产生虚荣心。

虚荣心会慢慢地膨胀,好像一只被吹起来的气球,越吹越大,对别人的羡慕渐渐变成了嫉妒。生命的虚荣心是无限的,俗话说做了皇帝还想成仙。满足了一个愿望,随之又产生了两三个愿望。满足了这个细小的愿望,很快又产生了庞大的愿望。由此可见,虚荣心具有一种强烈的渴求的力量,并且在与他人的比较中渴求越来越明显。求而得之,则满足快乐;求而不得,便寻求别的途径来排解嫉妒,例如较为极端的报复等等。虚荣心最大的后遗症之一是促使一个人失去免于恐惧、免于生活匮乏的自由;因为害怕被羞辱,所以时时地活在恐惧中,经常没有安全感,不满足;而虚荣心强的人,与其说是为了脱颖而出,鹤立鸡群,不如说是自以为出类拔萃,所以不惜以欺骗、诡诈的手段,使虚荣心得到最大的满足。

虚荣者常有小狡黠,却缺乏大智慧。虚荣的人不一定不够机敏,却一定缺乏远见。虚荣的女人是金钱的俘虏,虚荣的男人是权力的俘虏。太强的虚荣心,使男人变得虚伪,使女人变得堕落。

几十年前,林语堂先生在《吾国吾民》中认为,统治中国人的三女神是"面子、命运和恩典"。"讲面子"是中国社会普遍存在的一种民族心理,面子观念的驱动,反映了中国人尊重与自尊的情感和需要,丢面子就意味着否定自己的才能,这是万万不能接受的,于是有些人为了不丢面子,通过"打肿脸充胖子"的方式来显示自我。

那么,如何及时对自己的虚荣心进行积极的调适呢?

1. 在生活中要有积极的比较

比较是人们常有的社会心理。从方向上讲,要多立足于社会价值而不是个人价值的比较,如,比一比个人在学校和单位的作用与贡献,而不是只看到个人工资收入、待遇的高低;从范围上讲,要立足于健康的而不是病态的比较,要比成绩、比干劲、比投入,而不是贪图虚名、嫉妒他人、表现自己。

2. 重视榜样的力量

从名人传记、名人名言中，从现实生活中，寻找榜样，努力完善人格，做一个实事求是、不自以为是的人。

3. 做自己，不要受制于别人的评价

只有自信和自强的人，才不会被虚荣心所驱使，才能成为一个高尚的人。不要在意别人的议论，别人说你个子矮，你没必要非要穿增高鞋掩饰自己；别人说你穿着寒酸，你也不必非要用名牌把自己包装起来。要相信自己总有优点，不必为别人的议论扰乱自己的心情，掉进虚荣的陷阱里。

爱默生告诉人们"生活不是攀比，幸福源自珍惜"这一朴素而深刻的道理。嫉妒是一种潜藏于内心的阴暗心理，是人普遍存在的人性弱点，有时嫉妒心理还会带来自身的毁灭。在日常工作中，虚荣心越强，嫉妒心便越重，在这种不健康的情绪状态的影响下，人的身心健康会受到损害。因此，少一分虚荣心，少一点嫉妒，生活会变得更加美好。

缺失正确的竞争心理

嫉妒是由于别人胜过自己而引起情绪的负面体验，是心胸狭窄的共同心理。哲学家黑格尔说过："嫉妒乃平庸的情调对于卓越才能的反感。"

如果一个人缺乏正确的竞争心理，只关心别人的成绩，同时内心产生严重的怨恨，嫉妒他人，时间一久，心中的压抑聚集，就会形成问题心理，对健康也会造成极大的伤害。

因为嫉妒，造成了很多无法挽回的惨剧。有这样一个真实的故事：

对某高级中学三年级1班409寝室的女生而言，2003年1月21日那个凌晨，无疑是一场噩梦。一声惨叫打破了黑夜的宁静。一名女生被人泼硫酸毁容。实际上当晚是因为同班同学马某嫉妒同学晶晶比较聪明，学习成绩又比她好，马上又有一轮考试，为了耽搁晶晶的时间，影响她的学习，于是她选择了泼硫酸的方式，但没想到却泼错了人。由于造成了受害者的严重残疾和晶晶的轻微受伤，法院判处马某重刑。

可见，嫉妒心如果过重，比一切毒瘤都可怕，产生的后果也不堪设想。

当我们还是孩子时，就会对父母表现出的对其他兄弟姐妹的偏心而心生不快，我们会因他们比自己多吃了一口蛋糕或新穿了一件衣服而生气甚至哭闹，我们和兄弟姐妹就是一种最初级的竞争关系，当我们处于劣势时，嫉妒情绪也就产生了。虽然嫉妒是人普遍存在的，也可以说是天生的缺点，但我们绝不可因此而忽视它的危害性，特别是当嫉妒已经发展到严重的地步时，内心产生的怨恨越积越多，时间久

了会形成心理问题。

一些人之所以嫉妒别人,并不是因为受到不公平的待遇,而是自己不求上进,又怕别人超过自己,似乎别人成功了就意味着自己失败了,最好大家都变成矮子才能显出自己的高大。于是,"事修而谤兴,德高而毁来""怠者不能修,而忌者畏人修""我不学好,你也别学好;我当穷光蛋,你也得喝凉水"。这是一种十分有害的腐蚀剂,这些人的骨子里充满了"怠"与"忌",无论对自己、对社会、对国家的发展都是十分有害的。正如荀子所说:"士有妒友,则贤交不亲;君有妒臣,则贤人不至。"一个被嫉妒心支配的人,一定是胸无大志、目光短浅、不求上进的人;一个嫉妒成风的单位,一定是正气不旺、邪气盛行、人心涣散的单位。

我们必须学会自我调适,把嫉妒变成竞争的动力,其中重要的一点是把注意力调节到自身的优势和对方的劣势上。当你嫉妒别人时,总是因为他在某些方面的优势深深地刺激了你,而你自己在这方面又恰恰处于劣势。这一差异正是嫉妒的刺激源。与此同时,你却忽略了自己在其他方面的优势。如果你能有意识地调节自己的注意对象,便会使原先失衡的心理获得一种新的平衡,这种平衡无疑会稳定你的情绪和情感。所谓魔道由心而生,天堂和地狱只在一念之间,定期梳理和反省自己的心灵,才能确保不被心魔所控制,而避免无穷的祸害,不至于害人害己。

在攀比中迷失自己

俗话说,"人比人,气死人。"在盲目的攀比中,人往往容易产生嫉妒情绪。想要阻止嫉妒产生,杜绝攀比必不可少。

嫉妒是攀比带来的恶果。两个有差距的人在一起,不服输的一方总喜欢在暗地里较劲儿,总喜欢从自己身上找些超过对方的地方安慰自己,偏偏找不到,所以就产生了嫉妒。

《左邻右舍》中提到这样一个故事:

男主人公的老婆看到邻居小马家卖了旧房子在闹市区买了新房,他的老婆就眼红了,也非要在闹市选房子,并且偏偏要和小马住同一栋楼,而且一定要选比小马家房子大的那套,当邻居问起的时候,她会很自豪地说:"不大,一百多平方米,只比304室小马家大那么一点!"气得小马老婆灰头土脸的。过了几天,小马的老婆开始逼小马和她一起减肥,说是减肥之后,他们家的房子实际面积一定不会比男主人公家的小,男主人公又开始担心自己的老婆知道后会不会也要减肥!

这个故事看起来虽然很好笑,但是却时常发生在我们的生活中,人将自己的生活沉浸在了一个不断与人比较的困境中,情绪被自己生活之外的东西所左右,岂不是很可悲?

如今，攀比的确充斥着我们的生活，生活中常常会听到这样的话语："快点看书去，你看人家小明成绩多好，而你整天就知道玩。""单位小李又升职了，这么多年，你还那样儿，没指望。""唉！住豪宅、开名车的人越来越多，可我们还蹬着自行车，住出租房，这日子可怎么过。"千万别小看这些随口说出的话，它们正是嫉妒情绪的最好体现，若是把握不当，任其发展，情绪危机迟早会爆发。

2005年，美国佛罗里达州发生了一件令人震惊的惨剧：一名7岁的小男孩出于嫉妒，为独占父母的爱，趁父母外出时，将自己只有7个月大的妹妹打死。

青少年中也存在这样的攀比，同桌得了高分心里酸溜溜的；朋友的女朋友长得漂亮；邻居中奖心里偷偷诅咒；这些无疑是暗地里攀比才导致的嫉妒。攀比会助长人的嫉妒，我们应该学会通过适当的比较来鼓励自己，而不能让攀比纵容嫉妒之心愈演愈烈，自毁前程。

化解嫉妒心理

嫉妒别人是缺乏自信的表现。嫉妒会导致情绪上的低落，约翰·德赖登称之为"灵魂的黄疸"。真正自信自爱的人，并不会嫉妒，更不会允许嫉妒让自己心烦意乱。

嫉妒产生于一种畸形的竞争心态。一旦认为他人在某方面比自己强，便会心烦意乱，甚至时刻想着如何打击、诋毁他人。

伏尔泰说："凡缺乏才能和意志的人，最易产生嫉妒。"因为自己技不如人，就只能用嫉妒的心理去排解心中的不平。一旦任由嫉妒心理自由发展，就会疏远那些各方面比自己强的人，结果不仅孤立了自己，而且也会阻碍自己前进。

每个人都难免产生嫉妒，但是杰出的人往往能用理性去克制嫉妒，并以此来刺激自己奋发努力，而不是阻挠对方；但那些任嫉妒之火燃烧而失去理智的人，往往会被内心这种疯狂的激情消耗精力，使他人和自己两败俱伤。

有两家邻居表面上相处得很好，其中一家男主人表面上对另一家新购置的房产欢欣鼓舞，对其儿子考上大学击掌庆贺。但是，一回到自己家里，就变得恶狠狠起来：凭什么他这么有钱，凭什么他的儿子就能上大学，而我什么都没有呢？他在心里诅咒，每天都盼望他的邻居倒霉，或盼望邻居家着火；或盼望邻居得什么不治之症；或盼望下雨天雷能窜进邻居家，劈死一两个人；或盼望邻居的儿子出意外……

然而每当他看到邻居时，邻居总是活得好好的，并且微笑着和他打招呼。这时他的心里就更加不痛快，恨不得往邻居的院里扔包炸药。就这样，他每天折磨自己，身体日渐消瘦，胸中就像堵了一块石头，吃不下也睡不着。

终于有一天他决定给他的邻居制造点晦气，这天晚上他在花圈店里买了一个花圈，偷偷地给邻居家送去。当他走到邻居家门口时，听到里面有人在哭，此时邻居正好从屋里走出来，看到他送来一个花圈，忙说："这么快就过来了，谢谢！谢谢！"原来邻居的父亲刚刚去世。这人顿觉无趣，"嗯"了两声，便走了出来。

这让这个男人觉得很生气，不但没有达到目的，反而误打误撞，让别人捞了"好处"。

终于，他又等来了一个机会。上帝说：现在我可以满足你任何一个愿望，但前提就是你的邻居会得到双份的报酬。那个人高兴不已。但他转念一想：如果我得到一份田产，邻居就会得到两份田产了；如果我要一箱金子，那邻居就会得到两箱金子了；更不能忍受的就是如果我要一个绝色美女，那么我的邻居就同时会得到两个绝色美女……他想来想去总不知道提出什么要求才好，他实在不甘心让邻居白占便宜。最后，他一咬牙："哎，你挖我一只眼珠吧。"

故事中的人因为嫉妒而变得丧心病狂，最终在残害别人的同时也把自己伤害了。当然这只是一个故事，但生活中类似害人害己的事却在时时上演，嫉妒就像心灵的毒火一样，无可救药地、疯狂地毁灭原本健康快乐的人生。

化解嫉妒心理，我们需要从以下几点入手：

1. 客观评价自己和他人

要正确地认识自我，评价他人。"金无足赤，人无完人"，一个人限于主客观条件，

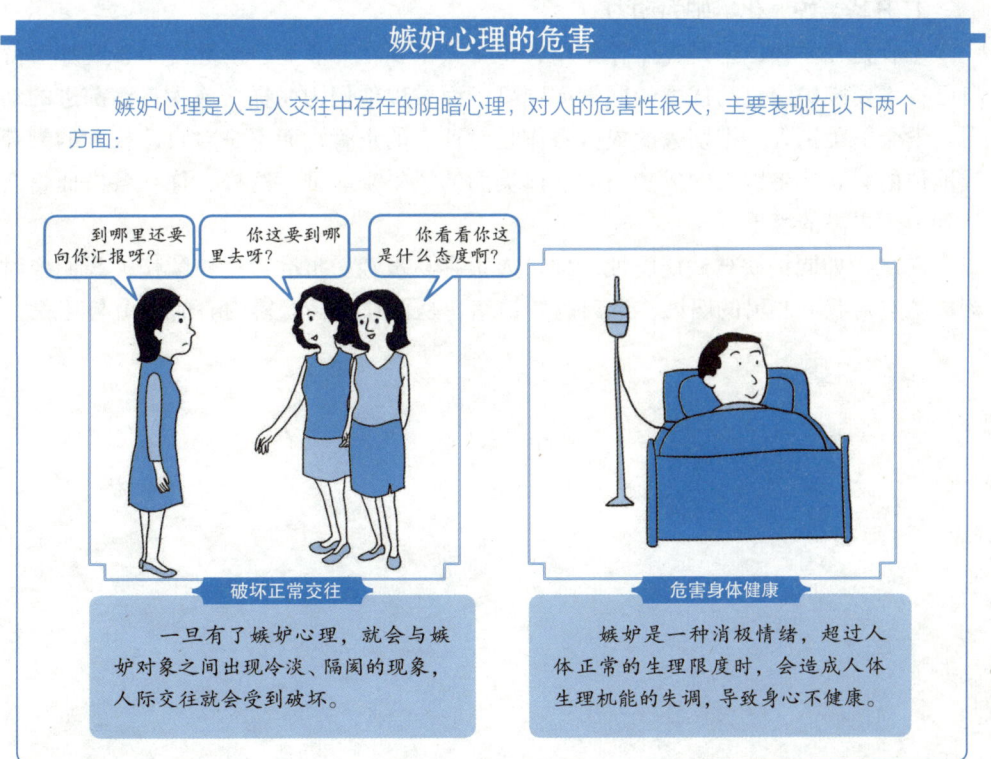

不可能万事皆通，处处比别人优秀，时时走在别人前面。要接纳自己，认识自己的优点与长处，也要正确地评价、理解和欣赏别人的优点。当嫉妒心理给自己的精神带来一些烦恼与不安时，不妨冷静地分析一下嫉妒的不良作用，同时正确地评价一下自己，从而找出一定的差距，做到"自知之明"。只有正确地认识自己，才能正确地认识别人，嫉妒的锋芒就会在正确的认识中逐渐被钝化。

2. 学会正确的比较方法

一般说来，嫉妒心理较多地产生于原来水平大致相同、彼此又有许多联系的人之间。特别是看到那些自认为原先不如自己的人都取得了成就，于是嫉妒心油然而生。因此，要想消除嫉妒心理，就必须学会运用正确的比较方法，辩证地看待自己和别人。要善于发现和学习对方的长处，纠正和克服自己的短处，这样，嫉妒心也就不那么强烈了。

3. 充实自己的生活，寻找新的自我价值，使原先不能满足的欲望得到补偿

当别人超过自己而处于优越地位时，你应当扬长避短，寻找和开拓有利于充分发挥自身潜能的新领域，以便"失之东隅，收之桑榆"。这会在一定程度上补偿先前没满足的欲望，缩小与被嫉妒对象的差距，从而达到减弱甚至消除嫉妒心理的目的。例如，某人虽无真才实学，却善于钻营，成为你的上司。对此，你大可不必猝发妒情，而应发挥自己的专长，在业务上刻苦钻研，精益求精，同样可以令别人刮目相看。

4. 升华嫉妒，化嫉妒为动力

不管是在学校，还是在工作单位，每个人都要在充满竞争的环境中客观地对待自己。不要嫉妒比自己优秀的同学或同事，而要以他们为榜样，成为自己前进的动力。学会赞美别人，把别人的成就看作是对社会的贡献，而不是对自己权利的剥夺或地位的威胁，将别人的成功当成一道美丽的风景来欣赏，这样，你在各方面将会达到一个更高的境界。

总之，如同钢铁被铁锈腐蚀一样，人很容易被嫉妒折磨得遍体鳞伤，我们要时刻提防它对我们心灵的腐蚀，远离嫉妒情绪，从而让自己获得内心的自由与超脱。

第六章

希望屡屡被现实击破——绝望爆发

不要让别人偷走自己的梦想

每当我们谈论起自己的梦想时,总会有人迎面给我们泼一盆冷水。在他们看来,我们是不安分的,不知道天高地厚,不了解外面的世界有多么复杂。

面对这些外来压力,有一些人就以为自己的梦想是对生活不切实际的美丽幻想,于是产生绝望情绪,进而放弃了自己的梦想。但是,有一些人却不会因为别人的冷嘲热讽而放弃自己的追求。

梦想决定着你努力和判断的方向。没有方向,就不会有美好的现实。

梦想在人生中的重要性超乎你的想象。很难想象一个没有梦想的人该如何把握自己的人生航向。生活就如同在大海里航行,如果连自己想去哪里都不知道,那么你只能随风漂泊。

我们要坚定自己的梦想,不要让别人偷走我们的梦想。

美国的圣伊德罗牧马场上,一大群孩子正在做游戏,牧马场的主人希尔·卡洛斯来到他们中间,给他们讲述了一段故事。

"有一个男孩,因他的父亲是一位巡回驯马师,以致他的中学生活不断被打乱。当他读到高中,老师要他写一篇作文,说说长大后想当一个什么样的人、做什么样的事。那天晚上,他写了一篇长达7页的作文,描绘了他的目标:他希望有一天能拥有自己的牧场,并在文中极尽详细地描述了自己的梦想。

"可是,几天后,老师用红笔在他的作文上批了一个大大的'F'(最低分),并附了一句评语:'放学后留下来。'

"放学后男孩去问老师为什么他只得了'F',老师说,那是一个不切合实际的梦想,男孩没有什么经济来源,没有办法做到那梦想中的一切。最后她对男孩说,如果他把作文重写一遍,将目标定得更现实一些,就会考虑重新给他评分。

"苦苦思考一周之后,男孩将那篇作文原封不动地交了上去,并向老师宣告:'你可以保留那个"F",而我将继续追求我的梦想。'从此以后,男孩开始努力,他奋斗了很多年。"

原来,那个男孩正是卡洛斯本人,如今,他的梦想已经完全实现。那篇学生时代的作文他也一直保存着。两年前的夏天，那个老师带着30个孩子来到他的牧场进行露营活动。她离开时说："卡洛斯，现在我可以对你讲了，当我还是你的老师的时候，我差不多可以说是一个偷梦的人！那些年里，我偷了许许多多孩子的梦想。幸运的是，你有足够的勇气和进取心，不肯放弃，从而让你的梦想得以实现。"

生活中，你也会遇到各种各样的"偷梦人"，他们会在你沉浸于美妙的梦想中的时候，给你最沉重的一击：你想要有一份好工作，会有人质疑你的能力；你想要创业，会有人质疑你的人生阅历……在承受了过多的阻力之后，你渐渐不敢发出自己的声音了，甚至产生了消极负面的情绪，将自己的梦想掩藏了起来。

如果你的心中已经勾画出了美丽的梦想，就不要让任何人偷走它，以坚强的意志去拼搏，你一定能实现它。

怀着正面信念生活

罗曼·罗兰曾说过："人生最可怕的敌人就是没有坚强的信念。"信念是生命的维系，这个世界上，只要你始终存有一份坚定的信念，那么就没有人能够使你倒下。每个人都可以拥有信念，引领自己创造奇迹。

一队人马在渺无人烟的沙漠中跋涉，他们已经在沙漠中走了很久。

太阳热辣辣的，随身带的水已经不多了，他们随时都会有生命危险。最后，大家都走不动了。

这时候，领队的老者从背上解下一只水桶，对大家说："现在只剩这一桶水了，我们要等到最后一刻再喝，不然大家都会没命的。"

他们继续着艰难的行程，那桶水成了他们唯一的希望，看着沉甸甸的水桶，每个人心中都有了一种对生命的渴望。但天气太炎热了，有的人实在支撑不住了。"老伯，让我喝口水吧。"一个小伙子乞求着。"不行，这水要等到最艰难的时候才能喝，你现在还可以坚持一下。"老者生气地说。就这样，他坚决地回绝了每一个想喝水的人。

一个黄昏，大家发现老者不见了，只有那只水桶孤零零地立在前面的沙漠里，沙地上写着一行字："我不行了，你们带上这桶水走吧，要记住，在走出沙漠之前，谁也不能喝这桶水，这是我最后的命令。"

大家抑制着内心的巨大悲痛，继续出发了，那只沉甸甸的水桶在每个人手里依次传递着，但谁也舍不得打开喝一口，因为他们明白这是老者用自己的生命换来的。

终于，大家顽强地穿越了茫茫沙漠。他们喜极而泣，这时想到了老者留下的那桶水，打开桶盖，里面流出的却是沙子。

很多时候，打败自己的不是外部环境，而是自己。只要一息尚存，就要追求，就要奋斗。无论你的处境是多么绝望，都要在心底保留一个信念。因为信念能使人释放出神奇的力量。只要信念还在，希望就会永存。

信念是一种指导原则和信仰，让我们明了人生的意义和方向。信念是人人可以支取，且取之不尽的；信念像一张早已安置好的滤网，过滤我们所看到的世界；信念也像大脑的指挥中枢，指挥我们的行为。

斯图尔特·米尔说："一个有信念的人，所焕发出来的力量，不低于 99 位仅

心存兴趣的人。"这也就是信念能开启卓越之门的缘故。

15世纪中叶的一个夏天,航海家哥伦布从海地岛海域向西班牙胜利返航。

船队离开海地岛不久,天气骤然变得十分恶劣。天空布满乌云,远方电闪雷鸣,巨大的风暴从远方的海上向船队扑来。这是哥伦布在航海中遭遇的最大的一次风暴,有几艘船已经被海浪打翻了。船长沉重地告诉哥伦布说:"我们将永远不能踏上陆地了。"

哥伦布知道,或许就要船毁人亡了,他对船长说:"我们可以消失,但资料一定要留给人类。"哥伦布钻进疯狂颠簸的船舱里,迅速地把最为珍贵的资料缩写在几页纸上,卷好塞进一个玻璃瓶里并加以密封后,将玻璃瓶抛进了波涛汹涌的茫茫大海。

"有一天,这些资料一定会漂到西班牙的海滩上!"哥伦布自信而肯定地说。"绝不可能,"船长说,"它可能会葬身鱼腹,也可能被海浪击碎,或许会深埋海底。"

哥伦布自信地说:"或许一年两年,也许几个世纪,但它一定会漂到西班牙去,这是我的信念。上帝绝不会辜负生命坚持的信念。"

幸运的是,哥伦布和他的大部分船只在这次空前的海上风暴中死里逃生。回到西班牙后,哥伦布和船长不停地派人寻找那个漂流瓶,但直到哥伦布离开这个世界时,漂流瓶也没有找到。

直到1856年,大海终于把那个漂流瓶冲到了西班牙的比斯开湾,而此时,距哥伦布遭遇的那场海上风暴,已经过去了3个多世纪。

由此可见,正面的信念是人生奇迹的萌发点,有了它,一切都有可能。正面信念,是所有成功人士心中屹立不倒的旗帜,有了它,一切奇迹都会出现。正面信念在人的精神世界里是挑大梁的支柱,没有它,一个人的精神大厦就极有可能会坍塌。正面信念是力量的源泉,是胜利的基石。

人生到底是以喜剧收场还是以悲剧落幕,是丰富多彩还是单调乏味,全在于这个人持有什么样的信念。信念就像指南针和地图,指出我们要去的方向。没有正面信念的人,就像少了马达、缺了舵的汽艇,不能前行一步。所以,在人生中,必须有正面信念的引导,它会帮助你看到目标,鼓舞你去追求并创造你想要的人生。

人生的信念,如同航船的舵手,航船没有舵手,就会在大海中迷失方向;人生的信念,如同飞鸟的羽翼,飞鸟没有羽翼,就不能展翅高飞;人生如歌,信念如调,没有调的歌永远不能成为真正的歌,没有信念的人生永远是没有意义的人生;信念,又如同梦想的翅膀,有了信念,才可以使你拨开云雾,见到光明;有了信念,才可以使你乘风破浪,驶向理想的彼岸。

信念是一缕永不黯淡的阳光,它所蕴含的能量巨大无比,有了它,人们便可以穿越阴霾,驱散迷惘,挣脱命运的桎梏,勇敢飞翔。

每天给自己一个希望

我们每个人都有自己的梦想，都有自己希望达到的目标。然而，我们很多人在追求目标的过程中，起初都是热情高涨，之后会因为种种挫折或逆境，感到前途渺茫，因绝望而中途放弃。很少有人能够每天都给自己一个希望。

面对逆境和挫折时，我们不要退缩，更不要埋怨挫折对你无休止的磨难，要学会用心灵打磨挫折，用希望去迎接挫折，用坚韧不拔的意志去战胜挫折。

钱钟书先生曾说："天下只有两种人。比如一串葡萄到手，一种人挑好的吃，另一种人把最好的留到最后吃。照例第一种人应该乐观，因为他每吃一颗都是吃剩的葡萄里最好的；第二种人应该悲观，因为他每吃一颗都是吃剩的葡萄里最坏的。不过事实却适得其反，缘故是第二种人还有希望，第一种人只有回忆。"你是属于哪一种呢？是怀有希望，还是时常活在回忆中？我们每个人都应该努力成为钱钟书先生所说的第二种人，心怀希望，积极投入生活。

有一个富翁，在一次大生意中亏光了所有的钱，并且欠下了债，他卖掉房子、汽车，还清了债务。

此刻，他孤独一人，无儿无女，穷困潦倒，唯有一只心爱的猎狗和一本书与他相依为命、相依相随。在一个大雪纷飞的夜晚，他来到一座荒僻的村庄，找到一个避风的茅棚。他看到里面有一盏油灯，于是用身上仅存的一根火柴点燃了油灯，拿出书来准备读。但是一阵风忽然把灯吹灭了，四周立刻漆黑一片。这位孤独的老人陷入了黑暗之中，对人生感到痛彻的绝望，他甚至想到了结束自己的生命。但是，立在身边的猎狗给了他一丝慰藉，他无奈地叹了一口气沉沉睡去。

第二天醒来，他忽然发现心爱的猎狗被人杀死在门外。抚摸着这只相依为命的猎狗，他突然决定要结束自己的生命，世间再没有什么值得留恋的了。于是，他最后扫视了一眼周围的一切。这时，他不由地发现整个村庄都沉寂在一片可怕的寂静之中。他急步向前，啊，太可怕了，尸体，到处是尸体，一片狼藉。显然，这个村庄昨夜遭到了匪徒的洗劫，连一个活口也没留下来。

看到这可怕的场面，老人不由心念急转，啊！我是这里唯一幸存的人，我一定要坚强地活下去。此时，一轮红日冉冉升起，照得四周一片光亮，老人欣慰地想，我是这个村庄唯一的幸存者，我没有理由不珍惜自己的生命。虽然我失去了心爱的猎狗，但是，我得到了生命，这才是人生最宝贵的。

老人怀着坚定的信念，迎着灿烂的太阳又出发了。

在绝望的环境中，老人能一次次找出理由给自己活下去的希望，这一定是在平时就养成了良好的情绪习惯。

希腊神话中，潘多拉打开了宙斯给她的盒子。疾病、灾难、罪恶、偷窃、贪婪等各种各样的祸害，飞速地散落到大地上；只有智慧女神雅典娜为了挽救人类命运而悄悄放在盒底的"希望",还没来得及飞出盒子。从此,人们在遭受不幸的时候,心底依然保留着希望。

生命是上天赋予我们的最宝贵的财富,我们必须以热忱的心来呵护这份礼物。无论遇到什么事情,都不要关闭生命的希望之门。希望就是生命旅途中永远的路标。只要有生命,就有希望;只要有希望,生命就有价值。希望是生命不竭的原因所在。它是引爆生命潜能的导火索,是激发生命激情的催化剂。对生活充满希望的人,每天都将活得生气勃勃、激昂澎湃,即使他身处逆境,也会忘记叹息和悲哀,不会把生命浪费在一些无足轻重的小事上。

希望为我们带来美好,美好的希望更是让人激动,让人无限憧憬。社会能进步

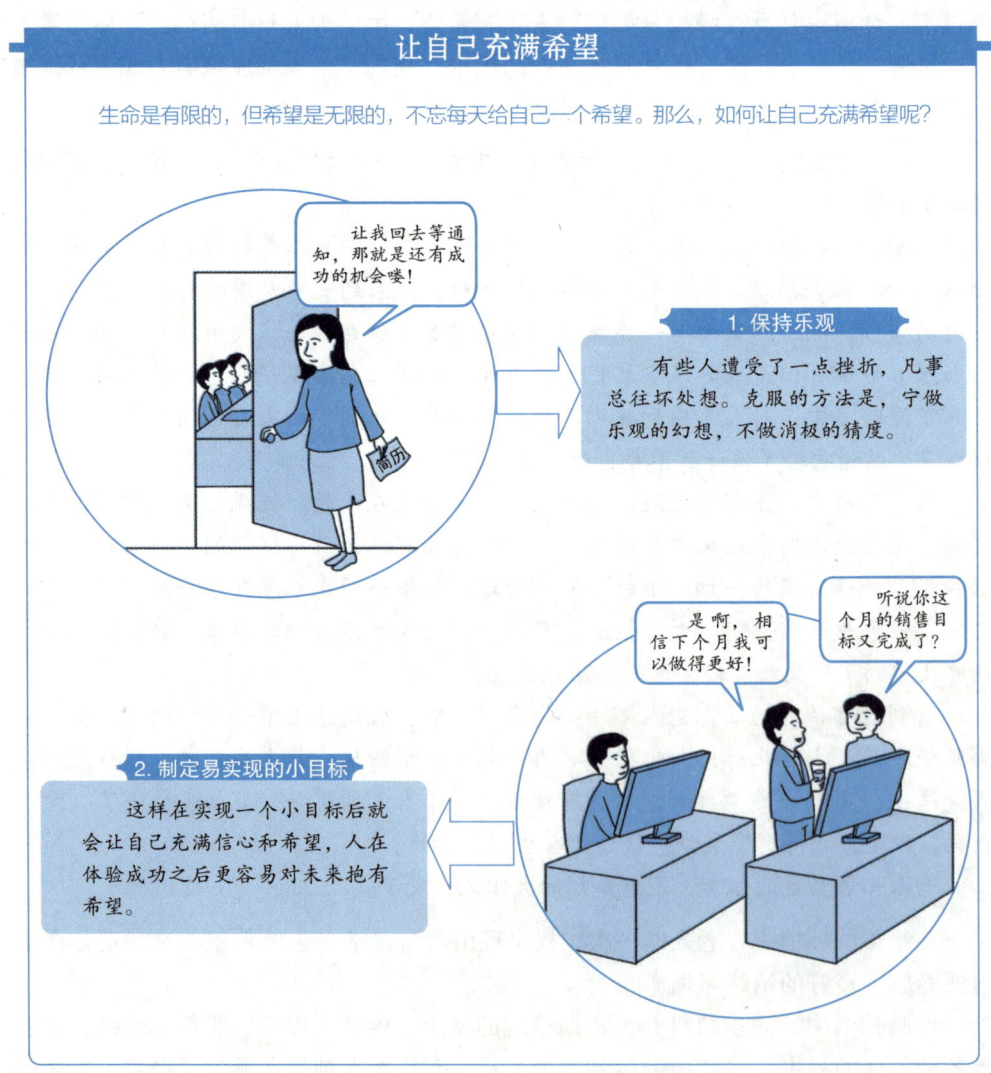

让自己充满希望

生命是有限的,但希望是无限的,不忘每天给自己一个希望。那么,如何让自己充满希望呢?

1. 保持乐观

有些人遭受了一点挫折,凡事总往坏处想。克服的方法是,宁做乐观的幻想,不做消极的猜度。

2. 制定易实现的小目标

这样在实现一个小目标后就会让自己充满信心和希望,人在体验成功之后更容易对未来抱有希望。

几乎是希望的功劳，是它让人们为了希望中的美好不断奋斗、拼搏，让社会天天在进步。

解开套牢自己的痛苦的绳索，告诉自己一切都会过去，春天终将到来，如此便能够在生活当中得到快乐。

不要为无法控制的事情绝望

没有人能告诉你生活中将会发生什么，未来是喜是悲谁也无法预料。人们期望天降喜事，但有时一些意外烦恼总是不期而来，为此，有些人陷入悲观绝望的情绪中，结果让自己的生活变得更糟糕。其实，这样的做法很愚蠢。我们既然不能改变既成事实，为什么不改变对待这些事情的态度呢？

有一个美国旅行者在苏格兰北部过节。这个人问一位坐在墙边的老人："明天天气怎么样？"老人看也没看天空就回答说："是我喜欢的天气。"旅行者又问："会出太阳吗？""我不知道。"他回答道。"那么，会下雨吗？""我不知道。"这时旅行者已经完全被搞糊涂了。"好吧，"他说，"如果是你喜欢的那种天气的话，那会是什么天气呢？"老人看着美国人说："很久以前我就知道我没法控制天气了，所以不管天气怎样，我都会喜欢。"

因为无法控制天气，所以不管天气怎样都会喜欢，这就是豁达者的心境。也许此刻的生活并不是我们想要的，这时，我们就需要转换自己的思路，让它与自己目前的生活状态相适应，并从中找到出路，这才是化解自己的思想理念与现实矛盾的最好方式。

人生在世，难免会遇到烦恼和不安，别为你无法控制的事情烦恼，你有能力决定自己对事情的态度。如果你不控制它们，它们就会控制你。既然事情已经发生了，就勇敢地去面对它，你对待它的态度才是重要的。

学会驾驭自己的情绪，这是让自己愉快，也给别人带来愉快的秘诀之一，这样我们便能处理好自己与自己、自己与别人的关系。我们要用积极的心态对待自己，用宽容的心态对待别人，告别庸人自扰，追求快乐人生。

我们要学会控制自己的情绪，只要保持微笑，事情就不会很糟糕，这个世界上并没有用微笑化解不了的烦恼。在笑声和快乐中，我们会真正体会到成功的滋味，享受到劳动的果实。

当自己已经尽力，但是因为个人无法控制的所谓"天命"而使事情变糟时，无论是恐慌、着急，还是不停地悔恨都无济于事。不如坦然面对——清除看似天经地义的坏心情，保持积极正面的情绪。

在绝望中追逐希望的光芒

希望在任何时候都是一种支撑生命的力量。如果我们不放弃心中的希望,那么苦难终会被我们克服。如果我们在任何时候都不放弃希望,在绝望之中寻找希望,我们就能等到转机来临的那一天。

战争时期,在集中营里,一个叫玛莎的女孩写过这样一首诗:

这些天我一定要节省,
我没有钱可节省,
我一定要节省健康和力量,
足够支持我很长时间。
我一定要节省,
我的神经我的思想,
我的心灵和我精神的阳光!
我一定要节省流下的泪水,
我需要它们很长很长的时间。
我一定要节省忍耐,
在这些风暴肆虐的日子。
在我的生命里,
我有那么多需要的:
阳光的温暖和一颗善良的心。
这些东西我都缺少。
这些我一定要节省。
这一切,上帝的礼物,我期待保存。
我多么悲伤,倘若我很快就失去它们。

即使随时都可能死去,玛莎仍然热爱生命。她用稚嫩的文字给自己弱小的灵魂取暖,用坚韧的希望照亮黑暗的角落。

很多人在绝望中死去,而这个当时只有10岁的小女孩玛莎,终于等到了战争结束,看见了新生的曙光。

玛莎给自己黑暗的人生点亮希望之灯,就在这一点温暖的光亮中,坚持了下来。所以,在最困难的情况下,我们也不要悲观,否则即使真的有阳光,也照不进我们的心田。

希望来自于一颗乐观豁达的心,有了一颗这样的心,无论面临多么恶劣的环境,我们都会坚持下去。

美国一所小学的毕业生在当地警察局的犯罪记录是最低的,后来一位研究者通过对该校毕业生的问卷调查,得到了一个奇怪的答案——因为该校的学生都知道铅笔有多少种用途。

在这所学校，新生入学后接受的第一堂课就是：一支铅笔有多少种用途。在课堂上，孩子们明白了铅笔不仅有写字这种最普通的用途，有时还能用来做尺子画线；作为礼品送人表示友爱；当作商品出售获得利润；笔芯磨成粉后可做润滑粉；演出时可临时用于化妆；削下的木屑可以做成装饰画；一支铅笔按相等的比例锯成若干份，可以做成一副象棋，可以当作玩具车的轮子；在野外探险时，铅笔抽掉芯还能被当成吸管喝石缝中的泉水；在遇到坏人时，削尖的铅笔还能当作自卫的武器……

通过这一课，学生们懂得了：拥有眼睛、鼻子、耳朵、大脑和手脚的人更是有

无数种用途，并且任何一种用途都足以使一个人生存下去。这种教育的结果是，从这所学校毕业的学生，无论他们的处境如何，都生活得非常快乐，因为他们永远对未来充满希望。

一支小小的铅笔有无数种用途，它可以用来画线、做礼品、做润滑粉，甚至还可以用来自卫。同样，我们身体的每一个部分比如眼睛和耳朵也有许多种用途，任何一种用途都足以让我们生存下去。因此，无论处境如何，我们都要保持积极乐观的情绪，在绝望中追逐希望的光芒。

所以，我们千万不能让绝望情绪侵害我们的身心，要重新唤回有生命力的人生。我们必须对情绪进行调适。

生命有限但希望无限，每天给自己一个希望，我们就能够拥有一个丰富多彩的人生。

第七章
自己总遭遇"不公平"——抱怨爆发

做不到顺其自然

有的时候,抱怨情绪的产生源于我们心境不够坦然。我们在生活中,应当遵循的是自己的自然本性和自身的习惯,做到凡事顺其自然。当你顺其自然地做某件事的时候,就会有意外而又有趣的事来临,我们经常会从中获得一些有益的经验,若是拘泥于计划就永远得不到那些经验。

冯友兰先生曾说:"幸福是相对的,顺自然之性便能获得幸福。"为解释这句话,他曾说了这样一个小故事:

三伏天,智者院里的草地上一片枯黄。"快撒点草籽吧!好难看哪!"徒弟说。

"等天凉了……"智者挥挥手,"随时!"

中秋,智者买了一包草籽,叫徒弟去播种。秋风起,草籽边撒,边飘。

"不好了!好多种子都被吹跑了。"徒弟喊。

"没关系,吹走的多半是空的,撒下去也发不了芽,"智者说,"随性!"

撒完种子,跟着就飞来几只小鸟啄食。"真糟糕!种子都被鸟吃了!"徒弟急得跳脚。

"没关系!种子多,吃不完!"智者说,"随遇!"

半夜下了一阵骤雨,徒弟一早冲进智者的房间:"师父!这下真完了!好多草籽被雨水冲走了!"

"冲到哪儿,就在哪儿发芽,"智者说,"随缘!"

一个星期过去了,原本光秃秃的地面,居然长出许多青翠的草苗,一些原来没播种的角落,也泛出了绿意。徒弟高兴得直拍手。

智者点头:"随喜!"

这个富有禅意的小故事告诉我们,要一切顺其自然,做任何事情都不勉强自己。随不是随便,是顺其自然,不怨怼、不躁进、不过度、不强求;是把握机缘,不悲观、不刻板、不慌乱、不忘形。

俗话说:"强扭的瓜不甜。"如果我们在学习生活中,做事情总是勉强自己,比如勉强自己学习优秀的同学或朋友的学习方法和生活习惯，而忽视自己的方法和养成的习惯，你会发现自己不但活得很累，而且没有取得好成绩。我们无论做任何事，都不要勉强自己，否则只会徒增抱怨，增添自身的痛苦。

风靡欧美的《简单生活》一书的作者丽莎指出："每天都给自己一段独处的时间，好好问问自己：到底想过什么样的生活？什么是可有可无的？什么是必须去不懈追求的？这样的追问可以一直延续下去，还可以把每天的想法记录下来，这样你会看到，随着生活阅历的增加、思考的深入，你的回答也不断成熟。只要我们不再一味追求外界的认可，疲惫无奈地生活在他人的注视之下，我们就会赢来丰富多彩的人生，成为自己命运的主宰者。"

这段话告诉我们，在我们的学习和生活中，只要坚持反问自己，是不是做事太过于执着和勉强了，然后以一种顺其自然的态度来学习和生活，那么我们将不再疲惫。强扭的瓜是不会甜的，顺自然之性才能获得幸福。

不能坦然面对问题

在现实生活中，我们难免要遭遇挫折与不公正的待遇，每当这时，有些人会产生抱怨的情绪，进而牢骚不断，希望以此引起更多人的同情，吸引别人的注意力。从心理学角度上讲，这是一种正常的心理自卫行为。但这种自卫行为同时令许多人担忧，牢骚、抱怨会削弱责任心，降低工作积极性。

人生路上不可能一帆风顺，遭遇困难是常有的事。事业的低谷、生活的不如意让人仿佛置身于荒无人烟的沙漠。这种漫长的、连绵不断的挫折往往比那些虽巨大但却可以速战速决的困难更难战胜。在面对这些挫折时，许多人不是积极地去找方法化险为夷、绝处逢生，而是一味地急躁，抱怨命运的不公平，抱怨生活给予他的太少，抱怨时运的不佳。

奎尔是一家汽车修理厂的修理工，从进厂的第一天起，他就开始喋喋不休地抱怨，什么"修理这活太脏了，瞧瞧我身上弄的"，什么"真累呀，我简直讨厌死这份工作了"……每天，奎尔都是在抱怨和不满的情绪中度过的。他认为自己在忍受煎熬，在像奴隶一样卖苦力。因此，奎尔每时每刻都窥视着师傅的眼神与行动，稍有空隙，他便偷懒耍滑，应付手中的工作。

转眼几年过去了，当时与奎尔一同进厂的3个工友，各自凭着精湛的手艺，或另谋高就，或被公司送进大学进修，独有奎尔，仍旧在抱怨声中做他讨厌的修理工。

抱怨的最大受害者是自己。生活中你会遇到许多才华横溢的失业者。当你和这些失业者交流时，你会发现，这些人对原有工作充满了抱怨、不满和谴责。有的怪工作环境不够好，有的怪老板不识才，总之，牢骚满腹，积怨满天。殊不知，这就

抱怨的坏处

大部分人都有抱怨的习惯，但却不知道这个习惯会在不知不觉中给自己带来许多副作用。

1. 抱怨是丧志之始

人一旦心中满怀怨恨，就会愤愤不平，怀忧丧志，从此一蹶不振。

2. 抱怨是结仇之源

抱怨绝对不会获得欢喜，你抱怨人家一分，别人回给你的可能就是加倍的排斥。

3. 抱怨是败德之行

人一旦有了抱怨，情绪就会非常恶劣，就会出现败德行为，如酗酒等。

因此，一旦发现自己心中有了抱怨的念头，就应该立刻有所警觉，及时收心反省。

是问题的关键所在——吹毛求疵的恶习使他们丢失了责任感和使命感，只对寻找不利因素兴趣十足，从而使自己发展的道路越走越窄。他们与公司格格不入，最后只好被迫离开。你如果不相信，你可以立刻去询问你所遇到的任何10个失业者，问他们为什么没能在所从事的行业中继续发展下去，10个人当中至少有9个人抱怨旧上级或同事的过错，绝少有人能够认识到，自己之所以失业是失职的后果。

仔细观察任何一个管理完善的机构，你会发现，没有人会因为喋喋不休的抱怨而获得奖励和提升。这是再自然不过的事了。想象一下，船上水手如果总不停地抱怨：这艘船怎么这么破，船上的环境太差了，食物简直难以下咽，以及有一个多么愚蠢的船长，等等。这时，你认为，这名水手的责任心会有多大？对工作会尽职尽责吗？假如你是船长，你是否会让他做重要的工作？

如果你受雇于某个公司，就应该对工作竭尽全力、主动负责。只要你还是整体中的一员，就不要谴责它，不要伤害它，否则你只会诋毁你的公司，同时也断送了自己的前程。如果你对公司、对工作有满腹的牢骚无从宣泄时，就要做个选择。选择离开，到公司的门外去宣泄；选择留下，做到在其位谋其政，全身心地投入到公司的工作上来，为更好地完成工作而努力。记住，这是你的责任。

一个人的发展往往会受到很多因素的影响，这些因素有很多是自己无法把握的，工作不被认同、才能不被发现、职业发展受挫、上司待人不公平、别人总用有色眼镜看自己……这时，能够使自己走出泥潭的只有忍耐，而不是让自己陷入抱怨的情绪中。比尔·盖茨曾告诫初入社会的年轻人：社会是不公平的，这种不公平遍布于个人发展的每一个阶段。在这一现实面前任何急躁、抱怨情绪都没有益处，只有坦然地接受这一现实并忍受眼前的痛苦，才能扭转这种不公平，使自己的事业有进一步发展的可能。

对未来不再抱有希望

生活中，有些人的抱怨是因为他们对生活失去了希望，却渴求别人的一点同情，就像鲁迅笔下的祥林嫂一样，生活中的不幸丝毫不会对他人产生影响，却让我们产生情绪的连锁反应，由抱怨变成了自卑或痛苦。所以对于我们每个人来说，遇到不幸的事情，抱怨不但于事无补，反而更加影响自己的生活，失去的会越来越多。

当一个人开始抱怨的时候，他只能想到自己的不幸、社会中的不公平，而且越想越伤心，越想越生气，当这种情绪不断蔓延的时候，根本没有心情去做事情。其实，与其抱怨不如将时间用来努力想办法改善自己的生活条件。

抱怨这种情绪是最没有营养的东西，倘若我们的生活中充斥着抱怨情绪，就应从根本上改变自己的心态，由消极变为积极，由推诿变为主动，由事不关己变为责任在我。即使自己的抱怨情绪具备十足的理由，那也要谨慎自己的言行。当抱怨情绪到了要呼之欲出的关口时，你不妨想想绝境能给自己带来巨大的力量，同样是一种可遇而不可求的人生体验。

当你遇到某一个难题时，也许另一个珍贵的机会正在悄悄地等待着你。抱怨并不能解决实际问题，只有去行动才有解决问题的可能。

有一个年轻的农夫，划着小船，为另一个村子的居民运送自家的农产品。那天的天气酷热难耐，农夫汗流浃背，苦不堪言。他心急火燎地划着小船，希望尽快完成运送任务，以便在天黑之前返回家中。突然，农夫发现，前面另外一只小船沿河而下，迎面就要撞上了，但那只船并没有丝毫避让的意思，似乎是有意要撞农夫的小船。

"让开，快点让开！你这个白痴！"农夫大声地向对面的船吼叫道，"再不让开你就要撞上我了！"但农夫的吼叫完全没用，尽管农夫手忙脚乱地企图让开水道，但为时已晚，那只船还是重重地撞上了他的船。农夫被激怒了，厉声斥责道："你会不会驾船，这么宽的河面，你竟然撞到了我的船？"当农夫怒目审视时，他吃惊地发现，小船上空无一人。原来他大呼小叫，厉声责骂的只是一只挣脱了绳索、顺河漂流的空船。

农夫的抱怨最后竟然成为一场笑话，生活就是这样，当我们抱怨的时候，其实根本没有听众来接受我们的负面情绪，苦难也不会因为你的抱怨而消失。所以，当我们苦闷的时候可以尝试着放松心情，暗示自己这是很正常的事情，很快就会过去。人生处处都有希望，只要你想去做、尽力做，就能做得更好，这比抱怨要有效得多。

对拥有的东西不珍惜

只要你还有饭吃、有衣穿，你就是幸福的。因为在这个世界上，还有很多人吃不饱、穿不暖，想想他们，你就应该明白，自己有多幸运。

一名飞行员在太平洋上独自漂流了 20 多天才回到陆地。有人问他，从那次历险中他得到的最大教训是什么。他毫不犹豫地说："那次经历给我的最大教训就是，只要还有饭吃、有水喝，你就不该再抱怨生活。"

飞行员开始远离抱怨情绪，珍惜拥有的一切，他也就回归到了一种快乐的生活中。抱怨情绪的产生往往不是因为生活本身，而是源于自己那颗不懂得珍惜的心。

抱怨之不可取在于，你抱怨，等于你往自己的鞋子里倒水，使行路更难。困难是一回事，抱怨是另一回事。抱怨的人认为不是自己无能，而是社会太不公平，如同全世界的人合伙破坏他的成功，这就把事情的因果关系弄颠倒了。

喜欢抱怨的人在抱怨之后，自己的生活没有丝毫改变，反而因为自己停滞不前，而更为糟糕。

人们喜欢那些乐观的人，是因为他们珍惜自己所拥有的一切，并且努力留住这些快乐。生活需要的信心、勇气和信仰，乐观的人都具备。他们在自己获益的同时，又感染着别人。人们和乐观、豁达、坚韧、沉着的人交往，会觉得困难从来不是生活的障碍，而是勇气的陪衬。

抱怨失去的不仅是勇气，还有朋友，因为谁都不喜欢牢骚满腹的人。失去了勇气和朋友，人生的路会变得更加艰难，所以一定要停止抱怨。人生有许多简单的方法可以让我们快乐地生活，停止抱怨是其中的真谛之一。

抱怨相当于赤脚在石子路上行走，而乐观是一双结结实实的靴子。

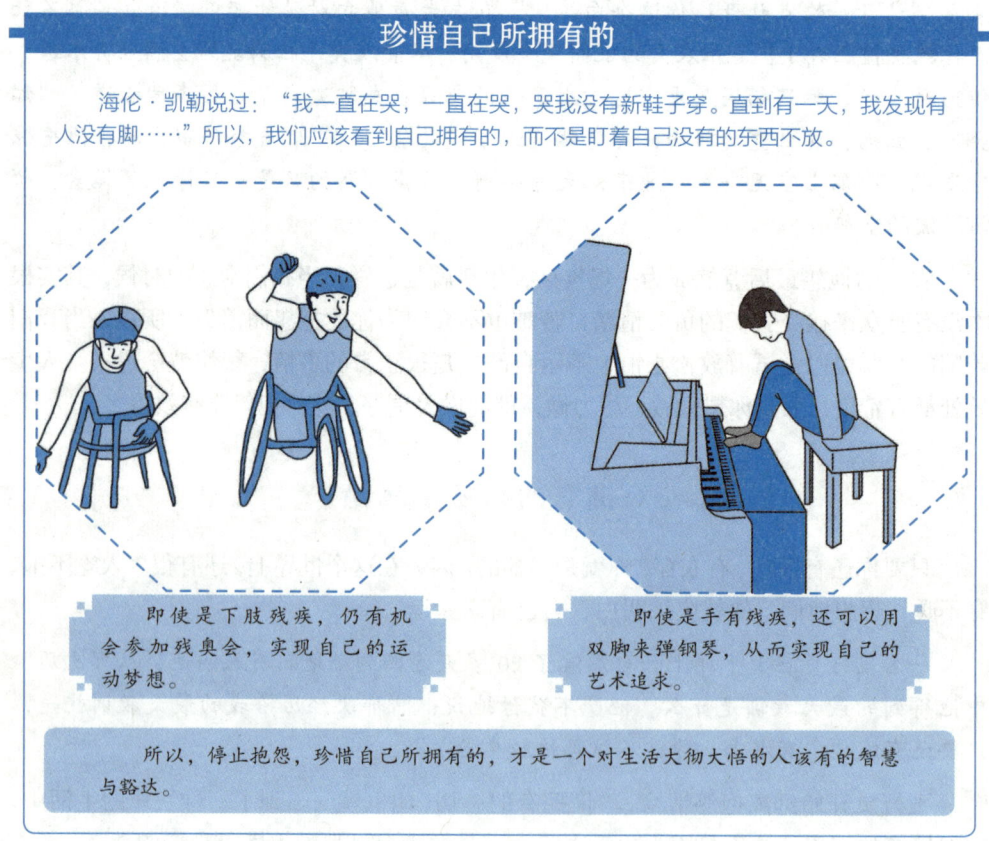

珍惜自己所拥有的

海伦·凯勒说过："我一直在哭，一直在哭，哭我没有新鞋子穿。直到有一天，我发现有人没有脚……"所以，我们应该看到自己拥有的，而不是盯着自己没有的东西不放。

即使是下肢残疾，仍有机会参加残奥会，实现自己的运动梦想。

即使是手有残疾，还可以用双脚来弹钢琴，从而实现自己的艺术追求。

所以，停止抱怨，珍惜自己所拥有的，才是一个对生活大彻大悟的人该有的智慧与豁达。

受控于自己的缺陷

智者再优秀也有缺点，愚者再愚蠢也有优点。缺陷和不足是人人都有的，不是你自己的专属产品。很多人抱怨，就是看到了自己的缺陷，却不认为缺陷的存在也是正常的，于是对自己不停地抱怨。

一个圆环被切掉了一块,圆环想使自己重新完整起来,于是就到处去寻找丢失的那块。可是由于它不完整,因此滚得很慢,它欣赏路边的花儿,它与虫儿聊天,它享受阳光。它发现了许多不同的小块,可没有一块适合它。于是它继续寻找着。

终于有一天,圆环找到了非常适合自己的小块,它高兴极了,将那小块装上,然后又滚了起来,它终于成为完美的圆环了。它能够滚得很快,以致无暇观赏花儿或和虫儿聊天。当它发现飞快地滚动使得它的世界再也不像以前那样快乐时,它停住了,把那一小块又放回到路边,缓慢地向前滚去。

这个故事告诉我们,也许正是失去,才令我们完整。也许正是缺陷,才体现我们的真实。

很多人因为自己的缺陷和不足灰心丧气,从而丧失了自信,终日与抱怨为伍。

人无完人,金无足赤。有了缺点和不足不要抱怨,只要你把"缺陷、不足"这块堵在心口上的石头放下来,别过分地去关注它,它也就不会成为你的障碍。假如能善于利用你那已无法改变的缺陷、不足,那么,你会是一个有价值的人。

不要因为不完美而抱怨自己。你有很多的朋友,他们没有一个是十全十美的。

世界上根本没有完美,反而正是有了缺憾,才使我们整个生命有了追求前进的动力,珍惜缺憾,它就是下一个完美。

人生就是充满缺陷的旅程。从哲学的意义上讲,人类永远不满足自己的思维、自己的生存环境、自己的生活水准。这就决定了人类不断创造、追求,从简单的发明到航天飞机,从简单的词汇到庞大的思想体系。没有缺陷,产品便不会一代代更新。没有缺陷就意味着圆满,绝对的圆满便意味着没有希望,没有追求,便意味着停滞。人生若圆满,人类便停止了追求的脚步。

所以,在你发现自己身上的缺点时,不妨以大度一点的胸怀接纳它们,如果是你想要纠正的缺点,就及时去纠正。如果是无伤大雅的缺点,它们可能就是你生活的乐趣,是你快乐情绪的来源。所以,抱怨情绪是否会产生,在于我们以何种眼光看待世界、看待自己。

随时随地抱怨

在我们的身边,那些终日抱怨的人,实际上并不是遭受了多大的不幸,而是内心存在着某种缺陷,从而导致对生活的认识存在偏差。如果你一个星期抱怨十次以上,那么你可能已经陷入惯性的抱怨状态,这样对你和你身边的人都没有任何好处。

"烦死了,烦死了!"一大早李敏就不停地抱怨!李敏是公司的行政助理,事务繁杂,事无巨细,好多事情需要她处理。

其实,李敏性格开朗,整天忙得晕头转向,恨不得再多长出几只手来。她工作

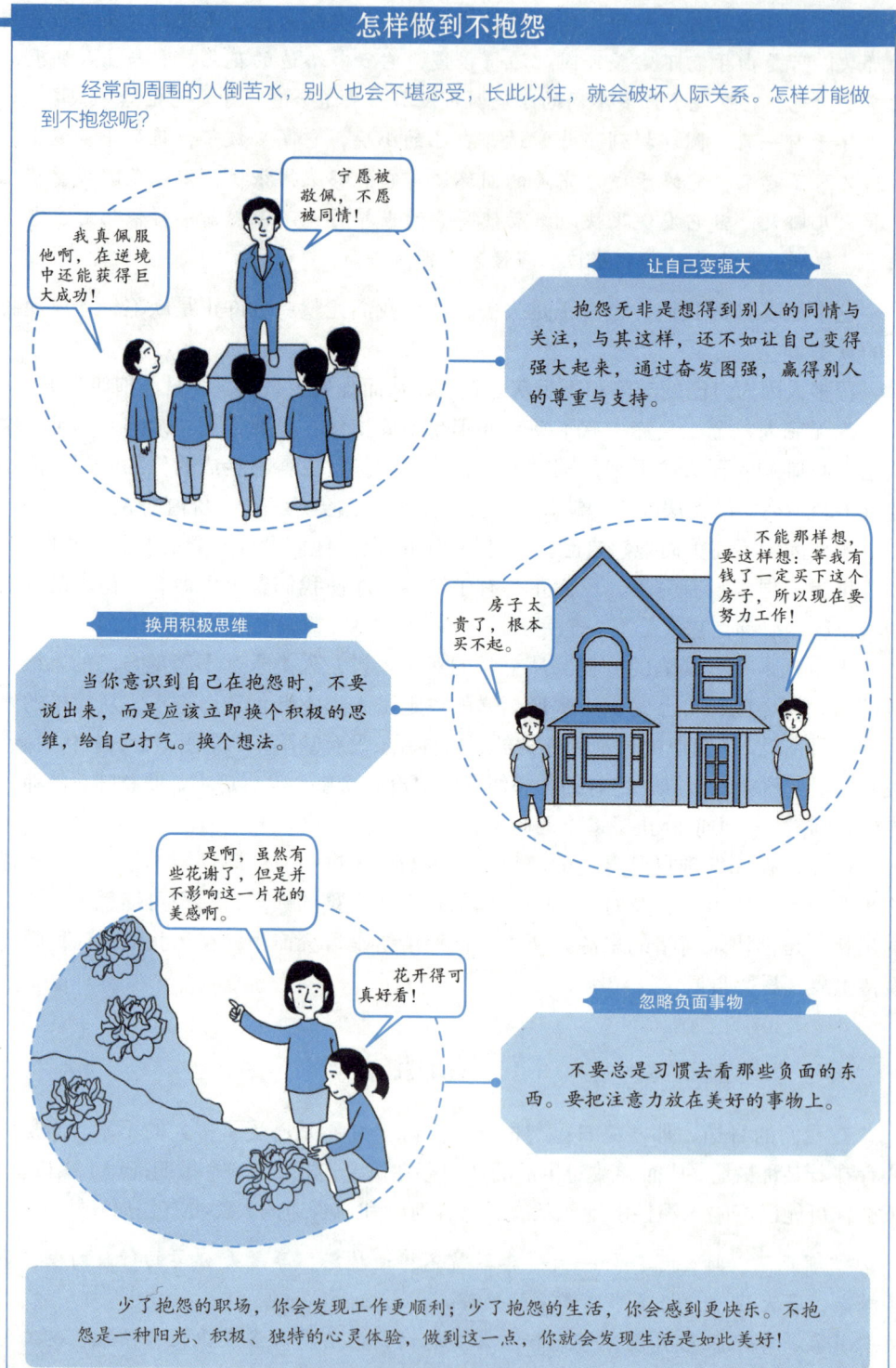

认真负责，该做的事情，一点也不曾怠慢，但是她那满腹的牢骚总是让同事们很不开心。

刚交完电话费，财务部的丁明来领胶水，李敏不高兴地说："昨天不是刚来过吗？怎么你的事情这么多？"她把抽屉开得噼里啪啦，翻出一个胶棒，往桌子上一扔，"以后东西一起领！"丁明忙赔笑脸："你看你，每次找我报销时都对我特亲热，一有点事求你，脸色马上就变难看。"

这时，销售部的关晴风风火火地冲进来，原来复印机卡纸了。李敏脸上立刻晴转多云，不耐烦地挥挥手："知道了。烦死了！和你说一百遍了，先填保修单。我去看看。"李敏边往外走边嘟囔："综合部的人都去见上帝了吗，为什么所有事情都找我！"对桌的齐光军气坏了："这叫什么话啊？综合部的同事们怎么得罪你了？"

月底，老板找李敏谈话，她被辞退了。李敏觉得很委屈：为什么我这么辛苦，却从来没有人体谅？

其实，很多人都很同情李敏，但并不是同情她每天付出的辛苦的劳动，而是为她感到遗憾：直到最后，她也不明白自己被辞退的原因，她不仅不懂得反省，而且还在继续抱怨生活。虽然很多人会心生同情，但却没有人会体谅她，因为她从来不懂得体谅别人。

生活中，你是不是也像李敏一样陷入了抱怨情绪的"陷阱"？静下心来想一想，你所抱怨的事情真的有那么严重吗？生活对于我们每个人都是一样的，根本没有那么多惊天动地的事情和难以忍受的人值得我们去抱怨，我们往往夸大事情的后果，所以情绪也会随之增大，最后抱怨不止把别人压得喘不过气来，也把自己搞得身心疲惫。

所以，在我们抱怨之前，请先冷静几秒钟，思考一下要抱怨的事情是否真的让自己很烦恼、很痛苦。往往经过你几秒钟的情绪冷处理，抱怨就会烟消云散。

第八章

难以走出心里的阴霾——郁闷爆发

遇到不感兴趣的事

我们或许会遇到自己不喜欢的工作，然后每天情绪低落地上班下班；我们或许被迫玩一些自己不喜欢的游戏，结果游戏本应带给我们的快乐，我们却一点都没有品尝到，我们又或许遇上一个自己不喜欢的人，于是和他在一起的每一分钟都是煎熬，最后让自己郁郁寡欢。

生活中的无可奈何有很多，不可能每一件事都让我们开心，也不可能每一件事都恰好是我们感兴趣的，由此便产生了郁闷情绪。这种情绪的产生是无可厚非的，但千万不要以郁闷情绪来反馈这些事。

达尔文是英国著名的生物学家、进化论的奠基人。他曾进行过5年的环球旅行，对大自然有着深刻的了解，写下了对生物科学研究起着重大作用的《物种起源》一书。

达尔文小时候就对周围环境非常感兴趣，特别喜欢钻研问题。

一天，小达尔文跟着父亲到花园里散步，花坛里盛开着五颜六色的花，美丽极了。他见其他花有好多种颜色，而报春花只有黄色和白色两种，就对父亲说："爸爸，要是报春花也有很多种颜色，那该多好呀！"

父亲笑着说："你这个小幻想家，好好努力，我相信你一定能想出好办法。"

过了几天，小达尔文对父亲说："我已经想出了一个非常好的办法，我要变一朵红色的报春花送给你。"父亲随口应道："好好好，我的小宝贝，你去变吧，变出来的话，它将是我们英国第一朵红色的报春花。"

又过了几天，小达尔文大声喊着跑到父亲面前，把手伸到父亲跟前说："爸爸，你快看呀！"

父亲一看，儿子手里捧着的果然是一朵火红色的报春花，美丽极了。

"小宝贝，你是怎么变出来的？"父亲惊奇地问。

"研究出来的呗，"小达尔文骄傲地说，"你曾经说过，花每时每刻都在用根吸水，并且把水传到身体的各个地方去，于是我就想让报春花喝些红色的水，传到白色的花朵上，那么花不就会透出红颜色来了吗？昨天，我折了一朵白色的报春花，把它插到红墨水里，今天它就变成红色的了！"听完这些，父亲把儿子抱起来，亲了又亲。

当达尔文看到自己喜欢的事物，他就会自动开启自己情绪的大门，用极为饱满的情绪来思考大自然，这种力量有着任何强迫性的外界压力所无法达到的神奇，它属于人自身的力量。

在心理学上，兴趣是指一个人力求认识某种事物或爱好某种活动的心理倾向，这种心理倾向是和一定的情感联系着的。"我喜欢做什么？我最擅长什么？"一个人如果能根据自己的兴趣去设定事业的目标，他的积极性将会得到充分发挥，即使在工作中历尽艰辛，也总是兴致勃勃、心情愉快；即使困难重重也绝不灰心丧气，而能想尽一切办法，百折不挠地去克服它，甚至废寝忘食，如痴如醉。

爱迪生就是个很好的例子。他几乎每天都在实验室里辛苦工作十几个小时，在那里吃饭、睡觉，但他丝毫不以为苦。"我一生中从未做过一天工作。"他宣称，"我每天其乐无穷。"难怪他会成为一位杰出人士。

发现并且判断自己的兴趣所在，有时需要一定的时间，所以，杰出人士通常会通过对自己以往经历的回顾，将自己的兴趣归于某种兴趣类型，然后以此为基础为自己的将来定位。

如果你现在为自己干着某件没有乐趣的事情而郁闷不已，不如快刀斩乱麻，尽快抽身出来。但是，很多事我们不想干却必须干，不如改变一下思路，从中挖掘出乐趣，生活还是很美好的。生活的本身是快乐的，请远离郁闷。

不够忙碌，身心空荡

有的时候，郁闷之所以能伤害到我们，并不是在我们忙碌的时候，而是在我们空闲的时候。这时候，我们的思维会存有空间，各种荒诞的想法就此乘虚而入，从而产生负面情绪。这时候，思想就像一辆失控的汽车，无视规则，撞毁一切。消除郁闷的最好办法，就是要让你自己忙碌，多做一些有意义的事情。

苏茜是一位50多岁的美国女性，她婚姻幸福，有两个10多岁的女儿，她自己开了一家公司，专门为名人制作特许产品。她还是一位艺术家，她梦想开办个人画展——墙上挂满了画，被家人朋友簇拥着，用香槟酒招待来宾。

苏茜在纽约大学读研究生，研究电影制作。苏茜女士游泳游得不错，网球也打得不错，还是一位技术不错的摄影师。她滑雪、玩帆船，还做得一手好菜，喜欢招待朋友。她很有学问，风趣诙谐，是一个充满了快乐的人。

苏茜知道怎么寻找乐趣。她始终保持精力充沛的秘密就是主动找事做。如果邻居家的玫瑰花开得特别好看，她就会带着相机从自己家里飞奔出来给这些花拍照，而且会一连用掉三卷胶卷。然后她会为此画一幅粉笔画，去参加园艺展。她在不断奔忙中寻找乐趣。如果她星期六早上在农产品的集市上买了十几个绿色鸡蛋，晚餐时她就会邀请几个邻居到家里的露台上一边吃煎蛋卷，一边看日落。高高兴兴地到处找事做，永远忙个不停——这就是她的秘密。

当我们行动起来时，整个世界似乎都会与我们的目标协调一致。我们的心中也会像张满帆的船只一样，充满了前进的乐趣。因此，如果你要获得内心的快乐，远离郁闷情绪，就要紧随心灵的声音。

让自己忙碌起来，生活才更充实。因为郁闷情绪最能伤害你的时候，不是在你行动的时候，而是在一天的工作做完了之后。当我们因为某事而郁闷的时候，我们要记住，我们可以把工作当作很好的疗方。

如果我们闲坐着无事可做，我们会因此产生一大堆被达尔文称为"胡思乱想"的东西，而这些"胡思乱想"就像传说中的妖精，会掏空我们的思想，摧毁我们的行动力和意志力。大文豪萧伯纳说："让人愁苦的原因就是，有空闲来想想自己到底快不欢乐。"

所以悲伤也好，忧虑也罢，不必去想它，从现在开始摩拳擦掌地让自己忙起来，你的血液就会加速循环，你的思想就会开始变得敏锐。

生活激情被懒惰扼杀

做一件事不一定让我们获得快乐，但不去做事则一定没有机会获得快乐。要想多一些积极正面的情绪，享受充满激情的生活，你一定要把懒惰的习惯扔得远远的。

懒惰是一种习惯，俗语道："人，越待越懒，越吃越馋。"当懒惰已经发展成为习惯，它就会像细菌一样，在你的生活中蔓延，使你的人生到处弥漫着懒散的气息，郁闷情绪也会随之产生。要远离懒惰，避免它的滋生和蔓延。

一个铁匠用同一块铁，打了两把锄头，摆在地摊上卖。农人买走了其中的一把锄头，马上就下地使用起来；而另外一把锄头，被一个商人得到，因为无用被闲放在商人的店里。

半年以后，两把锄头偶然碰到一起。原本质地、光泽、锻造方式都相同的两把锄头现在却大不相同。农人手里的锄头，好像银子似的锃光闪亮，甚至比刚打好时更光亮；而那把一直被商人放在店里的锄头，却变得黯淡无光，上面布满了铁锈。

"我们以前都是一样的，为什么半年之后，你变得如此光亮，而我成了这副样子了呢？"那把生满锈的锄头问它的老朋友。"原因很简单啊，这是因为农人一直使用我劳动，"那把光亮的锄头回答说，"你现在生了锈，变得不如以前，是因为你老是躺在那儿，什么活儿也不干！"

生锈的锄头听后沉默了，无言以对。

刀越磨越锋利，锄头越用越光亮，人越学越聪明。如果勤奋是一种习惯，那么懒惰也是一种习惯，只不过勤奋的习惯使人走向光明，懒惰的习惯使人走向越来越深的黑暗。由此可见，勤奋和懒惰所带来的后果是多么悬殊。懒惰扼杀了人们的生活激情。

美国的乔·霍兰说"懒惰是活人的坟墓"。要想改变现状就要养成勇于进取、敢于拼搏的习惯。养成了这种习惯，就会在人生路上从容洒脱地应对途中的各种障碍，在顺其自然中改变生活。

懒惰是人的一种劣根，为了做成某件事，必须与它抗争，超越这种劣性的钳制。

如何克服懒惰

懒惰的习惯一旦养成，它就会将我们朝成功的反方向拉。因此，我们要想获得成功，就必须战胜懒惰，积极行动起来。你可以尝试以下方法：

一旦养成恒久性的勤劳习惯，情绪就像溪流一样，充满着勃勃生机。因为它专注，意念与行为协调归一，所以恶劣的情绪便没有潜入的机会，更没有盘踞的空间。一个进入勤劳状态的人，心灵中就不会有长久驻足的懒惰。所以，克服懒惰最直接、最有效的方法就是使自己忙碌起来。

懒惰者是不能成大事的，因为懒惰的人总是贪图安逸，遇到一点儿风险就畏缩，另外，这些人还缺乏吃苦实干的精神，总存有侥幸心理。而情绪掌控高手往往是成大事之人，他们更相信"勤奋是金"。

俄国文学家列夫·托尔斯泰年轻时为了克服惰性，采取了两条措施，一是天天做体操，二是每晚睡前写日记。这两条措施，他一直坚持到八旬高龄，日记坚持写到他逝世前四天。

正是因为他克服了惰性，养成了毕生勤奋的习惯，才有了《复活》《安娜·卡列尼娜》等伟大著作，并使他成为文坛巨匠。

懒惰的主要表现是拖延、等待、回避。心病还得心药医，治疗懒惰的药方是：在起床后尽早开始学习或工作。任何事物都是习惯性的。一件工作，只要开了头，后边就不好再停顿下来了。因此，决定下来的事情，就要迅速去做。

惰性，使人的才华被埋没，使人的潜能被扼杀，使人的希望变得虚无缥缈，你有没有想过，惰性也使人的情绪陷入低潮期，慢慢滑向郁闷。如果一个人一生为惰性所控制，那他只有忍受"南柯一梦"的失落、郁闷，很难有大的作为。克服惰性，才能让生活充满激情，远离郁闷。

在等待或拖延中耗费时光

车到山前必有路，常常是用来安慰遇到困境的人，但是也成为一些人拖延事情的借口。

世界上生活着这样的一类人，他们似乎没有烦恼，也没有忧愁，他们的一生似乎都注定要等待、要期盼，无数次的机遇从他们的手指间滑落，他们并不在意，因为他们把自认为是崇高无比的一句话挂在嘴边："车到山前必有路。"他们对这句话是百分之一百的忠诚，他们相信这句话可以帮他们渡过一切难关、逃避一切责任。

但是等待徒增寂寞与空虚，内心也变得空白，郁闷就很容易乘虚而入。也许车到山前必有路，但只是一种精神上的慰藉，只有行动起来的人，才能实现这句话。

家明毕业在即，下一步应该怎么办，有很多的路摆在他面前。大学四年，家明对自己所学的专业并不满意，他想从事一个新的专业，可是对这个新专业的知识了解得并不多，用人公司又怎么会轻易录用一个"门外汉"？他很没有信心，于是，给自己制定了3套方案：第一，考研，继续学习本来的专业，拿到硕士学位，提高自身价值；第二，找一份自己所学专业的工作，放弃所有好高骛远的想法，老老实实地工作；第三，随便找份工作，半工半读，等到有一定经验之后再考虑转行。方案虽好，他却开始犹豫了，不知道到底选择哪条路，甚至没有为选择做什么准备。时间一天天地过去，家明总是对自己说："不怕，车到山前必有路，到时候工作自然就解决了。"其他的同学有的认真地为考研备战，有的已经和企业签约了，家明还是一天一天地等待着……

家明将为自己的消极等待付出惨痛的代价。遇到困难时，朋友可以安慰你，老师可以教导你，家人可以鼓励你，但是，这都是为了让你摆脱失败带来的阴暗情绪，要想情绪彻底好起来，关键还是要靠自己，不能抱有"车到山前必有路"的侥幸心理。"车到山前必有路，船到桥头自然直"，如果这句古训已经在你的心中根深蒂固，那么请马上跳出它为你设置的陷阱。

"车到山前必有路"是我们为自己找的借口，本应该今天办的事情我们却推到明天；本应该当机立断做的决定我们却拖到以后，我们枕着它终日沉溺于缥缈的幻想之中，于是我们生命的光阴便一寸一寸地消耗在我们自以为逍遥无忧的日子中了。是的，我们习惯了等待，习惯了等待每一天都会发生奇迹，我们的意志就在这一天又一天的等待中日渐消磨。

可是有一天当你一个人来到山前的时候，你会惊讶而且沮丧地发现，矗立在你面前的山巍峨无比，根本没有你可以走的路。

除了许多人习惯于等待之外，还有许多人习惯于拖延。每当自己要付出劳动时，或要做出抉择时，他们总会为自己找一些借口，总想让自己轻松些、舒服些。但这些都只是暂时的舒服，当想到自己还在成功的门外时，郁闷的情绪马上又袭上心头。

如果拖延形成了习惯，情绪就会反复无常，意志力也会被情绪消磨，然后越来越对自己失去信心，怀疑自己的毅力，怀疑自己的目标，甚至会使自己变得优柔寡断，天天郁郁寡欢。

事实上，一日有一日的目标和决断，今日的理想，今日的决断，今日就要去做，一定不要拖延到明日，因为明日还有新的目标与新的决断。

比尔·盖茨说过，如果你有自己想做的事情，应该马上去做。这样梦想才不会夭折在我们的拖延里。俗语说："趁阳光灿烂的时候晒干草。"也就是告诉我们，在情绪还没有完全被郁闷占据时，马上行动起来。

放着今天的事情不做，非得留到以后去做，在拖延中所耗去的时间和精力，就足以把今日的工作做好。所以，把今日的事情拖延到明日去做，实际上很不合算。有些事情在当初来做会感到快乐、有趣，如果拖延了几个星期再去做，便会感到痛苦、艰辛和郁闷。生活中，你搁置了多少想法、多少梦想、多少计划，这一切都源于你没有坚决地付诸行动，而你又为自己的拖延找到无数借口。

其实，梦想和现实之间的距离并不遥远，它们往往只有一步之遥。只有行动起来，才会在实际行动中找到处理问题的最佳办法，才会在行动中找到适合自己的生活方

如何克服拖延的坏习惯

拖延的行为往往会制约一个人的发展,给别人以懒散的印象。那么,如何克服这样的坏毛病呢?

只要自己内心认识到拖延是个坏习惯,真心想改掉它,就会有办法克服拖延,逐渐改掉这个坏毛病。

式。著名的成功学家布莱克说:"只想不做的人只能生产思想垃圾,成功是一把梯子,双手插在口袋里的人是爬不上去的。"空想只会让美好的梦想化为泡影,毁掉充满希望的人生。

没有一双善于发现美的眼睛

有人说生活枯燥乏味,有人说生活盲目空洞,还有人看着耀眼的太阳,却还在抱怨阳光没有温暖。很多时候,不是生活不给我们惊喜,而是我们的心不愿意静下来去感受。灰色的心情下看到的任何事物都是灰色的。生活不会像你想象中的那样单调和没有颜色,生活的美好正等待着每个人一点点地去挖掘。

要想赢得人生,就不能总把目光停留在眼前那些消极的事物上,那只会使人产生郁闷的情绪,还会影响人的身心健康。结果,人生就可能被不美好的事物遮蔽它本该有的光辉。

在看待事物的问题上,悲观失望的人容易忽视生活中的美好,从而陷入不能自拔的情绪困境,而乐观向上的人即使处在各种恶劣条件下,也能看到夕阳的剪影、黑夜中的星星、峭壁上的花朵,他们总能捕捉到这些生活中的美好,并从中找到快乐。

事情本身往往并不重要,重要的是面对事情的态度。只要有一双能够发现美好事物的眼睛,有一颗乐观向上的心,那么,郁闷的情绪就会被封在一个密不透风的瓶子里,出都出不来,除非是你将它放出来。

我们都有这样的感受:快乐开心的人在我们的记忆里会留存很长的时间,我们更愿意留下快乐的而不是悲伤的记忆。每当回想起那些勇敢且愉快的人时,我们总能感到亲切。

约翰是快餐店的一名普通员工,每天的工作就是不停地做很多相同的汉堡,没有新意,但是他仍然非常快乐,从来都是用满怀善意的微笑来面对他的顾客,几年来一直如此。他的这种真挚的快乐,感染了很多人。有人不禁问他:为什么对这样一种毫无变化的工作感到快乐?究竟是什么让他充满热情?

约翰回答道:我每做出一个汉堡,就知道一定会有人因为品尝到它的美味而感到快乐,那我也就感受到了我的作品带来的成功,这是多么美好的事情。我每天都会感谢上天给我这么好的一份工作。

由于约翰的快乐心情,这家店的生意越来越好,名气也越来越大,最后终于传到了总公司老板的耳朵里,后来,约翰升到了总公司的一个重要职位。

生活就像一幅美丽的画卷,它的美丽会在我们的眼前徐徐展开,但是别忘了像约翰那样带着一双能发现美好的眼睛。

19世纪英国较有影响的诗人胡德曾说过:"即使到了我生命的最后一天,我也要像太阳一样,总是面对着事物光明的一面。"带有快乐情绪的人自身就会创造阳光，而郁闷情绪就会像水一样，瞬间就被阳光蒸发得无影无踪。即使在乌云的笼罩之下，他也能用自身强大的情绪力量，避开风雨。这时乐观的情绪正是最好的雨伞。他会对美好未来充满期待，心中不会存留郁闷，别人也不会从他脸上看到一丝阴霾。不管他从事什么行业，他都会觉得工作很重要、很体面；即使他穿的衣服破旧不堪，也无碍于他的尊严；他不仅自己感到快乐，也给别人带去了快乐。

所以，想要远离郁闷情绪，我们必须有一颗乐观的心，面对所有的打击我们都要勇敢地承受，面对生活的阴影我们也要勇敢地走出。要知道，任何事物总有光明、美好的一面，我们应该积极地去发现。郁闷情绪是非常危险的，这种情绪会减少我们生活中的乐趣，甚至会毁灭我们的人生。

第九章

情绪爆发的极端天气——情绪疾病

强迫症的自我调适

强迫症又称强迫性神经症，是病人反复出现的明知是毫无意义的、不必要的，但主观上又无法摆脱的观念、意向带来的情绪和行为，它也是一种情绪爆发的典型病症。其表现多种多样，如反复检查门是否关好，锁是否锁好；常怀疑手脏，反复洗手；反复回忆或思考一些不必要的问题；出现不可控制的对立思维，担心由于自己的不慎使亲人遭受飞来横祸；对已做妥的事，缺乏应有的满足感……

李方栋是某修配厂的一名工人，平时非常怕脏，只要别人碰过的衣物就丢弃，只要手碰了一下某种东西，就洗个不停。3年前，李方栋刚来这家工厂不久，生活上有些不适应，热心的老工人袁师傅对他比较关心，在生活上关照他，业务上指导他，因此关系比较密切。某次业务考试，李方栋不及格，内心紧张，后听人说袁师傅曾患有肝炎，因而更紧张，怕传染上肝炎，于是将所有被袁师傅接触过的衣物器皿丢掉，被袁师傅碰过的东西，如自己再碰着就不断地洗手，直洗到双手发白、皮肤起皱才罢休，否则内心就会紧张不已，甚至感到思维都不灵活了。自己明知这样是不必要的，但无法控制。在朋友的劝说下，李方栋去找心理学专家进行咨询，经诊断他患上了强迫症。

强迫症为李方栋带来了紧张、怀疑、恐惧等多种情绪，并且这些情绪不受人主体的控制，每当有相关的事情发生，就会诱发强迫情绪和强迫行为。

需要指出的是，像反复检查门锁这种事在大多数人身上都曾发生过，如果强迫行为只是轻微的或暂时性的，当事人不觉痛苦，也不影响正常生活和工作，就不算病态，也不需要治疗。但是如果强迫行为每天出现数次，且干扰了正常工作和生活就可能是患了强迫症，需要治疗了。

"强迫症"并不可怕，关键在于你能否勇敢理智地面对它、战胜它，让它再也"强迫"不了你。如果你有此决心，请你不妨试试以下几种方法进行自我调适。

1. 顺其自然法

任何事情顺其自然，做完就不再想它，有助于减轻和放松精神压力。如有东西忘记带了就算了，担心门没锁好就没锁好了，东西好像没收拾干净就脏着乱着。经过一段时间的努力来克服由此带来的焦虑情绪，症状是会慢慢消除的。

2. 夸张法

患者可以对自己的异常观念和行为进行戏剧性的夸张，使其达到荒诞透顶的程度，以致自己也感到可笑、无聊，由此消除强迫性表现。

3. 活动法

患者平时应多参与一些文娱活动，最好能参加一些冒险和富有刺激的活动，大胆地对自己的行动做出果断的决定，对自己的行为不要过多限制和进行评价。在活动中尽量体验积极乐观的情绪，拓宽自己的视野和胸怀。

什么人容易出现强迫症

自幼胆小怕事、对自己缺乏信心的人，在长期的紧张压抑中会焦虑恐惧，易出现强迫症。

不要碰我，我害怕。

批评

挫折

这个应该再向左移动1厘米才正好。

完美主义人格的人，此类人对什么都有极其严格的标准，这类人容易出现强迫症。通常，他们会制定一些不切合实际的目标，过度强迫自己和周围的人去达到这个目标，但总会在现实与目标中挣扎。

4. 系统脱敏法

先学会放松的方法，然后由易到难列出强迫性行为的次数和激怒情境，再对每种情境下的强迫行为逐渐进行放松脱敏。就洗手而言，应一步步地减少洗手次数，增加脏物的刺激量，依次执行下去。

5. 自我暗示法

当自己处于莫名其妙的紧张和焦虑状态时就可以进行自我暗示。比如："我干吗要这样紧张？一次作业没做是没有关系的，只要向老师讲清原因就可以了。就是不讲，老师也不会批评；就是批评了，又有什么好紧张的，只要虚心听取意见，下次改了就行，何必那样苛求自己呢？谁没有一点儿过失呢？"

6. 满灌法

满灌法就是一下子让你接触到最害怕的东西。比如说你有强迫性的洁癖，请你坐在一个房间里，放松，轻轻闭上双眼，让你的朋友在你的手上涂上各种液体，而且努力地形容你的手有多脏。这时你要尽量地忍耐，当你睁开眼，发现手并非你想象的那么脏，对思想会是一个打击，即不能忍受只是想象出来的事物。若确实很脏，你洗手的冲动会大大增强，这时你的朋友将禁止你洗手，你会很痛苦，但要努力坚持住，随着练习次数的增加，焦虑便会逐渐消退。

7. 当头棒喝法

当你开始进行强迫性的思维时，要及时地对自己大声喊"停"。如果你在自疗的过程中遇到困难，请别忘了向你身边的朋友或心理学家寻求帮助，大喊一声："我不要受'强迫'！"

如果你发现自己在近一段时间都有不受控制的强迫症的情绪和行为，就不要苦闷地憋在心里，早一点去看心理医生，早一点解决这个问题，你才能重新收获阳光。

神经衰弱的自我调适

很多人都可能听说过"神经衰弱"这个病名。有的人睡眠不好就认为自己患了神经衰弱；有的人记忆力差就怀疑自己患了神经衰弱；也有的人认为自己精力不足，也是患了神经衰弱……众说纷纭，似是而非。但究竟什么是神经衰弱呢？

我国精神病学家经过长期的调查研究认为，神经衰弱症是精神科的一种常见病、多发病，一般是由过度的紧张情绪引起的。患者常感脑力和体力不足，容易疲劳，工作效率低下，常有头痛等躯体不适感和睡眠障碍。据统计，神经衰弱症患者占内科门诊人数的10.8%，占神经精神科发病人数的40%。在神经衰弱症的门诊患者中，女性患者明显多于男性患者。

神经衰弱症患者一般以脑力劳动者居多，且多为青壮年。因此，只要有与疾病做斗争的愿望和决心，从认识问题入手，并在行为上进行自我调适，完全可以依靠自己的力量让情绪恢复到一个健康值。

1. 自我锻炼法

神经衰弱是能够治愈的。合理安排生活，改变不良习惯，起居定时，生活有序，劳逸结合，加强体育锻炼和工作学习的计划性，并与医生积极配合，是治疗神经衰弱的主要环节。

2. 药膳改善法

在我国医学宝库中，有不少关于药膳的论著，积累了丰富的经验，这是一项宝贵的医学遗产，数千年来为我国人民和世界人民的保健事业做出了很大的贡献，至今对不少慢性疾病的防治，仍有很大的实用价值。现就有关防治神经衰弱的药膳配方介绍如下。

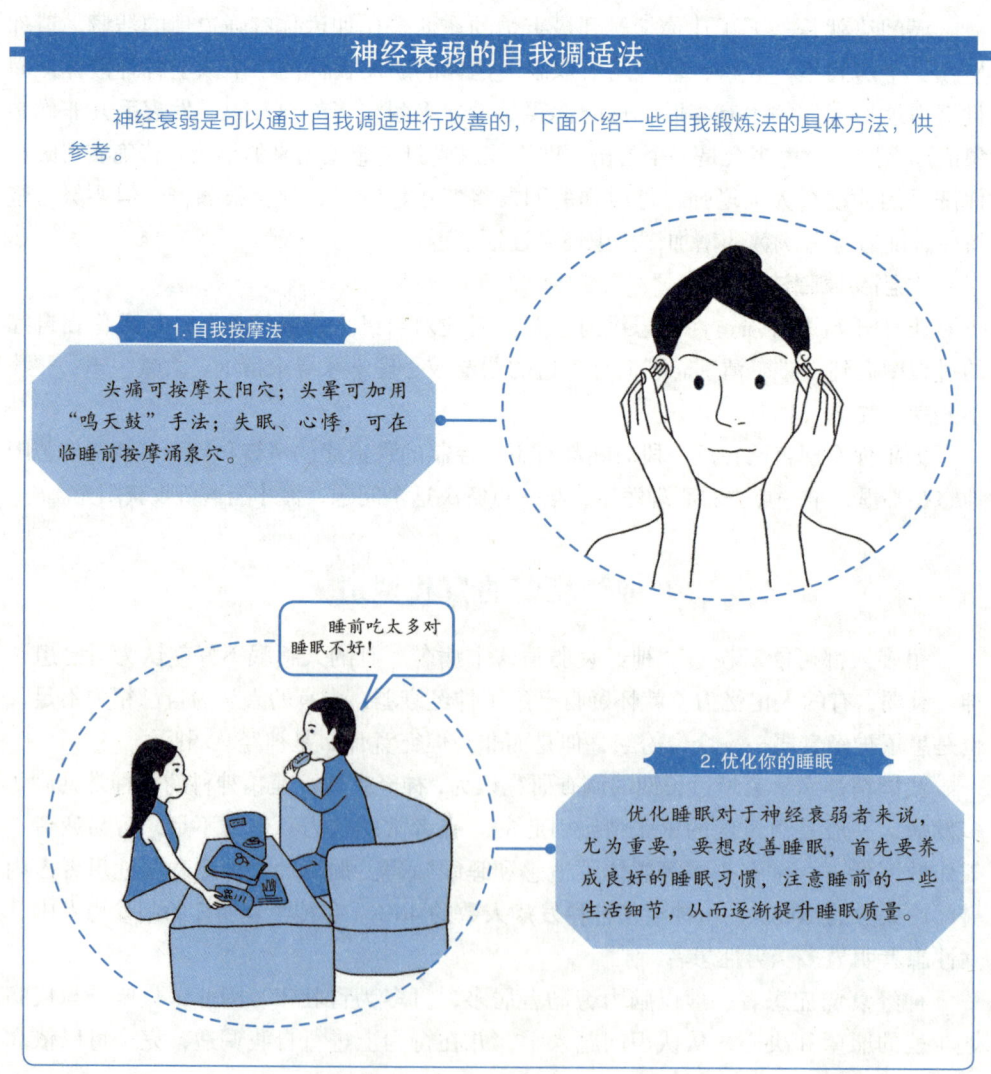

神经衰弱的自我调适法

神经衰弱是可以通过自我调适进行改善的，下面介绍一些自我锻炼法的具体方法，供参考。

1. 自我按摩法

头痛可按摩太阳穴；头晕可加用"鸣天鼓"手法；失眠、心悸，可在临睡前按摩涌泉穴。

睡前吃太多对睡眠不好！

2. 优化你的睡眠

优化睡眠对于神经衰弱者来说，尤为重要，要想改善睡眠，首先要养成良好的睡眠习惯，注意睡前的一些生活细节，从而逐渐提升睡眠质量。

（1）桂圆红枣粥

桂圆15克、红枣5~10枚、粳米100克，煮粥。有养心、安神、健脾、补血之功效。适用于心血不足，有心悸失眠、健忘乏力和自汗盗汗的患者。

（2）百合粥

用百合30克，先用清水浸泡半日，去其苦味，再加大米50克，共煮至米熟有清香气味，加冰糖适量，早晚各服一次。百合内含有少量淀粉、脂肪、蛋白质、微量生物碱（秋水仙碱），具有清热养阴、润肺安神的功能。

（3）粳米山药莲子粥

鲜淮山药90克（切片）、莲子30克、粳米250克，共煮粥，加少许糖渍桂花，即可服食。有补中益气、健脾养胃、宁心安神之效。

（4）桂圆莲子汤

取龙眼肉15克、莲子米15克，同时放进瓦锅内，加水后煮成汤汁，添入适量的冰糖，每天早晚各食一次，可长期坚持，无不良反应。有养心、宁神、健脾、补肾的功效。也有加英实10克，茯神9克者，四者洗净共煎服用，功效同上，对失眠尤为有效。

如果我们能及时放下紧张情绪，它就不会持续累积，所以，在平时我们不要小看紧张情绪的危害，应及时疏解，才不会导致不良的结果。

恐惧症的自我调适

恐惧症又称恐怖性神经症，是以恐怖情绪为主要临床表现的神经症。恐怖对象有特殊环境、人物或特定事物，每当接触这些恐怖对象时即产生强烈的恐惧和紧张的情绪体验。患者神志清醒，明知在当时产生恐惧情绪不合理，但是一旦遇到相似情境时，就会反复出现恐怖情绪，无法自控，并且产生回避行为。脱离该情境，症状就会逐渐减缓直至消失，间歇期基本如常。

恐惧性情绪反应是一种具有自我防护、回避危害、保证生命安全的心理防卫功能，人皆有之。例如人对黑暗、僻静处、高空环境、毒蛇猛兽都可能产生恐惧性回避反应。儿童、女性、胆小者和某些心理缺陷者，恐惧心理尤为明显。恐惧症患者呈现异常的、强烈的恐惧和紧张不安，假若不予治疗，症状会越来越明显，恐怖对象和内容有泛化倾向，影响生活质量和社会功能。

走出恐惧症的"旋涡"并不是一件容易的事情，但也并不复杂，主要掌握好以下几种治疗方法。

1. 心理治疗方法

心理医生治疗恐惧症有许多种方法，常用的有认知疗法和行为疗法。

认知疗法是通过解释、疏导，告诉患者他之所以对某种物体、情境或人产生恐惧，是由于他自己的主观意念所致。如社交恐惧，就是自己的一种强迫性的消极观念占上风，总担心与别人谈话、交往，别人会嘲笑或看不起自己，不管事实上是否如此，总觉得很不自在、很尴尬、很恐慌。所以，要消除恐惧症，就要勇敢地面对引起恐怖的事物，学会控制、调节自己的恐惧情绪。

行为疗法主要采用系统脱敏法。所谓系统脱敏法也称缓慢暴露法，是一种常用的行为治疗方法。其基本原则是交互抑制，即每次在引发焦虑的刺激物出现的同时，让病人做出抑制焦虑的反应，这种反应就会削弱，最终切断刺激物同焦虑反应间的联系。采用系统脱敏法治疗恐惧症要求有计划、有目的的指导，鼓励患者去接触使他产生恐惧的人群、事物或情境，即使暂时会产生恐惧，也要忍受和适应，直到恐惧情绪全部消失为止。此法可以在医生指导下进行，也可以进行自我脱敏训练。

2. 药物治疗方法

药物治疗主要是针对恐惧症所引起的焦虑和忧郁情绪。三环类抗忧郁剂可以减轻空间恐惧症的症状，但停止服药则有较高的复发率。故药物治疗只是一种辅助疗法。

3. 饮食治疗方法

有一些食物含有类似于治疗恐惧症药物的成分，将有助于患者恢复自信。

（1）香蕉。香蕉含有一种被称为生物碱（Alkaloid）的物质，可以振奋精神和提高信心。而且香蕉是色胺酸和维生素 B_6 的来源，这些都可以帮助大脑制造血清素，减少产生忧虑的情形。

（2）深海鱼。研究显示，全世界住在海边的人都比较快乐和自信，愿意与他人交往。不只是因为大海让人神清气爽，最主要是他们把鱼当作主食。芬兰、英国、美国的研究都发现相同的结果。哈佛大学的研究报告指出，鱼油中的 Omega-3 型不饱和脂肪酸，和常用的抗焦虑性的社交恐惧症药碳酸锂有相类似的作用。

希望你可以用上面的方法，减缓并最终根除自己的恐惧症。勇敢地生活、勇敢地爱，你会发现世界上没有什么值得恐惧的，只是你的心理在作祟。

第三篇
控制自己的情绪

　　情绪有积极、消极之分，但人们大多对情绪缺乏必要的了解和关注。积极情绪会激发人们的热情与希望，而消极情绪若不适时加以控制，则会引起严重的心理疾病，因而我们要合理地控制自己的情绪，发挥情绪的积极作用。

第一章

我们为何总是情绪化——情绪认知

接受并体察自己的情绪

每个人的情绪都处于不断变动的状态中，有兴奋期就不可避免地有低潮期，掌管和控制情绪之前应该先去接受和体察它。情绪变化是有规律的，只有接受和体察，才能真正地顺应内心，帮助内心回归平和。

当然，不同的人处理情绪的态度不同，但是大家有一个普遍的共识：情绪不能压抑，压抑会导致各种心理障碍，也会导致某些疾病的产生。因而针对情绪化的人，心理学家建议他们对待情绪的基本态度就是承认和接受。

平时，方女士对同事和对身边的朋友都非常友好，从来不和别人发生冲突，大家都觉得她是一个脾气温和的人。在别人眼里，她温柔又和善。

但回到家里，她往往会因芝麻大的事就对丈夫大发脾气，甚至会摔东西。丈夫对此也很无奈，非常不开心，觉得她很难让人接受。

面对自己阴晴不定的情绪，方女士非常痛苦。其实，丈夫对她很好，她也很爱丈夫，但她又害怕丈夫会因自己的情绪而离开她。有时候，她也非常受不了自己，可是当发脾气的时候她却无法预计和控制。很多次，她都告诉自己的父母和丈夫，但他们都说是她自己没有克制能力。对于他们对自己的不理解，方女士很苦恼，于是，她尝试去看心理医生。

心理医生分析了方女士的情况，又咨询了一些关于她成长的事情，最后终于找到她情绪化背后的根源：由于孩提时父母离异，方女士非常敏感但又异常依赖身边的亲人，脾气暴躁。医生为她提出一些改变情绪化的建议，并告诉她要悦纳自己的情绪，才会便于改善情绪。

很多人的情绪化都产生于孩提时代。孩子总是被大人引导，使他们将自己最直接的情感与不愉快的事情相联系：孩子可能会因哭闹受到处罚，也可能因嬉闹而受到处罚。揭开情绪的面纱时，自己总是能找到导致情绪化的原因。不能公开地表达自己的情感，但起码可以承认它们的存在。要承认它们存在的最基本的一步就是允许自己体验情感，允许自己出现各种情绪并恰当表达出来。

体察情绪，首先，就要正视它。情绪不会凭空消失，存在就是存在，它不可能因为你的否定而消失。相反，一味地否定只能让情绪潜藏在意识里，可能会带来更坏的影响。每个人都有发泄情绪的权利，如果不敢承认情绪的存在，可能也就不敢发泄情绪，盲目压抑情绪对个人的身心发展非常不利。

其次，可以采取"情绪反刍"或是"寻根溯源"的方法来认识自己的情绪。要沿着自己的心灵发展轨迹，溯流而上，用当前情绪去联想更多的情绪状态，慢慢体味、细细咀嚼自己的各种情绪经历，并询问自己当时如果没有产生这种情绪会是一种怎样的情形。这样可以使人变得心平气和。

再次，学会养成体察自身情绪的习惯。也就是时时提醒自己注意："我现在有怎样的情绪？"例如，当自己因同事的一句话而生气，不给对方解释的机会，这时就问问自己："我为什么这么做？我现在有什么感觉？"如果察觉自己只对同事一句无关紧要的话就感到生气，就应该对生气做更好的处理。有许多人认为，人不应该有情绪，因而不肯承认自己有负面的情绪。实际上，人都会有情绪，压抑情绪反而会带来不良的结果。

最后，缓解和调理自己的情绪。觉察自己情绪的变化，能更清楚地认识自己的情绪源头，也有助于理解和接受他人的错误，从而轻松地控制消极的情绪，培养积极的情绪。疏解和调理情绪，也需要适当地表达自己的情绪。

接受并体察你的情绪，不要拒绝，不要压抑，勇敢地面对自己的情绪变化。在情绪转好之时，抓住机会，投入到有意义的事情中去。

正确感知你所处的情绪

知觉与评估情绪的能力是心理学上两类最基本的情商，也是衡量一个人情商高低的最基本的要素。通常来说，低情商者对自己及他人的情绪感知能力弱，容易导致情绪失控；而高情商者对自身的情绪能够做理智的分析，其实对自身情绪的评估能力越强，越有利于问题的解决。但往往有很多人，对自身的情绪很难把握，对此，可以从心理状态加以分析。

著名心理学家约翰·蒂斯代尔提出的"交互性认知亚系统"理论是一种以正念为基础的认知治疗理论，该理论认为人一般有三种心理状态：无心／情绪状态、概念化／行动状态、正念体验／存在状态。

无心／情绪状态指人缺乏自我觉知、内在探索与反思，一味沉浸在情绪反应中的表现；概念化／行动状态则指人不去体验当下，只是在头脑中充满着各种基于过去或未来的想法与评价；正念体验／存在状态才是最为有益的心理状态，它是指人去直接感知当下的情绪、感觉、想法，并进行深入探索，同时对当下的主观体验采取非评价的觉知态度。

进入正念状态需要高度集中注意力去关注当下的一切，包括此时此刻我们的情感和体验，而不应当将自己陷入对过去的纠缠或是未来的困惑中，对现在的情绪有所评判和排斥。接受发生的一切，关注当下的感受，才能发挥"正念"的透视力，达到认知自我情绪，主动调适，从而反省当下行为进行调节以增加生活乐趣的目标。

那么，如何将心理状态调整为正念体验/存在状态，这需要我们平时就进行正念技能训练。根据莱恩汉博士的总结，正念技能训练包括"做什么技能"和"如何去做技能"两大类别技能训练。

第一，"做什么"的正念技能包括观察、描述和参与三种方式。

例如，当生气时，留意生气对身体形成的感觉，只是单纯去关注这种体验，这是观察，观察是最直接的情绪体验和感觉，不带任何描述或归类。它强调对内心情绪变化的出现与消失只是单纯去关注，而不要试图回应。

用语言把生气的感觉直接写出来即是描述，如"我感到胸闷气短""心里紧张、冲动"，这都是客观的描述，描述是对观察的回应，通过将自己所观察到或者体验到的东西用文字或语言表达出来，对观察结果的描述不能有任何情绪和思想的色彩，要真实、客观。

对当前愤怒的感受和事情不予回避，这是参与，参与是指全身心投入并体验自己的情绪。在特定的时间内，通常只能用其中一种来分析自己的情绪，而不能同时进行，用这三种方式去感受自己的情绪，有助于留意自身情绪。

第二，"如何去做"的正念技能包括以非评判态度去做、一心一意去做、有效地去做。

这些技能可以与观察、描述、参与三种"做什么"正念技能的其中某一项同时进行。以非评判态度去做，应当关注正在发生的一切，关注事物的实际存在，而不需要进行评价。仍以愤怒为例，当生气的时候，"应该""必须""最好是"停止或继续发怒的想法都是有评判色彩的语气。对于愤怒应当去接受而不需要去评判。

一心一意去做，就是要集中精力去关注思考、担忧、焦虑等情绪。美国宾州大学心理学教授托马斯认为由于人总不能把握现在和关注此刻，容易产生焦虑和抑郁的情绪。基于此，托马斯发展了专治慢性焦虑症的心理疗法。"当你在焦虑时，你就专心焦虑吧。"他要求患者每天必须抽出30分钟时间在固定的地点去担忧自己平时担忧的事。在30分钟之内，患者必须全神贯注担忧，30分钟之后，则要停止担忧，并要警告自己："我每天有固定的时间担忧，现在不必再去担忧。"

有效去做，就是要让事情向好的方向发展，以有效原则衡量自己的情绪，可以避免感情用事，防止因为情绪失控而做出不恰当的事、说出不负责任的话。

我们通过每天的情绪变化去积极主动地调适自己的心理。可以在情绪激动时及时察觉与反省自己的当下行为,学会控制自己的情绪,使自己在面对痛苦的时候心情有所缓解,恢复快乐。只有学会"感受"自己的感受,方能让自己在处理负面情绪时游刃有余。

心理学中影响情绪的因素

情绪变化受到多种因素的制约,常见的影响因素有认识因素、气质类型、环境刺激等。

认识是一个非常重要的因素。相同的情境,做出的认识评价不同,就会产生不同的情绪体验。

人的气质类型有四种,不同气质的人,情绪表现特点各不相同。

环境因素对人的情绪影响是不可忽视的。如,拥挤的人群常会使人感到紧张、烦躁。

运用情绪辨析法则

知己知彼，方能百战不殆。在情绪的战场上，首先要了解自己的情绪，才能保持好情绪、战胜负面情绪。我们不自知的种种心理需求，乃至内心理念以及价值观，都可以通过自身不同的情绪反映出来。因此，要做到"知己"，首先要准确地做出自我情绪辨析，只有如此，才能够有的放矢地解决情绪问题，保持身心健康。

心理学家温迪·德莱登将所有情绪统分为两大类——正面情绪与负面情绪，又将负面情绪进一步细分为健康的负面情绪和不健康的负面情绪。

德莱登认为，健康的负面情绪是由合理的信念引发的。它促使人们正确地判断所处的负面情境改变的可能性，从而理智地做出适应或改变的行为。健康的负面情绪导致的结果是正面的，它引发思维主体进行现实的思考，最终解决问题，实现目标。

不健康的负面情绪是由不合理的信念引发的。它会阻碍人们对不可改变的环境做出判断以及对可以改变的环境进行建设性改变的尝试。不健康的负面情绪导致的歪曲思维会阻碍问题的解决，最终阻碍目标的实现。

大多数人可以准确地判断自己的情绪属于正面的情绪还是负面的情绪，但对很多人而言，如何才能判断当前的负面情绪是否健康是有一定困难的。以担心和焦虑这两种负面情绪为例，由德莱登的定义可知，在信念的来源上，担心源于合理的信念，这种情绪会导致行为主体正确地面对威胁的存在，并想办法寻求让自己安心的保障；而焦虑来源于不合理的信念，这种情绪会导致行为主体不愿意面对甚至逃避威胁的存在，从而寻求那些并不能使行为主体安心的保证。每个健康的负面情绪，都有一个不健康的负面情绪与之相对应。类似地，德莱登还列举了悲伤、懊悔、失望、悲哀等情绪作为健康的负面情绪的典型代表，列举了抑郁、内疚、羞耻、受伤等情绪作为不健康的负面情绪的代表。而以上情绪都是两两对应的，如悲伤和抑郁，前者是健康的负面情绪，后者是与之相对应的不健康的负面情绪。

判断一种负面情绪是否健康，最本质的区别在于健康的负面情绪来源于合理的信念，而不健康的负面情绪来源于不合理的信念；同时也可以根据情绪强度来判断，大多数不健康的负面情绪都强于健康的负面情绪，如焦虑的最大强度大于担心的最大强度。

除此之外，健康的负面情绪和不健康的负面情绪，二者所导致的情绪主体的应对行为以及行为趋势也有显著差别，换言之，当人出现情绪问题时，不仅有可能体会到两种不同的负面情绪，而且会由此导致完全不同的有建设性的或无建设性的行动，这种行动可以是真实的也可以是"意愿中"。

举例来说，抑郁的情绪会使人持续回避自己喜欢的活动，而悲伤的情绪会使人在哀伤过后继续参与自己喜爱的活动。同样地，内疚只会使人被动地祈求宽恕，而懊悔会使人主动地要求对方的宽恕。受伤使人被愠怒充斥头脑，忘记理智，而悲哀会使人更加果断地判断事物，厘清头绪。羞耻会使人采取鸵鸟战术，以回避他人的凝视来逃避关注，而失望仍能使人正确对待与他人的目光接触，与外界保持联系。

不健康的愤怒会使人仪态尽失，出言不逊甚至诋毁他人，健康的愤怒会促使人果断处理眼前的麻烦，仅关注自己被不当对待的事实而不会迁怒于他人。不健康的嫉妒会使行为主体怀疑他人的优势，而健康的嫉妒会以开放的态度去学习他人的优点以提高自己。与之相似，不健康的羡慕打击他人进步的积极性，而健康的羡慕会以此为动力鞭策自己获取类似的成功。

在我们经历情绪的变化时，不仅能够判断出自己所经历的是正面的情绪还是负面的情绪，而且能够准确地分辨出其中的负面情绪是否健康，并能分析出此情绪的来源以及可能导致的后果，我们就能真正达到"知己"的境界。

如何保持良好的情绪

好情绪也是需要保持的，那么如何使情绪保持在良好的状态呢？

1. 经常做些小改变
适时地对稳定的习惯做些小的变动，就会有一种新鲜感。如改变一下装饰。

2. 打扮自己
注重自己的仪容仪表，学会打扮自己。一般而言，漂亮的服饰、得体的妆容，都能让人看起来神采奕奕，带来愉悦的精神体验。

> 好的情绪可以使人乐观向上、办事果断，富有创造性和灵感。所以，应该努力让自己的情绪保持在一个良好的状态上。

了解我们自身的情绪模式

心理学上有一个定义称为情绪模式,它是指在外界持续刺激的影响下,逐渐形成的固定的连锁情绪反应路径与行为结果。通俗地解释,即"每当……时(外界刺激),我的心情就会……(情绪反应),结果我就会……(产生行为结果)"。例如,每当有女同事穿了漂亮的新衣服,"我"就会认为自己的身材不好,穿同样的衣服肯定没有那样的效果,心情就会很低落,结果整天避免和穿新衣服的女同事正面接触。

情绪模式源于人类大脑的应激功能和记忆功能。如果对于外界刺激的应对方式被持续使用,大脑和身体的网络系统就会发生作用,将这种应对机制模式化,生成固定的链接,从而形成情绪模式——面对相同事物时产生相同的情绪、思维和行动。

情绪模式有以下特点:

其一,情绪模式的形成源于相同的刺激源。每当遇到同样的情境,人就会产生相似的情绪并导致相似的行为结果。

其二,情绪模式的形成是一个循序渐进的过程,经过多次相同的外界环境的刺激,情绪模式才会形成。

其三,情绪模式的反应速度极其迅速。它具有"第一时间反击"的特点,一旦形成后,再遇到外界相同的刺激源时就会以主体察觉不到的速度快速启动。

情商理论中有种现象叫作"情绪绑架",是指已经形成的情绪模式阻碍了大脑的理智思考,强制启动应激行为作为对情绪的反应。这是因为情绪模式一旦形成就很难改变,这也是为什么常常会听到有人说"我不知道为什么当时那么伤心,以致做出那么傻的举动""我那时候就是忍不住对平时很尊敬的老师大吼大叫"的原因。由此可见,"情绪绑架"对情绪主体是弊大于利的。

人们一直致力于摆脱"情绪绑架",而成功的关键就在于识别自身的情绪模式,找到病因,对症下药。但是情绪模式经过日积月累已经成为我们潜意识的一部分,行为主体很难站在客观的角度将其识别出来。可以根据以下几个步骤来有意识地察觉自己的情绪变化及其引起的连锁反应,以及最后自己采取的行动,从而识别出自己的情绪模式。

步骤一,记录情绪变化。有意识地关注自身情绪变化,包括变化的原因及变化引发的影响。察觉到这些之后要及时准确地加以记录。

步骤二,自我情绪反省。充分利用步骤一的成果——情绪变化记录表,观察自己历次情绪变化的诱因是否值得,情绪反应的行为是否得当。如果造成的是积极的结果,要告诉自己努力保持;如果造成的是消极的影响,要及时提醒自己消除不良情绪的滋长,将其扼杀在萌芽状态。例如,发现自己总是为衣着打扮等外在因素而嫉妒身边的女同事,从而与其疏远,那么经过反思之后遇事就要用包容的心态去思考,要让自己提高内在素养，摒弃对虚无外表的追求。一段时间过后，你会发现自己从前对身外之物斤斤计较的想法是多么可笑和不值得。

步骤三，倾诉不良情绪。不识庐山真面目，只缘身在此山中。由于情绪模式已经固化在我们的头脑和神经系统中，难以自我察觉，所以，我们可以求助于他人来捕捉自己的情绪变化。可以先与家人和好友沟通，请他们在自己情绪变化时及时告知。观察的方法可以通过日常沟通中的面部表情、肢体语言等流露出的潜意识来判断你的情绪变化，从而追踪到你情绪变化的诱因和由此导致的行为结果。你可以根据他人的意见来了解自己内心真实的想法。

步骤四，测试自身情绪。我们可以通过专业的情绪测试工具或咨询专家来发现自己的情绪模式。看似与情绪问题相去甚远的测试问卷或者专家的漫无边际的访谈，却可以借助科学的手段准确地了解你情绪模式的病症所在。

当然，以上四个步骤的最终目的是发现问题，解决问题。我们发现了自己的情绪模式之后就可以将其一一列出，并且在每天的日常生活中逐项加以克服，坚持这样一个循序渐进、由浅入深的过程，我们就可以达到摆脱"情绪绑架"的最终目的了。

情绪同样有规律可循

人的情绪如同眼睛一样，也有自己看不到的"盲点"，通过了解自己的情绪盲点，从而把握自身的情绪活动规律，可以有效地调控自己的情绪。

情绪盲点的产生主要是由于以下3个方面的原因：

（1）不了解自己的情绪活动规律；

（2）不懂得控制自己的情绪变化；

（3）不善于体谅别人的情绪变化。

其中，能否把握自身的情绪规律是情绪盲点能否出现的根源。

认识到情绪盲点产生的原因，我们便需要从原因入手，从根源上把握自身的情绪规律。这就需要从以下几个方面加强锻炼以培养自己与之相应的能力：

1. 了解自己的情绪活动规律，培养预测情绪的敏锐能力

科学研究证明人都是有情绪周期的，每个人的情绪周期不尽相同，大概为28天，在这期间内，人的情绪成正弦曲线的模式：情绪由高到低，再由低到高。在人的一生之中循环往复，永不间断。

计算自己的情绪节律分为两步：先计算出自己的出生日到计算日的总天数（遇到闰年多加1天），再计算出计算日的情绪节律值。

用自己出生日到计算日的总天数除以情绪周期28，得出的余数就是你计算日的情绪值，余数是0、4和28，说明情绪正处于高潮和低潮的临界期；余数在0～14之间，情绪处于高潮期，余数是 7 时，情绪是最高点；余数在 15 ~ 28 之间，情绪处于低潮期，余数是 21 时，情绪是最低点。

由此可以看出，情绪有高低起伏，我们不要认为自己会永远处在情绪高潮期，

也不要觉得自己会一直处于情绪低潮期，在情绪好的时候提醒自己注意下一阶段的低落，在情绪低落时告诉自己会慢慢好起来的。我们所吃的东西、健康水平和精力状况，以及一天中的不同时段、一年中的不同季节都会影响我们的情绪，许多人虽然重视了外在的变化对自身情绪的影响，但却忽视了自身的"生物节奏"，其实，根据自己的情绪周期规律来安排自己的学习和生活，是很有必要的。

2. 学会控制自己的情绪变化，坦然接受自身情绪状况并加以改进

想要控制自己的情绪变化，首先要对自己之前的情绪做一个简单梳理，从之前的经历来寻找自身情绪的活动规律。同样的错误不能犯第二次，这正是掌握情绪活动规律后得到的经验。一个有敏锐感知能力的人能够在自己一次的情绪失控中回顾反思，总结、评估事情的前因后果，并最终达到提升自己情绪调控能力的目的，毕竟，情绪的偶尔失控和爆发是一种正常的现象，但倘若情绪失控成为常态，则不是一件好事。

想要控制自己的情绪变化，还需要对自己的情绪弱点做一个分析总结，认识自己的情绪易爆点在哪里、情绪失控的事情可能会是什么，事先考虑好如果再次遇到同种情形所需要选择的应对方式。这样可以在事先做好准备，及时采取应对措施，防止情绪失控之后的被动解决所导致的追悔莫及。

3. 学会理解他人情绪和行为，同时反省自己

人际交往中，理解的力量是伟大的，但在通常情况下，虽然人们希望得到别人的理解，希望别人能够理解自己的情绪和行为，却往往忽视了理解别人。这就是为什么人的情绪出现盲点的外在原因。

理解他人的需求、情绪和感受等有助于增添交流的共同话题和认同感，有助于彼此之间形成和谐健康的人际关系。并且，通过对别人情绪的反观来看自己的情绪变化和体验，可以清晰地了解自己，从而把握自身的情绪节律和促进自身情绪状况的改进。

用默剧的方式获知他人情绪

卓别林表演的默剧电影想必大家都有所了解，虽然电影中人物没有说一句话，全部是用肢体动作代替，但人们仍然可以轻松地读懂剧中人物的喜怒哀乐和生活情况，这种别样的表演方式给人们以特殊的享受，其实，我们在观看的时候，正是通过观察别人的表情和行为觉察到了剧中人物的情绪。

人的情绪智力（情商）是一个包含着多个层面、内容丰富的概念。心理学家戈尔曼博士通过大量的实验证明，情绪智力的五大构成要素包括情绪的自我觉察能力、情绪的自我调控能力、情绪的自我激励能力、对他人情绪的识别能力和处理人际关系的能力。其中，对他人情绪的识别能力作为一项重要的能力，是在情感的自我知

觉基础上发展起来的。它通过捕捉他人的语言、语调、语气、表情、手势、姿势等可以快速地、设身处地地对他人的各种感受进行直觉判断，是一种重要的情绪感知力。

在生活中，我们也应该如同看默剧一般，尝试培养感受别人情绪的能力，一个情商很高的人可以敏锐地觉察到别人身体行为所透露的信息，通过觉察他人的情绪

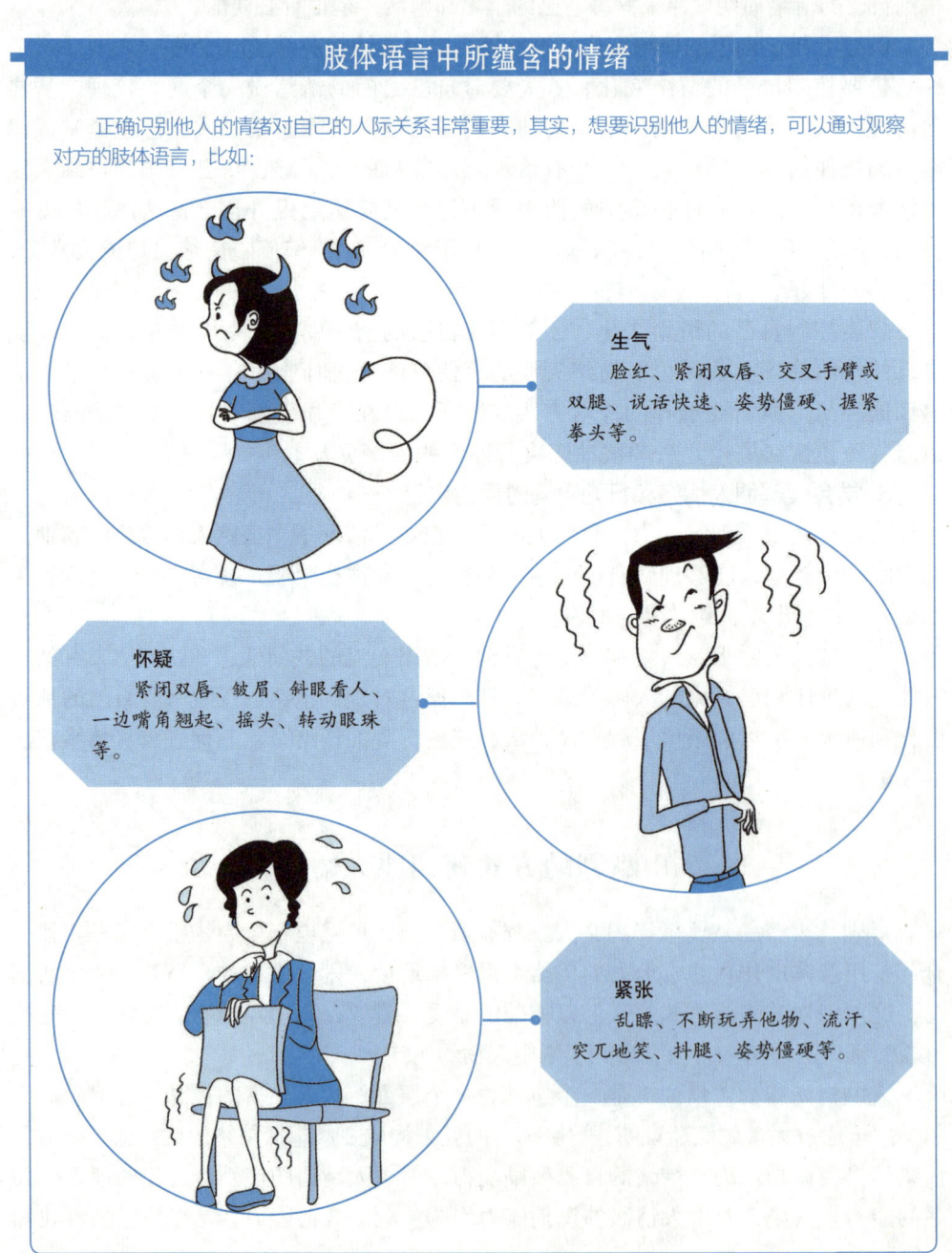

肢体语言中所蕴含的情绪

正确识别他人的情绪对自己的人际关系非常重要，其实，想要识别他人的情绪，可以通过观察对方的肢体语言，比如：

生气
脸红、紧闭双唇、交叉手臂或双腿、说话快速、姿势僵硬、握紧拳头等。

怀疑
紧闭双唇、皱眉、斜眼看人、一边嘴角翘起、摇头、转动眼珠等。

紧张
乱瞟、不断玩弄他物、流汗、突兀地笑、抖腿、姿势僵硬等。

来对其心意进行合理解读。

这就如同我们做一个默剧游戏的过程，要求尽量避免听到别人的声音，而只是通过观察别人的表情和行为来判断情绪。在默默无语的过程中，你需要掌握一些辨认表情的诀窍。脸部有几个部位是展现情绪的重要区域：嘴角、嘴型、眉毛、眼角、眼睛、额头。这些区域对于辨认某些情绪特别重要，比如从嘴巴的表情观察人的厌恶和喜悦情绪，从眉头和额头去辨别这个人悲伤或是恐惧的情绪，等等，肢体语言和所隐含的情绪之间往往存在着照应。

当然，需要注意的是，肢体语言和情绪对照并不是绝对一致的，我们不能通过一个简单的肢体行为武断地判断一个人的情绪，要通过整体的动作行为来判断一个人的当前情绪。

识别他人的情绪是建立良好人际关系的基础，通过了解自己、了解他人，使人们相互理解，人与人和谐相处，这有助于建立良好的人际关系。但遗憾的是，生活中，绝大多数人都不善于去理解别人的情绪，只是注意到肢体或面部的大致表情，而不能够对眼神暗示、细微表情和下意识动作有所关注，除非这种情绪表现得特别明显或激烈。因此，在平时交流中，要想解读别人暗含的信息，不妨培养自己敏锐的情绪识别力和感知力。学会察言观色，方能在人际交往中如鱼得水。

第二章

探究我们的情绪发生——情绪动机

善于运用情绪的自动发生系统

我们的情绪一般都是自发的，也就是情绪反应受潜意识支配。我们每个人的身体里都有一套自动的评估体系，它如同敏锐的雷达，对我们周围的世界进行随时随地的监控，关注着与我们自身利益休戚相关的事件。

每个人都有自己的潜意识，也就是下意识、本能的反应。情绪产生的一个重要的途径就是潜意识，潜意识和意识共同支配着人类的各种情绪。但人的思维和潜意识是相互分离的，二者之间存在着交锋，现实情况往往是，潜意识的力量通常被我们忽视。通过潜意识的作用，人类自身产生不由自主的生理反应，由此导致情绪的瞬间改变。在自动评估系统下，潜意识造成的情绪通常是突如其来的，从形成到外在表现，时间相当短。另外，在某一段时间之内，人们往往无法接受不符合当下情绪的任何信息，进入情绪的不反应期，这个时候也容易造成情绪的恶化。

作为一个现代人，要从以下两个方面提升你的情绪调控能力：

1. 要懂得把握关键的 6 秒时间差

情绪产生于不经意间，从开始被刺激到爆发，知觉的评估完成速度非常快，在意识还没有觉察之前便已经结束。因此，事情过去之后很多人会疑惑当时的自己正在做什么，为什么会选择那种情绪。

情绪的自动评估反应机制发生的时间大约为 6 秒。只有在这 6 秒钟过去之后，大脑的边缘系统才能将情绪传递给脑皮质，使情绪与思考得以链接。而在这 6 秒钟期间，无论威力多么巨大的强迫性思维也赶不上情绪的瞬间爆发性。

如果我们在这 6 秒钟之内不妄加行动，防止自己在情绪控制下产生的冲动，把握这 6 秒的时间差，就可以让情绪和思考进行沟通，从而不至于做出情绪化的决定，导致以后的后悔。

2. 要冷静躲避自己的情绪不反应期

人都有情绪周期，有很多时候，情绪周期中会出现意外的低落期，在心理学上，称为"情绪的不反应期"，又称情绪过滤理智期。这段时间内人们无法接受不符合当下情绪、无法持续原有情绪、不能将情绪合理化的信息，容易陷入不适当的情绪。

当情绪压过理智时，人们会以自己的直接体验来感受所发生的事情，并且想办法去证实它以保持自身的情绪，从而强化自己的情绪反应。这既忽略了周围不符合当下情绪的新信息，又限制了我们处理事情的能力，导致一味地陷在情绪化的反应中无法自拔。

生活中正是由于很多人不了解自己的情绪周期，才容易反复陷入情绪化的反应之中。想要有效调控自己的情绪，就必须警惕自己的"情绪的不反应期"，通过多种方式去了解自己容易在什么情况下、发生什么事情时可能进入情绪的不反应期，将有助于我们解决问题。

给你的情绪留一个思考空间

既然情绪有爆发的可能，我们就要在此之前先让自己冷静而理智地分析，而后再选择表达何种情绪，这就是思考性评估机制。思考性评估为思维预留了空间，有助于防止对发生的事情做出错误的判断，这种习惯是个人素养的一种体现，也为情绪判断提供了缓冲的时间。

运用思考性评估进行情绪调控的时候，需要记住"该不该""值不值""有没有用""如何超越"等几个关键点。如，当有人顶撞你的时候，不妨运用以上几个关键点对自己的情绪进行分析。先试着想，对方顶撞自己，自己是否应该产生情绪；如果自己没有做错什么，按理说可能会生气。而后问问自己为当前这件事生气是否值得。如果产生的情绪发泄出来对于问题的解决于事无补，就应该考虑是否换一种情绪。对于应该产生的、值得发泄的情绪，也需要评估它是否有用。如果情绪发泄之后，心情在短时间内可能会舒畅，但却引发双方更大的情绪，这样既不利于矛盾的解决，又给自己造成了更大的麻烦。遇到这类情况便需要思虑再三，再选择巧妙的处理方式来平复双方的情绪。情绪的反应得当有利于促进双方问题的解决，以及双方关系的友好发展。

如，在公司上下级交流的过程中，作为领导，当听到员工带来的坏消息时，可能会产生愤怒、焦虑等情绪，从而形成情绪的本能反应是指责员工办事不力。但如果在这种情绪爆发之前运用思考性评估对情绪进行分析，通过以上几个关键点的思考来对当前事情进行深入体验，或许会意识到员工本身并非有意犯错。可能员工的出发点也是为公司考虑，但却事与愿违，员工对事情的结果也充满愧疚和不安。通过这样思考，领导与员工的交谈或许就能以一种积极的态度来处理和解决了。如果再加上领导鼓励和安慰的话语，或许员工还会心存感激。

当遇到问题的时候，即使情绪爆炸快要到达极点，也需要先平静下来，拿出纸和笔进行一番理智的分析。这样，原本将要产生的不健康的负面情绪就有可能平复，代之而来的是健康的负面情绪或是积极的正面情绪，同时，真正科学合理的思考性评估反应模式首先需要建立科学合理的认知。心理学曾对情绪的产生存在着两种认知的误区：一种认为情绪的产生是受环境刺激的影响，另一种认知则认为情绪是生理因素导致的。在20世纪70年代初，美国心理学家沙赫特和辛格所做的心理实验打破了这两种认知。

心理学家告诉所有参加实验的人，这个实验是要考察一种无毒副作用的新型维生素化合物对视力的影响效果。然后将参加者分为实验组和控制组。给控制组的参加者注射的是生理盐水，给实验组注射的是肾上腺素，肾上腺素容易使人产生心悸、颤抖、灼热、血压升高、呼吸加快等典型的生理唤醒特征。

心理学家又将实验组的参加者分为三个小组，对告知的一组说，他们所注射的药物会导致心悸、颤抖、兴奋等反应；对未被告知的一组说，药物是温和无刺激的；最后对误告知的一组说，药物会导致全身麻木、发痒和头痛。

最后，人为安排两个场景："欣喜"情境与"愤怒"情境。所有实验组的参加者进入之后，实验证明，三个小组的实验参加者有一半进入"欣喜"情境，另一半进入"愤怒"情境。

未被告知和误告知的一组倾向于追随别人的情绪变得欣喜或愤怒，告知组能够正确解释自身的生理状态，可以安静等待，毫不理会外在情绪。控制组没有经受生理唤醒，也很安静。

由此可知，生理因素和环境因素都对情绪有影响，但均不能单独决定情绪的发生，事实上，两者共同起作用。建立一个对人物和事件的合理认知是进行情绪管理的根本途径，也是形成快速、敏捷、科学的思考性评估反应的基础。我们需要在平日里多加训练，为自己的思维留出更多的时间，让自己有机会有意识地防止对事情做出错误的判断。

回忆也能存储情绪经历

有时候，我们会感觉许多过去的问题总是时不时地困扰着自己。其实，这是源于对过往的负面情绪体味过多所形成的困扰。任由记忆中的负面情绪在脑海中回旋，这对当前的心境有害无益。

要防止负面记忆对情绪产生影响，有效地利用情绪和记忆之间积极影响的一面，具体有以下几个方法：

首先，在情绪平稳时，回忆以前的情绪状态。

人在特定的情绪下更容易引起相似的情绪状态。如，当你又一次没有通过考试时，就很容易联想起上一次的相同情绪体验，也就是上一次因考试失败而产生的负面情绪，那么负面情绪就会加重；而当自己被领导表扬时，就会联想到上一次被领导表扬时自己高兴的情绪，则情绪就会更加高涨。同样，面临同一个场景，心情不同的时候,观看的感受也不尽相同。当这个场景与我们的心境相契合的时候,便容易产生深刻印象,当我们对它没有感觉的时候,记忆也显得相对模糊。

处于强烈情绪反应中的人很难对回忆做出客观的评价。由于记忆与情绪之间的

"心境一致记忆"与"心境不一致记忆"

心理学研究证明:依赖于个体的自尊状况除了有"心境一致记忆"之外,还有"心境不一致记忆"。

心境一致记忆

真倒霉,没带伞居然碰上雨天!上次也是这样,结果成了落汤鸡。

悲观抑郁的人在消极的情境中更容易引起消极的回忆,形成恶性循环。

今天真开心,刚才接孩子遇见了老同学,这让我想起了我们上学时的那些开心事情。

乐观自信的人在积极的情境中更容易产生积极向上的情绪。

心境不一致记忆

这次淋雨不会像上次一样感冒了,因为今天太热了,正好淋雨凉爽一下,哈哈。

即使在消极的情境中,他们也会利用自身的情绪调节产生积极的认知。

可选择性，比较明智的做法是，选择心情平静的时候回忆过去的情绪。心平气和，分析才能变得理性，才能通过分析帮助自己把握现实、畅想未来。

其次，通过新的角度看问题——培养积极的心境与情绪。

"心境一致记忆"的观点认为个体经历了同一种特殊的心境后，在以后接触事物时总是会倾向用与之前相同的心境去解释这种现象，通过先前的情绪记忆联想，这些事物将被纳入已有的情感模式中。"心境一致记忆"的偏好使得一个人对于同一件事情，不同的心态导致不同的情绪状况，在以后引发的回忆也大不相同。如果试着转变心境，换一个角度看问题，形成的情绪状态便会是全新的。

再次，用"控制情境刺激"唤起积极的情绪体验。

所谓"控制情境刺激"，就是指为了减少环境中容易唤起某种情绪记忆的刺激而对当下的情境进行控制的方法。因此，对于容易有消极情绪的人来说，选择避开让自己产生不良情绪的环境，寻找一个恰当的新环境，从而唤起自己的新的独特的情绪体验，同时通过有意识地转移话题来分散个人对不良情绪的注意力，是调控情绪的重要方法。

总的来说，情绪与记忆之间有着密切的联系，回顾过去的经历是情绪产生的途径之一。记忆可以带我们回到过去，体味过去的情绪。经历过的事情会和当时的情境及产生的情绪一起留在人的脑海中，当人们再次回忆时，似乎回到了与当时情境一致的感觉，所有的情绪和体验都可能被唤醒。

不可否认，对经历的体验虽然有些时候能够通过回忆获得当时的感觉，但有些时候也许会产生不同的感觉，比如一个人对某件事情当时感到愤恨，事后回忆起来有可能为此懊悔和自责。然而，情绪整体感觉的大方向不会变化，喜悦的心情不会变成悲伤。正如忧伤不可能转化为兴奋，愉悦的记忆带给我们的是积极乐观的情绪。这就是人为什么喜欢回忆小时候的事情，因为童年在人的整个记忆中是最快乐、最无忧无虑的时光。但当人们回忆起在社会上遭遇的各种不平等待遇时，恐怕不会那么轻松。

勾勒一个美丽的情绪幻境

积极的想象对于消除负面情绪、减轻心理压力有着不可估量的作用，无数心理学实验都证明了精神想象的力量。如果人们通过想象恰当地唤醒真正的情感，并付诸行动，可以改变原来不愉快的心情和不良的行为习惯。如，在与朋友将要出去旅游的时候，想象大家在一起的愉快场景；在考试将要来临的时候，想象自己答题时的自信与速度；想象未来的美好生活而后积极努力地为之奋斗，等等。

身体亚健康者通过想象勾勒自己一些健康生活场景，有利于消除他们对医生忠告的抵触心理，积极地采纳医生建议；患者可以通过运用主观意念进行积极的想象和思维，创造积极乐观的情绪以取代各种不良的情绪，提高身体内部的免疫力，从而以一种积极的心境抑制疾病的发生或恶化，战胜病魔，获得健康的身心。

运用"精神想象"的方式来调控情绪、治疗疾病，在国际国内的心理疗法中并不罕见，其中"想象意念法""想象放松法"两种方式比较流行。

1. 想象意念法

想象意念法的实施步骤分为五步：放松、入静、聚气、充盈、排浊，具体做法如下表所示。

步骤	具体方法
放松	闭上眼睛，用舌尖抵住上颚，从头到脚，循序渐进地放松全身的各部分关节和肌肉，使全身都处于放松的状态
入静	将注意力由外向内回收，使之不受外界的干扰和影响，做到大脑放松的真正入静
聚气	想象世界上拥有激活万物的"生命之气"，用意念的力量将这种"生命之气"聚合到自己的头顶上方
充盈	通过意念，想象这股气息通过头部的百汇穴摄入自己的生命体内，并充盈着身体的每个角落，温暖身心
排浊	充满能量、光明和活力的生命之气贯入身体的每个角落之后，体内的污浊之气便难以容身，通过想象和意念，我们将这股浊气通过脚下的涌泉穴排泄出去

2. 想象放松法

想象放松法与想象意念法有一些不同，后者是通过全身心意念的力量为调控情绪服务，前者则是通过想象一些轻松愉悦的场景来调节情绪，且通常结合一些暗示、联想等方式使自己感到舒适和惬意。

在进行"想象放松法"之前，不妨准备一些现成的"想象图片库"，将自己认为能够引起自身愉悦情感的美好图片保存到一个相册里，比如自己曾经旅游过的地方的优美的风景图片，与亲人朋友在一起开心时刻的留念，等等。这样，翻开图片，你就能够回想起当初的点滴快乐，自己的情绪也会在不知不觉中好转。

想象放松法还有一个方式：冥想。通过想象自己身处某一个场景，达到自我放松的目的。例如在炎热的夏日想象自己在幽静阴凉的小树林，你会感受到全身比想象之前凉爽许多；在压力颇大的工作环境中想象自己在迷人的海滩散步，吹着海风，或是想象自己在山中小屋休憩，这样放松有助于减轻自己的工作压力。

需要注意的是，进行"想象放松法"要使自己尽量放松下来，并尽可能地想象一个具体生动的场景，用五官去全面感受，方能达到最好的效果。

想象意念法和想象放松法都是为自我情感的重塑和情绪的调控而服务的，是"精神想象法"的重要组成部分。想象是引发情绪反应的途径之一，通过想象使自己受到鼓励，既能够获得自信，又可以安定情绪。因此，在现实生活中，不妨想象一些场景使自己情绪得到缓解，以减少负面情绪的影响，为自身的好情绪增加一些美好想象的色彩。

学会向别人倾诉

日常生活中，当遇到困难或者烦恼的时候，人们大多会选择寻找倾诉对象，倾诉自己的各种遭遇。当正确有效的倾诉之后，一般都会有一种一吐为快、如释重负的感觉。这就是所谓的"情绪社会分享"现象。

如果遭遇心理问题，合理宣泄很重要，适度的倾诉是保证情感健康和良好人际关系的有效方式。不过，凡事应有个度，整天逢人就倒自己的苦水，却完全不考虑对方的感受，就会成为朋友、同事眼中要躲着走的"麻烦"。在心理学上有个叫"倾诉综合征"的名词，就是专门指这种有倾诉饥渴症的人。

为什么有些人会爱上倾诉呢？有个"病患获益"的理论，说的是当生病或是遭遇困难时，人们会获得来自亲朋好友的照顾与安慰。比如孩子生病时，平时无论多忙碌的父母也会多抽些时间陪在孩子身边，有些孩子领悟了这点后，为了让父母多陪自己，就会不停地"生病"。

同样，在倾诉这件事上也是如此。当倾诉者发现能换来家人朋友的同情关心时，就会迷恋上这种感觉，然后不停地倾诉。当然，这种人往往缺乏满足感。另外，国外专家发现伤心也可能上瘾。当亲人、爱人和朋友去世之后，人们总会感到伤心，有时甚至长期无法走出悲痛。神经学家指出，这其中的原因并不全是因为人类重情谊，还因为人脑会对这种伤心和悲痛"上瘾"。

想要警惕"倾诉综合征"，就必须要正确区分"正常倾诉"和"倾诉饥渴"之间的关系。

那么，什么是正常倾诉和倾诉饥渴？所谓的正常倾诉就是为了解决问题或是获取解决问题的办法而采取的行动；倾诉饥渴则是为了倾诉而倾诉，只是想发泄自己情绪的行动。其实，两者之间最主要的区别就是遇到困难和痛苦的时候，是立刻找

倾诉的场合

什么样的场合做什么样的事，不同的关系也有不同的适宜场所，只有挑对了场合，才能让倾诉更加有效。

朋友间倾诉，一般在氛围较为轻松的茶馆、咖啡馆里，切忌在嘈杂的环境中，那样的环境往往会加重自己的负面情绪。

恋人一般在私密性比较好的场所倾诉，彼此可以没有拘束，也没有第三者的影响。

上下级之间的倾诉最好远离办公室这种场所，因为很容易带入工作情绪。

张经理，我跟你说……

所以，选对倾诉场合也非常重要，这一点要多注意。

人倾诉，还是选择先自己努力消化，如果自己不能解决时再找人倾诉。

正常倾诉的人，获得了解决问题的办法，终于不再苦闷和烦恼，因而会非常放松；倾诉饥渴的人则是在不断地发泄中得到满足。其实要想充分发挥倾诉的功能，仅知道这些还远远不够，必须要掌握倾诉的技巧。总的来说，倾诉技巧的核心原则是在合适的时机找到正确的对象，用正确的方法进行倾诉。

首先，找准倾诉时机。可能有很多人会问：倾诉还需要时机吗？当烦恼、痛苦，或心情不好、情绪低落时，就找人倾诉。其实，在什么时候找人倾诉是有一定的讲究的。合适的倾诉时机能够让你既能达到一吐为快的目的，还不至于惹人厌烦。

什么时候才是最合适的时机呢？第一，要弄清楚是否有必要倾诉。只有确实需要向别人倾诉的时候才可以倾诉。第二，要弄清楚倾诉的目的。倾诉是为了宣泄还是想从中得到一些意见和建议。第三，要弄清楚自己是否有充足的心理准备。只有做好了直面自我灵魂的准备，才可以进行倾诉。

其次，找对倾诉对象。做好了充分的准备，确实需要倾诉了。那么接下来就是找什么人倾诉的问题了。一般来说，倾诉对象应该具有以下四点：一是，能够提供意见和建议；二是，能够分享自己的体验；三是，对自己的遭遇比较关心和了解；四是，能够安抚自己。大家平时习惯于找自己的亲朋好友倾诉，但是找什么样的亲朋好友也是要注意的。

一定不能找喜欢搬弄是非的人倾诉，也不能找一些对你不了解，对你的遭遇无动于衷的人倾诉。最好找关心体贴你的人，或诚实可靠的人来倾诉。当然了，最好是去找心理咨询师，因为他们不仅能够保守你的秘密，还能通过对你的分析，进行合理有效的疏导和安抚。

再次，找对倾诉场合。有些人愿意向别人倾诉情绪，但是却没有选好场合。

最后，找好倾诉方法。找亲朋好友进行倾诉的时候一定要注意以下几点：第一，要实事求是、客观地描述自己的情况，不要有所隐瞒和夸大；第二，语言要得体，言辞要适当。

不要太过情绪化和极端化，否则很有可能使倾诉走向反面，不仅达不到倾诉的目的，反而会产生负面效果。如果是找心理咨询师，一般不会产生这样的问题，专业人士会针对你的具体情况进行疏导的。

要想一吐为快必须要得法，不能一味地不顾别人的感受，更不能任意宣泄自己的情绪，而患上"倾诉综合征"。在正常倾诉的基础上，选择恰当的倾诉时机，寻找合适的倾诉对象，使用正确的倾诉方法，让自己的情绪彻底释放。

用表情带动你的积极情绪

心理学家经过测定,认为人的脸部表情和情绪之间是有关联的。情绪活动可以引起人的面部表情的变化,面部表情的改变信号很快传输给大脑,大脑又可以帮助人们确定这种情绪体验。不仅情绪影响面部表情的变化,表情也能直接导致情绪的改变。

艾克曼教授在西苏门答腊岛上的米南卡包进行的实验也证明了这一点。他要求被试验者按照某些指令做出不同的表情,调查表明很多人都因此出现生理变化,而且大多数人都能感受到这种情绪。比如微笑,当人们做出微笑的表情时,大脑会产生喜悦的情绪变化。

保持一种自然的面部表情可以反映内心真实的情绪,刻意做出的表情会导致人的自律神经系统发生改变,表情通过脸部肌肉的改变传递到大脑的感情中枢,大脑接收到表情信息后会分泌化学物质,而产生同表情一致的情绪感受,这些情绪感受传回大脑,又会加强脸部表情,形成循环。通过刻意做出的表情刺激大脑神经的表情中枢,来制造某种情绪,这种情绪虽然与自然情绪的产生动机不同,体验方式也

可以产生积极情绪的动作

以下两个简单的动作可以帮助你产生积极情绪:

首先,保持微笑,嘴角上扬。学会保持微笑,这是对自己情绪的最简单的支持和鼓励。

其次,试着大声地打哈欠。当你打哈欠的时候,整个人的身心都放松下来。

试着做一做,你能感受到上述动作带来的神奇效果。

不尽相同，但确实是一种有效情绪产生的方式。

但是有些人觉得用表情带动情绪很难，当情绪发生的一瞬间，仿佛所有表情都很自然地与情绪配合，如果强制性地变化自己的表情，整个人会有一种被扭曲的感觉。这是因为你还没有试着让自己放松，先让自己的表情恢复到无表情，然后再慢慢做出能激发积极情绪的表情，就可以达到你想要的效果。

很多公司会要求员工保持微笑，这是招徕顾客的一种方式。员工不一定开心，但是他的微笑却能够让见到的人都变得心情愉快。同时，他们嘴角上扬，通过别人对自己微笑的反应，可以想到很多快乐的事情。一个人可以长得不漂亮，但是必须要拥有自信的微笑。如果一个人总是皱着眉头，心中自然充满悲苦，也给周围的人带来压力和不安。

实际上人都有情绪的高低起伏，始终坚持快乐的情绪并不是一件容易的事情，以上方法只是希望我们在生活中不要陷入低落的情绪中而走不出来，运用这些方法的宗旨是为了积极调动身体里的快乐细胞，使之处于活跃状态，只有打开心灵的窗户，才能真正拥有快乐的情绪，从而为自己的行动奠定良好的基础。

第三章

摸清情绪的来源——情绪评价

对人对己，情绪归因有不同

掌握正确的情绪分析法并加以运用，是进行情绪分析、评估的前提和基础。在分析他人的情绪时，应当充分运用合理的情境归因法；在分析自己的情绪时，则可以运用合理的个人归因法。在具体分析的过程中，很可能需要将两者结合起来，这样可以防止错误的情绪分析。以下是情境归因法和个人归因法的具体内容：

1. 运用合理的情境归因法分析他人的情绪

在对他人的情绪进行分析时，一般人都会表现出一种普遍的偏见，高估人格特质的影响，而忽视了情境的作用。即使做出情境归因，也通常会把情绪和行为的原因归结为外界环境中的某种东西，比如，个人性格本身不好、环境不好、素质差、机会少、任务艰巨，等等。这类情境归因虽然有一定的道理，但却不甚合理。

我们应该站在别人的立场上，对这个人为什么产生这种情绪做合理的情境归因，这就需要表现出对别人的宽容大度和理解，这也将有助于良好人际关系的建立和巩固。丈夫回家晚了，作为妻子不应该一味地责怪他不顾家，而应该想到是否由于他工作太繁忙而回家晚。如果以体谅的心态来对待彼此，则双方都会心存感激。

中国古代有个情境归因法的经典例子，那就是关于鲍叔牙和管仲的故事。

鲍叔牙和管仲是好朋友，在做生意的时候，管仲出的资金少，而最后拿的分红多，鲍叔牙解释这是由于管仲家比较困难，更需要钱；管仲在战场上逃离，鲍叔牙解释这是因为他家有80岁老母需要照顾，不得不忍辱回家尽孝道。后来，管仲在鲍叔牙的举荐下成为了一代名相，两个人的友谊也成为千古流传的佳话。这正是由于鲍叔牙运用了合理的情境归因法，从管仲的角度去考虑，才既没有误失人才，又巩固了友谊。

2. 运用合理的个人归因法分析自身的情绪

辩证法指出，内因是事物发展变化的根本原因，外因只有通过内因才能起作用。这就是说，外界的所有因素对自身的影响必须经由自身才能反应，因此，自身才是情绪问题的根源所在。当出现情绪问题的时候，仅仅将原因归于他人或是外界环境是不正确的。无论遇到什么情况，都应该首先从自己身上寻找原因，抱怨和推脱没有任何意义。

不过，从自身寻找原因中有一种情况是对个人的否定。有人在对自己的情绪进行分析的时候，会将行为和情绪的原因看作是和自己的性格、态度、意图、能力和努力程度相关的问题，从而导致对自我的否定，正是这些有偏见的个人归因导致对自我分析之后陷入更为严重的情绪问题。比如有人觉得自己太笨了、太没出息了等，这些都是不合理的个人归因。遇到这种情况，我们应当运用灵活的原则去对待，在进行情绪分析的时候，多从内在的稳定因素归因，比如努力程度是否足够，少从不稳定因素归因，比如个人的能力等，克服个人归因偏差，这样才能够提高自己的信心。

内因和外因总是相互关联、相辅相成的两个因素，缺一不可。在情绪分析过程中，我们不但需要客观、实事求是，也需要将情境的外因和个人的内因结合起来综合运用。通过合理的归因法可以使问题者减少抱怨，培养他们的责任感和积极进取的精神，从而更有效地解决问题，达到情绪的良性循环。

情绪分析的"内观疗法"

如果对问题进行深入分析，我们自身多多少少都存在着问题，但是我们却总是习惯于把过错归结到别人身上，而很少把探究问题根源的目光放到自己身上。如果认真关注周围的人，我们会惊讶地发现，越是有成就的人往往越谦虚，而没有成就的人往往将原因归于外在条件。他们总会认为未获得成功是因为条件不成熟、环境不够适宜、没有更多的支持，等等，而不去反省自己。

要注意反观自身，真正伟大的人物都对自身的缺点和不足看得比较透彻。

那么，如何进行充分的自我分析？我们可以运用日本的吉本伊信创始的"内观疗法"，内观又称内省，是观察自我、纠正自我的一种方式，可以通过对自我的分析来改善自己的人格特征，纠正人际交往中的不良态度和行为，促进自身的发展和人际和谐。

人无完人，每个人都有自己的缺点和不足。当问题产生的时候，我们需要用理性的态度来看待事情，从自我做起，加以改进。有的人总是对自己的优点和优势沾沾自喜，对自己的缺点和不足视而不见，甚至刻意忽视别人身上的优点和长处，这种心理态度很不健康，面对问题，要学会首先从自己身上寻找原因。

张清和李文是相恋了多年的情侣，然而就在两人快要结婚之际，张清犹豫了，她感觉李文变得越来越不相信自己，还爱吃醋，每次出差都要追问自己所有的细节和过程，很介意她跟其他男同事的交流，为此，两人经常吵架。

张清认为两个人在一起最重要的是信任和宽容，对于男朋友李文的所作所为，她感到很失望。然而有一次,在她与一个很熟悉的朋友倾诉想要放弃这段恋情的时候,朋友的一句话点醒了她。"也许是你自身的原因导致了他对你的猜疑呢?"这时,张清才意识到,不能只站在自己的角度想问题。在与朋友的交流中,她逐渐反观自身,终于意识到自己有些行为的确让李文心存怀疑。比如,她不喜欢清楚地告诉别人自己要到哪里去、和谁在一起,这样,关心自己的李文自然会担心;有时候她喜欢谈论公司的男同事,而从不提及自己身边的女性朋友,这让李文很没有安全感。想到这些,她也感到很抱歉。与朋友交流后,她努力地改变两人交流和相处的方式,果然,她发现李文变得越来越宽容,两人仿佛又找到了初恋时的感觉。

不久,两人迈入了婚姻殿堂。

"内观疗法"的分类

"内观疗法"依具体的方法不同,主要分为集体内观和分散内观两大类。

1. 集体内观

多人同时在一间屋中,选择自己最舒服的姿势,进行系统的回顾和反省,除吃饭、睡觉和洗澡之外,不可以随意走动。

离上班还有半小时,正好可以先反省一下这两天的项目进度问题。

2. 分散内观

方法与集体内观相似,只不过是以最近的事为主,反省时间较短,在日常生活中便可以进行。

内观之后,便可以对自己的评估做到全面、科学、客观,这个时候再找朋友分析自己内观后的自我评估值是否客观,及时快速地提高自身的能力和素质。

张清正是通过内观反省的方式对自己的问题进行了总结思考，加以改进，才使事情向好的方面发展的，假如她在看到男友猜忌之后一味地以为这是对方的过错，而对此耿耿于怀，两个人势必会闹到分手的地步。由此看来，自我反省是非常有必要的。

　　在问题面前，学会主动从自身寻找原因，这极其难得，也十分必要。古代哲人曾以"吾日三省吾身"来对自己的言行进行内观，以警示后人要从自身出发来看待问题。如果不知道反省自己，而只是去埋怨别人，这只能成为通向成功的阻力。内观反省是一面镜子，可以找出自身的问题。苛求别人不如反省自身，通过对自身的情绪评估和调控，达到人际关系的和谐，这才是关键。

将换位思考运用在情绪分析中

　　所谓同理心，就是站在对方立场上去进行的一种思考方式。通常我们有类似的经历：在面对同一件事情时，我们自身会表现出一种立场，当你设身处地地站在别人的立场上去思考的时候，便能够深切地感受到对方的情绪状态，于是在沉浸于情境的感悟中能够做到对他人的理解、关心和支持。心理认同是同理心的重要内容，这就是同理心所揭示的一个道理。

　　常常有人说："你怎么那么说话呀，真是饱汉不知饿汉饥。"事实上，吃饱的人从自己的立场出发看待问题并没有错，他是真的不知道饥饿的痛苦滋味，正是由于他没有从饥饿的人的角度思考问题，才引起了对方的怨气。

　　在现实生活中，面对诸多矛盾和问题，很多人会对他人产生愤怒情绪。他们认为将责任推卸给别人是解决问题最简便的一种方式。殊不知，面对自身所遇到的情绪问题，采用如此的态度和行为，恰恰使当事人陷入不良的情绪循环。当他们认为别人不欣赏自己、愚弄了自己的时候，便会产生避免使自己成为受害者的心理，而愈加对别人产生愤恨。在迁怒于别人的过程中，他们会为自己可能遭受的报复感到恐慌，从而更加固执地认为对方很鄙视他们，如此往复循环，恶性的心理情绪最终导致个人的心理疲惫与情绪失控。

　　在心理学中，这种现象又被称为"反射—惯性"，当事人的行为起初是一种条件反射，这让自己对过错感到心安理得，于是他们继续这种行为，不断强化对他人误解的惯性。假如对方真的与之相对抗，便有可能使两者都陷入情绪的恶化中，谁都下不了台。

　　情绪问题几乎都产生于人际交往的过程中，这就关系到心理认同这条基本的人际关系法则。要想走出"反射—惯性"这一怪圈，培养并加强同理心势在必行。

　　行动对人的影响与个人的切身体验密不可分，有人在心理认同方面做得不到位，于是与别人的相处总表现得冷冰冰；有人热心为别人着想，同理心法则运用得好，

利用换位思考体验他人情绪

作为人际交流中维护正常关系的一种手段,换位思考具有极为重要的作用。

首先,换位思考是理解别人情绪的前提,因此,在与人交往时,我们首先要有同理心,即"若是换作我,我会怎么办"。

其次,要体会别人的处境。即学会体验对方的生活,深入到别人生活和学习的地方,通过亲身感受来提高换位思考的能力。

最后,通过多沟通,聆听对方内心的真实想法。只有这样,我们才能正确理解对方的行为。

则拥有温暖的友谊和良好的人际关系。因此，学会替别人着想，多站在别人的立场上去考虑，而不要以恶意去揣度别人，这有助于我们工作、生活的各个方面取得良好的效果。

商场为了留住一线品牌，提高自己的利润，通常会在季末的时候，给营业额排名前十位的供货代理商予以返利。不过返利的比例每年都有所不同，但始终在14%的上限和8%的下限间浮动，且以商场副总以上的领导签字的最终返利协议为准。

这一年，商场的财务处人员高飞根据负责服装部的张总上半年签的协议，按照11.8%的返利与女装部的第一名结账。然而，结账之后，张总却将高飞叫到办公室，训斥其给的返利比例过高。高飞没有当场反驳，他知道，空口无凭。

出了办公室，高飞赶紧与对方联系，说明情况，并寻求协议的底本，对方火速派人将张总上半年亲笔签的协议找出，张总看到后，有些不好意思。事后，他夸奖高飞细心、办事稳妥。代理商由于此事获利丰厚，也十分感激高飞在其中的斡旋。

假如高飞在领导震怒之后，只是猜测领导这样做是否是在给自己穿小鞋，或是回想自己是否得罪过领导，或者充满怨气地想这是领导失职却把气撒在自己的身上，而不去解决问题，自然就对领导产生怨言，久而久之，工作也不再积极努力了。但高飞没有这么做，他积极地去解决问题，因为他运用了同理心法则来应对与领导的交流，毕竟商场的利润是大家所关心的，领导因为返利比例高而生气也是为了商场着想，商场利润提高了，员工的福利自然也是水涨船高。如此去想，高飞岂有不积极解决问题之由？

同理心法则是心理学中的一条重要法则，作为情绪调控的一种能力和技巧，它体现了人际交往和为人处世的生活智慧和人生哲理。倘若我们在人际交往中加以运用，将心比心地去认识问题、分析问题和解决问题，必然可以收获良好的人际关系和豁达的心态，促进现代社会的和谐发展。

运用辩证法策略改善情绪

事物本身有好坏之分，然而我们对待事物的情绪往往取决于注意力的所在点，当你关注好的一面时，会感到欢欣鼓舞；面对坏的一面时当然会沮丧失望。世界潜能开发大师安东尼·罗宾认为，人们对事实的认知会受注意力的影响，应当控制好自己的注意力，否则很容易被它戏弄。注意力是看待事物的焦点所在，也是情绪生成的先决条件，要想有效调控情绪，便需要控制注意力，辩证地看待事物的各个方面。

我们所经历的各种情绪和各种事情都可以从多个方面来分析，评析过程中，尤其要注意运用辩证法，这样可以使情绪评析人对情绪的形成、发展及结果洞悉得更加全面、客观、理性,从而加快解决情绪事件,并促进形成良好的心态。倘若观察不全面,则会容易使情绪陷入极端和偏激,不利于情绪调控。

几十年前,一个身有残疾的美国人,家中遭遇了小偷,损失了一些财物,一位

朋友写信来安慰他，他回信说："谢谢你的来信，但其实我现在心中很平静，因为：第一，窃贼只偷去我的东西，并没有伤害我的生命；第二，窃贼只偷走部分财物，所幸并非我所有财产；第三，还好是别人来偷我的，而不是我做贼去行窃。"

就是这样的乐观态度，使这位残障人士遇到任何事情，都能用积极的态度来应对，进而在日后缔造出了不凡的事业。他就是美国第三十二任总统——罗斯福。

家中失窃原本是件令人恼怒的事情，但在罗斯福看来，东西既然已经丢了，生气也找不回来。与其让愤怒控制自己，不如放宽心态从不幸中发现幸运。即使被大多数人视为不幸之事的被盗，也阻挡不了他继续追寻快乐的脚步。由此可以看出，情绪好坏与否，关键在于我们在看待一件事情时用什么样的思维方式和心态。如果辩证地去看待被盗这件事，它也可以有正面和负面两种影响。

宇宙间的每个事物都是独一无二的，都有自己特殊的规律和特性，杨树不能被叫作松树，苹果不能称为梨子，甚至世界上没有完全相同的两片叶子，从这一方面来看，"非此即彼"是成立的。然而，世界万事万物处于普遍联系之中，每个具体事物都同若干个具体事物相联系。"亦此亦彼"的可能性存在于多种现象，鱼和两栖动物之间的界限是不固定的，脊椎动物和无脊椎动物之间的界限也渐渐模糊，鸟和爬行动物之间的界限正日益消失……没有完全相异的两种事物，而且，事物之间还存在相互转化的规律，正如老子所说："祸兮福之所倚，福兮祸之所伏。"辩证法不鼓励找到逻辑上的绝对真理，而是要求在处世时遵循客观世界的发展规律，做到"非此即彼"和"亦此亦彼"的辩证统一。

在情绪评析和调控的过程中，辩证思维所揭示的事物具有两面性的特征证明了中庸之道——"允执其中"的必要性和可能性，情绪的评析应注意保持各方面在动态中的均衡，情绪的调控需要我们及时地转移注意力，在身处顺境的时候提醒自己冷静理智，要有危机意识；在身处逆境的时候，要积极乐观，看到光明所在，由此可以实现自己情绪的平静顺畅。

在情绪评价的时候，将注意力放在积极和消极两个方面，并多关注积极的方面，用"非此即彼"与"亦此亦彼"相结合的辩证思维来思考，这将有助于我们达到"允执其中"的状态，保持自我心理上的平衡。

消除因偏见产生的情绪问题

心理学家曾做过一个实验，主题为"我们大脑中的先验假设能够对我们的日常推理造成多大的影响"。实验中，他召集一些人，将他们带到一间办公室并告诉他们在此等待参加一项学术研究计划。过了一段时间叫他们出来，询问是否记得办公室里有哪些东西。许多人表示并没有注意，但当让他们进行选择的时候，无一例外地都选择了"书"。其实办公室里根本没有书，他们并没有将注意力集中在办公室的物品上，只是想当然地以为既然是办公室就肯定有书——这就是生活经验积累的心理定式。

当被研究者没有刻意留意时，认为学术研究机构的办公室当然会有书——这是依据经验和固定常识的必然推理。依靠之前生活积累的先验假设经验进行推理，往往会形成心理定式。所谓心理定式指的是一个人在一定的时间内所形成的一种具有一定倾向性的心理趋势。即一个人在其先验假设或过去已有经验的影响下，心理上通常会处于一种准备的状态，从而使其认识问题、解决问题带有一定的倾向性与专注性。这其实是一种个人经验所形成的偏见。

偏见的存在对于问题的产生和解决都有很大的负面影响，并且很多偏见会将我们的情绪引向不好的方面。

通常的偏见分为以下几类：

类型	定义
证实偏见	按自己的思路去寻找那些能证明他们的理论或判断的信息，而非去反驳自我判断
后见偏见	觉得过去的事情的结果正如他们原来所期望的一样
聚集性幻觉	感觉到实际上不存在的规律
近因效应	先后提供的两种信息，近期信息往往占优势
定锚偏见	最初的信息引导而形成的最初的信念，在人们做判断或评析问题的时候占据极大比重，无法融合新信息
过度自信偏见	以个人意愿为主，无视客观规律，盲目行动，拒绝改变

其中，用自身的经验贴标签、下评判，是造成各类偏见产生的主要原因。标签一旦形成，就会像习惯一样，比较顽固，而且很多人还没有意识到自己有贴标签这种行为。现实生活中，由于偏见、心理定式的思维、自以为是，产生了许多误解和矛盾。

张明与女朋友相恋了很多年，打算在今年结婚。然而就在结婚前夕，双方家长的意见出现了小小的分歧。

由于张明家庭条件一般,他跟岳父商量是否可以一切从简。岳父坚持按照当地的风俗,结婚要有三金(金项链、金戒指、金耳环),还要给一万元彩礼钱,不同意一切从简的提议。

后来经过东凑西借,张明终于把东西买齐了,不过心里也很恼怒,认为妻子的家人太不体谅自己。婚礼当天,岳父送给夫妻两人一个红包。想到自己父母的忙碌和操劳,对岳父不满的张明认为这是假惺惺,因奔波婚礼而累积的忙碌与疲惫化为怒气在这一瞬间爆发,他于是将红包扔在地上,不愿接受。后来在大家的安抚下,他才将红包捡起来。

待到婚礼结束,张明送完客人后打开红包,顿时羞愧难当:岳父给他的是一个10万元的存折。原来,岳父不是想从男方家捞钱,只是想让女儿按照当地的风俗嫁得风光些,让张明珍惜并善待自己的女儿。

偏见常常是由于运用心理定式判断和分析对象产生的,当人们对自己所推断的

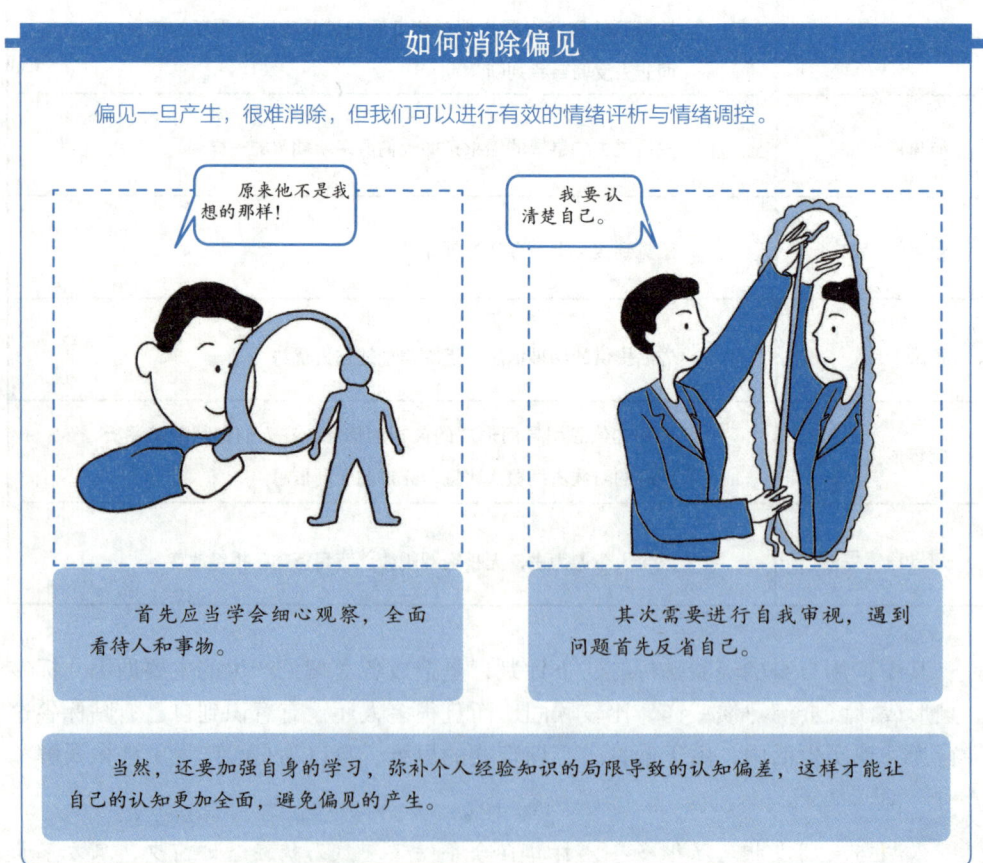

如何消除偏见

偏见一旦产生,很难消除,但我们可以进行有效的情绪评析与情绪调控。

原来他不是我想的那样!

我要认清楚自己。

首先应当学会细心观察,全面看待人和事物。

其次需要进行自我审视,遇到问题首先反省自己。

当然,还要加强自身的学习,弥补个人经验知识的局限导致的认知偏差,这样才能让自己的认知更加全面,避免偏见的产生。

唯一可能性过分信任时，便会忽视存在的多种可能性，从而对事物或事件造成不公平的评价。

故事中的张明不但没有理解岳父的良苦用心，反而判定岳父给红包是"假惺惺"，很小的情绪酿成大矛盾，这种结果被美国著名心理学家桑戴克称为"晕轮效应"（也称"光环效应"），这种效应犹如大风前的月晕逐步扩散，渐渐形成一个更大的光环。在认知方面，表现在人们的认识与判断只是从局部或表象出发，按照自己的理解去得出整体印象，形成认知偏差。

尽管偏见很难完全消除，但通过以上几点的学习，至少可以减少它的发生。凡事不要受已有的框架与既有的判断的限制，应当培养发散思维，学会变通，从多个角度看待问题。只有以事实说话，偏见才会无所遁形。

培养你的加法思维

加法思维是人们形成正向思维的有利指导，推动人们从积极乐观的角度看待问题、看到自身所拥有的东西，当面临诸多不幸、压力、烦恼等不良情绪的困扰时，能够让我们感受到生活中的阳光。

加法思维是极为重要的思维方式之一，著名医学博士春山茂雄曾写过一本畅销书——《脑内革命》，其中主要论点是鼓励人们在职场中进行加法思维的训练。比如当你在公司加班时，要想这是公司离不开你的表现；被老板教训了，要想这是在考验自己的忍耐力和精神修养的时机……运用加法思维可以保持开阔的心境和愉快的情绪，有助于促进问题的顺利解决。

英国作家萨克雷曾说："生活好比一面镜子，你对它笑，它就对你笑；你对它哭，它就对你哭。"当我们将注意力集中到自己所经历的不幸、压力和烦恼上时，面对诸多失去的东西，心中必然感觉一片灰暗；但当我们将注意力转移到自己所拥有的东西上时，心情便会好转，可能收获许多意料之外的惊喜和感动。我们的心情指数和生活状况由我们自身看待问题的方式来决定，换言之，我们的生活由我们自己决定，而不是由客观环境决定。

科学研究发现，当人们在运用加法思维的过程中，脑中会分泌出脑内吗啡，这是一种有利于身心的人体荷尔蒙，可以使人心情舒畅，保证最佳的精神状态；而在运用减法思维时，脑内则会分泌出有害的毒性荷尔蒙，破坏我们的身心健康。现代社会中患抑郁症的人越来越多，抑郁症甚至被世界卫生组织预言为人类"21世纪第三大疾病"。这在很大程度上是由于在减法思维的控制下心态不稳定所导致的。

有人一生都在运用减法思维，当他20岁时，他认为自己失去了童年；当他30岁时，他认为自己失去了浪漫；当他40岁时，他认为自己失去了青春；当他50岁时，他认为自己失去了幻想；当他60岁时，他认为自己失去了健康。却偏偏不去把握当下，把握今天！

　　岁月的流逝必然带走许多属于我们的美好的东西，但同时也会给我们带来许多独特的体验和收获。试想，如果运用加法思维，去把握当下，必然会有不同的心态：20岁正拥有令人羡慕的火热青春；30岁正当壮年，应当为自己的才干和经验而自豪；40岁拥有成熟的人格魅力；50岁因人生的丰富多彩而在精神上富足；60岁可以享受退休后的天伦之乐。这样，通过认识当下的加法思维，我们可以每一天都觉得很美好。同样是一生，运用减法思维，越减越少，导致生活充满危机与压力；而运用加法思维，越加越多，可以使自己保持满足与欢乐。

　　我们周边的环境从本质上说是中性的，是我们给它们加上了或积极或消极的价值，问题的关键是你选择哪一种。加法思维正是从平凡的生活经历中获取积极的体验与幸福生活的关键。得到亦失去，失去亦得到，在分析问题、解决问题时选择加法思维方式，多看自己所得到的，少看自己所错失的，才能赢取良好的心态。

　　生活中的每一种不同的情绪，作为一种宝贵的人生体验，都丰富了我们的人生经历，可以引发我们思考，促进成长。因此，当我们要对自己的情绪进行评估时，不妨运用加法思维。同时应当认识到，加法思维虽与减法思维方式截然不同，然而加法思维包含着减法思维：用加法思维来构建积极乐观的态度，可以享受生活中的种种乐趣，强化正态效应；用减法思维去面对生活中的种种不如意，有助于淡化消极因素，减少消极、悲观、埋怨的情绪。

　　当然，加法思维并不是一朝一夕可以完成的，它需要我们有意识地坚持锻炼，只有这样才可能在生活中培养出良好的心态，从而有利于良好情绪的形成。

行动前的利益权衡

　　如果我们在行动之前多进行利益权衡，便不至于在事后产生一系列失落、懊悔、痛苦、冲动、烦恼等情绪化的异常反应。行动需要进行计划和合理评估，不进行计划和评估的行动是不成熟的，这是引发情绪的根源所在。因此，我们应当对所要进行的行动进行事先的冷静思考和详细计划，使行动的结果实现利益最大化，这样也可以减少负面情绪的产生。

　　如何使行动之前的情绪更趋合理化？现代心理学中有很多研究，其中，"情绪代数学"比较流行，"情绪代数学"由心理学家乔舒瓦·弗理德曼提出，他认为在行动之前或者做出选择之前，应当及时地运用因果思维法，来权衡这个行动或选择存在的收益与代价，以及可能带来的各种情绪。通过综合考虑与权衡之后所做出的最终决定，对行动后的情绪影响效果很明显。

　　当你想向上司提出希望升职或加薪的请求时，便可以运用情绪代数学的方法来进行分析权衡。比如：

王女士在公司里工作很努力，业绩也算突出。为了进一步提升自己的事业，她要求公司老板给她一个机会，提升自己为部门经理，但又不知现在提这个要求是否合适。正好她有一个好朋友是一名心理咨询师，王女士便向她进行咨询。

朋友建议王女士先填写一张《情绪代数学表》，详细如下：

1. 列举自己所面临的选择。
2. 从自己的切身利益和多种可能性来一一列举选择之后的收益和代价。
3. 考虑收益和代价分别会给自己带来什么情绪，从而进一步发现自己内心深处的感受。
4. 将所可能导致的情绪进行评分。
5. 分别总结收益和代价的分值，并进行比较。
6. 结合比较结果，最终做出正确的选择和行动。

王女士经认真思考，认为升职成功虽然既可以证明老板对自己的认可，又可以增加自己的收入，并且还能显示出自己社会地位的提高，但老板也可能会以种种理由拒绝升职要求，倘若提出升职请求后被拒绝，由此可能给老板留下只关心钱的不好印象，相处起来会很尴尬。

综合提出升职请求后积极的情绪和不好的强度后，王女士发现糟糕的情绪强度指数要大于积极的情绪。

朋友分析了王女士所列条件之后语重心长地说："提出升职要求并不是不可能，但你也看到你所列举的分析判断了。另外，你现在需要合理地评估自己的能力，还要考虑一下现在提出时机合不合适。如果你对这些做好判断之后仍认为可能的话，你可以尝试申请一下。"王女士通过定量化的行为分析后，认为自己现在提出升职要求并不合适，于是放弃了这种想法。

通过对自己情绪提前量化，王女士更为明确地预测到自己的行动所导致的结果，从而放弃了主动提出升职的请求而继续努力工作。如果生活中我们对自己的行为举动多一些明确化的量化，就会像王女士一样做出理性的决定，而不至于陷入被动。

由此可见，情绪代数学可以帮助我们厘清思路，更方便直接地预测出做出选择之后的可能结果，并可以分析其中的因果关系，从而避免陷入无意识的行动之中，被动接受行动的后果而导致情绪的自由化发展。

第四章
状态不好时换件事做——情绪转移

给自己换件事情做

不良情绪犹如飘浮在心头的乌云，不仅遮住了太阳，还让人觉得压抑、苦闷。如何才能令乌云消散、阳光普照呢？如果我们停下手中所做的事情，转而去做另外一件事，那么我们可能从负面情绪中解脱出来。

人的生活体验由五个层面构成，分别是环境状况、行为、情绪、思维和生理反应。其中思维、情绪、行为和生理反应之间联系紧密，它们作为一个交互的系统共同发生作用。当受到外界环境状况变化的影响时，人的思维、情绪、行为和生理反应都会产生对应的反应，它们在独立反应的同时，每个部分的反应又同时影响着其他的部分。也就是说，在思维、情绪、行为和生理反应这个系统中，只要一个发生改变，其他的也会随之改变。

这就是我们上面所说方法的一个理论依据。那么，我们该如何做呢？你可能觉得很简单，不过就是转身去做另外一件事。但是，去做什么事和怎么做都是有科学依据的。

我们都有这样的经验，相同的活动会产生大致相同的情绪，不同的活动会产生不同的情绪。例如，运动比赛或是演唱会会让人热血沸腾、心情激动；观看自然风光、欣赏古典音乐会让人心情愉快、放松；阅读、写作会让人心情沉静，思维清晰。

小霞和婷婷是高中同学，在高考中由于发挥失常，二人均落榜。她们都陷入了情绪的低谷，不愿出门，不愿与人交流，特别是看到身边的同学陆续接到了录取通知书的时候，就变得更加沉默了。

婷婷一直在这种阴影中不能自拔，非常自卑，复读的过程中心理压力很大，复习效率一直不高，第二年高考再次落榜。小霞复读之前在家人的鼓励下出门旅游，静谧的森林湖泊令她深深迷醉，大漠孤烟、碧海蓝天带走了她全部的忧郁，很快小霞的情绪恢复平静，意识到高考失利不过是人生的一个小挫折，她带着开阔饱满的心态开始复读，第二年如愿进入了自己理想的学校。

上例中的小霞在调节自己高考落榜的时候用旅游来转移自己的注意力，这是一个很好的方法。转移注意力的具体方法还有很多,可根据自己不同的心理和条件,采取不同的措施。例如练习琴棋书画就具有很好的移情易性、平复情绪的作用。

还有一点要注意,发觉自己陷入情绪低潮时,要主动及时地进行情绪转移。人生短暂,不要放任自己在消极情绪中沉溺。理智判断后,立刻行动起来,完全可以掌控情绪。

换做另一件事情调节自身情绪时，选择的新活动要能迅速调动自身的积极情绪。从这个角度来说，运动是一个不错的选择。运动时身体会产生新的感受，有效地分散注意力，因而能很好地改善不良情绪。当自己陷入郁闷、痛苦时，可以把注意力转移开，从事诸如打球、跑步、爬山等快速运动或者太极、瑜伽等慢速运动，这些都可以有效地缓解不良情绪。做些日常家务如做饭、洗衣等，也可以达到这个效果。

思维不能钻死胡同

当我们陷入不良情绪时，要想办法将思维焦点从引起不良情绪反应的事物上转移到其他事物、其他活动中去。当新的思维占据大脑，不良情绪体验就会减弱甚至消失，也就是说我们不会在一条死胡同里徘徊。这种方法在生活中的应用极为广泛，简单易行，用得适当能够有效缓解不良情绪，释放心理压力。

不良情绪产生后，如果我们仍旧将思维焦点集中在产生不良情绪的事情上，不良情绪就会不断累积。带小孩打针的家长都有过类似的经历。

华先生有一个3岁的儿子，每次去儿童医院他都暗暗希望能遇到那位李护士长。李护士长和蔼可亲，很会哄逗小孩。华先生的儿子很怕打针，每次都又哭又闹不肯配合，但是，有李护士长在就会很顺利。李护士长总是备有几个小孩子喜欢的玩具，一边跟孩子说着笑话，问他幼儿园的情况，如，喜欢的课程或者喜欢的卡通人物，一边在孩子放松下来的时候迅速注射，往往是在小孩子意识到疼，开始哭的时候打针已经结束了，这让华先生省了不少心。

但也不是每个打针的护士都这样，其他年轻护士面对小朋友总有些束手无策，当小朋友怯生生地问疼不疼的时候，她们会说打针哪有不疼的。因此，小朋友多数不配合打针，注射室里往往哭喊声一片。

同样都是给孩子打针，不同的方法会带来不同的结果。李护士长巧妙地利用思维焦点转移法，缓解了孩子的紧张情绪与心理压力。其他护士实话实说，则会产生消极的暗示，进一步加剧孩子的恐惧心理和紧张情绪。

这种方法很实用也很常见，当情绪不佳时，可以用吟诗、提问、数颜色等方式来摆脱不良情绪，或是去做自己喜欢的事情。以下列举几种具体方法：

1. 吟诗法

心理学家曾做实验证明，人在吟诵诗歌的时候会不自觉地对诗歌内容进行联想。这时，积极、健康的诗歌能够有效转移吟诵者的注意力与情绪，以达到平静心神的目的，有些还能让人忘记疼痛。据说在意大利，不少药店都会出售由心理学家及文学家共同设计选编的诗歌，颇受消费者喜爱。

2. 提问法

当人们提出问题的时候，大脑便会有意识地寻找答案。这时，寻找什么，就会

换一个环境，换一种思维

我们常说出去玩一下散散心，实际上就是通过换环境来调节自己的情绪。

一般说来，想让烦躁的心情平静下来，可以选择幽静的咖啡厅、书吧或者小树林。

想让低落的心情高涨起来，可以去参加聚会，或是看一场喜剧电影、听一场亢奋的音乐会等。

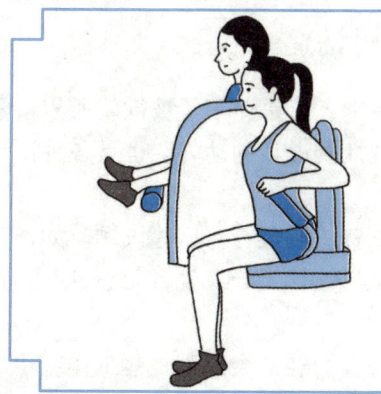

想让压抑的情绪释放出来，可以去欣赏自然风光，去步行街购物，去健身房锻炼等。

合理地选择适当的环境，能更轻易地走出情绪困扰，收到"移情易性"的效果，通过环境的转变来改善不良情绪。

开始思考什么，继而就会得到什么。如果问题是"这件事怎么会那么好"，那么，注意力便会开始寻找有利的理由；如果问题是"这件事为什么那么糟糕"，那么，不论这件事本身是否很糟糕，最后一定会找出很多不好的理由。同样是一句话，差别却如此之大，根本原因就是不同的注意力有不同的导向。因此，通过改变注意力来改变情绪是一个行之有效的办法，而且注意力的改变可以通过提问的方法进行。

3. 数颜色法

数颜色法其实是一种转移与调节情绪的方法，由美国心理学家费尔德提出。当人陷入某种不良情绪，如对他人或某件事不满而想要发脾气时，可以尽快地停下正在从事的活动，去一个相对安静、偏僻的地方，环顾四周的景物，用"那是一个……"的语句开始描述。如，那是一片白色的云、那是一棵绿色的树、那是一朵红色的小花、那是一张棕色的凳子，等等，数大约半分钟。通过数颜色，可以暂时将注意力从引发不良情绪的事件中解脱出来。

4. 转移兴趣法

每个人都有自己喜欢的、能令自己放松的事情，如逛街、看电影、读书、弹琴、练习书法、打球、跑步、游泳、登山、旅游、唱卡拉OK、与朋友聚会，等等。这些都可以让自己的情绪平静下来，放松心情，找到新的快乐。陷入不良情绪时可以使用此方法，在远离不良刺激源的同时，参与自己感兴趣的活动，增进积极的情绪体验，从而摆脱情绪困境。

通过以上几种途径转移思维焦点，可以避免长时间专注于糟糕的事情而钻入思维与情绪的牛角尖，避免陷入思维沉迷与情绪紊乱状态，从而阻断对原来痛苦的情绪经历的体验。

攀比心理有法可治

叔本华说，"欲望是痛苦的深渊。"人生在世，总是免不了被欲望所累。攀比心理和无限扩张的欲望极为普遍，二者既是促进社会进步的动力，也是各种不良情绪产生的根源。

昔日的同窗挚友今日再见，总免不了提到工资、职位、住房等议题。如谁升任了局长、谁又换了一辆跑车、谁的孩子免试进入重点高中，等等。说者无心，听者有意，很多人事后总会在心头平添几分烦恼。

这是有些人得失心过重而引发的情绪障碍，我们经常会因为一些工作或生活中的小失误而感到沮丧和自责，并由此产生焦虑、害怕等紧张情绪。潜意识中有一种与他人攀比的心理，正是这种心理引发了各种情绪问题。

针对这种"攀比"心理，需要用比较转移法进行解决。它不仅是一种行之有效的情绪调节办法，也是一种让我们受益终身的人生智慧。来看以下两组心理：

我希望……	还好我不是……
我希望年薪 100 万	还好我不是一个身体有缺陷的人
我希望能有两套房产	还好我不是生在地震灾区
我希望能进行全球旅行	还好我不是家庭残缺的孩子
我希望职务能够晋升	还好我不是 xxx 事件的主人公
我希望生活可以一帆风顺	还好我不是被老板辞退的人

这是心理学家的一个实验，邀请受试者用"我希望"和"还好我不是"造句。调查结果显示，在完成"我希望"的造句后，多数人心情都会变得低落；而完成"还好我不是"的造句后，心情则变得很愉快。

这就是"比较转移法"的核心：无论眼下的局面如何艰难困苦，无论成功的希望多么渺茫，世上总会有人比你更艰难、更痛苦。想想他们的状况，自己已算幸运，再多的波折苦难都是生活的经历，无论是享受还是忍受都注定会成为过去。

比较转移法中的比较与攀比不同。攀比是指一心向上看，是一种不健康的、以低比高的消极比较行为，属于贬义；而比较转移法中的比较侧重于视线平行的或是向下的积极比较行为，属于褒义。

有的人可能会疑惑，比较转移似乎有不思进取之嫌，凡事向下看，扬扬自得，自满自足。其实不然，这里讲的比较转移，是使人从一种病态的、不健康的攀比中解脱出来。无论是追求进步，还是追求成功，都只有在积极、正确的心态的引导下才可能实现。多一份淡然，少一份烦恼，我们才能更加专注于自己从事的事业。功名利禄的追求永无尽头，《庄子》中记载许由面对尧帝将天下拱手相让时，只说了一句话："鹪鹩巢于深林不过一枝。"意思是，只身居于尘世不过一席。

确实如此，人活着，有地方住，有东西吃，便可以活得轻松自在，何必自寻烦恼？想想那些生来身体就有缺陷的人，没有见过阳光，不曾听过天籁，从没有感受过奔跑的速度；想想那些下岗工人和贫困山区的农民；想想电视中报道的那些经历了悲惨事件的家庭和个人，等等。人生，最关键的就在于心态。知足常乐是保护心灵免于痛苦的一大法宝。

疲惫时，和工作暂时告别

如果用一个字来形容现在的生活，你会选择哪个？大部分人选择了"忙"和"累"。社会发展的脚步越来越快，竞争也越来越激烈，这让很多人情绪负荷超标。当我们遇到这种情况时应该怎么办呢？小孩子会很干脆地回答"休息啊"，这时家长就会在一旁苦笑：休息，谁来赚钱？没有钱吃什么、喝什么？但是仔细想想，孩子的话并没有错，累了当然要休息。

从前在浩渺的大西洋中有一座小岛，小岛不大，但是差不多位于大洋中心。这个小岛是很多候鸟迁移时的中转站，是候鸟们疲倦时休息的落脚点。在这里，它们稍事休息，摆脱旅途中的疲惫，积蓄力量重新踏上征途。

学会享受生活

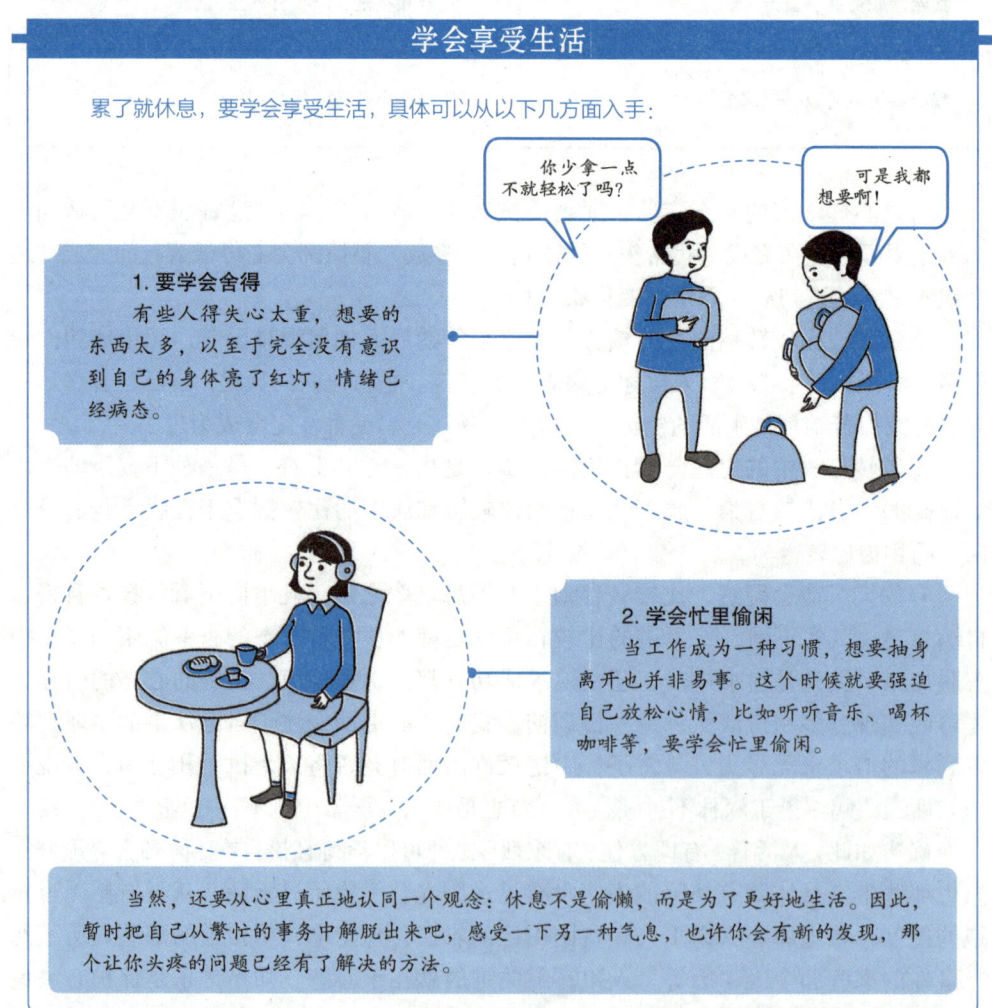

累了就休息，要学会享受生活，具体可以从以下几方面入手：

1. 要学会舍得
有些人得失心太重，想要的东西太多，以至于完全没有意识到自己的身体亮了红灯，情绪已经病态。

你少拿一点不就轻松了吗？

可是我都想要啊！

2. 学会忙里偷闲
当工作成为一种习惯，想要抽身离开也并非易事。这个时候就要强迫自己放松心情，比如听听音乐、喝杯咖啡等，要学会忙里偷闲。

当然，还要从心里真正地认同一个观念：休息不是偷懒，而是为了更好地生活。因此，暂时把自己从繁忙的事务中解脱出来吧，感受一下另一种气息，也许你会有新的发现，那个让你头疼的问题已经有了解决的方法。

鸟儿们寻找的是一个可以释放自己疲惫的"安全岛",当你情绪负荷过重的时候,你找过自己的"安全岛"吗?环视一下,大家下班愈来愈晚,回家愈来愈晚,不停地加班加点,不但身体上受不了,情绪也很低落。夜深了终于可以好好休息一下,但是天亮以后又要开始循环,周而复始。

大家都知道,现在电脑是我们最亲密的伙伴,有的人跟电脑在一起的时间比跟恋人在一起的时间还长。可曾想过电脑也很累,早上开机开始工作,午饭时还要担任联络员,下午继续工作,晚上遇到加班还要奋战,就这样白天黑夜超负荷运转,没有休息的时间。但是它一旦死机,恐怕就得更新换代了。机器尚且这样,更何况人的血肉之躯呢?

俗话说:"不会休息的人就不会工作。"每天不知疲倦地工作,效率并不一定高,长期下去疲惫的心灵和身体反而可能拖累了你,身体素质下降,生活质量也会随之下降。

学会从繁忙的工作中抽身,也就大大减小了情绪疾病产生的可能性。有的时候,休息和工作之间并不矛盾,懂得休息,才能以更加饱满的精神面对工作,你的工作效率才会提高。

适当想想生活不如你的人

生活中的快乐俯仰皆是,但想要拥有,首先需要平和自己的心境,然后擦亮眼睛寻找。一位伟人曾说:"如果你下定决心寻找幸福,内心会充满了幸福的感觉。"当你嫌弃食堂做的饭菜难吃时,远在非洲的难民还在东躲西藏、食不果腹;当你埋怨房子不够宽敞明亮时,农民工还在工地狭窄拥挤的帐篷里酣睡。

我们获得一些快乐的情绪,往往都是在这种比较中实现的。

赵燕在一家外贸公司工作,近几年公司一直不太景气,就实行了裁员政策,赵燕名列其中。年纪轻轻就丢了工作,赵燕感到非常惭愧,为此她变得郁郁寡欢。老婆压力太大,老公看在眼里急在心上,就建议赵燕去自己公司做打字员。赵燕知道后很恼怒,说自己堂堂名牌大学毕业生怎么能做一个打字员。

一天,赵燕去买报纸发现小区门口多了一个水果摊,摊子很小,上面整整齐齐地码着红苹果、黄橘子和香蕉,让人一看就想买。赵燕也被吸引住了,抬头时发现老板娘整齐利落的着装,再看看自己现在邋遢的穿着,不好意思地笑了。老板娘是个容易相处的人,有一搭没一搭地跟赵燕聊了起来。

一来二往,赵燕了解到老板娘以前是一个公司的主任,工厂倒闭后她就开始卖水果了。赵燕就问老板娘:"你不觉得委屈吗?"谁知老板娘却笑道:"委屈啥啊?好多人还不如我呢!"

赵燕的心一下敞亮了许多,跟老板娘比起来自己已经很幸运了,为什么还闷闷不乐呢？于是回家穿上自己最好看的衣服，去老公的公司应聘了。

赵燕重拾自信，源于她看到了卖水果的老板娘的不幸，觉得自己的境况不是最坏的。没遇到卖水果的老板娘以前，她不高兴，她跟自己的过去做了不恰当的比较。生活中不可能事事如意，要心胸豁达，把小麻烦、小挫折当作是平静生活中的一点小波澜。

比较是一种寻觅正面情绪的方式，但是拿自己的短处跟别人的长处比较就不恰当了。比较有一个度，学会正确比较才能找到幸福的金钥匙。打蛇打七寸，比较也要注意几个问题：

1. 切莫以他人之长攻己之短

上帝在造人的时候非常公平，为你关闭一扇门的同时也会为你打开一扇窗，通过窗户看世界，世界就变得色彩斑斓了。窗户和门都是一种优势，切不可盲目地把两者进行比较。

每个人有自己的风格和特色，羡慕别人有一双美丽的大眼睛的时候，不要忘记自己也有令人羡慕的苗条身材。看不到自己的长处，在情商上是不及格的。

找一张纸，认真仔细地把自己的优势和劣势列一个清单，扬长避短会让你更有自信。

2. 观全局方显英雄本色

下棋的时候，一定要深思熟虑，从全局出发才能打败对手。正确的比较虽不像下棋那般直观，但也需要全面地看问题。

比如，每个人都羡慕影视明星们漂亮的服饰，华丽的生活，舞台上优雅的举止，领奖台上闪闪发光的奖杯。你可曾想过，这些光鲜的背后他们淌了多少汗，流了多少泪？

女星们为了保持苗条的身材，每天吃饭定时定量，她们也羡慕你吃饭时的大快朵颐；她们时时处处注意自己的形象，甚至没有自己的私生活，因为人们都在关注她们，稍有不慎就会遭到记者、群众的质疑、批评，你允许你的生活这样被别人肆意评论吗？了解了别人成功路上的点点滴滴时，你的内心就会平衡了。

3. 可以比较，但不可嘲笑他人

与比自己水平低的人比较的确可以帮助我们的负面情绪得到释放，但是如果比较过了头，不但我们会产生自满的情绪，还可能会说出伤害他人的话，或做出让他人难堪的事情。

所以，我们一定要把握好比较这个度，千万不能过了头，只要达到让自己情绪稳定的效果就行。

需要注意的是，偶尔想想不如我们的人，只是调节情绪的一个方法，千万不能当成不思进取的借口。

唱歌也能疏解情绪压力

娱乐是非常好的情绪转移方式,卡拉OK就是其中的一种。

现在KTV店越开越多,很多人在周末消遣的时候,都会约上三五个朋友,到KTV店里高歌一曲。"K歌"已经成为许多人排解负面情绪、消磨时间、交友娱乐的首选。卡拉OK的风靡也与快节奏的生活紧密相关。在快节奏的生活环境下,身在

及时平衡自己的情绪

平衡的情绪才能造就幸福的生活。因此,在生活中要善于及时平衡自己的情绪,让情绪保持在健康的状态。

当开始厌倦每天重复性的工作时,可以依据性格和爱好,充实自己的业余生活,让兴趣爱好来平衡自己的情绪。

同时可参加自己感兴趣的集体活动,在伙伴的调动下缓解厌烦情绪,从而避免产生单调、消极的情绪。

就等你了!

哈哈,我研究了近一个月,终于研究出了这道美食,真是太兴奋了!

除此以外,还可以主动寻找工作中新的挑战和乐趣,用成就感来平衡自己的情绪。

职场的人们越来越感到工作压力大，很大一部分人为工作所累。但是工作是生活的一部分，工作也是为了更好地生活，于是"努力工作，尽情享受"的理念也得到很多人的认同和倡导。

在 KTV 里，卡拉 OK 可以提供很多种的娱乐方式，让每个人都能从音乐的感染力中得到快乐，而且唱歌时经常采用腹式呼吸，这能促进神经兴奋，有助于缓解紧张情绪。另外，中国古代"沉默是金"的文化氛围影响了亚洲各国，或许亚洲人由于礼节约束很少宣泄负面情绪。而 K 歌以歌曲为由头，又有酒水相伴，很适合缓解胸中的郁结。可以说，KTV 的高歌不仅仅是一种娱乐手段，更是众多人的心理发泄手段。

除了 KTV，当下人们的娱乐方式也是多种多样，如打高尔夫球、游泳、做瑜伽、旅游，等等。这些活动不仅能帮助你缓解工作的压力，还能促使你养成健康、平衡的生活习惯，促进你的个人成长和能力发展，从而提高你的生活品质和工作效率。更重要的是，这样还能培养自己积极的人生态度，把工作当作快乐的生活过程。

人们常说，如果你没有时间休息，就一定有时间看医生。休息、娱乐也是保证身体健康运行的必要条件，完全可以把自己的业余活动当作本职工作一样认真对待，拿出足够的时间用在它们上面，如此便可保持一种放松、积极的状态。事业上过度的劳累和紧张，不仅不能让自己保持高效明智的状态，而且还会拖垮工作激情，使自己处于工作疲惫期。张弛有度的生活态度应该提倡和鼓励。可以每周腾出一定的时间去消遣、娱乐，放松地享受生活。特别是在事业遭到瓶颈的时候，娱乐活动是帮助自己疏解心中郁结、转移负面情绪的有效方法。

虽然职业或事业在大多数人的生活中占有很大的比重，但是在生活有规律的基础上，留出时间与朋友和家人相聚、参加健身运动、丰富精神生活、发展自我也同样重要。写时间日记，能看清楚自己的时间如何失衡地分配，也能让自己明白生活究竟在哪里失去了平衡。如果对自己过去的生活状态不清楚，那将很难掌握或调整生活的天平。

不要等情绪敲响警钟，再去花钱找心理医生解决，不妨现在就放下恼人的工作，花一些时间在娱乐休闲上，而后带着激情重新投入工作。

第五章

消极情绪的积极评估——情绪转化

发掘负面情绪的价值

每个人都会遇到令自己沮丧的事情，从失意中挖掘快乐，这是人们对待负面情绪的最有效的方法。即使是让人沮丧的事情，其中也有闪光点，正如我们很多人喜欢喝的咖啡一样，虽然苦涩，但是苦涩中却带有一点点的甘甜，让人久久回味。看似枯燥苦涩的生活中总是隐含着快乐。快乐和痛苦总是相互转化的，面对困境，如果能换个角度看问题，就会发现别有洞天。

咨询人："上个月女朋友和我分手了，我感到极度自卑，为什么没有女孩愿意跟我在一起？我一直不能从这个阴影中走出来，觉得自己已经到了绝望的边缘。"

咨询师："这确实是一件令人伤心的事，但你有没有想过单身的好处呢？"

咨询人："好处？到目前为止还没有发现。"

咨询师："你正好有了自己独处的时间，抛开那个女孩离开你的原因，但她的离开至少证明了一点，就是你们不合适，所谓强扭的瓜不甜就是这个道理。没有女朋友会有很多自由，你可以有大把的时间用于工作，为自己充电。在异性眼中，认真工作的人最具魅力。你还可以毫无顾忌地和朋友聚会挽回曾经冷落的友情，为父母多尽一点孝心，或者从事一些公益活动来分散自己的精力，总之只要尽量让自己变得热情、值得信赖，你就会吸引到更值得你去珍惜呵护的女孩。"

失恋本身是件很糟糕的事，但是在咨询师的开导下，似乎失恋也很不错，还能带来不少机遇。深层挖掘事件的积极意义是人们对待负面情绪的三种态度之一，又叫积极应对型。

另外还有两种态度，分别是压抑型和放任型。

积极应对型，在出现负面情绪时，首先承认其产生的合理性，坦然接受它。然后冷静分析情况，寻找问题产生的原因，对症下药，找到关键所在，运用心理学知识进一步将负面情绪转化为积极情绪。

压抑型，顾名思义，习惯把不良情绪隐藏起来。其原因有二：一是认为一个理性成熟的人不会也不应该产生负面情绪，所以就极力压制，似乎这样才能塑造理性成熟的形象；二是面对负面情绪时感到恐惧，担心任其发展下去，情况会非常糟糕，一发不可收拾，甚至产生无法预测的后果，因而努力地压抑，装作什么事都没有发生。但是，没有表现出来的情绪，并不表示不存在，被压制的情绪依旧会对自身的心理造成伤害。

放任型，与压抑型相反，当负面情绪产生时，不加以任何引导控制，任由其发展。放任的情绪会牵制自身的思想、感受和行为，对自身的心理状态和人际关系造成负面影响。更严重的是因一时冲动，造成生命、财产的损失，追悔莫及。

比较之后可以发现，深层挖掘事件的积极意义是面对负面情绪最有效、也是最理智的方法。其实，人之所以会陷入负面情绪中，是因为在面对困境时，只看到了其负面意义，也就是将所有的精力都集中在了苦涩的现实上。随着这些思想的膨胀，人也渐渐感到窒息。这时只要让自己的视线转移，就会发现绝望中也有希望的身影，苦涩中也有甘甜的滋味，如此这般，便会收获完全不同的结果。

它阐述了这样一种理念，即负面情绪其实是一种具有很高能量的激情，或者说是情绪资源。如果能正确地认识它们，并加以有效地引导和利用，转化成正面情绪，会带来强大的积极效果。

通过下面这个表格，我们能获取一些具体方法。

最初的想法	挖掘事件的积极意义
这件事难度太大了，我不可能完成	这件事难度太大了，但我可以完成，因为……
这个客户问题很多，我简直应付不了	这个客户问题很多，但我应付得了，因为……
这个考试时间非常紧，我不可能通过	这个考试时间非常紧，但我有可能通过，因为……
面试官太刁难了，我发挥得不好	面试官太刁难了，但我发挥得很好，因为……
这次竞争很激烈，我几乎没有胜算	这次竞争很激烈，但我很有信心，因为……

左边是大多数人都会面对的心理困境，右边则是运用我们所说的积极的方法对各种问题进行的相应的心理暗示，改后的句子虽然客观条件没有发生任何变化，但原有的负面情绪却会大大减弱，希望之光在字里行间若隐若现。

换个角度看问题

我们所处的这个世界时刻都在发生着变化。成功与失败，真理与谬论不再一成不变；积极与消极，时尚与落伍也不再界限清晰；有序与无序，公正与邪恶在不同环境中不再有绝对的标准，这是一个变通的世界。这些都要求我们抛弃绝对的、一成不变的认识习惯，转而运用非僵化的、非绝对的、变通的思维来认识与面对这个世界。

这种思维方式被称为"合理变通"。它是一种重要的心理调适方法，主张由个体通过完成对外部信息接收的角度和强度的转换，或对原有心理认知进行重组、升华之后予以整合，从而达到外部刺激与心理认知互为进退、协调统一的目的。通俗地说，一个人的情绪和心理状态就如一根弹簧，有伸有缩，如果外界刺激过强，弹簧绷得太紧，就会因为失去弹力而陷入危险的境地，这时就需要有针对地调整心态，让弹簧收缩到正常的范围内，及时释放心理空间，以避免心理矛盾冲突激化所造成的不良情绪。

合理变通有以下几种主要方式：

1. 升华法

人的心理问题长期不能解决，往往与其的消极心理认知有关。如何克服消极心理认知，有效的方法是进行心理位移。用一种全新的、积极的、为更多人所接受并认可的心理认知代替旧有的心理认知，这就是心理升华法。认识其中蕴含的积极因素，作为个人拼搏奋斗、积极面对现实的动力和契机。

2. 回避法

外部环境、行为、心理反应、情绪、思维是一个互相影响的系统，通过改变来自外界的环境刺激可以有效地影响自身情绪。这里的回避是指尽可能避开导致心理困境的外部刺激。除了转换外部环境，还可以转换注意力，通过主观努力来影响情绪。比如，停下正在从事的活动，转而进行一项需要全身心投入的球类运动来实现大脑中兴奋中心的转移。注意力转移是非常简单易行的主观回避法。

3. 幽默法

所谓剑走偏锋，出奇制胜，很多时候，艰涩、严谨的理论知识不能解决的矛盾，运用自嘲、嬉笑等幽默法却可以迅速地化解。如在电影《当幸福来敲门》中，男主角克里斯·加德纳穿着刷漆时的工作服参加面试，面试官尽管很满意但仍旧抛给他一个问题："如果我雇用了一个没有穿着衬衫走进来的人，你会怎么说？"克里斯

补偿作用

补偿作用即目标实现受挫时,通过更替原来的行动目标,求得长远价值目标的一种心理调适方式。补偿作用有两种:

一种补偿是用一个新的目标来代替原来失败的目标,即当上帝关上一扇门时,一定会为你打开一扇窗。

另一种补偿则是通过努力,使自身弱点得到补救,达到原来的目标。

通过补偿作用,可以将不良情境或不良情绪进行有效的转化,使它们朝着健康、积极的方向发展。

的回答堪称经典："他一定穿了一条很考究的裤子。"适时适度的幽默有时是摆脱困境的法宝。

4. 转视法

必须认识到，任何事物都有积极和消极两个方面，而且这两个方面可以互相转化。黑暗往往出现在黎明之前，弹簧被压缩到的最低点通常就是反弹的起点。在审视、评价某一客观现实时，要学会转换视角。在情绪低落的时候，更要主动转换思维，使消极情绪转化为积极情绪，摆脱心理困境。

5. 自慰法

自我安慰在调节心理平衡方面非常有效。当一切结束的时候，面对现实总是比垂头丧气要好。其实，很多时候事情并不是多么糟糕，尽量少用"为什么"式的反问语句，转而使用"还好我不是……"开头的陈述句，情绪的转变就在一念之间。理性的自我安慰可以化解不少心理障碍，如同《伊索寓言》中那只没有吃到葡萄只吃到柠檬的聪明狐狸，它说"葡萄是酸的，但柠檬是甜的"。

6. 补偿法

人生不如意十之八九，不是所有的目标都能完成，当走不下去的时候，就是该转弯的时候。我们总是会因为一些内在或外在的障碍导致最佳目标动机受挫，继而引发不良情绪。这时需要采取各种方法来进行弥补，用以减轻、消除心理困扰。这在心理学上称为补偿作用。

当遭遇不幸时，可以试着这样想：不幸能使我们调转方向，看到世界的另一处风景，而顺利只能让我们领略到一处风景。

"ACT"疗法助你接受现实

关于解脱心理困境，美国曾出现过两波浪潮，分别是第一波的"行为疗法"和第二波的"认知疗法"。这里要介绍的是目前风靡全球的第三波"接受与实现疗法"，也就是"ACT"疗法。

这种新疗法不同于以往，在面对不良情绪与心理困境时它不再强调回避和遗忘，而是主张拥抱痛苦，树立一个信念——"幸福不是人生的常态"，然后在接受现实的基础上建立和实现自己的价值观。接受与实现疗法的主要观点是：当人们竭力想控制自己的思维的时候，就很难去考虑生命中真正的大事。这里提到的"大事"就是个体的价值存在，包括为什么存在和存在的意义。

接受与实现疗法的理论认为，过多地关注负面情绪，只会让人更难从痛苦的深渊中解脱出来。这好比人们刻意去忘记一件事，反而会不自觉地增加对这件事的印象。不要盲目跟负面情绪做斗争，也不要回避痛苦，因为痛苦也是生活的一部分。我们应该把精力集中在确立自己的价值观并竭力去实现它的过程中。

接受与实现疗法是一种不同于认知疗法的新理论。认知疗法所坚持的长期治疗策略就是攻击并且最终改变否定性思维，而不是接受它们。比如，当患者表达这样的想法："我的工作真是一团糟"，"每个人都在看着我的大肚子"时，认知疗法治疗师会质疑这些想法："你真的总是把工作搞得一团糟吗，还是你总是对自己要求很高？真的是所有人都盯着你的肚子吗，还是你自己太在乎别人对你的看法？"认知疗法的基本理念是帮助病人建立更为现实、更容易被接受、更为积极的新理念。

对比之下，接受与实现疗法并不注重人们思考的内容，而是更注重如何改变人们的思维观念，即矫正人们看待问题的思维和情感方式。你认为别人老是盯着你的肚子，也许事实是这样，也许你的肚子确实很大；也许不是这样，只是你对自己太过苛求罢了。

具体说来，接受与实现疗法有两大步骤：

1. 与其忘记，不如先接受消极心理

接受与实现疗法认为，当我们试图赶走痛苦时，很可能会适得其反，就好像人们越是告诫自己忘掉某个片段，反而印象越是深刻一样，不合理的自我暗示是一种折磨我们的力量。应该承认，人的一生中不可避免地存在消极的想法。它似乎与生俱来，我们与其浪费那么多的时间与暂时不能战胜的消极想法做斗争，不如用那些精力追求自己的人生价值。当有一天，自己愿意接受消极的想法时，就会发现自己更容易看出生命的方向。因此，所做的不是试图挑战所遇到的种种消极心理，而是试图削弱这些消极心理的力量。

2. 积极规划人生的意义

削弱消极心理之后的下一步就是找到个人生存的价值，提升生命质量的途径。这是接受与实现疗法最为重要的步骤与核心内容。

看看我们身边，不少人每天忙忙碌碌，其实孤独又脆弱，他们总是在奔波中迷失了自己的方向。针对这个问题，接受与实现疗法的专家通过发掘人们内心的渴望来帮助迷失的人找回自信。具体的办法就是让他们为自己写墓志铭，让他们对自己进行客观的评价。评价中往往还夹杂着对自己的期望和对人生的规划，意识到人生中有什么事情是必须要完成的，最终认识到自己所追求的事物的价值。

让思维活在当下

其实，很多人内心苦恼，往往是为过去的、无法挽回的事情，或者是为不能确定的未来和能确定的不利未来而焦虑、忧心。当陷于这种情绪困境时，心理学中有一个较为普遍的共识——"活在当下"，通过培养积极的情绪体验来淡化这种不良情绪。

简单地说,"当下"就是我们现在正在做的事,正处的地方,正在接触的人,正在体会的心情,是转瞬即逝的现在,是正在流逝的分分秒秒。活在当下,就是要把关注的焦点集中在这些人、事、物上面,认真地对待、珍惜身边的一切,全心全意去接纳、投入和体验这一切。当人们活在当下的时候,没有苦恼的过去拖在后面,也没有未知的未来拽着向前走,个人全部的能力都集中在这一刻,生命因此具有一种巨大的张力。

西方一位哲人曾经说过:"过去和未来并不是'存在'的东西,而是'存在过'和'可能存在'的东西,唯一存在的只有'现在'。"处在过去和未来之间的"当下"像是在一条绳索上,两头都有危险——过去和未来是人类语言中最危险的两个词。但当你一旦品尝了"当下"片刻的生命就是现在,生命也从来没有一刻不是在当下,过去和将来都不会有。"当下"是唯一能够带领我们超越心智局限的切入点,它让我们可以进入无时间性且无形无相的本体范畴。

"活在当下",是一种全身心地投入人生的生活方式。活在当下并不是不去考虑明天的事情,真正的智者会给自己制定一个大目标,每天又有为实现那个大目标的小目标。这些小目标逐渐完成,最后离大目标也就不远了。

泰戈尔说:"如果你为错过日出而流泪,那你也将错过群星。"用释然的胸怀从容应对生活中各种不如意,是一种宽广的气度,更是一种接纳当下、活在当下并驾驭当下的超然气度。

当我们的思维变了,情绪也就不会纠结在已经发生的事情中,人更容易看清生命的本质和生活的意义,关注自身最本真的感受和追求,更容易在内心深处充满坦然、喜悦、满足等积极情绪。这就犹如下面这段话:

"我不能左右天气,但我可以改变现在;我不能改变容貌,但我可以展现笑容;我不能控制他人,但我可以掌握自己;我不能预知明天,但我可以利用今天;我不可能样样顺利,但我可以事事尽力;我不能决定生命的长度,但我可以控制生命的宽度。"

千里之行始于足下,走好每一步,生命之路必定越走越宽。尊重"当下",便能瓦解所有的不快和挣扎,让你感知喜悦和坦然。无论做什么,当以一种"当下"的觉知去行动时,我们就会在行动中注入关怀和爱。

积极的后悔才可能产生积极的情绪

人生一世,花开一季,谁都想让此生了无遗憾,谁都想让自己所做的每一件事都永远正确,从而达到自己预期的目的。可这只能是一种美好的幻想,人不可能不做错事,不可能不走弯路。做了错事,走了弯路都会让我们或多或少地错过一些美好事物。这个时候难免会有一种后悔的情绪。有后悔情绪是很正常的,它能让我们的情绪保持平稳而不亢奋,而且这是一种自我反省,是自我解剖的前奏曲,正因为有了这种"积极的后悔",我们才会在以后的人生之路上走得更好、更稳。

但是,如果你后悔不已,或羞愧万分,一蹶不振;或自惭形秽,自暴自弃,那么这种做法就是蠢人之举了。要知道人生没有返程票,世上亦没有后悔药。

但还是有许多年轻人生活在悔恨的阴影里。他们简直成了一台名副其实的悔恨

悔恨与吸取教训的区别

在这里,我们有必要指出,悔恨与吸取教训是存在很大区别的:

悔恨不仅是对往事的关注,而且是过去某件事情产生的现时惰性。这种惰性范围很广,其中包括一般的心烦意乱直至极度的情绪消沉。

这是我根据上次的失误重新写的,有了上次的教训,我这次完善了很多。

假如你是在吸取过去的教训,并决意不再重蹈覆辙,这就不是一种消极悔恨。吸取教训是一种健康有益的做法,也是我们每个人不断取得进步与发展的必要环节。

悔恨是一种不健康的心理,它白白浪费自己目前的精力。实际上,仅靠悔恨是绝不能解决任何问题的。因此,我们不应该让自己陷入无尽的悔恨当中,而是应该在过去的错误中汲取教训,不再重蹈覆辙。

机器。对于我们来讲，悔恨的形成有其深刻的社会根源。其主要原因在于：如果你不感到悔恨，就会被人看作是"缺乏良知"；如果不感到内疚，就会被人认为是"不近情理"。这一切都涉及你是否关心他人。如果你确实关心某人或某事，那么显示你的关心的方法就是为自己所做的错事感到悔恨，或者对其将来感到关注。这无异于表明，如果你是一个有责任感的人，就必须表现出神经机能性病的症状。

在各种误区中，悔恨是最为无益的，它无疑是在浪费你的情感。悔恨是你在现实中由于过去的事情而产生的惰性。然而，时光一去不复返，无论你怎样悔恨，已经发生的事情是无法挽回的。

其实，令人后悔的事情，在生活中经常出现。许多事情做了后悔，不做也后悔；许多人遇到了要后悔，错过了更后悔；许多话说出来后悔，不说出来也后悔……人的遗憾与后悔情绪仿佛是与生俱来的，正像苦难伴随生命的始终一样，遗憾与悔恨也与生命同在。

必须接受和适应那些不可避免的事情，这不是很容易学会的一课。错过了就别后悔，后悔不能改变现实，只会消弭未来的美好，给未来的生活增添阴影。要是得不到我们希望的东西，最好不要让忧虑和悔恨来打扰我们的生活，且让我们原谅自己，学得豁达一点。

第六章
别让不良情绪毁了你——情绪调控

以目标的形式改进情绪问题

人类之所以能够摆脱原始的动物性，创造文明世界，是因为人类有自我控制情绪和行为的能力。控制自己的不健康的负面情绪并将其转换为健康的负面情绪是自控能力的重要体现。

情绪的产生具有偶然性。由于人所处的环境是不断变化的，身边发生的事情也是随机的，导致情绪的刺激源也是偶发性的。情绪的产生又具有必然性。由于人的情绪模式已经形成，在出现相同的刺激源时，情绪模式会以极快的速度开启并做出反应，导致了必然的结果。由此可见，要做到自我情绪控制必然要先了解自己的情绪模式，这一过程可以分解为两个具体步骤——发现情绪问题、定立改进目标。

步骤一，发现情绪问题。我们对情绪问题的定义主要集中在不健康的负面情绪方面。我们的重点观察对象为不健康的负面情绪产生的环境类型，诱发不健康的负面情绪的原因，及其不健康的负面情绪导致的非建设性的行为。

发现自我的情绪问题可以是方方面面的，例如：

公司过几天要进行中层干部竞聘上岗了，你认为自己不如那些年资相仿的竞争对手，这让你焦虑不安，这使你整整一星期都在准备竞聘材料和演说词。

女儿学习成绩又下降了，你认为这都是因为自己忙于工作很少管她。因此感到很内疚，但又无计可施，只能在深夜拼命地喝酒。

当同一办公室的女同事穿了新衣服得到同事夸奖时，你会认为自己身材臃肿，穿什么都不好看，就会感到抑郁，避免和这位女同事正面接触。

当爱人承诺自己一件事情结果却食言的时候，会觉得他不爱自己。感觉受到了伤害，对婚姻很无望，继而会展开持续数天的家庭冷战。

情绪模式的形成是日积月累的，不健康的负面情绪的诱因总是反复出现。而在同样的诱因下，人们很可能会遇到同样的现实问题的困扰，产生相似的不健康的负面情绪，随之而来的就是采取相似的非建设性的行为或是"意愿中"的行为去解决问题。尽管每次的表现形式或许会有差别，但是作为一种模式，这种连锁反应被固定了下来。

步骤二，订立改进目标。清楚地察觉了自己的情绪模式问题后就可以着手订立解决问题的改进目标。在此过程中，我们需要克服自身的心理问题，将不健康的负面情绪转换为健康的负面情绪；在结果上，力求用建设性的行为替代非建设性的行为。

继续本文上面的例子，我们可以如此设定目标：

公司过几天要进行中层干部竞聘上岗了，你希望自己能够为此担心而不是焦虑，那么，就要尽量充分地准备竞聘材料。你的现实目标是尽自己最大的能力去参与，成功与否都权当学习。

女儿学习成绩又下降了，你希望感到懊悔而不是内疚，那么，就要积极寻找平衡工作和家庭的方法而不是酗酒。你的现实目标是增强自己平衡工作与家庭关系的能力。

当同一办公室的女同事穿了新衣服得到同事夸奖时，你希望感到悲伤而不是抑郁，那么，就要自然地与这位女同事交往而不是逃避。你的现实目标是在不影响身心健康的前提下适当减肥并增强自信心。

当爱人承诺自己一件事情却食言的时候，你希望感到悲哀而不是受伤，那么，就要耐心询问他食言的原因是什么，并尽量体谅他的难处。你的现实目标是放宽心胸，培养和谐的家庭关系。

发现情绪问题和订立改进目标二者之间是相辅相成、缺一不可的关系，下面的图表能够更加直观地显示这一关系：

情绪诱因	受到同事指责
面临的困境	认为同事不尊重我
不健康的负面情绪	我感到极度愤怒
非建设性行为	立刻反唇相讥，揭露对方短处
建设性行为	接受批评并询问对方自己错在何处
目标	正视批评，提高自我

相信只要不断尝试，就能够越来越接近目标，即便目标未能达到，也要以平常心对待它。

稳定的情绪状态为你的决策加分

很多人有极好的头脑,有专业的学识,却依然和成功失之交臂,这都源于他们在关键时刻没有保持稳定的情绪。即使另外两项优点再突出,有了情绪控制这块短板,也无法做出正确的判断,从而无法成功。

如果我们要保证自己做出正确的决策,一定要用自己强大的意念去控制情绪,而不能让情绪控制自己,用冷静而理性的判断来展现你的实力。

王华是一个视工作为生命的人,平时没有多少时间陪伴孩子和家人。由于长期

正确应对不良情绪

生活中遇到不良情绪非常正常,那么,我们该如何在不良情绪下做决定呢?以下是几种常见的应对方法。

人犯错误往往因一时感性而起,事后往往后悔不已。因此,情绪不佳时,不妨从一数到一百,等情绪慢慢平复时再做决定。

跟儿子缺少沟通，儿子在家不听他的话，在学校总惹事，老师经常往家里打电话。一天王华刚到公司，老师的电话就追来了，老师告诉他儿子在学校又跟人打架了，这次很严重，把一个同学打得头破血流，并且住院了。

王华生气地赶到学校，看到儿子的一瞬间，他觉得全身的血液直冲脑门，上前一脚把儿子踹出去半米，吼道："你到底想干什么？不想上学给我滚回家。"儿子不服地嚷道："我想怎样就怎样。"

王华气急败坏地把儿子拖回家关进房间，这时助理打电话说一个客户要求去工厂参观，然后再做决定。正在气头上的王华冲着电话吼道："他们不是参观过一次了吗？还想看什么啊？今天怎么这么多烦心事啊，烦不烦啊？"说完就把电话挂了。

第二天王华来到公司，才发现昨天做了一个错误的决定。客户听完他说的话后，毅然决然地取消了协议。助理再联系王华时，王华已经关机了。王华后悔极了，但是为时已晚了。

王华在不理性的状态下做了不理性的决定，结果损失是惨重的，所以尽量不要在情绪不佳的时候做决定。

要想做出正确的决定，首先学会抵御负面情绪的困扰。

任何一个人都不会随随便便成功，通往成功的道路上总是布满荆棘。成功的人真的智力超群，智商180吗？其实也未必。

杰出人士往往有着超强的心理素质，能够掌控自己的情绪，即使是在最危急的时刻也能保持冷静、心系希望，做出正确的决策，从而化险为夷。时刻保持心情舒畅，不以物喜，不以己悲，方能在慌乱之中显英明。

当然世界上也没有无缘无故的失败。失败往往是负面情绪的恶性循环。遇事不顺利时，失败者往往怨天尤人，意志消沉，抑或怒气冲冲，乱做决定。任凭自己的负面情绪肆意发展，眼睁睁地看着将要到手的机会溜走。偶尔取得一点成就，就得意忘形，目中无人，令人心生厌烦，为成功之路徒增障碍。

是非成败往往在人的一念之间，而做出决定往往受到情绪的影响。因此，控制自己的情绪是人生道路上首先应该学会的一课。

不断做出的正确决策让人实现最终目标，而在不良情绪下做出的不理性决策则往往导致失败。要避免任何一种可能导致自己失败的不良情绪，如果产生了，要及时阻止它的蔓延。

不要被小事拖入情绪低谷

工作中，使人分心的原因有很多，如，发生突发状况，本来自己已经计划好了工作程序和工作时间，然而正当自己准备开始有条不紊地工作的时候，发生了一些突发状况，打乱了自己的计划，使工作不得不延期。此时，人的情绪就会十分低落，产生强烈的挫败感。

童先生在某公司任职，工作时总是无法集中精力，这个问题一直困扰着他，造成他的工作效率很低。于是，他向心理专家求助。专家对他的生活工作情况了解分析后得出结论，使童先生分心的原因就是嘈杂的工作环境。他们公司的人说话的声音很大，同时进出他办公室的人也非常多，而且十分频繁，这样就使得童先生无法集中思考。对此专家给他提出了一些建议。比如，在思考问题时，可以选择一个比较安静的地方，例如会议室、图书馆或是在市郊的公寓里。这些地方都有助于集中精力，思考问题。如果寻找这些地方不是很容易，也可以在办公室的门上悬挂一张"勿扰"的警示牌。

不仅是童先生，我们每个人在工作中都会遇到相似的问题。这些干扰，不仅会影响你的情绪，也会使你的工作效率降低。所以，干扰已经成为困扰工作人士的一个十分普遍且棘手的问题。

根据调查显示，办公室内干扰的另一大因素是纸张泛滥成灾。办公室里到处都是文件、书籍、报告等文本，其中大多数都是无用的纸张。这些纸张在填满办公室的同时，也将你的视野填满，使你的视野变得狭窄，情绪也会随之变糟。

办公室内嘈杂的环境、同事的大声喧哗、老板的呵斥声，等等，这些都会影响情绪。可以用以下方法排除琐事对情绪的干扰：

1. 清理你的办公室

如果你的办公室里也被各种纸张填满，那么你应该尽快将它们整理一下，可以先将有用的挑选出来，再将特别重要但不常用的资料保存起来，而将常用的且相对重要的文件放在容易看到的地方。至于短时间内无法翻阅的书籍就要放入抽屉或是柜子里，等有时间时再浏览。最后就可以将挑选剩下的纸张捆起来扔掉或是卖掉了。这样不仅能更好地利用办公室的空间，也可以开阔你的视野，使得心情舒畅。

2. 换个新环境

面对嘈杂的办公环境，应该学会自我调整，逐渐摆脱影响情绪以及干扰你工作的各种不利因素，同时也要找到适合自己的解决方法。比如可以尝试换一个安静的环境，选择图书馆，或是咖啡厅等人比较少且安静的地方。如果条件允许，最好可以回家工作，或许会收到意想不到的效果。

3. 利用信念，学会习惯

经理、主管等人，他们是无法挑选自己的工作环境的，同时每天还要完成大量的工作，而且还要管理下属、奖惩他人、与老板沟通、应对难缠的顾客、评估员工的表现，等等。这些工作都会使他们的情绪产生波动。那么此时，就要学会利用自己坚强的信念来控制自己的情绪，并慢慢地习惯这些状况以及恶劣的工作环境。俗话说习惯成自然，即当你习惯以后，这些情况就会成为你工作中的一部分，它们自然就不会对你产生压力。正如有些人打呼噜，但是他们的爱人依然可以酣睡如常。

身边的琐事每时每刻都在发生，它们会不同程度地影响你的情绪，然而你可以换个环境或是利用信念来摆脱它们，达到怡然自若的状态，而你的工作效率也会随之提高。

多从正面探讨情绪的意义

情绪是人的多种精神活动的重要组成部分。在对世界的认知过程中，人的各种态度由此形成，同时也产生了相应的情绪。情绪会随着年龄、环境、事件、心态的变化而产生相应的变化。情绪作为一种个体对客观事物的主观体验，会反作用于人们的行为。在生产生活中，它起着至关重要的作用。概括起来，情绪主要有表达、动机、催化、适应、动力等五种作用。

人是一种群居动物，日常生活中，不可避免地要与各种人物打交道。人的动作、表情、语气语调等是情感的外在表现，也是思想的信号，可以起到表达和交流信息、思想的作用。

在某些特殊情况下，无法运用语言来表达彼此的想法、愿望、需要、态度或观点时，就需要通过表情来传递信息。在与人交流的过程中，情绪起到了重要的作用，它可以将你内心的想法以最直接的方式表达出来。如果你想得到其他人的认可，就必须先要认可自己，同时表现出极大的自信。这样与你接触的人就会受到感染，逐渐认可你。

个体行为的内在动力是动机，它指引着人们有目的、有序地进行着某些行动。如果想要拥有一个使活动效率提高的动力就要依靠情绪，它可以使人的活动状态处于最佳阶段。然而有时因为人际关系的不协调或是生活工作发生巨大变化，也会产生一些压力或是焦虑。但是我们不用畏惧它们。其实人的心理并没有想象的那样脆弱，所以我们不要谈虎色变，一提到"压力"就有一种抵触心理。有时，在思考问题或是解决问题时恰恰是需要一些压力和焦虑的，即"压力就是动力"。当然凡事都要掌握一个度，适当的压力对我们是有益的，然而压力过大就会起反作用了。

紧张与焦虑也是同样的。适当的焦虑可以使人勇于面对困难和挑战，同时也可以增强自信心。适当的紧张则会使人重视某些事情，以做好万全的准备，最后取得成功。然而当紧张与焦虑达到临界点时，就会产生不良的后果。如果感到心跳加速、精力分散、动作失调，就说明你感到压力很大，这正是对某件事情过于重视而引起的。正如有些学生在面对中考、高考时，会因为过度的紧张和焦虑而不能考取理想的学校，甚至还会名落孙山。

在人与人的交往中，情绪还具有催化剂的作用。一个乐观、风趣的人要比悲伤、沮丧的人的吸引力和感染力强，因为每个人都希望与开朗的人交往，从而受到感染，

如何克服焦虑情绪

焦虑不安的心态带给我们的不仅仅是心理上的不安,时间长了甚至会影响我们的身心健康。那么如何克服焦虑心态呢?

保证充足的睡眠
一般来说,焦虑的人睡眠质量很差,这也会造成一种恶性循环。

目标合理靠谱
我们要对自己有合理可靠的客观评价,以免因为期望过高增加焦虑。

保持乐观积极的心态
对自己有信心,会让我们更好地面对困难、解决困难。

另外,学会微笑也很重要,如果你真诚地向一个人展颜微笑,他就会对你产生好感,这种好感足以使你充满自信,从而减少焦虑。

或得到更多的积极情绪。而与具有消极情绪的人沟通时，你就会变得情绪低落，产生消极情绪。特别是在团队的协作中，这一作用会更加明显。在团队中，积极情绪可以起到润滑剂的作用，同时还具有传递信息、沟通思想、增进友谊、联络情感等作用。

积极情绪还可以制造一种和谐的氛围，在一定程度上化解队员之间的矛盾，使得队员可以团结做事，同时，队员们的情绪也会相互影响，催化事情的发展，或是走向成功，或是走向失败。

在物种演变的过程中，所有的情绪都只是一些具有适应价值的行为的反应模式。为了完善自身生存的环境和条件，情绪也被人类保留。现代社会，人们生活工作的环境频繁更换，只有摆脱由于新环境、新事物带来的焦躁情绪，才能更快地适应新的学习、生活和工作，否则不仅会降低办事效率，而且会对身心健康造成负面影响。此时，微笑是与人沟通时最好的工具。无论面临的是多么难缠的人或是多么窘困的状况，问题都会被很好地解决，因为微笑即代表了认可、鼓励以及极强的信心。

同时，情绪的动力作用也是不容忽视的。每个人都在追求美好的生活。在追求的过程中，动力起着至关重要的作用，而情绪就是动力的源头，因此情绪的作用不容小觑，它的力量是无法估计的。由于情绪的不同，也会产生不同的作用。积极作用来源于积极情绪，消极作用自然来源于消极情绪。同时研究发现，积极的情绪还可以提高人体的免疫力，增强抵抗能力，激活人体的生理功能，从而使人们达到最佳的状态，提高工作效率。

情绪无时无刻不在影响着我们的生活，对我们起着各种各样的作用。情绪不同，自然其产生的作用也会不同，然而如果我们希望情绪产生的作用都是积极的，那么就应该时刻保持一种积极的情绪，学会微笑，学会用积极乐观的情绪感染他人，也感染自己，拉近人与人之间的距离，也使自己充满活力，只有如此，才能够使生活变得更加美好，使工作效率大幅提高，让自己感受到最大的幸福。

九型人格中的情绪调控

性格是一种与社会关系最密切的人格特征，表现人们对现实和周围世界的态度，并表现在人们的行为举止中，而这些行为举止恰恰是在情绪的控制下进行的。既然性格与情绪有着这样紧密的关系，那么我们就通过对自我性格的调控来进行情绪调控。

由于性格对人类生活的重要性，自古以来就有很多人对其进行研究，并进行了概括总结，因而关于性格的分类有很多种。在这里，我们采用时下最流行的"九型人格"分类法来进行情绪调控。具体来说，就是通过对人们各自性格的调节，来达到愉悦生活的效果。我们先来熟悉一下什么是"九型人格"。

顾名思义，九型人格其实就是把性格概括为九种，每个人都会属于其中的一种。在九型人格之中，没有哪一型是"男人专属"，也没有哪一型是"女人专属"，更没有哪一型比较好、哪一型比较差的绝对价值观。事实上，每一型的人都各有其优缺点，只要扬长避短，发扬优点，抛弃缺点，就会达到我们控制情绪的目的。

九型人格，具体指以下9种类型的性格：

1. 完美主义者

具有完美主义性格特点的人，总是希望得到别人的肯定，害怕出现任何差错，他们对待工作和生活的态度永远是精益求精，追求至善至美。他们的脸总是呈现凝重的表情，对待一顿饭如同对待一场外交一样慎重。

2. 给予者

这样的人平时总是温和而友好的，因而非常讨人喜欢，他们从小到大，生活的意义似乎都是为了让别人开心。小时候，为了得到父母的奖励，他们做乖孩子；上学后，为了让老师赞赏，他们成了好学生；再后来，为了伴侣的开心，他们又总是想尽办法做个好丈夫或好妻子。

3. 现实主义者

"天下熙熙，皆为利来；天下攘攘，皆为利往。"这句话送给现实主义者再合适不过。他们的身上有着难能可贵的务实精神，从不将精力浪费在"无用"的地方，他们在做一件事情的时候总是不断分析它的利弊。与此同时，他们可能是很有"表演"天赋的一群人，他们会用不同的表情来面对不同的人，有时候难免让人觉得虚伪。

4. 浪漫主义者

这种类型的人是天生的艺术家，他们高兴的时候尽情地开怀大笑，伤心的时候号啕大哭而不惧怕别人的眼光。他们生活得最自我也最真实，很少看到他们的虚伪和做作。尽管如此，他们的身上总有一股忧郁的气息，让人难以捉摸。

5. 观察者

这类人不喜欢与人交往，宁愿孤独地面对整个世界。在工作上，他们的理性让他们很少感情用事。他们和任何人交往都是"君子之交淡如水"，他们不会让别人走进他们的内心，当然，他们也没有兴趣走进别人的内心。

6. 怀疑论者

怀疑论者的脸上总是一副怀疑的表情，他们难以相信任何人，甚至对自己也不信任。信任危机一直困扰着他们。

7. 享乐主义者

享乐主义者的脸上永远洋溢着快乐，烦恼在他们的心里不会驻足太久。对于他们来说今朝有酒今朝醉是非常好的生活哲学，因为生命太短暂，要抓紧时间享受。

8. 领导者

领导者给人的印象是严肃而有威严的。他们从小可能就是那些调皮捣蛋的孩子王，长大了那种领导众人的魅力也就显现出来了。他们可能是为了帮助弱小者挺身而出的人，也可能是为了反对某种不合理的制度而带头"革命"的人。他们身上的正义感很强，愿意保护社会中的弱势群体。然而，他们喜欢命令人的脾气可能不会受到周围人的欢迎。

9. 协调者

合纵连横，纵横捭阖，这是协调者的强势。他们脾气好，能够说服别人，因而无论走到哪里，都会有好人缘。但是，他们天生缺乏决断能力，在重大事情面前总是摇摆不定。

这里只是对九型人格进行了一些简略的叙述，有兴趣的人可以找来相关的著作，或者在网上找一些资料，进行深入研究。另外，还可以进行一些性格测试，确定自己属于哪一类性格，然后再有针对性地对自我情绪进行调整。

走出情绪调适的误区

良好情绪是提高生活质量的基础，它有利于促进健康、学习、工作和生活。评定良好情绪的标准主要有以下几点：情绪反应有一定原因；能够控制自己的情绪变化；情绪反应不过度，适度合理；心情愉快，心境稳定、乐观。

生活中，不可避免会产生不顺心的事情，从而可能引发悲观、焦虑、恐惧、愤怒等情绪。拥有这些情绪是不可避免的，但要懂得调适这些情绪，以保持健康身心。但是，在调适情绪时，人们很容易陷入以下3个误区：

1. 误认为情绪调适就是使人时时"快乐"

现实生活中，"快乐"已经成为人们非常频繁而贴心的祝福，但只有这种情绪体验显然不够。不能为了总是拥有快乐而刻意去回避随时可能遇到的矛盾和困难。

丰富多彩的生活决定人们应该有各种各样的情绪体验。情绪按体验的程度可分为心境、激情、应激。常说的"快乐""开心"即心境。情绪健康的人的主导心境应是乐观向上。情绪具有两极性，当你紧张而不知道如何放松时，可以试着攥紧拳头，当松开拳头的那一瞬间即可体验到放松的感受。

2. 误认为情绪调适只是方法问题

人们在情绪调适的问题上通常仅仅注重自我暗示、咨询、宣泄等具体的调适方法。实际上，形成正确的认知、养成快乐的习惯才是情绪调适的根本方法。明确自己的定位、目标、优势和不足，而不去追求不切实际的目标，才是保持良好情绪的关键所在。勇于承认自身存在的不足，不刻意压抑自己，抛除虚荣心，对别人的评价也不要过分敏感。如此这般，才不会因无法达到预期目标而产生不良情绪，才能更清晰地认识到自身不良情绪引发的原因，而后合理地处理事情，而不是遇到不好情况就过分紧张。

3. 误认为情绪调适只是成年人的事

对于成年人的不良情绪，人们通常可以理解，但对于儿童身上出现的不良情绪许多人却理解不了，如，经常听到大人对小孩说"小小年纪，烦什么烦"。但是，研究表明，相比成年后的经历，童年时期的经历对人一生的心理影响更大，对情绪的影响也是如此。成年人不良情绪的产生通常可以追溯到他们童年时期的经历。因此，儿童成长中出现的情绪问题必须引起重视。要重视儿童的情绪调适问题，使儿童积累各种类别的情绪。当儿童出现不良情绪反应时，要积极、合理地引导他们，让他们从小养成情绪调适的习惯。

情绪调适能反映出一个人的智慧、习惯，人的精神意志和道德水平。情绪调适与人的童年经历密切相关。从情绪调适的误区中走出去，使自己拥有持久稳定的良好情绪。

第七章

微小情绪的强大力量——情绪传导

情绪具有感染力

将一个乐观开朗的人和一个整天愁眉苦脸、抑郁难解的人放在一起，不到半个小时，这个乐观的人也会变得郁郁寡欢。道理很简单，情绪具有感染力，悲观者将自己的苦闷、抑郁传递给了他。那就让我们及时调整好自己的情绪，不要让你的负面情绪到处去"惹祸"了。

有这样一幅漫画：

有个小男孩被老师批评了一顿，心情非常不好，在路边遇到一条觅食的小狗，便狠狠地踢了它一下，吓得小狗狼狈逃窜；小狗无端受了惊吓，见到一个西装革履的老板走过来，便"汪汪"狂吠；老板无故被狗这么一闹，心情很烦躁，在公司里抓住他女秘书一点小小的过错就大发雷霆；女秘书回家后，越想越气，把怨气一股脑儿全撒给了丈夫，夫妻俩吵了一架，把以前陈芝麻烂谷子的事都抖了出来；第二天，这位身为教师的丈夫如法炮制，把自己一个不长进的学生狠狠地批评了一顿；挨了训的学生，碰巧就是前面提到的那个小男孩。小男孩怀着恶劣的心情放了学，归途又碰见了那条小狗，二话没说又一脚踹去……

看过漫画，大家都忍不住哈哈大笑，漫画用夸张的手法给我们展示了一条不良情绪的传染链。其实，我们每个人都是不良情绪的始作俑者，每个人也都是不良情绪的受害者。其实，只要处于这条传染链中间的某个人控制住自己的情绪，这个恶性循环就不会再传递下去。

良好的情绪会带给周围人无尽的欢乐，如果我们仔细回想一下，一定能够想到许多因他人的良好情绪而感染我们的例子。比如某小区的物业人员总是真诚、友善地和你道一句"你好""再见"之类的话语，你可能本来因忙碌而觉得心烦，但一听到他的问候、看到他的笑脸，你的内心也会绽放出一朵花来。许多经常来往的人会互相影响，也是基于这样的道理。但如果是负面情绪的传染，有时会带来毁灭性的灾难。

俄亥俄州大学社会心理生理学家约翰·卡西波指出，人与人之间的情绪会互相

避免受不良情绪的传染

在日常生活中,我们要提高保护自身情绪方面的意识,避免受不良情绪的传染。

不理会流言蜚语

自己的情绪要自己做主,别人愿意说让他们说去吧。

不知所措时暂时逃离

逃离现场,让自己换个环境,与不良情绪隔离。

坚信自己有能力应对各类难题

积极的自我暗示可以保护自身情绪,让不良情绪无机可乘。

自己的情绪自己做主,别被他人的情绪左右。提升自身对他人不良情绪的免疫能力,让自己每天都处于积极情绪的包围中。

感染，看到别人表达的情感，会引发自己产生相同的情绪，尽管你并未意识到在模仿对方的表情。这种情绪的鼓动、传递与协调，无时无刻不在进行，人际关系互动的顺利与否，便取决于这种情绪的协调。

情绪的感染通常是很难察觉的。专家做过一个简单的实验，请两个被实验者写出当时的心情，然后请他们相对静坐等候研究人员到来。两分钟后，研究人员来了，请他们再写出自己的心情。这两个实验者是经过特别挑选的，一个极善于表达情感，一个则是喜怒不形于色。实验结果，后者的情绪每次都会受到前者的感染，那么，这种神奇的传递是如何发生的呢？

人会在无意识中模仿他人的情感表现，诸如表情、手势、语调及其他非语言的形式，从而在心中重塑自己的情绪。这有点像导演所倡导的表演逼真法，要演员回忆产生某种强烈情感时的表情动作，以便重新唤起同样的情感。

研究发现，人容易受到负面情绪的传染，如果带着满肚子闷气，绷着脸回到家，摔摔打打，看什么都不顺眼，立刻便将负面情绪传染给了全家。同样，在家里怄了气，也会把负面情绪带到外面。这就像一个圆圈，以最先情绪不佳者为中心，向四周荡漾开去，这就是常被人们忽视的"情绪污染"。用心理学家的话说，情绪这种无形的"病毒"就像瘟疫一样从这个人身上传播到另一个人身上，一传十、十传百，其传播速度有时要比有形的病毒和细菌的传染还要快。被传染者常常一触即发，越来越严重，有时还会在传染者身上潜伏下来，到一定的时期重新爆发。这种负面情绪污染给人造成的身心损害，绝不亚于病毒和细菌引起的疾病危害。

同样，你听同一首歌，在家听的感受与到演唱会现场去听的感受肯定是大相径庭，因为你在现场情绪受到了感染。认识到情绪这种特殊的"传染病"，我们就要重视它，并积极利用正面情绪克制、舒缓负面情绪，这样才能赢得成功。

人是情绪传染中的"导体"，要学会找出情绪在传递和传染过程中的"元凶"。有的"元凶"显而易见，在人际交往中占主导地位，这类人喜欢表达自己，任何情绪都能用语言或动作轻松地传给别人，抑或转嫁给别人。

有些人在情感上比较强势，喜欢通过影响他人的情绪获得一种成就感。这类人喜欢让别人与自己同喜同悲。有些人则在情绪传递中占劣势地位，很容易受他人的情绪感染、影响与控制。这类人或极为敏感，或富有同情心，或善于察言观色，不知不觉就会受到他人情绪传染。女性通常更容易受到他人的情绪传染。

要提高自己对负面情绪的"免疫力"，避免被负面情绪感染。尽量远离消极的人，可以有计划地避开那些有严重消极情绪的人，如，改变自身的行为习惯。无法远离时，就要学会与消极的人相处。如果消极的人是自己的同事，与他相处时就要尽量避开敏感话题，以免使同事产生消极情绪。敏锐觉察同事的情绪，必要时制定对策。

做个有主见的人，培养乐观积极的心态。有主见的人往往不易受他人的情绪传染。要从根本上避免受不良情绪传染，还得培养乐观积极的心态。心态积极的人能有效而准确地处理外界信息。同时，自己也不要做个喜怒无常的人，让自己的心理状态完全被情绪左右，那样伤害的不只是别人，自己也会因此失去更多机会。

"退一步"中的情绪感染

当关系陷入僵局，各方互不相让的时候，通常会想起这句话："忍一时，风平浪静；退一步，海阔天空。"这里的"忍"和"退"其实就是一种让步。让步是一种人生智慧，它不是牺牲利益的单方付出，只是一种表达诚意的姿态。通过让步，不仅可以有效缓解冲突，避免不良情绪的恶性传导，甚至在某些时候，微小的让步也能获得意想不到的大收获。

这并不奇怪，生活中有很多这样的例子。其实，让步是先给予、后索取的策略。如，在谈判中，僵局的打破往往并不是因为有巨大的突破，而只是一方先做出了小小的让步，不仅彰显了诚意，同时获得了对方的好感，使人情绪平稳。这样容易达成合意，签下合约。

这是因为，对绝大多数人来讲，一旦接受了对方的好处，哪怕仅仅是蜻蜓点水般的恩惠，也会产生一种奇怪的心理——并未付出代价就得到了好处，心中会觉得亏欠、过意不去，当对方再提出一些要求时，便难以拒绝。

从这个角度看，让步并没有真的失去什么，仅仅是姿态的转换，就得到了实质的好处，确实是一种技巧，也是一种智慧。表面上看，给予者似乎吃了亏，但却换来他人对自己情感上的亏欠，使他人产生愿意尽快补偿对方的心情。这是很重要的，因为人际天平已经开始朝自己这一端倾斜。此时，让步者距离目标犹如探囊取物，呼之欲出。

当然，并不是所有的微小让步都能达到预期目的，技巧把握不好也会收到适得其反的效果，比如在让步的时机、幅度及心态的把握和表达上都要讲究一定的技巧。

1. 让步的时机选择

所谓让步的时机选择，其实就是应该何时做出让步的问题。让步不同于宽容，让步是一个有舍才有得的过程，它带有一定的目的性。这里的"舍"一定要舍在明处。不仅如此，还应该尽量明确地告诉对方有关自己的需要，这样对方才能及时准确地做出回应。如果此时保持沉默，可能让步换来的只是些并不需要的东西，因为对方不知道你的需求是什么。还要注意的是，需求的暴露不能太早太直白，同时也不能太晚或太隐晦，分寸的把握往往在毫厘之间。

2. 让步的幅度

如同前面实验中提到的，让步的幅度不能太大，所谓微小让步定律就是用微小的让步换取数倍、几十倍的利益。让步过大或是无原则的妥协，并不会给对方带来明显的信任感，反而会让对方产生疑问，怀疑合作的前提、基础，滋生出更多的不信任。从这个角度来讲，让步不能过大，如果一次微小让步不能令对方满意，可以采取细水长流的策略，缓慢地做出多次微小让步，但一定不能做出一味妥协退让的姿态。除此以外，在表达方面应该"放大"这种让步，渲染做出让步决定的艰难程度，让这个"让步"看起来更具价值。

3. 让步的心态把握

当双方意见产生冲突的时候，许多负面情绪随之来临。无论是拂袖离去、偃旗息鼓，还是各执一词、互不相让都是下策。此时如果能在姿态上稍稍降低，对对方观点表示认同，平静、耐心地听对方说完，再有针对性地介绍自己的观点，会比大家唇枪舌剑地乱吵一通效果更佳，或许对方会在理智思考后改变态度。

有策略也要有原则，需要让步的时候不要犹豫，不该让步的时候要坚持到底，这需要具体问题具体分析。如果对方认为双方合作的基础即最初的条件是合理的、

可接受的，那么此时的让步就具有实际意义，而且很可能加速合意的达成。相反，如果对方一直认为双方合作的基础是不负责任、毫无根据的，那么如果让步和妥协，就会使对方更确信这种观点，此时唯有坚持能赢回信任。

用笑容改善情绪气场

人与人第一次见面的时候，如果真诚地微笑，将会收到很好的效果，彼此留下美好的印象，此时"微笑"代表了"接纳、亲切"的意义。微笑能带给人很多正面的情绪反应，一张笑脸能给双方带来安心的感觉。也就是说，当人们发出一个微笑的表情，等于是发出一个"我喜欢你""希望和你成为朋友"的亲切信息。

不要怀疑，微笑被认为是最具效率和感染力的交际语言，是人类特有的，也是最好的情绪传导方式。微笑不仅在人际交往中，而且在工作中也有着举足轻重的意义。

一家公司曾这样要求自己的员工：上班表情不佳，影响到部门其他员工工作情绪的每次扣罚10元。

这个规定看似有些荒诞，但有很大的正面效应。制定这样的制度，是源于总经理经常接到员工对部门经理表情僵硬的举报："某部门经理总是愁眉苦脸，员工情绪受到影响，工作积极性下降"；"部门开会的时候，由于部门经理表情僵硬眉头紧锁，导致几名员工在办公室门外不敢进入，严重影响会议效率"，等等。

为此总经理特意召开会议，传达了"老板不笑，员工烦恼"的新型理念。还做出新的规定要求公司中层领导以上的员工在工作中一定要保持良好的表情，让整个办公环境保持一种愉快的气氛。

开始，这个规定让人哭笑不得，但在有意识地关注这个问题后，问题很快得到了解决。

不久，那些部门经理能明显感到微笑给自己带来的愉快心情。不仅如此，员工的情绪也变得饱满，提高了工作积极性。

看似荒诞的公司规定，却能带来如此良好的效果，微笑的作用确实不容忽视。关于笑容的奇妙作用曾有实验人员验证过：面对微笑的图片2分钟，诸如悲伤、痛苦等负面情绪会很快得到缓解和改善；反之，面对痛苦表情2分钟的人，情绪会受到暗示，之前快乐、激动等正面情绪会开始低落。除此以外，实验人员还发现，在所有的表情中，保持目光交流，并保持微笑的人最具有吸引力，如果是异性发出这样的表情，吸引力会更强。

微笑的人通常给人一种自信、乐观、潇洒的印象，容易赢得他人的认同，容易让人对其产生信任感。那么，如何微笑呢？

1. 分清场合和对象

微笑能够传递友好和信心，但毕竟是一种愉快、轻松的情绪，在有些场合并不适用。如，参加追悼会，或是庄严的集会活动，或是大家在讨论严肃、不幸的话题时，就应避免微笑，此时微笑将招人厌恶。此外，面对不同的人，应当使用不同的微笑。

不同的微笑能传达不同的感情，主要区别体现在眼神上。面对长者应该报以尊重、真诚、谦逊的微笑；面对孩童应该报以关切的、慈爱的微笑；面对同辈的人可以轻松一些，根据场合报以不同的微笑。

但是无论面对的是谁，都要从内心发出微笑，这样的微笑才能充满自信，才能打动周围的人，传递出友善的信息。号称酒店帝国的希尔顿家族就将"今天你微笑了吗"作为座右铭，这是创始人希尔顿在创业过程中发现的一条黄金定律，不仅能吸引大量的顾客，而且简单易行，更重要的是不需要经济成本。由此看来，微笑真是人类世界创造的一个奇迹。

2. 发自内心，自然而然

微笑是美好善意的窗口，只有发自内心的微笑才能直达对方心中，切记不要皮笑肉不笑，或是为了笑而笑。人们对他人的笑容具有很强的甄别力，其中的真情假意、蕴含的深意只需一眼就可以敏锐地判断出来。

微笑的时候，请一定用真诚的眼神看着对方。这样的微笑才能把温暖和问候直接送到对方心中，使双方产生情感的互动，在愉快的交流中留下美好的回忆。

3. 微笑的其他细节

微笑不仅向对方表示一种礼节和尊重，而且也是自身修养和仪态的体现，但这并不意味着需要时时刻刻微笑。把握好"微笑"之"微"不仅体现在笑的幅度、持续时间，也体现在频率上。蒙娜丽莎的微笑之所以倾倒世界，就在于她的眼睛、嘴角、整个面部都在酝酿一个美丽的微笑，含蓄、迷人、恰到好处。如果笑得夸张，没有节制，就会适得其反，收到相反的效果，引起对方的反感。当对方视线掠过的时候，可以迎着他的视线微笑并轻轻点头。

所以，想要给他人积极的情绪感染，不用花太多力气与心思就可以实现，一个小小的微笑就能唤起别人的好心情，还可以得到别人回报给我们一个微笑。生活中多一些这种互动，正面情绪也就不难产生。

不要太在乎别人对你的看法

当我们听到别人的赞美时，好心情油然而生；而当我们接受负面评价时，情绪也向负面转移。其实，舆论是世界上最不值钱的商品，每个人都有许多看法，随时准备加到他人身上。不管别人怎么评价，都只是他们单方面的想法，有很多是没有经过认真思考的，事实上并不会对我们造成任何影响。我们希望听到别人公正的评价,但不管别人怎么说,都不要太在意。

一大清早,鹤就拿起针线,它要在自己的白裙子上绣一朵花,以显示自己的娇艳美丽,它绣得很专注。可是刚绣了几针,孔雀探过来问它:"你绣的是什么花呀?""我绣的是桃花,这样能显出我的娇媚。"鹤羞涩地一笑。"干吗要绣桃花呢?桃花是易落的花,还是绣朵月月红吧。"鹤听了孔雀姐姐的话觉得有道理,便把绣好的部分拆了改绣月月红。

正绣得入神时,只听锦鸡在耳边说道:"鹤姐,月月红花瓣太少了,显得有些单调,我看还是绣朵大牡丹吧,牡丹是富贵花呀,显得雍容华贵!"

鹤觉得锦鸡说得对,便又把绣好的月月红拆了,重新开始绣起牡丹来。绣了一半,画眉飞过来,在头上惊叫道:"鹤姐姐,你爱在水塘里栖息,应该绣荷花才是,为什么要去绣牡丹呢?这跟你的习性太不协调了,荷花是多么清淡素雅啊!"鹤听了,觉得画眉说得很对,便把牡丹拆了改绣荷花……

每当鹤快绣好一朵花时,总有不同的建议提出。它绣了拆,拆了绣,直到现在白裙子上还是没有绣上任何花朵。

我们自己是不是也经常这样:做事或处理问题没有自己的主见,或自己虽有考虑,但常屈从于他人的看法而改变自己的想法,一味讨好和迎合别人,最后因为违心而变得心情糟糕。

所以做人千万不能像这只鹤一样,一定要有头脑,要把控好自我情绪,不随人俯仰,不与世沉浮,这才是值得称道的情商品质。而随波逐流、闻风而动的人,恰是活在他人的价值标准和情绪世界里,终归会迷失自己。

胜负取决于自己的内心。有时,周围的人对你说:"你能胜过他。"可是你心里很清楚你不如那个人,也没想过要和他决一胜负,也就不会产生嫉妒的情绪。反过来,周围人说:"你不如他。"或许你心里会想:"我一定能赢他。"也就不会产生悲观的情绪。所以,做事也好,做人也罢,我们都要有自己的主见,不要太在乎别人对自己的看法。

世间任何事情都没有绝对,所以只要你心胸开阔,何必在乎别人怎么看、怎么说呢?如果我们以别人的看法为指南,存有这种潜意识,生活中难过就会多于快乐。毕竟不尽如人意的事情太多了,如果只是为了别人的情绪而活,痛苦难过的就只有自己。

杰克是一位年轻的画家。有一次他在画完一幅画后,拿到展厅去展出。为了能听取更多的意见,他特意在他的画旁放上一支笔。这样一来,每位观赏者,如果认为此画有败笔之处,都可以直接用笔在上面圈点。

当天晚上,杰克兴冲冲地去取画,却发现整个画面都被涂满了记号,没有一处不被指责的。他对这次的尝试深感失望。他把遭遇告诉了一位朋友,朋友告诉他不

如何坚持自我

对别人的看法要平衡,别人并非是先知先觉,他和你我都是一样的平凡。

只要认准了方向,就要勇往直前,不要顾忌别人的指指点点。

选择不喜好说闲言碎语的人为友,这将有助于你不再为"别人怎么说、怎么想"而产生恐惧。

其实,最主要的还是要时刻相信"别人"和自己并无本质差异,这样就可以不用被他人所左右而能坚持自我了。

妨换一种方式试试。于是,他临摹了同样一张画拿去展出。但是这一次,他要求每位观赏者将其最为欣赏的妙笔之处标上记号。

等到他再取回画时,结果发现画面同样被涂遍了记号。一切曾被指责的地方,如今都换上了赞美的标记。他不无感慨地说:"现在我终于发现了一个奥秘:无论做什么事情,不可能让所有的人都满意,因为在一些人看来是丑恶的东西,在另一些人眼里或许是美好的。"

不要因众人的意见而情绪低落,进而湮没了你的才能和个性。你只需听从自己内心的声音,做好自己就够了。自己的鞋子,自己知道穿在脚上的感受。我们无论做什么事,一定要对自己有一个清楚的认识,不要轻易地被别人的见解所左右,这才是认识自己和事物本质的关键所在。

一味听信于人,便会丧失自己,便会做任何事都患得患失、诚惶诚恐。这种人一辈子都不会取得成功。他们每天活在别人的情绪中,太在乎上司的态度,太在乎老板的眼神,太在乎周围人对自己的态度。这样的人生,还有什么意义可言呢?每个人都有自己的生活方式,我们不必为一份没有得到的理解而遗憾叹惜,要懂得坚持自我。

我们要时刻保持积极正面的情绪。做人有两种可能,一种是只听从外来的信息;另一种就是抛开他人对你的看法,相信自己,坚持自己选择的道路。你做人是选择前者还是后者?

第八章

心理暗示能左右心情——情绪激励

绕过苦难直达目标需要积极暗示

积极的自我暗示能够不经意地影响我们的心理和行为，增强我们的自信心，克服我们的畏难心理，从而情绪也能向好的方向转变。

当我们要参加某种活动或面临竞争时，一定要用积极的自我暗示为自己注入情绪力量，让自己产生勇气、增强自信，从而取得出人意料的优异成绩。

多年前，一个世界探险队准备攀登马特峰的北峰，在此之前从没有人到达过那里。记者对这些来自世界各地的探险者进行了采访。

记者问其中一名探险者："你打算登上马特峰的北峰吗？"他回答说："我将尽力而为。"

记者问另一名探险者，得到的回答是："我会全力以赴。"

记者问第三个探险者，这个探险者直视着记者说："我没来这里之前，我就想象到自己能攀上马特峰的北峰。所以，我一定能够登上马特峰的北峰。"

结果，只有一个人登上了北峰，就是那个说自己能登上马特峰北峰的探险者。他想象自己能到达北峰，结果他的确做到了。

你越自信能够成功，那么成功的机会就越大。每当你相信"我能做到"时，自然就会寻找"如何去做"的方法，并为之努力。无论做什么事，我们都应该在实现目标之前进行积极的自我暗示，这样，情绪本来只有五分，会因你的积极暗示变成十分，我们就更容易成功。

我们的大脑存有两股力量，一股力量使我们觉得自己能够成为伟人；另一股力量却时时提醒我们："你办不到！"这样一对矛盾的内部力量的斗争，在我们遇到困境与失败时，会变得更加激烈。我们做人最大的敌人是自我怀疑和害怕失败。它们经常扯我们的后腿，不让我们去尝试，或在失败后给我们打击；它们吸取我们的能量，使得我们不能充分发挥自己的能力。

许多时候，在前进的征途中，我们会萎靡不振，感觉生活走到了尽头，好像人生的音乐从自己的生活中消失了。但是，其实音乐依然在我们心中。不论什么时候、不论在哪里，也不论我们的环境如何恶劣、我们的遭遇如何不幸，生活的音乐始终不会消失。它在我们的心里，只要我们注意听，我们就会发现它的美妙。

做任何事，我们都要想到成功，不要在心里制造失败，要想办法把"必定会失败"的意念排除掉。这样我们才能克服畏难的心理，消除悲观情绪的障碍，积极地向成功的目标迈进。

那么，如何进行积极的自我暗示呢？有没有什么技巧呢？以下是培养积极自我暗示的几种方法：

（1）与自己亲近的人谈谈心，请他们帮助你告别过去，让他们在你犯错误时提醒你。

（2）不要说"我就是这样"，而说"我曾经是这样"。

（3）不要说"我也没办法"，而说"只要努力一下，我就可以改变自己"。
（4）不要说"我一直是这样"，而说"我一定要做出改变"。
（5）不要说"我天生就是这样"，而说"我曾认为自己生性如此"。

不要小看这些暗示，正所谓三人成虎，暗示如果多了，我们就会渐渐地信以为真。同时，暗示不是自我欺骗，是通过暗示产生积极正面的情绪，再由情绪带动我们的行动。

积极的自我暗示激发潜能

前面已经提过暗示是一种特殊的心理意识，对人的情绪有巨大的影响。现代科学证明，暗示对于人体的生理机能也有明显的影响。

有人曾做过这样一个实验，设计一个两端平衡的跷跷板，让实验者躺在上面假想自己正骑着自行车。虽然身体未动一丝一毫，但不断地自我暗示使没有外力作用的平衡跷跷板朝脚底倾斜。原来假想的意向性运动使实验者的下肢血管扩张，血流向下肢，敏感的跷跷板就发生了变化。

暗示可以分为积极暗示和消极暗示。消极的暗示能扰乱人的情绪、行为及人体生理机能并造成疾病。许多神经衰弱官能症患者，往往由于消极的自我暗示而加重病情。心理学家指出，如果你反复进行消极的自我暗示，便会形成根深蒂固的消极模式，使自己在潜意识或无意识中做出行为。

当你发现自己的情绪被消极暗示束缚而无法自拔时，可以运用积极暗示，并且做到持之以恒，积极的暗示就会起潜移默化的作用，逐渐唤醒体内积极的暗示，达到健全心理机能的功效。

积极的自我暗示，是对某种事物有利、积极的叙述，是情绪的正面表达，这是使一种我们正在想象的事物保持坚定和持久的表达方式。进行肯定的练习，能让我们用一些积极的思想和概念来替代我们过去陈旧的、否定性的思维模式，这是一种强有力的技巧，一种能在短时间内改变我们对生活的态度和期望的技巧。

自我暗示有很多种方法：可以默不作声地进行，也可以大声地说出来，还可以在纸上写下来，更可以歌唱或吟诵，每天只要10分钟有效的肯定练习，就能抵消我们许多年的思想习惯。归根结底，都是一种积极心态在起作用。我们经常意识到我们正在告诉自己的一切，如果选择积极的语言和概念，就能够很容易地创造出一个美好的现实。

摩拉里在很小的时候，就梦想站在奥运会的领奖台上，成为世界冠军。

1984年，一个机会出现了。但在该年的洛杉矶奥运会上，他只拿了亚军，梦想并没有实现。

他没有放弃希望，仍然每天在游泳池里刻苦训练。这一次目标是1988年韩国汉城奥运会金牌,他的梦想在奥运预选赛时就烟消云散了,他竟然被淘汰了。

带着对失败的不甘,他离开了游泳池,将梦想埋于心底,跑去康乃尔上律师学校。在以后的三年的时间里,他很少游泳。可他心中始终有股烈焰在熊熊燃烧。

离1992年夏季赛不到一年的时间,他决定孤注一掷。在这项属于年轻人的游泳比赛中,他算是高龄者,就像拿着枪矛戳风车的现代堂吉诃德,想赢得百米蝶泳的想法简直愚不可及。

这一时期,他又经历了种种磨难,但他没有退缩,而是不停地告诉自己:"我能行。"在不停的自我暗示下,他终于站在世界泳坛的前沿,不仅成为美国代表队成员,还赢得了初赛。

他的成绩比世界纪录只慢了一秒多,奇迹离他仅一步之遥。

决赛之前,他在心中仔细规划着比赛的赛程,在想象中,他将比赛预演了一遍。他相信最后的胜利一定属于自己。

比赛如他所预想,他真的站在领奖台上,颈上挂着梦想的奥运金牌,看着星条旗冉冉上升,听到美国国歌响起,心中无比自豪。

摩拉里没有被消极思想所打败,在艰苦的环境中,他不断地进行积极的自我暗示,终于打破常规,获得奇迹般的胜利。

自我暗示是世界上最神奇的力量,积极的自我暗示往往能提升人的情绪力量,唤醒人的潜在能量,将其提升到更高的境界。

潜能是一个巨大的能量宝库,积极心态是开启这座宝库的金钥匙。不断地对自己进行积极暗示,就能够发掘这座巨大的能量宝库,发挥无穷的力量,创造出一个又一个奇迹。

积极的暗示让你更优秀

我们的情绪调节有时是很直接的,你看到一件喜悦的事,它会做出喜悦的反应;看到忧愁的事,它会做出忧愁的反应。当你习惯性地想象快乐的事,你的情绪调节便会习惯性地让你拥有一个快乐的心态。因此我们要对自己进行积极的自我暗示,它会让你变得更优秀。

哈佛大学心理学专业的学生吉姆给自己找了一份兼职——照顾独居的威尔森太太,并帮她做一些家务。吉姆为人热情,做事认真负责,深得老太太的信赖。

这天晚上,老太太敲响了吉姆的门:"吉姆,很抱歉这么晚来打扰你。我的安眠药吃完了,怎么也睡不着觉,不知道你身边有没有?"

吉姆睡眠很好,从来就不吃安眠药,突然他灵机一动,就对老太太说:"上星期我朋友从法国回来,刚好送我一盒新出的特效安眠药,我这就找出来。您先回去,我一会儿给您送过去。"

自我暗示的方法

积极的自我暗示可以让自己变得更加优秀,那么,自我暗示的方法有哪些呢?

利用语言
多说自我激励的话,这些话都具有积极、肯定的意义。如:"我是最棒的。"

利用环境
尽量让自己待在心情愉悦的环境中或者为自己创造心情舒畅的条件,比如心情烦躁时可以听听曲调舒缓的音乐。

利用动作
动作有利于舒缓情绪,比如紧张不安时,可以扩胸做深呼吸;心情烦闷,可以反背双手散步等。

老太太走后，吉姆找出一粒维生素片，然后送到了威尔森太太的房间，告诉她："这就是那种新出的特效药，您吃了之后一定能睡个好觉。"

老太太高兴地服下了那粒"特效安眠药"。

第二天吃早餐的时候，她对吉姆说："你的安眠药效果好极了，我昨晚吃完后很快就睡着了，而且睡得很好，好久都没有这么舒服地睡觉了。那种安眠药你能不能再给我一些？"

吉姆只好继续让老太太服用维生素片，直到服完一整盒。事情过去一年多之后，老太太还时常念叨吉姆给她的"特效安眠药"。

吉姆用一粒维生素片就让老太太进入了梦乡，这其实就是心理暗示的作用，由于老太太平时对吉姆十分信赖，因此丝毫没有怀疑吉姆给她的"特效安眠药"，在强烈的心理暗示的影响下，她服用安眠药之后情绪达到一个稳定的状态，所谓的药才发挥了作用。

研究发现，积极的自我暗示能激发人的巨大潜能，使人情绪饱满，变得自信、乐观。要对自己进行积极的自我暗示，给自己输入积极的语言，比如，"在我生活的每一方面，都一天天变得更美好""我的心情愉快""我一定能成功"等。

日本有位心理学家这样说："当我们的头脑处于半意识状态时，是潜意识最愿意接受意愿的时刻，来进行潜意识的接收工作是再理想不过的了。"

因此，睡前醒后的时间进行自我暗示是再适合不过了，你可以躺在床上，每次花上几分钟，身体放松，进行以下自我心理暗示——描述自己的天赋和能力；想想你成功的景象。如：

我是一个能做大事的人，我的一生决不能碌碌无为！

我知道我想要的生活是怎样的，我必须实现它！

我是一个意志坚定的人，没有什么能动摇我的决心。

失败永远是暂时的，过去的失败只意味着将来更大的成功！

恐慌是顾虑造成的，我只要抛开杂念，专注于我的目标，就不会再恐慌。

我有巨大的潜能还没有开发，但是散漫的习惯影响了能力的发挥，一定要克服散漫。

我越相信自己，我的能量就越大。

我完全可以干得比别人更好。

我只要专心致志，就能做好每一件事。

美国心理学家威廉斯说："无论什么见解、计划、目的，只要以强烈的信念和期待进行反复的思考，那它必然会置于潜意识中，成为积极行动的源泉。"

拳王阿里在每次比赛前他都会对着镜头喊："I'm best！"（我是最好的）"我是最好的"就是一种积极的自我暗示，事实也许并非如此，但又有什么关系？反复运用、经常暗示，你就会接受这种观点，而永远充满自信。

积极的心理暗示能调动人对成功的渴望，使人的情绪始终保持积极的状态。从现在开始，不妨每天花上几分钟时间，全身放松，对自己进行积极的心理暗示——"我能行""我是最棒的"……时间久了，就会朝着成功的方向发展。

意识唤醒法使人走出悲伤

世事变幻无常，有时候我们难免会陷入失意情绪之中。心理学家认为，这是人的自我意识没有被唤醒，一旦沉睡在我们心底的意识苏醒，我们会轻松渡过难关。

小姜的一个同学因患黄疸型肝炎被学校劝退休学，为此整天愁眉苦脸，总认为自己的病没有好转的可能，因而产生了悲观情绪，丧失了信心。小姜放假时，到这位同学住的医院探视他。一见面他就做出一副欣喜状，对这位同学说："哥们儿，你的脸色比以前好多了嘛！听医生说，你的黄疸指数已有所下降，这说明你的病情在好转啊！"

小姜的话客观实在，使朋友的精神为之振作。于是，他乐观地接受治疗，加速了康复进程，不久便病愈出院了。

小姜富有情绪感染力的话，就让他的同学走出阴霾，重获希望。我们每个人的人生都不是一帆风顺的，在遇到各种变故的时候，产生负面情绪是正常的，例如烦躁、悲观、郁闷等。作为朋友的我们有责任帮他们走出负面情绪的泥沼，给他们安慰和鼓励。但是，安慰和鼓励并不代表帮助他们逃避自我的情绪问题，我们应该抓住某些好的方面，适时予以积极的暗示，这样才有助于唤起他们的自我意识，重新找回积极情绪。

上大四的小文恋爱三年了，不久前女朋友不知何故跟他分手了。他很伤心，整天精神恍惚。他的班主任王老师知道此事后，来做他的工作。王老师一见到小文就说："我知道你失恋了，是来向你道贺的！"

小文很生气，转身就走。

"难道你不问问为什么吗？"小文停下来，等着听王老师的下文。

王老师说："大学生都希望自己快点成熟起来，失败能使人的心理、思想进一步成熟，这不值得道贺吗？大学生的恋爱大多属于非婚姻型，一是大学生在学习期间不大可能结婚，二是很难预料双方将来能否在一个地方工作。这种恋爱的时间又不长，随着知识的积累，人慢慢成熟了，就有可能重新考虑对方，恋爱变局也就悄悄发生了。应该说，这是大学生心理成熟的一种重要标志，你这么放任自己的感情，是心理成熟还是不成熟的表现呢？另外，越到高年级，大学生越倾向于用理智处理爱情。这时，感情是否相投，性格是否和谐，理想和追求是否一致，学习和工作是否互助互补，都会成为择偶的标准，甚至双方家庭有时也会成为重点考虑的条件，这就是择偶标准的多元化。这种标准多元化更是大学生心理逐渐成熟的表现，也符合普遍规律。你女朋友和你分手是不是出于择偶条件的全面考虑？你全面考虑过你的女朋友吗？如何处理你目前的感情失落，你该心中有数了吧？"

王老师先设置悬念——"祝贺你失恋"，把小文从情绪的泥沼中"唤"了出来，然后通过合情合理的分析，唤醒他的理智，多次用"大学生失恋不是坏事，而是心理成熟的标志"的观点来加以点拨。王老师就是通过一步步唤醒小文的自我意识，使他能够用理智来处理感情问题，从而约束自己的感情，恢复心理平衡。在这个过程中，小文沉睡的心灵得以苏醒，凝固的气场能量又能够重新流动。

从本质上讲，每个人都具有自我意识，只是被暂时的失意情绪蒙蔽了。因此，我们要帮助失意的人唤醒他们心底沉睡的狮子，即唤醒他们的自我意识、唤醒他们沉睡的心灵。这是一种消除消极情绪非常有效的手段，可以用最短的时间使失意者幡然醒悟，重新面对积极的人生。

你就是最优秀的那个人

人能够获得对人生的乐观情绪，其中一个原因就是对自我的肯定。自我肯定可以增加一个人选择的自由度。我们要以真诚的方式表达自己，才能获得他人的尊重，同时也要尊重别人，这才是自我肯定的真谛。在生活中学习自我肯定的行为，以便有效地处理人际关系。

杰出人士大多这样认为："我喜欢我自己，我就是我，没有比这更美好的了，包括我的出生、我的成长，我因为我就是我而庆幸。无论我生在什么时代，我都不愿成为别的什么人，而只想成为自己。"这种善于自我肯定的思考方法，对调控情绪有极大的帮助，它并不是天生的，它是在日常生活中通过不懈的修炼获得的。我们可以从有所成就的父母、优秀的老师、前辈、朋友那里得到鼓舞和勇气，受到激励。

一个哲学家到了晚年，知道自己时日不多了，就想考验和点化一下他的那位平时看来很不错的助手。他把助手叫到床前说："我需要一位最优秀的传承者，他不但要有相当的智慧，还必须有充分的信心和非凡的勇气……这样的人选直到目前我还未见到，你帮我寻找和发掘一位，好吗？这是我死前唯一的愿望了，希望你能帮我实现它。"

"好的，好的，"这位助手很认真、很坚定地说，"这么多年，您一直很照顾我，把我当亲人看待，我一直很感激您，我一定竭尽全力去寻找，不辜负您的栽培和信任。"

于是这位忠诚的助手就想尽一切办法为自己的老师寻找继承人。然而他找来一位又一位，总不合哲学家的心意。病入膏肓的哲学家硬撑着坐起来，抚着那位助手的肩膀说："真是辛苦你了，不过，你找来的那些人，其实还不如你……"

半年之后，哲学家眼看就要告别人世，最优秀的人还是没有找到。助手非常惭愧，泪流满面地坐在病床边，语气沉重地说："我真对不起您，令您失望了！""失望的是我，对不起的却是你自己，"哲学家说到这里，很失望地闭上眼睛，停顿了许久，又哀怨地说，"本来，最优秀的人就是你自己，只是你不敢相信自己，才把自己给忽略、给耽误、给丢失了……"话没说完，哲学家就永远离开了这个世界。

最优秀的人其实就是你自己。把眼光对准自己，人生就是另外一番景象。故事中哲学家的那位优秀的助手，也许他并不缺少智慧，也不缺少做人的忠诚，却独独缺乏最重要的自信，缺乏告诉哲学家自己是最优秀的继承者的勇气。

所以，我们要对自己有信心，要学会自我肯定，学会用情绪感染自己，你认为自己是最优秀的，那么你就是优秀的。怎样才能做到自我肯定呢？至少要做到如下几点：

（1）关心、重视别人的权益。

（2）语言表达清楚，声调、姿势、态度都要恰到好处，让别人或自己清楚感受到自己所要表达的内容。

（3）满意，能在环境中维护自己的权益，且不去侵犯别人的权益，双方都满足。

（4）有自我价值感，通过与人平等的交往，自己能从别人的尊重中更重视自己为"人"的价值。

英国著名政治改革家和道德家塞缪尔·斯迈尔斯认为，一个人必须养成肯定事物的习惯。如果不能做到这点，即使潜在意识能产生积极的作用，仍旧无法实现愿望。与肯定性的思考相对的，就是否定性的思考，凡事以积极的方式去对待即是肯定的思考，而以消极的方式去对待则是否定的思考。

一位诗人说过："不可能每个人都当船长，必须有人来当水手，问题不在于你干什么，重要的是能够做一个最好的你。"把身边的工作做好，你就是最优秀的人。

毕尔在19岁时开了一个经营兽皮和皮革的店，不久他破产了，但挫折并没有压倒这个年轻人，反而更加激励他奋进。不久，他开始寻找获得成功的新方法。

奇迹发生了。有一天他到新德里一条商业大街上悠闲地漫步，伫立在一个肉类市场的橱窗前面向上仰望，就在那一瞬间，脑子里出现了一个致富方法。

他大声宣称："那就是它！我已得到了它！"他的伟大的发现就是"运用自动暗示致富"。"当你每天有感情地、全神贯注地高声朗读两遍从帮助你致富的书中抄下来的语句时，就能使你所期望的目标同你的下意识心理直接相通。重复这个过程，你还会自觉自愿地形成思想习惯。这对你努力把愿望转变为现实是有好处的。"

"在应用自动暗示的原则时，要把心力集中于某种既定的愿望上，直到那种愿望成为热烈的愿望。"最后他的自动暗示致富成功了。

毕尔虽然在19岁时失败了，但是现在他却成了著名的令人尊敬的威廉·维·麦

克考尔,是澳大利亚最年轻的国会议员,著名的辛得立城可口可乐子公司董事会前董事长,以及一家为22个家族所拥有的著名公司的董事。

有些人经常否定自己,"凡事我都做不好""人生毫无意义可言,整个世界只是黑暗""过去屡屡失败,这次也必然失败""没有人肯和我结婚""我是个不善交际的人"……持这类想法的人,生活往往不快乐。当我们问及此种想法由何产生,得到的回答多半是:"这是认清事实的结果。"尤其是怀有忧郁情绪的人,他们会异口同声地说:"我想那是出于不安与忧虑吧!我也拿自己没办法。"

然而,换一个角度去想,情绪就不会那么糟糕,例如有些人会想:"我虽然一无是处,但也过得自得其乐,不是吗?"肯定自我,有了乐观而积极的想法,你才会找到新的人生方向和意义。

第九章
给负面情绪找个出口——情绪释放

他人给的负面情绪不要留在心里

人的情绪不仅受到自身行为、信念的影响，同时也受到他人情绪的影响。现代社会随时随地都发生着人与人的交往，处在这样的环境中，我们不可避免地会受到他人情绪的影响。他人健康的积极情绪会带来好的影响，而他人消极的负面情绪也会带来负面的影响。一旦他人的不良情绪影响到我们，能否正确地处理这些情绪将关系到是否能保持我们的身心健康。

对待别人给我们的负面情绪，每个人的解决方法不同，所以不必用别人的方法套用在自己身上。但是得到普遍认识的一点是，压制这种负面情绪是最不可取的方法。

心理学家在大量的实验后也发现，在受到来自他人的不良情绪影响时，一味地隐藏与压抑并不利于身心健康，长期的情绪压抑会导致沮丧和疲惫，甚至会诱发习惯性头痛。

但是情绪的表达并非在任何时候都有正面作用。如果情绪表达时过于激动，或者情绪发泄之后不能很快从其中走出来，那么情绪的发泄只会造成自身的损害。例如在双方意见不同时针锋相对，互不相让，则容易产生更多的情绪问题。

对于来自外界的情绪不速之客，没有统一、绝对的应对之法，唯有了解并掌握通常的应对技巧，才能最大限度地避免负面情绪的困扰。

1. 换位思考，对事不对人

当冲突发生的时候，首先应该做的就是冷静下来，理智地分析问题，把人做的事和做事的人区分开来，如果做事的人引起了我们的负面情绪，那么我们需要说服自己换位思考，试着站在对方的立场上思考问题，这是寻求解决之道的捷径。同时用尽量平静的语气告诉他："我的不满是针对你做的事，而并非针对你个人。"

2. 情绪释放要及时

如同之前提到的，释放情绪的方式并不适合每一个人，但这并不能否认情绪释放是个不错的方法。就好比艾克哈特·托尔曾描述过的两只鸭子，在动物的世界里并不缺少冲突，但它们处理冲突的方式有时也值得人类借鉴：两只鸭子在发生冲突之后，马上会各自分开并释放累积的多余能量。然后它们就能像冲突发生之前一样继续安详地在水面上漂流。

快速摆脱不良情绪是一种重要的情商，能够帮助我们将情绪释放或转移，同时减少压力，对身体状况亦会有正面的影响。

3. 情绪表达要适度

如果只是一味地换位思考，替他人着想或者压抑自己的情绪并不能解决问题，而且对我们的身心毫无益处，正确的做法是择机适度地表达出我们的不满、愤怒和谴责，在给自己不良情绪找到出口的同时也能让对方明白我们的立场。

重点在于"择机"和"适度"，这些并不是一朝一夕能够领悟的，这里有个表达方面的小技巧，比如要表达"你很自私"的意思时可以这样说"你在做这件事情的时候并没有考虑到我，我觉得被遗忘了"。

4. 压制而不压抑负面情绪

压制和压抑一字之差，却有根本的不同，虽然同样是控制情绪发泄，但从结果上讲，压制负面情绪能够让我们保持良好的人际关系，而压抑则会给我们的身心带来不好的影响。从意识上讲，压制是暂时地控制情绪发泄，是一种自动自发的控制，而压抑是长期的、习惯性地压制情绪，比如敢怒不敢言。

在负面情绪中，愤怒算是最为激烈的一种，有人说它应该被发泄，因为有益于身体健康；也有人说它应该被压制，因为有益于他人。心理学家卡罗尔·塔弗瑞斯更倾向于压制，他曾说，如果你是一个有责任感的人，那么你就应该压制愤怒，因为这是正确的做法。

当不可避免地被他人的负面情绪传染时，我们要对自己的情绪负责，积极主动地采取健康的、有益的措施化解他人的负面情绪对自己的影响。

为情绪找一个出口

情绪的宣泄是平衡心理、保持和增进心理健康的重要方法。不良情绪来临时，我们不应一味控制与压抑，而应该用一种恰当的方式，给汹涌的情绪找一个适当的出口，让它从我们的身上流走。

在我们的生活中，可能会产生各种各样的情绪，情绪上的矛盾如果长期郁积心中，就会引起身心疾病。因而，我们要及时排解不良情绪。很多时候，只要把困扰我们的问题说出来，心情就会感到舒畅。我国古代，有许多人在他们遭到不幸时，常常赋诗抒发感情，这实际上也是使情绪得到正常宣泄的一种方式。

有人经过研究认为，在愤怒的情绪状态下，伴有血压升高的状况，这是正常的生理反应。如果怒气能适当地宣泄，紧张情绪就可以获得缓解，升高的血压也会降下来；如果怒气受到压抑，长期得不到发泄，那么紧张情绪得不到缓解，血压也降不下来，持续过久，就有可能导致高血压。由此可见，情绪需要及时地宣泄。

尽管自控是控制情绪的最佳方式,但在实际生活中,始终以积极、乐观的心态去面对不顺心的外部刺激,是非常难做到的。所以,我们在控制情绪时常常综合应用忍耐和自控的方法,而且,为了顾全大局,暂时忍耐的方法用得更多。所以,尽管在面对不愉快时会努力做到自控,但往往并非能做到真正的洒脱,还需要检验个人的忍耐力。然而,每个人的忍耐力都是有限的,当情绪上的烦躁、内心的痛苦达到一定程度,最终会非理性地爆发出来。所以,在实际生活中,不能一味地压抑情绪,要懂得适当地宣泄,为自己的负面情绪找一个"出口",将内心的痛苦有意识地释放出来,而要避免不可控的爆发。

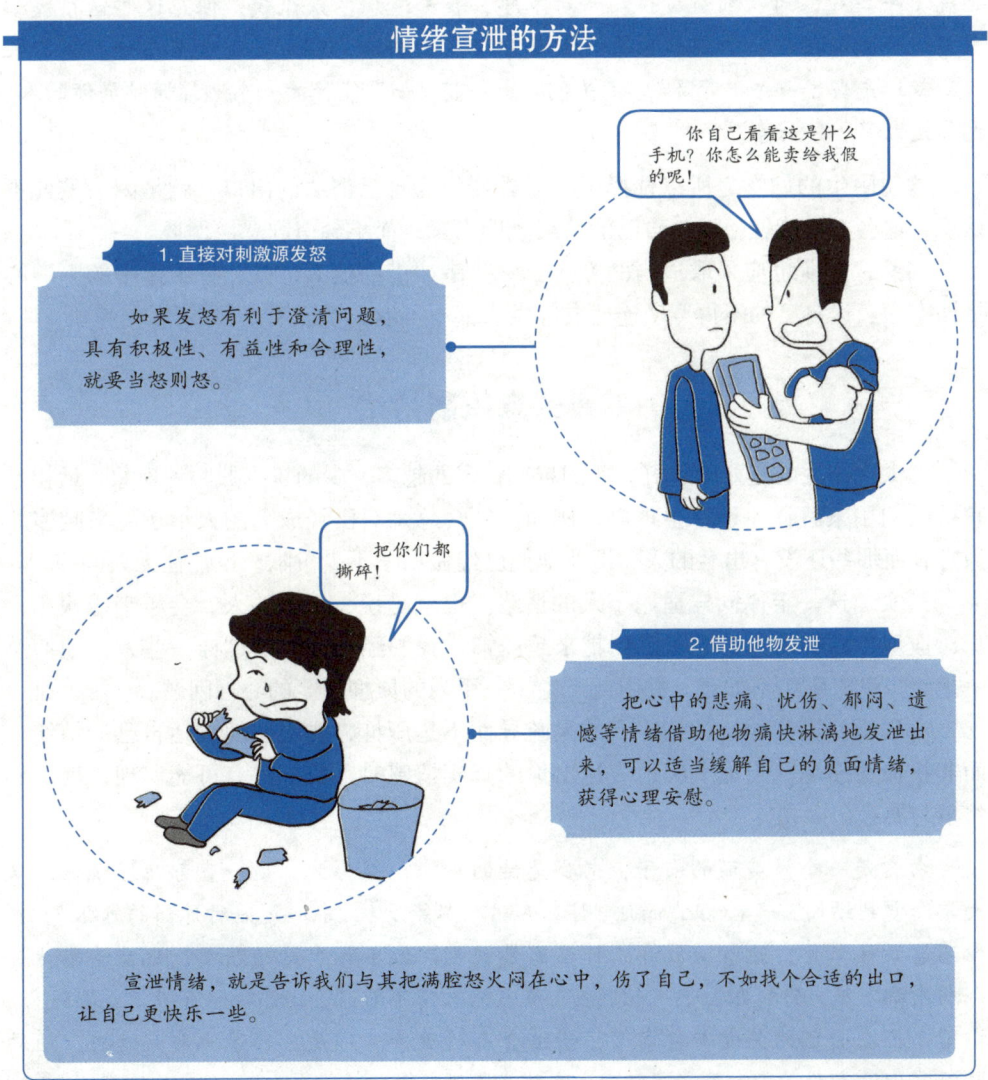

情绪宣泄的方法

1. 直接对刺激源发怒

如果发怒有利于澄清问题,具有积极性、有益性和合理性,就要当怒则怒。

你自己看看这是什么手机?你怎么能卖给我假的呢!

把你们都撕碎!

2. 借助他物发泄

把心中的悲痛、忧伤、郁闷、遗憾等情绪借助他物痛快淋漓地发泄出来,可以适当缓解自己的负面情绪,获得心理安慰。

宣泄情绪,就是告诉我们与其把满腔怒火闷在心中,伤了自己,不如找个合适的出口,让自己更快乐一些。

有天晚上，汉斯教授正准备睡觉，突然电话铃响了，汉斯教授接起了电话，他一听才知道电话是一个陌生妇女打来的，对方的第一句话就是："我恨透他了！""他是谁？"汉斯教授感到莫名其妙。"他是我的丈夫！"汉斯教授想，哦，打错电话了，就礼貌地告诉她："对不起，您打错了。"可是，这个妇女好像没听见，如竹筒倒豆子一般说个不停："我一天到晚照顾两个小孩，他还以为我在家里享福！有时候我想出去散散心，他也不让，可他自己天天晚上出去，说是有应酬，谁知道他干吗去了！"

尽管汉斯教授一再打断她的话，说不认识她，但她还是坚持把话说完了。最后，她喘了一口气，对汉斯教授说："对不起，我知道您不认识我，但是这些话在我心里憋了太长时间了，再不说出来我就要崩溃了。谢谢您能听我说这么多话。"原来汉斯教授充当了一个"听筒"。但是他转念一想，如果能挽救一个濒临精神崩溃的人，也算是做了一件好事。

这位陌生的妇女之所以选择了汉斯教授作为自己情绪的出口，就是因为彼此不认识，这名妇女能轻松地将自己的情绪倾倒出来，而不会引起恶性循环。

当然，宣泄也应采取适当的方式，一些诸如借助他人出气、将工作中的不顺心带回家中、让自己的不得意牵连朋友等做法都不可取，于己于人都不利。

不要刻意压制情绪

马太定律说的是好的越好，坏的越坏；多的越多，少的越少的一种现象。最初，它被人们用来解释一种社会现象，例如，社会总是对已经成名的人给予越来越多的荣誉，而那些还没有出名的人，即使他们已经做出了不少贡献，也往往无人问津。

其实，这一定律同样适用于人的情绪。也就是说，快乐的人，会越来越快乐；相对应地，压抑的人，总是感到越来越压抑。我们经常会看到这样一些人，他们总是抱怨自己人生的不如意，并由此产生了一系列的压抑情绪的心理问题。

心理学研究表明，情绪需要的是疏导而不是压抑，要勇敢地表达自己的情绪，而非拼命地压制。当你大胆地表达出你的真实情感时，目标将有可能实现，反之则将事与愿违。

白雪是一个很美丽的女子，老公是她的初恋，因为爱，她一直都在迁就他。从大学恋爱到结婚，一直如此。而他，则有着别人不能反抗、永远是他对你错的嚣张气焰。他不喜欢她工作，她就得放弃工作在家带孩子。他不喜欢她的朋友，她就乖乖地一个朋友都不见，渐渐失去了一切朋友。每当他心情不好时，她都对他百般迁就与迎合，希望老公在自己的关爱与包容下，情绪会有所改善。可是，日子一天天过去，他的脾气非但没有改善，反而愈演愈烈。她稍有不满，得到的就是狂风暴雨式的武力伺候。

她纵然有一千个想法,也不敢表达。她努力地迎合公公婆婆,得到的却永远是冷漠。她不敢对老公说让公公婆婆搬走另住,只好继续默默承受着除了丈夫之外的公公婆婆的冷暴力。

她从此很少说话,保持着令人崩溃的沉默,把一切放在心里。但却不曾料到,在这样的环境中,小时候非常活泼可爱的女儿居然也学会了迎合她的情绪。看到白雪哭的时候,她会安慰妈妈,唱歌给妈妈听,说老师夸奖她之类的话,其实白雪知道老师并没有表扬她。

孩子在学校非常的自闭,没有朋友,常常一个人呆呆地不说话。这让白雪非常揪心。9年的婚姻,9年的迎合,她从一个活泼快乐的公主变成了一个深度抑郁的女人,还影响到了孩子的成长。虽然跟双方的性格有关,但更是她一味迎合、纵容的结果。

学会表达自己的情绪

不压抑自己的情绪,就要正确地表达自己的真实情感,让情绪自然流露,从而不再压抑。

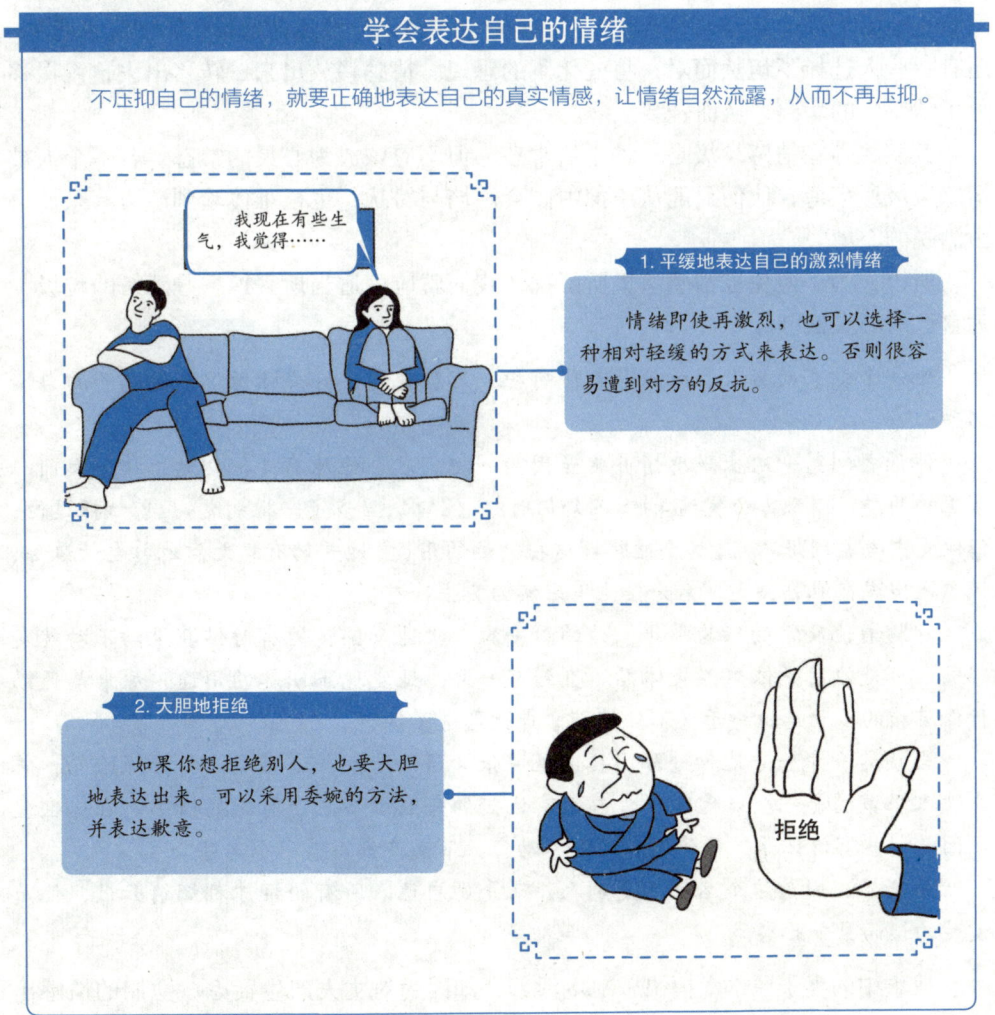

1. 平缓地表达自己的激烈情绪

情绪即使再激烈,也可以选择一种相对轻缓的方式来表达。否则很容易遭到对方的反抗。

2. 大胆地拒绝

如果你想拒绝别人,也要大胆地表达出来。可以采用委婉的方法,并表达歉意。

白雪一味将自己的情绪压抑下来，其实对她的婚姻一点好处都没有。我们常说不敢表达自己真实想法的人是怯弱的，一个人如果连自己的所思所想都不敢让别人知道，别人又怎敢相信他。所以不要压抑自己的真实想法与情绪，当自己想表达某种情绪时，就要勇敢地表达出来。

大自然水库的水位超过警戒线时，水库就必须做调节性泄洪，否则会危害到水库的安全。倘若此时不但没有泄洪，反而又不断进水时，水库就会崩溃。人的情绪也是一样，当需要表达的时候，请先勇敢地迈出沟通的第一步。

情感垃圾不要堆积在心中

在人们的长久相处中，一些情感垃圾会不断滋生。一些人选择了压制，他们试图阻止情感垃圾的蔓延，不愿承认烦恼的存在，结果导致负荷前行，最终情绪崩溃；还有一些人选择了坦然面对，将变化了的思想、情感释放出来、转移出去，慢慢移除了情感中的病菌，从而轻装上阵。

其实，存在情感垃圾是一种生活常态，但不应该成为心灵的常态。若一个人被情感垃圾所束缚，他便只能从压抑中体会烦恼与纷扰，也很难体验到游刃有余、自由洒脱的心境。

所以，为了避免被情感垃圾所困扰，我们就应该适当地丢掉一些感情的垃圾，为自己的心灵松绑。

他是个爱家的男人。对她也百般呵护、万般宠爱，好得让她这个做妻子的自惭形秽。

他们之间第一次出现感情异常是因为一把钥匙。他原有4把钥匙，楼下大门、家里的两扇门以及办公室这4把。不知何时起，他口袋里多了一把钥匙。她曾试探过他，但他支支吾吾闪烁不定，这令她怀疑这把钥匙的用途，她开始有意无意地打电话追踪，偶尔还出现在他办公室，名为接他下班实为突击检查。

伴随着他反常的行为举止，她的心一次一次地动摇，她有时候甚至动不动就发脾气，可是他对她依然温柔体贴。直到有一天，她发现了钥匙的用途，原来是开银行保险箱的，于是她终于忍不住悄悄拿走钥匙进了银行。

当钥匙一寸一寸地伸进那小孔，她慌张又迫切地想知道答案。打开保险箱，首先映入眼帘的是一个珠宝盒，盒盖里有他俩的合照以及热恋时期的情书。在珠宝盒下面是一些有价证券，另外还有一些不动产，不动产都写着一个名字。

她哭了，因为这个名字不是别人，正是她自己。所有的疑虑都烟消云散，他是爱她的，而且如此忠诚。

故事中的妻子原本幸福快乐地生活着，却因为对丈夫产生疑虑，他们的情感出现垃圾，结果影响了正常的生活。但是当情感垃圾清除了之后，她的心境又回归平

如何清理情感垃圾

情感垃圾危害多多,那么如何清理心中的情感垃圾,为心灵松绑呢?

1. 直面问题、解决问题

生活中出现类似失恋、丢工作等问题时,寻找产生问题的原因,并解决问题,不要让情感垃圾积聚。

2. 主动表达自己的善意

情感垃圾往往源于不信任,这时向对方表达自己的善意,打开对方的心扉,有利于清除情感垃圾。

3. 多多积累美好的情感

人的情感空间是有限的,如果你心中存放很多美好的情感,那么情感垃圾也无从进入。

和，心灵也得到解脱。

对于亲情、爱情、友情，现实生活中的每个人都有可能会产生情感垃圾，当一个人的心里堆积了太多情感垃圾之后，他的心中就会背负太多东西，导致积重难返，也很不利于个人的成长。只有将垃圾情绪扔掉，他才能充满激情地专心做事。

人行走于世，心灵难免在红尘俗世中遭尘埃污浊，一旦心惹尘埃，人生之路就会坎坷不平，此时，不妨扫一扫你的心底，扔掉那些已经成为垃圾的情感，还自己一颗纯净的初心，还自己一个平坦宽广的人生大道。

情绪发泄掌握好分寸

关于情绪发泄，一个男人曾经这样说过：只要给女人发泄的机会，女人就会像开足马力的机器，让你退无可退，最终崩溃。相对于男人而言，女人更喜欢通过倾诉的方式释放和发泄自己的情绪，但是有些女人往往不能掌握情绪发泄的度，结果导致自己像个失控的魔鬼，影响到自己的生活。

其实，当人产生负面情绪时，发泄是一个很好的途径，能最快地甩掉情绪的包袱，但是我们现在很多人面临的问题是把握不住这个发泄的度。一旦发泄过度，就会对我们的人际关系产生影响，没有人喜欢和不分场合、不分时机、不分轻重随意发泄情绪的人做朋友。我们需要将情绪发泄得恰到好处，才能保证生活的平和。

赵佳是一家技术公司的总经理，由于她经常出差，甚至有时候要加班，她发现自己大多数的时间都放在工作上，时间一长，她便对自己的工作感到烦躁。

当意识到自己的工作状态不佳时，她就想借助运动或者唱歌发泄一下。她喜欢打网球，每每工作烦躁的时候，她就叫上几个朋友一起打网球，或者去KTV发泄一下。她认为打网球和唱歌都是发泄的好办法，特别是将心中的郁结通过打网球打出去或者唱歌唱出来的那一瞬间，仿佛一切都放下了。等发泄完了，她又重拾好心情，继续工作。

赵佳借助网球或者唱歌的方式来发泄自己的负面情绪，其实就是一种恰到好处的发泄方式，这种方式不仅调整了自己的情绪，而且也获得了乐趣。

负面情绪必须释放出来，如果不发泄出来的话，心灵的堤坝就会崩溃。而释放与发泄情绪所要做的就是用语言或者是动作把情绪表达出来，从而让处于战争中的躯体和大脑达成共识。当我们处于负面情绪状态时，正确的疏导才能让情绪发泄得恰到好处。

首先，我们应该体察自己的情绪变化。了解自己的情绪波动是控制情绪的第一步，就像医生医治病人一样，必须先了解病人的病症，然后才能对症下药。如果你连自己的情绪变化都不了解，又谈何控制和治理。唯一不同的是情绪必须自己感知，然后自己控制。

但是适当的情绪释放与发泄并不容易掌握，大多数人常会犯这样的错误：本来是在诉说自己的情绪问题，最后却误转了矛头，将本来倾听的那个人当成箭靶子，而忘记了自己的初衷。

其次，分析自己的情绪。寻找自己情绪变动的原因并有针对性地找到解决方案。情绪发泄与释放首先要对自己的情绪负责，必须认识到无论有什么样的情绪，都不应

责怪和转嫁给他人。分析情绪的过程也是梳理个人情绪变化的过程，当分析情绪时，个人处于一种冷静、理性的状态，便于找到情绪源，从而利于缓解不良情绪。

再次，情绪归类。分析完情绪之后，就要将我们的情绪归类，到底属于有益的负面情绪，还是有害的负面情绪，程度的深浅又是如何，自己以往有没有相同的情绪体验，当你把这一次的情绪贴好标签后，所有情况就会一目了然。

最后，调控情绪。心理学认为："人的情绪不是由某一诱发性事件本身所引起的，而是经历了这一事件的人对这一事件的解释和评价所引起的。"这是心理学著名的一条理论。当找到诱发情绪的原因之后，接下来就是调节情绪了。当一个人情绪低落的时候，要学会找一种适合自己的调节方法，如转移注意力、运动发泄，等等，以促使自己的情绪始终处于平衡状态，使自己的心境始终保持快乐。

第四篇
改变自己的情绪

人的情绪处于不断变化的状态，掌控情绪之前先要了解我们自身的情绪模式，关注自己的内心世界，学会寻找生活中点点滴滴的幸福和感动，从而摆脱消极情绪，不要让你的消极情绪波及周围的人。

第一章

打开心结，肯定自己——驱除自卑

正确认识自己

"请尽快回答10次，我是谁？"一个看似简单却又难以回答的问题，让很多人陷入沉思："我是谁？我是一个什么样的人？我应该做一个怎样的人？""认识你自己"这句古希腊时就刻在神庙上的名言，至今仍有警示意义。许多人正是由于对自己没有一个清醒的认识，所以他们更容易自卑。

拿破仑·希尔认为，随着科学技术的日益发展，我们不断地了解未知世界，可我们对自身的探索却始终停滞不前。正确地认识自己，才能认识整个世界，也才能接受世间的一切。我们经常企图通过别人的评价来认识自己，可是，无论别人的推心置腹显得多么明智、多么美好，从事物本身的性质来讲，自己应当是自己最好的知己。

如果我们仅仅依靠别人的评价，来建造一个虚拟的自我，那么你的情绪会经常处于波动中。每个人眼中的你都是不同的，甚至换一身衣服，他们就会对你有不同的评价，但是如果你的情绪随着不同的评价而忽高忽低的话，这样发展下去是非常危险的。

认清自己，首先要了解自己的长处和短处，并根据自己的特长来设计自己的人生，量力而行，根据自己周围的环境、条件，自己的才能、素质、兴趣等，确定前进方向，你就会在某一方面有所成就。所以，每个人都应该正确认识自己，并坚信"天生我材必有用"。

有这样一则寓言故事：

早晨，一只山羊在栅栏外徘徊，想吃栅栏内的白菜，可是它觉得自己进不去。因为早晨太阳是斜照的，所以山羊看到自己的影子很长很长。"我如此高大，一定能吃到树上的果子，不吃这白菜又有什么关系呢？"它对自己说。

于是，它奔向远处的一片果园。还没到达果园，已是正午，太阳照在头上。这时，山羊的影子变成了很小的一团。"唉，我这么矮小，是吃不到树上的果子的，还是回去吃白菜吧。"它对自己说，片刻又十分自信地说："凭我这身材，钻进栅栏是没有问题的。"

于是，它又往回奔跑。跑回栅栏外时，太阳已经偏西，它的影子重新变得很长很长。此时山羊很惊讶："我为什么要回来呢？凭我这么高大的个子，吃树上的果子简直是太容易了！"山羊又折返了回去，就这样，直到黑夜来临，山羊仍旧饿着肚子。

如何认识自我

1. 在比较中认识自我
想要了解自己，与别人相比较，是一种最简便、有效的途径。

2. 从人际态度中反馈自我
一个人总是需要跟别人交往，因而别人对你的态度相当于一面镜子，可以从中观测到自身的一些情况。

3. 用实际工作成果检验自我
由于这种方法有比较客观的事实作为依据，所以因此而建立的自我印象也是比较正确的。

这则寓言故事看似可笑，却为我们揭示了一个深刻的道理：不能正确认识自我是很多人产生自卑情绪的原因。其实，正确认识自我最重要的一点，就是要认清自己的能力，知道自己适合做什么、不适合做什么，长处是什么、短处是什么，从而做到有自知之明，最后在社会中找到自己恰当的位置。

许多人谈论某位企业家、某位世界冠军、某位著名电影明星时，总是赞不绝口，可是一联系到自己，便一声长叹："我永远不能成才！"他们认为自己没有能力，不会有出人头地的机会，理由是：生来比别人笨，没有高学历，没有好的运气，缺乏可依赖的社会关系，没有资金，等等。其实，人生最大的难题莫过于，认识你自己！

但是，在认识自我的过程中，必须寻找一些信得过的证据，否则将所有人、所有事都作为自己的参照系，最后还是会得到一个不稳定的自我认识。一旦我们形成自我认识，就要自信一些，这样，自卑情绪才不会见缝插针影响我们的情绪。

别抓住自己的劣势不放

许多人之所以不能走出情绪的困境，是因为他们对自己信心不足，他们就像脆弱的小草，毫无信心去经历风雨，这就是一种可怕的自卑心理。

一旦产生自卑的心理，就会轻视自己，自己看不起自己。王璇就是这样，她本来是一个活泼开朗的女孩，竟然被自卑折磨得一塌糊涂。

王璇毕业于某著名语言大学，在一家大型的日本企业上班。大学期间的王璇是一个十分自信、从容的女孩。她的学习成绩在班级里名列前茅，她常常成为男孩追逐的焦点。然而，最近，王璇的大学同学惊讶地发现，王璇变了。原先活泼可爱、热情开朗的她，像换了一个人似的，不但变得羞羞答答，做事也变得畏首畏尾，而且说话也显得特别不自信，和大学时判若两人。每天上班前，她会为了穿衣打扮花上整整两个小时。为此她不惜早起，少睡两个小时。她之所以这么做，是怕自己打扮不好，遭到同事或上司的取笑。在工作中，她更是战战兢兢、小心翼翼。

原来，到日本公司后，王璇发现公司同事们的服饰及举止显得十分高雅及严肃，让她觉得自己土气十足。于是她对自己的服装及饰物产生了深深的厌恶之情。第二天，她就跑到商场去了。可是，由于还没有发工资，她买不起那些名牌服装，只能悻悻地回来了。

在公司的第一个月，王璇是低着头度过的。她不敢抬头看别人穿的名牌西服、名牌裙子，因为一看，她就会觉得自己很寒酸。那些同事大多穿戴着一流的品牌服饰，而自己呢，竟然还是一副穷学生样。每当这样比较时，她便感到无地自容，她觉得自己就是混入天鹅群的丑小鸭，心里充满了自卑。

服饰还是小事，令王璇更觉得抬不起头来的是她的同事们用的进口香水。她们所到之处，处处飘香，而王璇用的却是一种廉价的香水。

同事之间聊起天来全是生活上的琐碎小事，比如化妆品、首饰，等等。而关于这些，王璇几乎插不上话。这样，她在同事中间就显得十分孤立，也十分羞惭。

在工作中，王璇也觉得很不如意。由于刚踏入工作岗位，她的工作效率不是很高，不能及时完成上司交给的任务，有时难免受到批评，这让王璇更加拘束和不安，甚至开始怀疑自己的能力。

此外，王璇刚进公司的时候，她还要负责做清洁工作。看着同事们悠然自得地享用着她倒的开水，她就觉得自己与清洁工无异，这更加深了她的自卑意识。

像王璇这样的自卑者，总是一味轻视自己，总感到自己这也不行、那也不行，什么也比不上别人。他们怕正面接触别人的优点，总是回避自己的弱项，这种情绪一旦占据心头，结果会对什么都提不起精神，犹豫、忧郁、烦恼、焦虑便纷至沓来。

每一个事物、每一个人都有其优势，都有其存在的价值。但是具有自卑心理的人，总是过多地看重自己不利和消极的一面，而看不到自己有利、积极的一面，缺乏客观、全面地分析事物的能力和信心。这就要求我们应努力提高透过现象抓本质的能力，客观地分析对自己有利和不利的因素，尤其要看到自己的长处和潜力，而不是妄自嗟叹、妄自菲薄。

内心不要残留失败的伤疤

自卑的人，一遇到失败，就会全面否定自己，结果是对什么都不感兴趣，忧郁、烦恼、焦虑便纷至沓来。倘若遇到更大的困难或者挫折，更是长吁短叹，消沉绝望。失败本身已经是伤害，再因为失败而让自己情绪失衡，是一种非常不理智的做法。

一位父亲带着儿子去参观凡·高故居，在看过那张小木床及裂了口的皮鞋之后，儿子问父亲："凡·高不是位百万富翁吗？"父亲答："凡·高是个连妻子都没娶上的穷人。"

第二年，这位父亲带儿子去丹麦，在安徒生的故居前，儿子又困惑地问："爸爸，安徒生不是生活在皇宫里吗？"父亲答："安徒生是位鞋匠的儿子，他就生活在这栋阁楼里。"

这位父亲是一个水手，他每年往来于大西洋各个港口；儿子叫伊东·布拉格，是美国历史上第一位获普利策奖的黑人记者。20年后，在回忆童年时，伊东·布拉格说："那时我们家很穷，父母都靠卖苦力为生。有很长一段时间，我一直认为像我们这样地位卑微的人是不可能有什么出息的。好在父亲让我认识了凡·高和安徒生，这两个人告诉我，上帝没有轻看卑微。"

案例中，儿子在父亲的鼓励下，抛弃了因卑微而产生的情绪压力。确实，上帝

自卑的常见症状

长期生活在自卑之中的人，往往情绪低沉，郁郁寡欢，在日常生活中常有以下表现：

常因害怕别人看不起自己而不愿与人来往，只想与人疏远，缺少朋友。

自卑的人，缺乏自信，毫无竞争意识，常因害怕失败而主动放弃到手的机会，从而错失各种人生际遇。

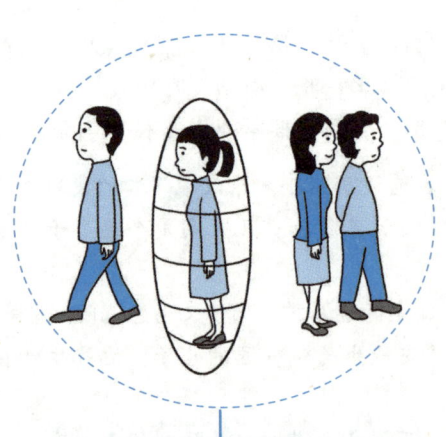

总觉得自己不如别人，在与人交往中必败无疑，于是把自己封闭起来。

丧失信心之人，常对自己的决定缺乏自信，便随大溜以求与他人保持一致。

另外，很多人常感到疲惫，心灰意懒，注意力不集中，工作没有效率，缺少生活情趣，这其实也是自卑的一种表现。

是公平的，它把机会放到了每个人面前，任何人都有同样多的机会。

失败是人生不可避免的事情，每个人都可能会失败，所以千万不要责怪自己。总是觉得自己不如别人，甚至觉得自己很蠢笨，其实这些想法都是错误的。世界上没有笨蛋，只有沉睡的天才，或许你不擅长与人交流，但你有良好的写作能力，也许你现在不优秀，但是这并不代表你将来也不优秀。

自卑是人的自我意识的一种表现。自卑的人往往会不切实际地低估自己的能力，他们只看到自己的缺陷，而看不到自己的长处。

如果一个人总是沉迷在自卑的阴影中，那无异于给自己套上了无形的枷锁。自卑，就像在心底扎下木桩，让自己的心灵沉重不堪，也阻碍了心灵与世界的沟通。但是如果你认清了自己并相信自己，拔掉心底的木桩，换个角度看待周围的世界和自己的困境，那么许多问题就会迎刃而解。

具有自卑心理的人，会因为失败而放大自身的缺点和不足，自己没有一个闪光点。事实上，这样的想法是极其荒谬的。这个世界上没有毫无优点的人：成绩不够好的人，也许歌唱得很好；不够聪明的人，也许心地善良；你也许数学不好，可是却能写出很好的文章；你相貌不出众，可你人缘很好……要知道，人人都经历过失败，每个人的内心深处都残留着过去失败所留下的伤疤。懂得了这一点，我们就不应该再把自己破裂的伤口看得那么严重；相反，我们应该正确认识自己，以客观的态度来看待自己的失败。

爱自己是一门艺术

爱自己是一门艺术，需要用心培养。

日常生活中，经常能听到诸如"我不行""我做不好""我怎么总是比别人差"这些口头禅式的话语，这些人在生活中一定充满了悲观情绪。

自卑的人或许经常说些赞扬他人的话，但却没有勇气说些赞扬自己的话。过去的失败经验会使人产生自我否定的心理，人们开始自责自怨，逐渐学会轻视、亏待、奴役、委屈、束缚、作践及压抑自己。

那么，如何学会爱自己这门艺术？

首先，平常要养成爱自己的习惯，从过去不敢也不会爱自己中慢慢改变。因自卑就产生于不爱己而爱他的过程中。在这一过程中，自信、理想、信念、主见及创造的精神等，也会随之消失。

其次，不妨让自己换个心态。自卑的人经常对自己说"不"，但他们并不能从贬低自己、自我否定的过程中变得轻松、快乐，而是内心变得更灰暗。换个心态，或许就会出现转机。遇到类似下列的想法，试着换种心态去想：

内心想法	换个心态后
自己已经努力了，但学习总是不好	怎样努力才能提高学习效率
担心换份工作仍然会做不好	先换份工作试着去做，改变工作方法可能会有进步
为什么自身的努力总是达不到期望值	或许，跟之前相比，自己的每一次努力都有进步

  黄美廉，一个从小就患了脑性麻痹的残疾者。脑性麻痹夺去了她肢体的平衡感，也夺走了她发声讲话的能力。从小她就活在诸多肢体不便及众多异样的眼光中，她的成长充满了血泪。然而这些外在的痛苦并没有击败她内心奋斗的激情，她昂首面对，迎向一切不可能，终于获得了加州大学艺术博士学位。她用她的手当画笔，用色彩告诉他人"寰宇之力与美"，并且灿烂地活出生命的色彩。

  站在台上，她不时地挥舞着她的双手；仰着头，脖子伸得好长好长，与她尖尖的下巴扯成一条直线；她的嘴张着，眼睛眯成一条线，扭曲地看着台下的学生；偶尔她口中也会咿咿呀呀的，不知在说些什么。她基本上是一个不会说话的人，但是，她的听力很好，只要你猜中或说出她的意见，她就会乐得大叫一声，伸出右手，用两个指头指着你，或者拍着手，歪歪斜斜地向你走来，送给你一张用她的画制作的明信片。

  "黄博士，"一个学生问她，"你从小就长成这个样子，请问你怎么看你自己？你都没有怨恨吗？"

  "我怎么看自己？"美廉用粉笔在黑板上重重地写下这几个字，字写得很深很重。写完这个问题，她停下笔来，歪着头，回头看着发问的同学，然后嫣然一笑，回过头来，在黑板上龙飞凤舞地写了起来：

1. 我好可爱！
2. 我的腿很长很美！
3. 爸爸妈妈这么爱我！
4. 上帝这么爱我！
5. 我会画画！我会写稿！
6. 我有只可爱的猫！
7. 还有……

  看到这些，所有人都沉默了，面对众人的沉默，她在黑板上写下了她的结论："我只看我所有的，不看我所没有的。"

每个人身上都有优点，只是多少而已。但是，有多少人像黄美廉一样真正给过自己掌声？清楚自己所拥有的一切，而不是在盲目与人攀比的过程中迷失自己。

人们时常希望别人喜欢自己，但却唯独忽略自己的力量。实际上，自己才是自己最好的聆听者和激励者，只有自己是真正与自己形影不离的人。如果要求别人喜欢自己，那么自己就应当先爱自己，欣赏、聆听自己。很难相信，一个连自己都不会去爱的人会得到他人的爱。

在克服自卑中超越自我

文明的智慧告诉人们，自卑是成功的大敌，一个人要想获得成功，自信心是必需的。一个人的情绪如果总是被别人的评价左右，当别人批评他时就感到自卑，势必会影响到他的正常生活，其实这是没有必要的。

自卑情绪是失败的俘虏。生活在现代生活中的人，要多树立一点自信，多挖掘自己的优点和长处。你之所以会感到"巨人"高不可攀，是因为你跪着。勇敢地站起来，你就会惊异地发现，自己其实也很高大，也能独当一面，而且闪光点并不比别人少。

自卑感在每个人身上或多或少都存在，但我们不应被自卑吓倒，而应克服自卑，把它变成我们自身的一种良好品质。即使我们真的有缺陷也没必要自卑，发现问题并解决问题，这样我们的缺点会转化成进步的动力。只有这样，你才会活得开心、活得坦然，你的人生才会充满希望。

有一对母女，母亲长得很漂亮，女儿却很丑。不是因为她的五官不精致，而是搭配有点偏离正常比例。为此，女儿十分自卑，常常怨天尤人。母亲当然了解女儿的心事，为了帮助她摆脱心理困境，她把女儿带到照相馆去照相。

母亲对照相师的要求很奇怪，她不让照相师拍她女儿的整张脸，而是逐一对眼睛、鼻子、耳朵等五官单独拍特写。帮女儿拍完照后，她又拿出美国著名女星玛丽莲·梦露的头像，让照相师翻拍，并把五官一一割开。

照片一冲出来，母亲就把女儿的五官照片和著名女星玛丽莲·梦露的五官照片一一对照，贴到女儿卧室的墙上。每当女儿自卑的时候，母亲就让女儿看看那些被分割的照片，说："和世界上最著名的美女比较一下，你哪个地方会比她差？"未成年的女儿迷惑地看了看母亲，将信将疑。后来，她把自己的这些照片拿给那些闺中密友看。密友在不知情的情况下，有的说照片上的眼睛比那个外国明星的眼睛迷人，有的说照片上的嘴巴更性感。渐渐地，她相信了母亲的话，觉得自己长得一点儿都不丑，自信也随之而来。

母亲唤回了女儿的自信，也把她从自卑的深渊中拉了回来。相貌丑陋仅仅是自卑的一个内容，如果一个人否定自己，那么任何一件事都可能成为他自卑的导火索。自卑就是对自身的一种否定性评价，感觉自卑的真正原因往往并不仅仅是因为别人的闲言碎语，更多的是由于自己一颗敏感而脆弱的心。如果由于别人一次无心的评价，就使得自己内心感到自卑是得不偿失的。自卑并不会为你的生活带来一点点好处，相反它会让你却步，让你不敢勇于追求自己想要的生活。

无论是积极的评价还是消极的评价，都应该用一种积极向上的心态去面对。当发现了自己的不足时，努力通过实际行动去改进，而不是自怨自艾；当取得了一些成就时，应该及时进行总结，进行正确评估，而不是骄傲自满。只有这样，才能用乐观的心态正确对待生活，从而使自卑遁于无形。

自卑并不是不能克服，只要你通过实际行动努力生活，为自己设立一个个目标并积极实践，那么无论成功还是失败，你都是生活的王者，因为你曾努力过，没有遗憾。其实生活中处处有成功，只是缺少发现成功的眼睛。即使一件很小的事，当你成功地完成它之后，也会有一些收获和心得。但是由于自卑，也许你会有选择性地忽略掉这种"成功"，而艳羡别人所谓的"成就"，其实成功就在你的身上，只要你努力去行动，用心去感受，你会发现自己具备许多人所没有的素质和条件。

这世界上本来就没有生来就失败的人，每个人都有自身的特点。因此，用积极的态度对待生活至关重要。同时，在面对生活时，看淡别人的看法与评价，努力把对生活的追求付诸实践，保持对自己客观清醒的认识，那么，自卑自然会远离你。

第二章

减压，让生活更轻松——清除焦虑

现代人的"焦虑之源"

现代社会，生活节奏越来越快，各种压力纷至沓来：来自考试升学的压力，来自就业的压力，来自职场中的压力，来自恋人的压力，来自父母的压力，来自子女的压力，来自房子、车子与更高学历的压力，来自疾病的压力……面对众多的压力，很多人难以控制自己的情绪，结果不仅在众人面前情绪崩溃，言行不受控制，还给周围的人造成恶劣的影响。

快节奏的生活给现代人的情绪带来了恶劣的影响，你肯定也有过这样的体会：莫名其妙地发脾气，内心烦躁，看什么都不舒服；出门在外的时候，看旁边两个人有说有笑就生气；别人不小心踩了你的脚，你就像找到发泄的机会一样，跟人大吵一架。其实，这些负面情绪都是压力带给你的，压力越来越大，你的情绪就越来越差。然而，这还不是最可怕的，一旦压力超过了你的心理承受极限，大脑神经系统功能就会紊乱，出现烦躁、失眠、头痛、焦虑、心慌、胃部不适等精神症状和躯体症状，进而引发身体疾病。

陈先生是一家企业的营销主管，每年的销售任务都很重，同行业竞争又特别激烈。他说自己都快成"空中飞人"了，一个城市接一个城市地出差，没有节假日，有时候午饭都没时间坐下来吃，常常是边走边吃边思考。最近他经常感到胸闷，刚开始没有太在意，后来，情况更加严重，出现气短、心跳加快、出虚汗等现象，到医院检查才知道患了冠心病。

生活中，像陈先生这样的人还有很多。由于工作节奏不断加快，人们身不由己地过着超速的日子，许多人在不知不觉中损害了自己的身心健康。他们时时刻刻想着自己的工作，累了、倦了、病了也要坚持，因为他们害怕一旦慢下来、停下来就会被别人超越，那么以前的努力就付诸东流了。在这种思想的控制下，人的精神处于越来越紧张的状态。

受压抑的感情冲突未能得到宣泄时，就会在肉体上出现疲劳症状，甚至引起心理的扭曲变态，导致心理疲劳。在此种情况下，一旦发生心理疲乏，势必造成精神

如何赶走焦虑

快节奏的生活让很多人产生焦虑,以至于影响身心健康,那么,究竟有没有好的办法来排解呢?专家建议:

1. 每工作1小时就安排15分钟的体育活动,活动要达到心跳适当加快、微微出汗的效果。

2. 要多学习关于健康的知识,以利于形成健康的生活意识和方式。

身体要定期检查,健康需要管理。

3. 及时进行有针对性的体检,对存在的健康隐患及早处理,防患于未然。

为了生存,我们必须要面对各种各样的压力,但是,压力过大产生的焦虑迟早会让你的生活亮起红灯。放下压力,赶走焦虑,我们才能享受健康的生活。

上的崩溃。

长期快节奏工作的人身体会出现各种不适，例如，烦躁不安、精神倦怠、失眠多梦等神经症状，以及心悸、胸闷、筋骨酸痛、四肢乏力、腰酸腿痛和性功能障碍等其他症状，甚至可能引发高血压、冠心病、癌症等疾病。可以说，快节奏工作的人永远在寻找"奶酪"，但永远无法有充足的时间享受"奶酪"。

快节奏的生活，只会搞得自己身心疲惫，在忙乱劳碌中，日子一晃而过，没有机会和心情享受生活的乐趣，无法体味生活的和谐、宁静与幸福。

有人认为，发达国家生活节奏一定很快，其实不然。意大利有一个有名的"慢城市"布拉，那里的人们善于综合现代和传统生活中那些有利于提高生活质量的因素，生活得十分悠闲快乐而不懒散。

放慢生活的脚步，不要再做速度和效率的崇拜者和践行者。让自己不要那么忙，慢一点，去做那些自己想做却一直没有时间去做的事情，让自己在繁忙的都市里找一个宁静的地方放松身心，休息过后，在快速与缓慢之间找到一种平衡，找回自己本身的节奏，让自己过上真正的生活。

别透支明天的烦恼

"过去与未来并不是'存在'的东西，而是'存在过'和'可能存在'的东西。唯一'存在'的是现在。"古希腊学者库里希坡斯曾如是说。过去的生活已经过去，要学会接受。明天还未到来，与其让明天的烦恼折磨我们，为此焦虑不安，不如用心地活出当下每一天的精彩。当生命走向尽头的时候，你问自己几个问题：你对这一生觉得了无遗憾吗？你认为想做的事你都做了吗？你有没有发自内心地笑过，真正快乐过？

想想看，你这一生是怎么度过的：年轻的时候，你拼了命想挤进一流的大学；随后，你希望赶快毕业找一份好工作；接着，你迫不及待地结婚、生小孩；然后，你又整天盼望小孩快点长大，好减轻你的负担；后来，小孩长大了，你又恨不得赶快退休；最后，你真的退休了，不过，你也老得几乎连路都走不动了……这一辈子都在为明天的事情而焦虑着，身心得不到放松和自由，但是，在这种情绪的反复折磨下，未来的生活真的有所改善吗？

答案是没有，因为我们没有把时间放在解决问题上，而是不停地追赶生活，就像一列远行的火车，开车的是我们的焦虑情绪，而不是我们真实的心。

有个小和尚，负责清扫寺院里的落叶。

清晨起床扫落叶实在是一件苦差事，尤其在秋冬之际，每一次起风时，树叶总随风飞舞。每天早上都需要花费许多时间才能清扫完树叶，这让小和尚头痛不已，他一直想要找个好办法让自己轻松些。

后来有个和尚跟他说："你在明天打扫之前先用力摇树，把落叶统统摇下来，后天就可以不用扫落叶了。"小和尚觉得这是个好办法，于是隔天他起了个大早，使劲猛摇树，这样他就可以把今天跟明天的落叶一次扫干净了。一整天小和尚都非常开心。

第二天，小和尚到院子里一看，不禁呆住了，院子里如往日一样满地落叶。老和尚走了过来，对小和尚说："傻孩子，无论你今天怎么用力摇树，明天的落叶还是会飘下来。"小和尚终于明白了，世上有很多事是无法提前的，唯有认真地活在当下，才是最真实的人生态度。

生活中，人们往往也有类似小和尚的想法，企图将人生的烦恼提前解决，以便将来过得更好、更自在。实际上，人生中很多事情只能循序渐进。过早地为将来担忧，反而会让自己眼下活得束手缚脚。因而，智者常劝世人"活在当下"。

所谓"当下"，指的就是现在正在做的事、待的地方、周围一起工作和生活的人。"活在当下"，就是要你把关注的焦点集中在这些人、事、物上面，全心全意、认真地去接纳、品尝、投入和体验这一切。

实际上，许多人都无法专注于"现在"，他们总是若有所思，心不在焉，想着明天、明年，甚至想着下半辈子的事。假若你时时刻刻都将精力耗费在未知的未来，却对眼前的一切视若无睹，你永远也不会得到快乐。刻意去找快乐，往往找不到，让自己活在"现在"，全神贯注于周围的事物，快乐便会不请自来。或许人生的意义，不过是嗅嗅身旁每一朵绚丽的花，享受一路走来的点点滴滴的快乐而已。毕竟，昨日已成历史，明日尚不可知，只有"现在"才是上天赐予我们最好的礼物。

许多人喜欢预支明天的烦恼，想要早一点解决掉它们。其实，明天的烦恼，今天是无法解决的，焦虑也无济于事，每一天都有每一天的人生功课要做，先努力做好今天的功课再说。"怀着忧愁上床就等于背着包袱睡觉。"哈里伯顿曾这样说。不为无法确知的烦恼忧愁，卸掉烦恼的包袱，用平常的心对待每一天，用感恩的心对待当下的生活，才能理解生活和快乐的真正含义。

学会让自己放轻松

200年前，欧洲的一首民谣这样唱道："我们背井离乡，为的是那小小的财富。"而现在，西方流行的观念是"过普通人的生活"。的确，拼命地工作挣钱，却没有时间和精力来享受安闲、舒适的生活，确是一件悲哀的事情。

在竞争越来越激烈、生活节奏越来越快、压力越来越大的现代社会中，要想生活得轻松自在一些，应该放松生命的弦，减轻自己的压力，清除自身的焦虑情绪，让金钱、地位、成就等追求让位于"普通人的生活"。

弗兰克是个生意人，赚了几百万美元，而且也存了相当多的钱。他在事业上虽然十分成功,但却一直未学会如何放松自己。他是个神经紧张、焦虑的生意人,并且把他职业上的紧张气氛从办公室带回了家里。

弗兰克下班回到家里在餐桌前坐下来,但心情十分烦躁不安,他心不在焉地敲敲桌面,差点被椅子绊倒。

这时候弗兰克的妻子走了进来,在餐桌前坐下。他打声招呼,便用手敲桌面,直到一名仆人把晚餐端上来为止。他很快地把东西吞下,他的两只手就像两把铲子,不断把眼前的晚餐一一铲进嘴中。

吃完晚餐后,弗兰克立刻起身走进客厅。客厅装饰得十分美丽,有一张长而漂亮的沙发,华丽的真皮椅子,地板上铺着高级地毯,墙上挂着名画。他把自己投进一张椅子中,几乎在同一时刻拿起一份报纸。他匆忙地翻了几页,急急瞄了一眼大

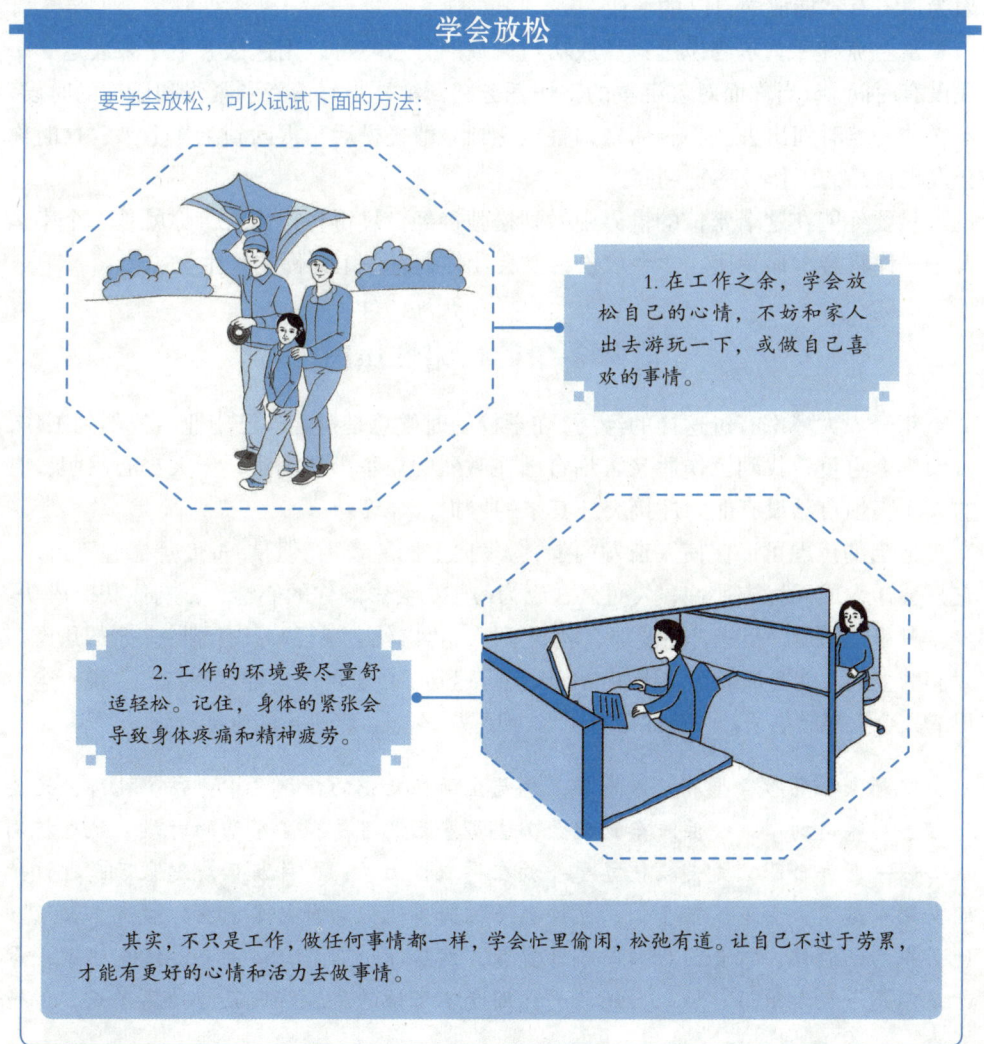

学会放松

要学会放松,可以试试下面的方法:

1. 在工作之余,学会放松自己的心情,不妨和家人出去游玩一下,或做自己喜欢的事情。

2. 工作的环境要尽量舒适轻松。记住,身体的紧张会导致身体疼痛和精神疲劳。

其实,不只是工作,做任何事情都一样,学会忙里偷闲,松弛有道。让自己不过于劳累,才能有更好的心情和活力去做事情。

字标题，然后，把报纸丢到地上，拿起一根雪茄，引燃后吸了两口，便把它放到烟灰缸里。

弗兰克不知道自己该怎么办。他突然跳了起来，走到电视机前，打开电视机。等到影像出现时，又很不耐烦地把它关掉。他大步走到客厅的衣架前，抓起他的帽子和外衣，走到屋外散步去了。

弗兰克总是这样。他没有经济上的困扰，他拥有两部汽车，事事都有仆人服侍他——但他就是无法放松心情。不仅如此，他甚至忘掉了自己是谁。他为了争取成功与地位，已经付出他的全部时间，然而可悲的是，在赚钱的过程中，他却迷失了自己。

从故事中可以看出，弗兰克所有的症结就在于他的焦虑情绪，他繁乱的生活是因为他没有掌握放松自己的秘诀。

富兰克林·费尔德说过："成功与失败的分水岭可以用这么五个字来表达——我没有时间。"当你面对着沉重的工作任务感到精神与心情特别紧张和压抑的时候，不妨抽一点时间出去散心、休息，直至感到心情轻松后，再回到工作上来，这时你会发现自己的工作效率特别高。

只要你能在这个繁忙的世界中做到松弛神经，过得轻松愉快，你就是一个幸运者——你将会幸福无比。学会放松，就会让你拥有一个无悔的人生。

清除多余的情绪性焦虑

年轻人大多都有过这样的经历，在学校的时候总是担心自己毕业后找不到工作，每天焦虑重重；找到工作后又害怕自己在激烈的竞争中被淘汰，天天提心吊胆；有的人还害怕自己没有能力迎接突如其来的挫折，等等。

适当的焦虑可以促使人奋发向上，激发向上的原动力。但是，过度焦虑并不可取，它只会让人成天忧心忡忡，久而久之成为习惯，会影响你的心情，影响你获取成功。

凡事能够退一步想，不要那么耿耿于怀，焦虑就会减轻。只有删除多余的焦虑，我们的生活才能更加舒畅。比如说今天上班迟到了，也可以这样安慰自己：说不定上班的人今天都起早了，一路都畅通无阻。万一塞车了，老板可能也会没到。

凯瑟女士的脾气很坏、很急躁，总是生活在紧张的情绪之中：每个礼拜，她要从在圣马特奥的家乘公共汽车到旧金山去买东西。可是在买东西的时候，她也特别担心——也许自己的丈夫又把电熨斗放在熨衣板上了；也许房子烧起来了；也许她的女用人跑了，丢下了孩子们；也许孩子们骑着他们的自行车出去，被汽车撞了。她买东西的时候，常会因担心而冷汗直冒，然后冲出商店，搭上公共汽车回家，看看是不是一切都很好。后来，她的丈夫因受不了她的急躁脾气而与她离了婚，但她仍然每天感到很紧张。

凯瑟的第二任丈夫杰克是个律师——一个很平静、事事能够加以冷静分析的人，很少为事情而焦虑。

杰克充分利用概率法则来引导凯瑟消除紧张、焦虑。每次凯瑟神情紧张或焦虑的时候，他就会对她说："不要慌，让我们好好地想一想……你真正担心的到底是什么呢？让我们看一看事情发生的概率，看看这种事情是不是有可能会发生。"

有一次，他们去一个农场度假，途中经过一条土路，碰到了一场很可怕的暴风雨。汽车一直往下滑，没办法控制，凯瑟紧张地想，他们一定会滑到路边的沟里去，可是杰克一直不停地对凯瑟说："我现在开得很慢，不会出事的。即使汽车滑进了沟里，根据概率，我们也不会受伤。"他的镇定使凯瑟慢慢平静下来。

不要无谓地焦虑，要适时地安慰和劝导自己。像杰克那样根据概率分析事情发生的可能性。如果根据概率推算出事情不可能发生，这样通常能消除你90%的焦虑。

焦虑会使你的心情紧张，总是担心和惦记某些事情并不能有助于你解决问题。坐飞机时即便你心里想一千遍会不会遇到飞鸟撞机事件，或者飞机坠毁等意外，在到达目的地前，你也只能老老实实地待在机舱里。

焦虑就像不停往下滴的水，而那不停往下滴的焦虑，通常会使人心神不宁，进而精神失控。焦虑也像一把摇椅，你在上面一直不停摇晃，却无法前进一步。

生活中情绪性的焦虑是多余的。生活中不如意之事很多，要善于把握自我，控制好自己的情绪，找出让自己高兴的方式和途径，远离焦虑，迎接阳光灿烂的每一天。

及时说出压力，清理情绪垃圾

适当的压力有益于生活、学习和工作，但压力一旦过度，既会影响身心健康，也会影响日常生活、学习和工作。

不及时说出烦心事或内心的想法，心理负担就会加重。碰到难题时，如果及时向人诉说，互相交流，便可得到放松，减轻心理压力，焦虑情绪自然不会来。

要形成说出压力的好习惯。用有声言语做出结论，对身心有引导、定型和安抚的作用。因而，有压力别闷在心里，要找人说出来。

常婷婷是一家公司的人力资源主管，每天琐碎的事情有一大堆，她经常要做各种计划，所以就很容易焦虑，身居高位，既害怕做错事被自己的领导批评，又担心下属难以管教。外人看见的她总是衣着光鲜，其实没有人了解她心里的苦。每当婷婷有焦虑的情绪产生时，她就会大吃大喝以排解自己的压力，结果反倒弄得自己的肠胃也跟着受罪。

婷婷的妈妈看到辛苦的女儿，很是心疼。一次，妈妈拉过婷婷的手，说道："孩子，有压力就要说出来，憋在心里会出问题的。"婷婷却假装坚强地说："妈，我没事，

您放心吧。"妈妈摸了一下女儿的头发，又说道："婷婷啊，你知道爸爸妈妈为什么给你取这个名字吗？就是希望你生活压力不要太大，要不时停下来，放松一下自己。我们是你最亲近的人，和我们说说你的压力，不会给我们造成负担，我们都希望你快乐！"婷婷听完后，眼泪立刻就流了下来，和妈妈整整聊了一个晚上。

很多人就像婷婷一样，出于各种原因，不愿将自己的压力说出来，这样焦虑的情绪也就得不到释放。其实，心平气和地向别人倾诉一下心中的焦虑，不仅情绪压力没有了，别人的一个鼓励和拥抱，还能激发我们更多的正面情绪。

如果负荷长时间过重，身心就会受不了。压力也同样如此，背负得太久，迟早有一天会滑向崩溃的边缘，所以，我们需要在有压力时就及时说出来。

不及时说出内心的想法会让人痛苦不堪，也许就会出现精神错乱，甚至还会出现更可怕的恶果。

因而，找人诉说压力，在诉说的过程中宣泄那些焦虑情绪。说的过程也是在讨论问题，在听取别人的意见时，可能就会找到解决问题的方法。或许，自己当时面临的问题并不难解决，只是当时内心焦虑，难以平静下来。如果能够当即说出这些问题，并和听者进行沟通交流，找到症结所在，问题即可迎刃而解，焦虑情绪自然就能得到排解。

第三章

慢慢品味,快乐生活——摆脱疲劳

远离扰人的职业倦怠

一句被许多职业人所推崇的名言——"工作着才是美丽的",曾在都市白领中流行一时。诚然,在工作的同时,人们不仅创造了更好的生存和生活条件,而且内心得到了满足。然而,职场上不会总是风调雨顺、阳光灿烂,尤其是当前我国正处在社会转型期,原有的价值观、成就观、幸福观等受到冲击,很多人对职业缺乏认同感、成就感,对生活缺乏信心和快乐。因而产生职业倦怠。

职业倦怠也可称为"职业枯竭"或"心理枯竭",是一种常见的现代职业疾病。它是指个体无法应付外界超出个人能量和资源的过度要求而产生的生理、情绪情感、行为等方面的一种耗竭状态。根据国际标准,工作倦怠包括三个指标:情绪枯竭、玩世不恭和成就感低落。

情绪枯竭是指个人认为自己所有的情绪资源都已经耗尽,对工作缺乏动力,有挫折感、紧张感,甚至害怕工作。玩世不恭,指刻意与工作以及其他与工作相关的人员保持一定距离,对工作不热心、不投入,对自己的工作意义表示怀疑。成就感低落,是指个体对自身持有负面的评价,认为自己不能有效地胜任工作。

职业倦怠在生活中常表现为:超时工作、睡眠不足、压力巨大、健康负债,经常腰酸背痛,记忆力明显衰退。具体症状如:连续好几天都无法顺利入眠、失眠、多梦,也时常在恐惧中被惊醒,心中仿佛有块沉重的大石头压着;时常对着天花板发呆,脑中一片空白,没有心情去工作,而且觉得无所适从;对目前的工作产生极大厌恶感,并对同事有不满情绪,脾气暴躁,有一种快要崩溃的感觉。

长期处于职业倦怠状态,可能会导致炎症,进而引起心血管疾病和其他与炎症相关的疾病。可以说,职业倦怠不但危害人们的身心健康,而且还会造成缺乏职业道德、消极怠工等职业危害,严重的还会破坏家庭和睦、社会稳定。如果发现自己开始有了职业倦怠的迹象,你应该早做准备,走出心理沼泽,下面有几点建议可供参考:

首先,正确看待工作。每个人都希望通过劳动实现自我价值,不断接受适度的挑战来给自己成就感。这是人类本能的心理需求。有一些人因为工作太少,或者工作太容易完成,觉得没有挑战性和新鲜感,不能充分体现自我价值,而对工作失去

职业倦怠的类型

根据情绪枯竭、玩世不恭和成就感低落这三个指标,可以将职业倦怠分为以下几种类型:

1. 压力型

在连续不断的业绩考核和生存压力下使神经濒于崩溃,对工作产生了厌恶感。

2. 挫折型

来自对目前职业的不满,如工作条件太差、报酬太低、离家太远等。

3. 情绪型

情绪型主要来自情绪的波动,以女性居多。如家人需要照顾等。

兴趣，只把工作当作获取财富的工具，使自己厌倦工作；而有的人则不断地加班，从起初的几个小时到整个周末，除了工作，几乎没有任何社交活动，时间一久，难免会对自己的工作产生反感。其实，成功并不全部来自办公室，如果把自己的爱好和业余活动当作本职工作一样认真对待，并同样引以为豪，就容易保持一种积极的态度，而不至于压力过大。

其次，学会了解自己。不少对职业倦怠的人，就像一群缺少设计图的盖房人，每天都在不断地堆砖头，却不知道自己在做什么，不知道要怎么盖、盖到何时完工。热情就在搬砖过程中一点一滴消失，最后一事无成。如果清楚自己的人生该往哪里去，知道要将自己打造成什么，即使一路走来颠簸失意，也不会因一时失落，觉得疲惫不堪、抱怨连连。对此，专家建议，当你开始对工作产生倦怠时，应该花点时间静下心来重新思索自己。思考自己要什么，擅长哪个领域，性格倾向于从事哪种类型的工作，这份工作可以发挥自己的特长吗，是自己努力不够还是被摆错了位置。

世界上没有一条不变的河流，太阳每天都是新的。要让自己对所从事的职业不感到倦怠，就要抗拒机械的"搬砖"心理，学会了解自己。

生活的乐趣不仅是不停地奔跑

很多时候，我们被生活中一个又一个目标逼迫得只会忙着赶路，不仅工作紧张，而且情绪也紧张，在做一件事情的时候会想到还有一大堆的事情在等着自己，于是时时都匆匆忙忙，急躁不堪，当我们回首的时候，却突然发现因为自己匆忙地赶路，往往失去了更美好的事情。

有这样一个故事：

父子俩一起耕作一片土地。一年一次，他们会把粮食、蔬菜装满那老旧的牛车，运到附近的镇上去卖。但父子两人相似的地方并不多，老人家认为凡事不必着急，年轻人则性子急躁。

这天清晨，他们又一次运货到镇上去卖。儿子用棍子不停地催赶牛车，要牲口走快些。"放轻松点，儿子，"老人说，"这样你会活得久一些。"

可儿子坚持要走快一些，以便卖个好价钱。

快到中午的时候，他们来到一间小屋前面，父亲说要去和屋里的弟弟打招呼。儿子继续催促父亲赶路，但父亲坚持要和好久不见的弟弟聊一会儿。

又一次上路了，儿子认为应该走左边近一些的路，但父亲却认为应该走右边有漂亮风景的路。

就这样，他们走上了右边的路，儿子却对路边的牧草地、野花和清澈河流视而不见。

最终，他们没能在傍晚前赶到集市，只好在一个漂亮的大花园里过夜。父亲睡得鼾声四起,儿子却毫无睡意,只想着赶快赶路。

在第二天的路上,父亲又不惜浪费时间帮助一位农民将陷入沟中的牛车拉出来。这一切,都使儿子气愤异常。他一直认为父亲对看日落、闻花香比赚钱更有兴趣,但父亲总对他说:"放轻松些,你可以活得更久一些。"

到了傍晚,他们才走到能俯视城镇的山上。站在那里,夕阳染红了从山下到城镇的一草一木,光线柔和而不刺眼,妇女们坐在一起闲话家常,老人们正围着几盆花评头论足……他看了好长一段时间,两人都不发一言。这都是年轻人平时所没有观察到的景色,却是父亲一直希望能放在眼中的人生的景色。

终于,年轻人把手搭在老人肩膀上说:"爸,我明白您的意思了。"

很多时候,我们就和上文中的那个儿子一样,在人生中不断地奔跑,向着下一

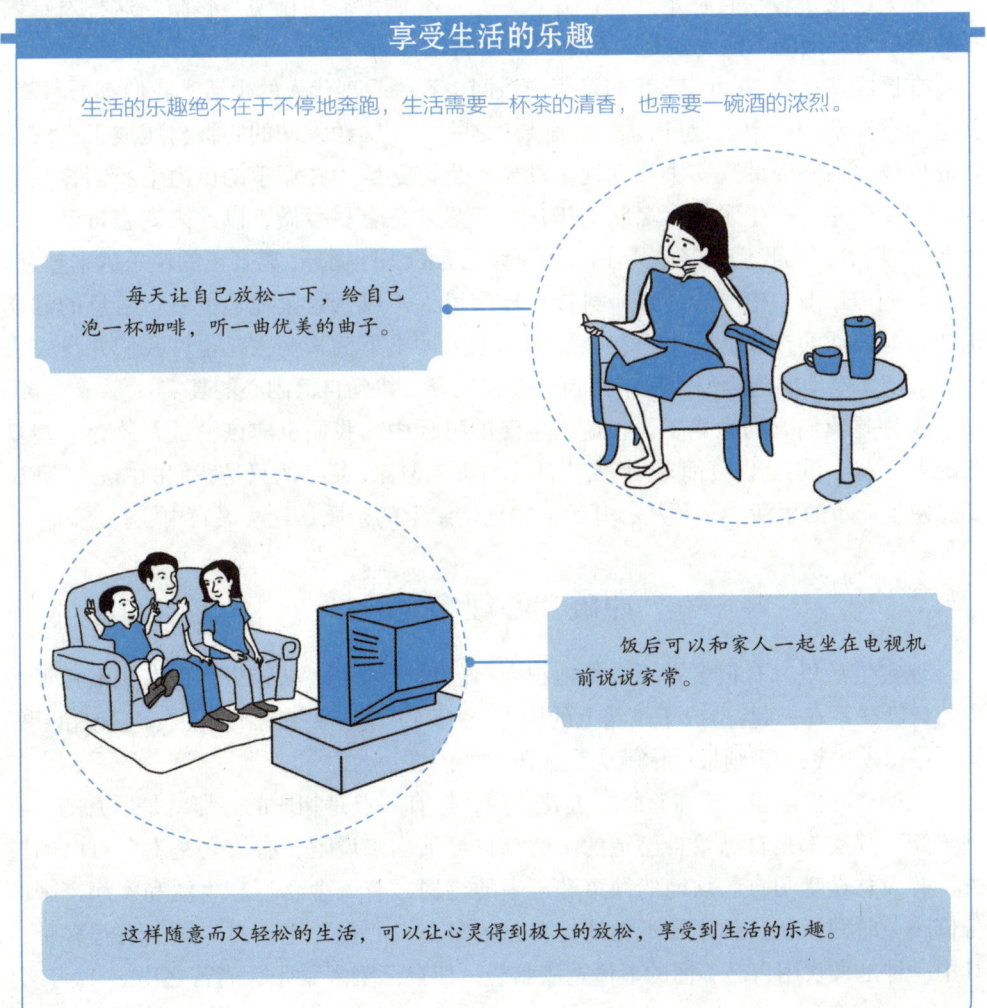

享受生活的乐趣

生活的乐趣绝不在于不停地奔跑,生活需要一杯茶的清香,也需要一碗酒的浓烈。

每天让自己放松一下,给自己泡一杯咖啡,听一曲优美的曲子。

饭后可以和家人一起坐在电视机前说说家常。

这样随意而又轻松的生活,可以让心灵得到极大的放松,享受到生活的乐趣。

个目标不断地奋进,我们的生活被一个又一个的目标所占满,心里、眼里也只剩下这些目标,当我们回头的时候,却发现生命的过程实际上才是最美妙的。

一个樵夫上山去打柴,看见一个人在树下躺着乘凉,就忍不住问他:"你为什么不去打柴呢?"

那人不解地问:"为什么要去打柴?"

樵夫说:"打了柴好卖钱呀。"

"那么卖了钱又有什么用呢?"

"有了钱你就可以享受生活了。"樵夫满怀憧憬地说。

乘凉的人笑了:"那么你认为我现在在做什么?"

这个乘凉的人没有盲目地把自己投入到紧张的生活中,他过的是一种恬静的日子——躺在树下轻松自在地呼吸,并且对生命充满由衷的喜悦与感激。这种发自内心的简单与悠闲的生活方式是多么令人向往啊!

在已经走过的20世纪,我们是否应该回头看一看现代人的生活?我们都忙碌着,被包围在混乱的杂事、杂务,尤其是杂念之中,一颗颗跳动的心被挤压成了有气无力的皮球,在坚硬的现实中疲软地滚动着。也许是因为在竞争的压力下我们丧失了内心的安全感,产生了无可名状的担忧,于是才急着找事做,以此来安慰自己。这样在不知不觉中,我们已经陷入了一种碌碌无为的恶性循环,离真正的快乐越来越远。

我们被工业、电子、传媒、科技、城市等人工风景紧紧地包围着。信息的汹涌正如大海的汹涌让我们每个人在一层层海浪的冲击下荡来荡去。也许我们并没失去什么,却无端地感到凄惶,很难找到宁静和从容,找到自己内心的真实。

也许是我们真的太累了,在追逐生活的过程中,我们也应该尝试着放弃一些复杂的东西,让一切都恢复简单。其实生活本身并不复杂,复杂的只是我们的内心。所以,要想恢复简单的生活,必须从心开始,净化情绪上的杂质,让心灵自由飞舞。

冲破"心理牢笼"

现实生活里,有很多人不自觉地把令自己讨厌的事塞满脑袋,把一些不相干的事与自己联系在一起,造成了情绪上的压力。殊不知,对于令自己讨厌的、想不通的事,我们可以不去想,否则最后你就会变成压力的囚徒。

人的"心理牢笼"千奇百怪、五花八门,但有一点是相同的,那就是所有的"心理牢笼"其实都是自己给自己造的。就拿自寻烦恼来说吧,有人老是责备自己的过失,有人总是唠叨自己坎坷的往事和不平的待遇,有人念念不忘生活和疾病带来的苦恼……时间一长,就不知不觉地把自己囚禁在"心狱"里。自寻烦恼有很多种,其中一种是喜欢用自己不懂的事情塞满脑袋,使自己陷入紧张、痛苦之中。

有一位旅者，经过险峻的悬崖时，一不小心掉落山谷，情急之下抓住崖壁上的树枝，上下不得，祈求上天慈悲营救。这时天神真的出现了，伸出手过来接他，并说："好！现在你把抓住树枝的手放下。"但是旅者执迷不悟，他说："把手一放，势必掉到万丈深渊，粉身碎骨。"

旅者这时反而更抓紧树枝，不肯放下。这样一位执迷不悟的人，天神也救不了他。

不肯放下，让这位旅者失去了最后的一次生存机会。我们总是执迷不悟，对于种种欲望不肯放手，死死握紧，不肯去寻找新的机会，发现新的思考空间，所以陷入负面情绪中。

人的一生充满坎坷，稍不留神，就会被自己制造的"心狱"监禁。在"心狱"里，很多人还在不停地折磨自己，结果造成无法挽回的悲剧。有人认为，"心狱"无法逃离。但事实怎样？人的"心理牢笼"既然是自己造的，人就有冲出"心理牢笼"的能力。这种能力就是精神上的包容，有了这种包容，什么样的"心理牢笼"都可以攻破。

有这样一句话：除了上帝之外，谁能无过？犯了错只表示我们是人，不代表我们就必须承受如下地狱般的折磨。我们唯一能做的就是正视这种错误的存在，从错误中吸取教训，以确保未来不再发生同样的憾事。然后把它忘了，继续前进。

人的一生充满许多坎坷、许多愧疚、许多迷惘、许多无奈，如果不加注意，我们就很容易在这个迷宫里走丢。"心理牢笼"对人的健康危害极大。人的心脏病患，大多都与"心狱"有关，严重者则会造成精神失常，甚至自杀。

我们要攻破自己的"心理牢笼"，尽情享受生活的快乐。

学会忙里偷闲，张弛有度

这是一个令人难以置信的事实：只劳心工作，并不会让人感到疲倦。英国著名的精神病理学家哈德菲尔德在其《权力心理学》一书中写道："大部分疲劳的原因源于精神因素，真正因生理消耗而产生的疲劳是很少的。"

著名精神病理学家布利尔更加肯定地说："健康状况良好而常坐着工作的人，他们的疲劳百分之百是由于心理的因素，或是我们所谓的情绪因素。"

那长期工作者存在的情绪因素是什么？喜悦？满足？当然不是！而是厌烦、不满，觉得自己无用、匆忙、焦虑、忧烦等。这些情绪因素会消耗掉长期坐着工作的人的精力，使他们精力减弱，每天带着头痛回家。不错，是我们的情绪在体内制造出紧张而使我们觉得疲倦。

为什么你在工作时会感到疲劳呢？著名精神病理分析家丹尼尔·乔塞林说："我发现症结在哪里了——几乎全世界的人都相信，工作认不认真，在于你是否有一种努力、辛劳的感觉，否则就不算做得好。"于是，当我们聚精会神的时候，总是皱着眉头，紧绷肩膀，我们要肌肉做出努力的动作，其实那与大脑的工作一点关系也没有。

大多数人不会随便地浪费自己的金钱，但是他们却在鲁莽地浪费自己的精力，这是一个令人难以置信却必须承认的事实，那么，怎样才能解除精神疲劳？答案就是，要学会在工作的时候让自己放松。

古人云："一张一弛，乃文武之道。"人生也应该有张有弛，也应该忙里偷闲。人生就像根弦，太松了，弹不出优美的乐曲；太紧了，容易断。只有松紧合适，才能弹出舒缓优美的乐章。

要养成一种松弛有道的习惯，以最佳的精神状态应对工作，当你进行每天的工作时，就会获得一种放松的状态，更加理性、有激情。每天都要练习一会儿，并"详细地记得"放松的感觉。回想你的手臂、腿、背、颈、脸等各处的感觉。想象自己躺在床上，或坐在摇椅上，这样会帮你仔细回想。默默地对自己说几次："我觉得

劳逸结合

休闲与工作并不矛盾。处理好二者的关系，最重要的是能拿得起，放得下。要学会劳逸结合。

懂得休息。该工作的时候就好好工作，该休息放松的时候就玩个痛快，不要让自己始终处于紧张的状态。

为生活添点乐趣。工作之余，可以隔三岔五地安排一个小节目，比如雨中散步、周末郊游、烛光晚餐等。

总之，注意劳逸结合，适时的忙里偷闲，可以让人从烦躁、疲惫中及时摆脱出来，从而获得内心的平静和安详。

愈来愈放松。"每天练习几次，你会惊奇地发现这样不仅能大大减少你的疲乏，还会提高你的办事能力，由于经常放松，你就可以清除干扰你的忧心、紧张和焦虑了。

晚上回想自己的一天过得是否有意义。想想看："我感觉有多累？如果我觉得累了，那不是因为劳心的缘故，而是我工作的方法不对。"丹尼尔·乔塞林说过："我不以自己劳累的程度去衡量工作效率，而用不累的程度去衡量。"他还说："一到晚上觉得特别累或者容易发脾气，我就知道当天工作的质量不佳。"如果全世界的工作者都懂得这个道理，那么，因过度紧张所引起的高血压死亡率就会迅速下降，我们的精神病院和疗养院也不会人满为患了。

量力而为，才不会力不从心

生活里，有人为了获得巨大的利益，不停地调整自己的路线，甚至急躁地想要直奔利益的终点，可是急于求成的人往往会事倍功半。还有一些人，他们每天都在为了未来的事情操心，最后把自己弄得身心俱疲。但是命运只肯按照现实的样子，向我们展示生活，根本不可能因为我们的急躁就提前向我们展开未来的画卷。所以，我们只能按照自己既定的生活路线，一步一步慢慢地向前行走，为自己的未来打开局面。

有一位登山运动员攀登珠峰，在到达海拔8000米处时，因为感觉体力不支而停了下来。后来当他讲到这段经历时，大家都替他惋惜，为何不再坚持一下呢？再咬紧一下牙关，再攀一点高度！但是他非常肯定地说："不。我自己最清楚，海拔8000米是我登山生涯的最高点，我一点都没有遗憾。"因为他清楚地知道海拔8000米是他人生的最高点。

假如在攀登过程中，这位运动员不顾身体的劳累，咬紧牙关奋力向上，等待他的可能不是成功的喜悦，而是更强烈的高原反应，他也许会因体力不支而倒下，他也许再也没有办法继续他的人生。因此，他明智地放弃，这样既保全了性命，又获得了属于自己的荣耀，同时也达到了自己人生的最高峰。如果我们在生活中也能这样量力而为，那么我们的人生将因此而充实无憾，我们前行的道路因此而绵延悠长。量力而为，才不会力不从心，才会领略到生命别样的风采。

对于工作和生活，我们不用刻意去追求，只要用心经营，量力而行，即使眼前是一片荆棘，也不会觉得力不从心。我们或许会感叹自己的生活平淡无味，有时会觉得自己的工作琐碎繁重，有时会气馁于工作上的某种失败，但只要我们时常怀有感恩的心，便能从腐朽中发现神奇，从平凡中寻到精彩，从失败中吸取教训。

我们需要跳出忙碌的圈子，降低自己本身的期望，全身心地体验生活，放松地拥抱生活，才会发现生活原本就是简单而富有乐趣的。简单的生活并不代表着要枯燥乏味，而且正好相反，是我们听从内心的呼唤，抛弃那些纷繁而无意义的事情，投入新的生活，体验生活的本来色彩和淳朴趣味。

　　心灵是一方广袤的天空，它包容着世间的一切；心灵是一片宁静的湖水，偶尔也会泛起阵阵涟漪；心灵是一块皑皑的雪原，它辉映出一个缤纷的世界。尘世间，许多人眷恋轰轰烈烈，为了金钱，或者为了名利而迷失了自己。而生活的智者却总能留一江春水细浪，淘洗劳碌之身躯，存一颗闲静淡泊之心，寄寓灵魂。追求更高的生活境界固然很好，但是必须记住：只有量力而为，才不会力不从心。

第四章

远离精神疾病——提防抑郁

做自己最好的朋友

抑郁是人们常见的情绪困扰，是一种感到无力应付外界压力而产生的消极情绪，常常伴有厌恶、痛苦、羞愧、自卑等情绪。它不分性别、年龄，对大多数人来说，抑郁只是偶尔出现，历时很短，很快就会消失。但有些人，则会经常地、迅速地陷入抑郁的状态而不能自拔。当忧郁一直持续下去，愈来愈严重以致无法过正常的生活时，即变成抑郁症。

在情绪不好的时候，要向别人倾诉，千万不要一个人默默地独自承受。

青春本该是无忧无虑的，青春期的孩子都有着纯真的笑容和年轻无畏的心。但是，14岁的凯瑞却不这么认为，她在心里埋怨着这"烦恼的花季"。自从进入中学之后，凯瑞就从来没有开心过，每天都有做不完的作业和练习题。除了老师布置的作业，父母还专门给她请了钢琴老师教她弹琴。凯瑞也曾向父母抗议，但是父母根本没有理会她。

看着伙伴们在外面自由自在地玩耍，凯瑞却只能一遍又一遍地弹着练习曲，她的情绪越来越低落，常常一整天一言不发，不与同学交谈。因为很少见到她笑，同学们送给她"冷美人"的称呼。凯瑞喜欢孤独，常常莫名其妙地流眼泪……

凯瑞在各种压力下，陷入了抑郁的旋涡。

有些抑郁症患者倾向于退居人群之外，他们对周遭的事物失去兴趣，因而无法体验各种快乐。对他们而言，每件事物都显得晦暗，时间也变得特别难熬。通常，他们脾气暴躁，而且，常试着用睡眠来驱走抑郁或烦闷，或者随处坐卧、无所事事。大部分人所患的抑郁症并不严重，他们仍和正常人一样从事各种活动，只是能力较差，动作较慢。

除出现抑郁外，身体上也会出现变化，常见的症状有：

（1）在吃、睡以及其他方面失去兴趣或出现困难。

（2）对外在事物漠不关心。

（3）消化不良、便秘及头痛。

抑郁症的危害

很多人对自己的情绪都不太注意,也不知道抑郁的情绪和心理会带来很大的危害。

我最近经常生病……

长期抑郁,会导致身体的各项机能出现问题,免疫力随之降低。

在精神上会出现运动阻滞,以致人的思维消极、反应迟钝。

发什么呆啊?喊你都听不到。

你这个傻孩子,这是要干什么啊?

抑郁症还是人自杀的动因,被人们称为"人类第一号心理杀手",是自杀率最高的心理疾病。

因此,每个人都应该重视自己的情绪,如果出现抑郁等不良情绪,应该注意及时排解,避免影响身心健康。

（4）与现实脱节。

（5）产生罪恶感及无用感。

（6）爱幻想。

（7）遇事退缩。

抑郁是一种很常见的情绪障碍，长期抑郁会使人的身心受到损害，使人无法正常地工作、学习和生活，但不需要过分担心。经过适当调适后，基本都可以恢复正常、快乐的生活。面对压力时，坚强的人可以平稳地度过，而一些心理脆弱的人往往容易诱发抑郁情绪，甚至患上抑郁症。

日常生活中，也许你会因为没有做好一件事情而焦躁不安，甚至深深地自责。其实你大可不必如此，你可以换一种方式来完成它。你可以将大事分成小事，并规定自己一次只做一件事，这样完成一件事情就会变得容易很多。

当自己处于困境，或表现不好时，你可以对自己说："我已经尽力了，结果虽然和自己想象的有距离，但是肯努力就是一种进步，慢慢来，千里之行，始于足下。"这样，渐渐地你就会摆脱抑郁情绪的困扰。

同时，足够的信心对克服抑郁症也十分关键。生活中，很多已经克服了抑郁症的人依然惴惴不安，总是担心抑郁症复发。自己心情稍有波动，就会误以为是抑郁又找上了自己。不要以为抑郁症总会复发，那样会给自己的心理造成一种消极暗示。

抑郁者常常会选择与孤独相伴，这样只会让自己在孤独中感到更加空虚、茫然。所以，你应该主动和人接触，不要总把自己封闭起来。你可以找自己信得过的朋友聊聊天，或多参加有益的活动等。

作为一种心理疾病，抑郁患者常常诋毁自己，使自己陷入自责、悔恨、恍惚、迷失之中。如果任凭自己这样发展下去，结果将会更加糟糕。这时最需要做的是接受自己，做自己最好的朋友，能从内心接受自己是克服抑郁的最大突破。

没有人不幸到会遇上所有的坏事情，也没人幸运到会遇上一切的好事情，那为什么人的心境会有天壤之别呢？其实问题，恰恰在人的内心。当体验到了生活中美好的东西时，你的生活自然就充满激情了。

别让抑郁遮盖了五彩斑斓的生活

在我们的生活中，总会遇到诸如成绩下降、生病难受、父母离异、家庭窘迫等情况，这时很多人都会产生悲观、失望、忧郁、焦虑等情绪。

人生难免遭受挫折，总会遇到各种不如意。面对生命中的这些挫折，我们应该积极应对，走出阴霾，不要让抑郁遮盖了五彩斑斓的生活。

小静是个多愁善感的女孩，常会为了一些平常的小事掉眼泪，一本煽情的小说、一部感人的电影，或是家里的小宠物生病了，都会使她非常难过。爸爸妈妈见到她这样，告诉她："你要是经常伤心，会很容易生病的。"听了父母这样的话，小静的眼泪更加不由自主地流了下来。

如今，小静上初三了，马上就要中考了，她变得更加容易忧伤了。因为她比较喜欢文学，而对数理化各科均不感兴趣，一到数理化考试，小静就很头痛，而考试结果更是让脆弱的小静难以接受。

同时，爸爸最近的表现也令小静感到很烦恼，她觉得爸爸不再像以前那么爱她了。以前，小静总是喜欢钻进爸爸的怀里撒娇，可现在她这样做的时候，爸爸就会说："小静，你已经长大了，不能总在爸爸的怀里撒娇。"小静便认为爸爸不再爱自己了。她每天都觉得不开心，心情就像阴沉沉的天空，随时就会下起雨来。

虽然心中有很多苦恼，但是小静从来不对别人讲，只是把它们深深地埋在心底。她觉得没有人能够体会到她的忧伤，而且还常常为此而偷偷地掉眼泪。由于心情很差，休息也不好，小静的身体越来越差，有一天上课的时候，她竟然晕倒在课堂上。老师和同学将她送进了医院，医生给小静做出了诊断：青春期抑郁症。

青春期原本应该是五彩斑斓的，但是抑郁却让青春期蒙上了一层阴影。其实不只是青春期，人生的各个阶段都不时会有抑郁的情绪来打扰，抑郁起源于对生活的不顺心，对此，我们应进行积极的心理调适，走出阴霾。以下八种方法，大家不妨一试：

第一，沉着冷静，不慌不怒。从客观、主观、目标、环境、条件等方面，找出受挫的原因，采取有效的补救措施。

第二，移花接木，灵活机动。原先的预期目标受挫，可以改用别的途径达到目标，或者改换新的目标，获得新的胜利，即"失之东隅，收之桑榆"。

第三，自我宽慰，乐观自信。能容忍挫折，心胸坦荡，积极乐观，发愤图强，满怀信心去争取成功。

第四，鼓足勇气，再接再厉。要勇往直前，加倍努力，要认识到正是生命中的种种不顺利才使我们变得聪明和成熟。

第五，情绪转移，寻求升华。可以通过自己喜爱的集邮、写作、书法、美术、音乐、舞蹈、体育锻炼等方式，使情绪得以调适、情感得以升华。

第六，学会宣泄，摆脱压力。找一两个亲近、理解你的人，把心里的话全部倾吐出来，从而摆脱压抑状态，放松身心。

第七，学会幽默，自我解嘲。幽默和自嘲是宣泄积郁、平衡心态、制造快乐的良方。我们不妨采用阿Q的精神胜利法或幽默的方法来调整心态。

第八，必要时求助于心理咨询。当你无法独自走出心理阴霾时，不妨求助于心理咨询机构。

人生在世，不可能事事得意、事事顺心。面对挫折能够虚怀若谷、大智若愚，保持一种恬淡平和的心境，这是人生的智慧。正如马克思所言："一种美好的心情，比十服良药更能解除生理上的疲惫和痛楚。"

正视无法控制的事情

没有人能告诉你生活中将会发生什么，人没有预知未来的神奇力量。我们都希望高兴的事情能多一些，希望是美好的，有时现实却很残酷，情绪也随着低落，为此，有些人郁郁寡欢，养成抑郁的习惯，结果让自己的生活充满阴霾。其实，这样的做法很愚蠢。我们既然不能控制事情的走向，为什么不改变面对事实，尤其是坏事的情绪呢？

有些人仅仅因为打翻了一杯牛奶或轮胎漏气就神情沮丧，情绪失去控制。这不值得，甚至有些愚蠢。

许多时候打败我们的，不是别人，而是我们自己。勇敢地去面对生活，始终保持一种乐观的心态，我们就会成为不可战胜的英雄。

也许我们现在所生活的环境，不利于我们的事业、兴趣的发展。这时，我们感到抑郁，埋怨世界、抱怨环境是没有用的，只能从思想上去适应它。普希金说，假如生活欺骗了你，不要忧郁，也不要愤慨。我们的心憧憬着未来，令人悲哀的状况是暂时的，转瞬即逝，而那逝去的将变为美好的。在漫长而蜿蜒的生命旅途上，很多挫折和颠簸是我们必须要经历的，所以要学会在满身泥泞时面带笑容，在电闪雷鸣中也要高声歌唱，用乐观的心看待生活，认定一个目标，并坚定不移地走下去，这样我们才能够体验最真实的生活，我们才有踏上平坦和开阔道路的机会。

张军是一个工作很努力的人，在公司 5 年了，业绩一直不错，也深受领导的厚爱。但是两个月前，自己的领导被调往了纽约总部，他面临的这位新领导是公司老总的儿子，能力不高，但是却特别傲慢。张军非常不适应这位"太子爷"的行事作风。因此张军这两个月的情绪很低落，工作的热情也慢慢消失殆尽。

这时，一位和他关系还不错的前辈告诉他：每个人都会遇到诸如此类的事情，自己无法改变，那就不要为了它难过，振作起精神来，以饱满的情绪去做你真正该做的事情。后来，张军也想明白了，老前辈说的有道理，于是他重新开始努力工作，后来他原来的领导因为缺人手，就把他调到了纽约总部。

许多事情就像例子中讲的那样，属于我们无法改变的范畴，如果为了它们而产生负面情绪，真的非常不值得。不如放开心胸，远离抑郁，说不定会有转机发生。

人生在世，总难免会遇到不开心的事情，但千万不要为你无法控制的事情而抑郁，你完全具备选择对某件事情采取何种态度的能力。如果你不控制情绪，情绪就会控制你。所以别把牛奶洒了当作生死大事来对待，也别为一只瘪了的轮胎苦恼万分，既然事情已经摆在了面前，就不能闭上眼睛，应该勇敢地正视它，然后再勇敢地解决它。如果面包放错了位置，如果你失去了一次升职的机会，坦然地接受它们，否则，它们会毁了你取胜的信心。在困境中依然保持着泰然、豁达心境的人，无疑是一个在厄运面前不会绝望的人，这样的人注定永远不会被生活所击垮。

抑郁心理的表现

情绪低落、无精打采，就算是以前喜爱的事也没了兴趣，干什么都高兴不起来，总是感到不快乐。

对自己和未来没有任何信心，小小的缺点和过失也会给他们带来不尽的后悔。

常常出现失眠、食欲不振、疲劳、头疼等症状，精神倦怠、表情冷漠。

如果自身出现了以上的症状，就要意识到自己可能产生了抑郁的情绪，应该注意及时排解，避免产生严重抑郁心理。

当自己已经尽力，可因为个人无法控制的所谓"天命"而使事情变糟时，恐慌、着急、抑郁、悔恨都无济于事，不如坦然面对——清除抑郁情绪，保持乐观的心态。

不拿过去犯的错误惩罚自己

在生活中，有太多的人喜欢抓住自己的错误不放：没能抓住发展的机遇，就一直怨恨自己不具慧眼；因为粗心而算错了数据，就一直抱怨自己太大意；做错了事情伤害到了别人，会因为没有向对方及时道歉而自责很久……

每个人只有一次生命，所以不想这一生存有遗憾，希望自己所做的事情尽量都是正确的，人生没有任何污点。可是这种想法有一点天真。我们都是平凡的人，做事情犯错误是正常的，谁都不能保证自己不犯错误，在错误已经存在后，随即产生责备自己的言行都属于一种正常的情绪表达，如果在责难之后做认真的自我分析与改正，那么责难情绪则发挥了正面作用，正因为有了这种"积极的谴责"，我们才会在今后又好又快地做事情。但是，如果你纠缠住错事不放，或羞愧难当、一蹶不振；或停滞不前、自暴自弃，那么你的这种做法就是愚人之举了。

卓根是哥本哈根大学的学生。有一年暑假，他去当导游，因为他热心地提供了许多额外的服务，因此几个芝加哥来的游客就邀请他去美国观光。旅行路线包括在前往芝加哥的途中，到华盛顿特区进行一天的游览。

卓根抵达华盛顿以后就住进了"威乐饭店"，此时的他乐不可支，外套口袋里放着飞往芝加哥的机票，裤袋里则装着护照和钱。当他准备就寝时，却突然发现由于自己粗心大意，放在口袋里的皮夹竟然不翼而飞了。他立刻跑到前台说明了情况。

"我们会尽量想办法。"经理说。

第二天早上，仍然没找到，卓根身上连两块钱都不到。因为一时的粗心马虎，让自己孤零零一个人待在异国他乡，应该怎么办呢？他越想越生气，越想越懊恼，于是想到了很多办法来惩罚自己。

这样折腾了一夜之后，他突然对自己说："不行，我不能一直沉浸在悔恨当中。我要好好看看华盛顿。说不定我以后没有机会再来，但是现在仍有宝贵的一天待在这个国家里。幸好今天晚上还有机票到芝加哥去，一定有时间解决护照和钱的问题。"

"我跟以前的我还是同一个人，那时我很快乐，现在也应该快乐呀。我不能因为自己犯了一点错误就在这白白地浪费时间，现在正是享受的好时候。"于是他立刻动身，徒步参观了白宫和国会山，并且参观了几座大博物馆，还爬到华盛顿纪念馆的顶端。尽管他没有去成原先想去的阿灵顿和许多别的地方，但他看过的，他都看得更仔细。

等他回到丹麦以后，回想这趟美国之旅最使他怀念的却是在华盛顿漫步的那一天，但是如果他一直抓住过去的错误不放，那么这宝贵的一天就会白白溜走。

正是因为卓根明白不能因为自己犯了一点错误就白白浪费时间惩罚自己，因此他利用这一天的时间好好参观，为自己留下最美的回忆。是的，对于过去发生的事情，我们无能为力。而对于未来，它还没有发生，我们对于它的一切担忧不过是想象。只有此刻，才是最真实的，也只有抓住此刻，才是最幸福的，才是最懂得疼爱自己的。

放下过去的错误，向前看，才能有更多的收获。我们一生当中会犯很多错误，如果每次都抓住错误不放，那么我们的人生只能在懊悔中度过。很多事情，既然已经没有办法挽回，就没有必要再去惋惜悔恨了。与其在痛苦中挣扎浪费时间，还不如重新找一个目标，继续奋发努力。

好心态创造好人生

积极和消极这两种截然相反的心态会带给人们巨大的反差。如果以消极的态度来对待一件事，这就决定了你不能出色地完成任务。只有以积极的态度来对待，你才能出色地、超乎寻常地完成这件事。当然，持有消极心态的人并非完全不能转变成一个具有积极心态的人。

积极的心态能使你集中所有的精力去成就一番事业。当你以积极的心态全力以赴时，无论结果如何，你都是赢家。任何事物都有两面性，至于我们所知所欲的境地，其实都是基于自己将意愿刻印在潜意识中的结果。如果对此一味悲哀，或无所适从，不但无法改变目前的状况，而且也很难实现人生理想。所以说，即使身处绝境，也应保持积极的思考态度，积极的思考能使你集中所有的精力去成就事业。

有一位妈妈，她有一位读高中而且网球打得很好的女儿。有一年，学校举行网球联赛，女儿信心十足地报了名，满怀着夺冠的希望。

比赛前，当女儿查看赛程表时，发现第一场和自己比赛的竟是曾经打败她的高手，她为此垂头丧气。"这次可能连预赛出线的机会也没有了。"

妈妈对她说："你想不想把那人打败呢？"

"当然想呀，不过她上次把我打得很惨，我们的实力相差太远了。"

"我有一个方法，如果你照着我的话做，你便能赢这场比赛。"

"真的吗？请妈妈快点告诉我吧！"

"你现在闭上眼睛，回想以前你打网球时最精彩的一幕，好好地感受胜利的滋味。"女儿照着妈妈的话去做，脸上的绝望不见了，换来的是一片容光焕发。对面临的比赛态度的改变，让她充满了信心和活力。

不久，比赛开始了。女儿信心百倍地踏上球场，施展浑身解数，把对方打得落花流水，顺利地赢得第一场比赛。

培养积极的心态

一个人能飞多高,很大程度上取决于他自己的心态。我们的心态在很大程度上决定了我们人生的成败。那么,如何才能培养积极心态呢?可以尝试从以下两个方面做起。

我要像一个自信的人一样给他们讲解!

1. 言行举止像你希望成为的人

积极行动会导致积极思维,而积极思维会导致积极的人生心态。现在开始就积极行动起来,去努力成为你想成为的人,心态自然也跟着积极起来。

就算再难,相信用不了几年,我也会把房贷全还清的!

2. 要心怀必胜、积极的想法

当我们开始运用积极的心态并把自己看成成功者时,我们就已经开始走向成功了。

其实只要我们对待现实积极一些、热情一些,就能让自己拥有积极的心态。

想想积极的事，有助于心态的改变。凡事不从好的方面去想，往往可能还没有去做事，就失去了信心，其结果很可能朝着不利的方向发展。做什么事，都要有积极的心态，都要从好的方面去想。当你想象自己会成功时，你就会增强信心，并努力地去实践。从好的方面想，才有好的结果。

　　积极的人生态度是一个人获得成功与快乐的一项重要原则，我们可将此原则运用到自己所做的任何事情上，这样我们会幸福到永远。

　　事实上，如果我们有一个积极的心态，并引导它为我们的目标服务，那么，积极心态就能为我们带来成功。而如果我们所抱持的是消极的人生态度，我们将会尝到失败的苦果。

　　通过比较，到底应该树立什么样的人生态度，应该是显而易见的了。

第五章

对发生的事不要纠结——放下后悔

不要长期沉浸在懊悔的情绪中

我们会因为自己做错事而产生懊悔的情绪，这种情绪本身是健康积极的，代表我们已经意识到事情的错误或者给别人造成的伤害，少量的懊悔情绪会让我们朝着弥补错误的方向去努力，做更加优秀的自己。但是，如果我们长期处在懊悔之中事情会变得越来越糟，则对身心是一种损耗，我们每天会惶惶不可终日，总是担心别人责怪我们，或是担心事情会变得越来越糟，而没有将懊悔的情绪转化为正面的行动。仅仅用懊悔情绪而不是正面行动来对待错误，会让我们的损失更大，甚至失去生活中的很多乐趣。

有一个著名的哲理故事"不为打翻的牛奶哭泣"，就说明了这个道理。

在美国纽约市的一所中学里，某班的多数学生常常为学习成绩不理想而感到忧虑和不安，以致影响了下一阶段的学习。一天，保罗博士在实验室给他们上课，他先把一瓶牛奶放在桌子上，沉默不语。

同学们不明白这瓶牛奶和这节课有什么关系，只见他忽然站了起来，一巴掌把那瓶牛奶打翻在水槽中，同时大喊了一句："不要为打翻的牛奶哭泣！"然后他叫所有同学围拢到水槽前仔细看那破碎的瓶子和淌着的牛奶。博士一字一顿地说："你们仔细看一看，我希望你们永远记住这个道理：牛奶已经淌完了，不论你怎样后悔和抱怨，都没有办法取回。你们要是事先想一想，加以预防，那瓶牛奶还可以保住，可是现在晚了，我们现在所能做到的，就是把它忘记，然后注意下一件事！"

当牛奶杯子被打翻，牛奶洒了，你是该为洒了的牛奶而哭泣后悔，还是行动起来找出教训，以后不再打翻？答案是显而易见的，当然应该是后者。流入河中的水是不能取回的，打翻的牛奶也不能重新收集起来。或许你在一段时间里会自责不已，但请记住：不要为打翻的牛奶哭泣。牛奶打翻在地已是既成事实，即使你再哭泣，也于事无补。它不会吝惜你的眼泪，也不会被你感动。你只有调整情绪，面对现实，正视它，吸取教训，争取拥有一杯更纯、更好的牛奶。

当你经历挫折的时候，必须忘却过去的不幸，重新开始新的生活。莎士比亚说：

"聪明人永远不会坐在那里为他们的损失而哀叹，而是积极去寻找办法来弥补他们的损失。"这就像那些明智的投资者，既然自己的投资已经构成了沉没成本，再唏嘘嗟叹也于事无补，倒不如接受教训，放下包袱，轻装前行。

吃一堑长一智是很重要的。如果你连续不断地打翻牛奶，那就应该好好反省，找出症结所在，把问题彻底解决。这样，每经历一次困难、挫折，你就会增长一些经验，获得更丰富的人生经历。如果你身边的人，他们没有打翻过牛奶，或是极少打翻过，那最明智的做法就是，认真学习人家的经验，虚心地向他们请教，找到避免打翻牛奶的做法，是最经济、最有效的方法。

别让不幸层层累积

美国第六任总统约翰·昆西·亚当斯提醒人们说："不要把眼泪浪费在昔日的忧伤上。"乔治五世在他白金汉宫的墙上挂着下面这句话："不要为月亮哭泣，也不要为过去的事后悔。"叔本华也说过："能够顺从，就是你在踏上人生旅途中最重要的一件事。"一次不幸就已经让你有了一次负面情绪的体验，如果再后悔就会不断累积这种体验。

在人的一生中，会时时遇到悔恨，但过多的悔恨如果不能及时清空，就日积月累中聚集起来，如同长堤中那些看似渺小的蚁群，由于它们的蚕食，长堤上的薄弱点越来越多，终有一天，长堤将被巨浪冲垮。

有一个小女孩，她从小就特别喜欢跳舞。但是，在她小学二年级时发生的一件事，影响了她的一生。因为她虚荣心比较强，她偷走了同桌的一块漂亮的橡皮，后来她遭到全班同学的嘲笑。

小女孩的内心非常受伤，一时冲动就用圆规在自己的手背上刺了个印记。若干年后，小女孩出落得亭亭玉立了，在她满怀欣喜地准备报考自己最爱的舞蹈专业时，才发现这块突兀的印记在她白皙的手背上是多么显眼。因为印记的关系，小女孩与舞蹈专业擦肩而过，而且在以后的生活中，她也是畏畏缩缩，不敢大大方方地把手拿出来，这也让她变得极不自信。就因为童年这个不幸的记忆，她逐渐变得讨厌自己，还患上了抑郁症。

要从过去的不幸中走出来，最好的方法就是每天播种一个希望，让希望引领你走出过去，迎接每一个崭新的日子。

一个人要及时走出过去的情绪阴影。因为没有一个人是没有过失的，如果有了过失能够决心去改正，即使不能完全改正，只要继续不断地努力下去，心中也会坦然了。徒有感伤而不做切实的补救工作，是最要不得的。我们应当吸取过去的经验教训，但也不能总是在过去的阴影中活着。内疚是对错误的反省，是人性中积极的一面，却又属于情绪的消极一面。我们应该分清这二者之间的关系，反省之后迅速行动起来，把消极变成积极，让积极的更积极。

我们不能抛弃过去，可是也不能做过去的奴隶。在心灵的一个角落里，珍藏起自

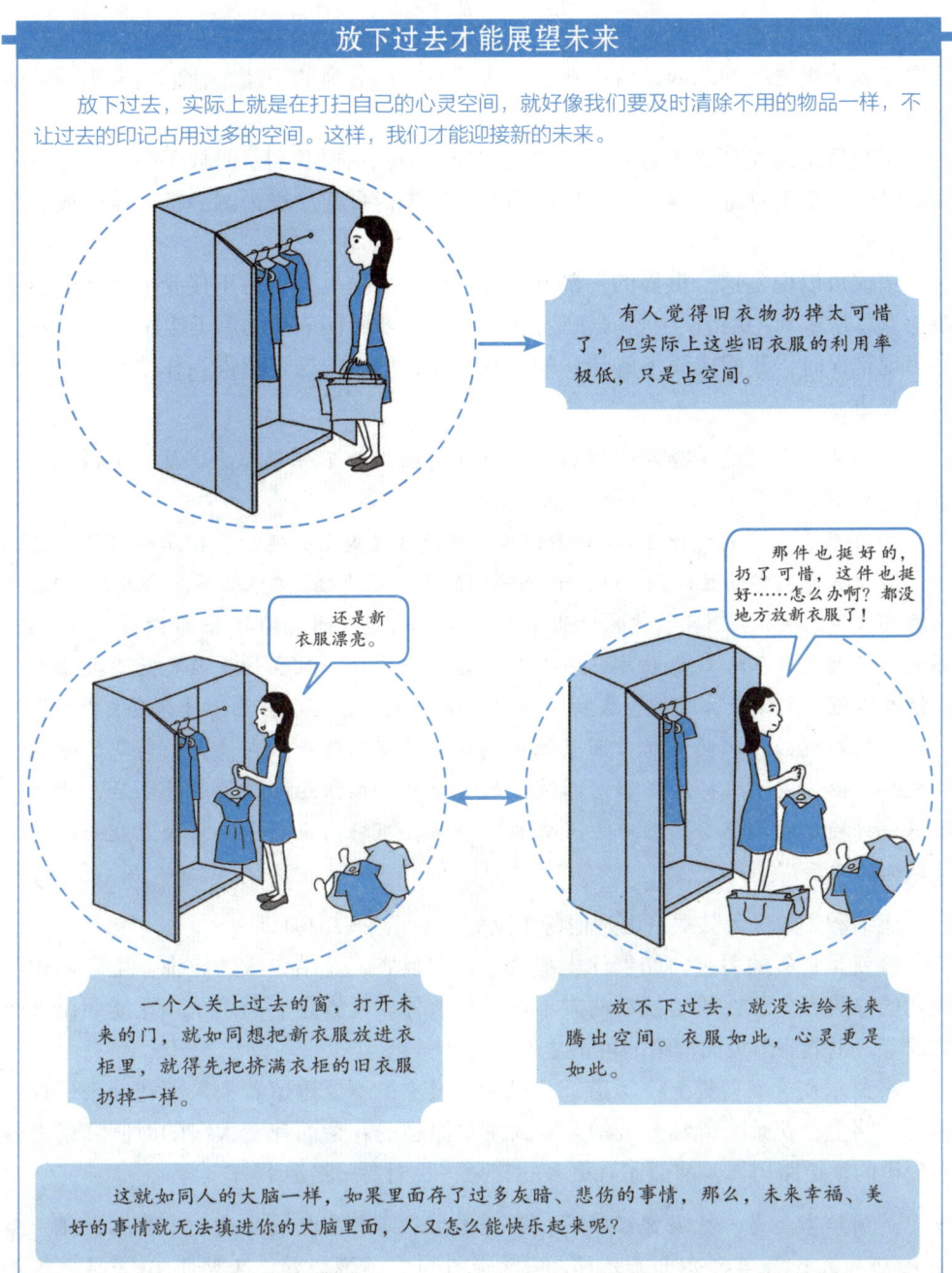

己遭遇的种种喜怒哀愁、酸甜苦辣，把广阔的心灵空间留给现在。

学会从失败的阴影里走出来

失败并不可怕，问题是我们能不能正确对待失败，能不能有正确的情绪反馈。只要找到上次失败的原因，就会在下一次减少自己后悔的情绪，我们就会离成功越来越近。

乐观情绪的光环并不是只围绕那些成功者转，只要我们及时放下后悔，也有成功的机会。正确对待失败，找出失败的原因，进行自我反思，就为下一步的成功奠定了基础。

错误可以说是这个世界的一部分，与错误共生是人类不得不接受的命运。但错误并不总是坏事，从错误中吸取经验教训，再一步步走向成功的例子比比皆是。因此，当出现错误时，我们应该了解错误的潜在价值，然后把这个错误当作垫脚石，从而获取成功。

1958年，弗兰克·康纳利在自家杂货店对面经营了一家比萨饼屋，筹措他的大学学费。

19年后，康纳利卖掉3100家连锁店，总值3亿美元，他的连锁店叫作必胜客。

对于其他也想创业的人，康纳利给他们的忠告很奇怪："你必须学会反省失败。"他的解释是这样的："我做过的行业不下50种，而这中间大约有15种做得还算不错，那表示我大约有30%的成功率。可是你总是要出击，而且在你失败之后更要出击。你根本不能确定你什么时候会成功，所以你必须先学会反省自己为什么会失败。"

康纳利说必胜客的成功归因于他从错误中学得的经验。在俄克拉荷马的分店失败之后，他知道了选择地点和店面装潢的重要性；在纽约的销售失败之后，他做出了另一种硬度的比萨饼；当地方风味的比萨饼在市场出现后，他又向大众介绍芝加哥风味的比萨饼。

康纳利失败过无数次，可是他善于反省、总结失败的教训。

这就是自省的力量。如果你也能善于自我反省，总结失败的教训，把它们化作成功的垫脚石，那么成功就在前方不远处等着你。反省是一面镜子，它能照出失败的根源，也能照出负面情绪的可怕之处。

泰戈尔在《飞鸟集》中写道："只管走过去，不要逗留着去采下花朵来保存，因为一路上，花朵会继续开放的。"为采集路边的花朵而花费太多的时间和精力是不值得的，道路还长，前面还有更多的花朵，我们要一路走下去。

美国作家马克·吐温曾经经商，第一次他从事打字机的生意，因受人欺骗，赔了19万美元；第二次办出版公司，因为是外行，不懂经营，又赔了10万美元。两次共赔将近 30 万美元，不仅把自己多年的心血换来的稿费赔个精光，而且还欠了许多债。

马克·吐温的妻子奥莉姬深知丈夫没有经商的才能，却有文学上的天赋，便帮

如何走出失败的阴影

学会从失败的阴影里走出来，才是我们失败之后应该做的事情，而不是活在失败情绪的阴影里。

多参加一些社交活动和聚会，结识志趣相投的朋友，交换对自己有用的信息，有利于总结失败的经验教训，为将来的成功做好铺垫。

有条件可以参加一些培训，提升自己的能力和素质，让自己有战胜失败的实力。

参加一些体育活动，学会适时放松自己的身心，有助于失败后不良情绪的发泄。

总之，当自己走进失败的怪圈不能自拔时，要努力参加一些活动，另外，朋友的力量也不可小觑哦！不要自己一个人愁眉不展，那样只会越来越糟。

助他鼓起勇气，振作精神，重新走创作之路。终于，马克·吐温很快摆脱了失败的痛苦，在文学创作上取得了辉煌的成就。

如果马克·吐温一直抓住过去的失败不放，那么他就没有成为著名作家的那一天。成功需要坚持，需要自己一次次从失败的阴影中走出来。被情绪打败的人，永远不能品尝到成功的喜悦与甘甜。

失败并不可怕，我们只是被它打倒一次，受了点伤，流了点眼泪而已。但是如果你一直沉溺在失败带来的负面情绪中，就会觉得自己好像失去了双臂双脚，根本就没有力气爬起来。我们只有爬起来，才能再次出发，迎接美好的未来。

别抓住自己的缺点不放

每个人都会有各种各样的缺点和不足，如果我们一味地沉溺在自己的缺点中无法自拔，那么生活还有什么意义呢？我们每一个人都是独一无二的，将自己的缺点放大，而看不到自己优点的人一定是不会快乐的。当你觉得自己没有一个优点的时候，说不准此刻别人正在羡慕你的才能。

小齐读大学的时候，所在班级每天中午都要上演一个同学们喜闻乐见的节目，就是"才艺大观"。按规定，班内的每个人都要参与，你可以发表演讲，也可以说段子、讲笑话，只要能展示你自己，并且大家爱听爱看，无论什么节目都可以。

有一天中午，轮到小齐上台表演。他可以说是班上男生里最不起眼的一个，无论是学习成绩还是外貌形象，倒数第一的准是他。只见他慢腾腾地走上讲台，摘下他那顶作为道具用的西部牛仔帽子，先向同学们深深地鞠了一躬，然后清清嗓子开始演讲：

"嗯！从身材上看，不用我说大家也可以看出，我属于三等残疾之列，但大家知道吗？我比拿破仑还高出10厘米呢，他是1.5米，而我是1.6米；还有维克多·雨果，我们的个头都差不多；我的前额不宽，天庭欠圆，可伟大的哲人苏格拉底和斯宾诺莎也是如此；我承认我有些未老先衰的迹象，还没到20岁便开始秃顶，但这并不寒碜，因为有大名鼎鼎的莎士比亚与我为伴；我的鼻子略显高耸了些，同伏尔泰和乔治·华盛顿的一样；我的双眼凹陷，但圣徒保罗和哲人尼采亦是这般；我这肥厚的嘴唇足以同法国君主路易十四媲美，而我的粗胖的颈脖堪与汉尼拔和马克·安东尼齐肩。"

沉默了片刻，他继续说："也许你们会说我的耳朵大了些，可是听说耳大有福，而且塞万提斯的招风耳可是举世闻名的啊！我的颧骨隆耸，面颊凹陷，这多像美国内战时期的英雄林肯啊；我那后缩的下颌与威廉·皮特和哥德斯密不分伯仲；我那一高一低的双肩，可以从甘泌大那寻得渊源；我的手掌肥厚，手指粗短，大天文学家丁顿也是这样。不错，我的身体是有缺陷，但要注意，这是伟大的思想家们的共同特点……"

当小齐做完他的节目走下讲台时,班级里爆发出久久不息的掌声。

小齐的这次讲演,不仅在于他的风趣幽默与妙语连连,更在于他让同学们学会了如何对待自己的缺点。

不是我们不够优秀而是我们太难为自己,难为到我们自己也为之伤心、失落。一个人最闪光的时刻就是自信的时候,自信需要我们不断地寻找自身的优点,而不是一味地强调自己的缺点。一个外貌条件不出众的人可以比一个自身条件优越的人更有魅力,就是因为他充满自信。

人无完人,我们不要抓住自己的缺点不放,对此耿耿于怀,要快乐地接受,坦

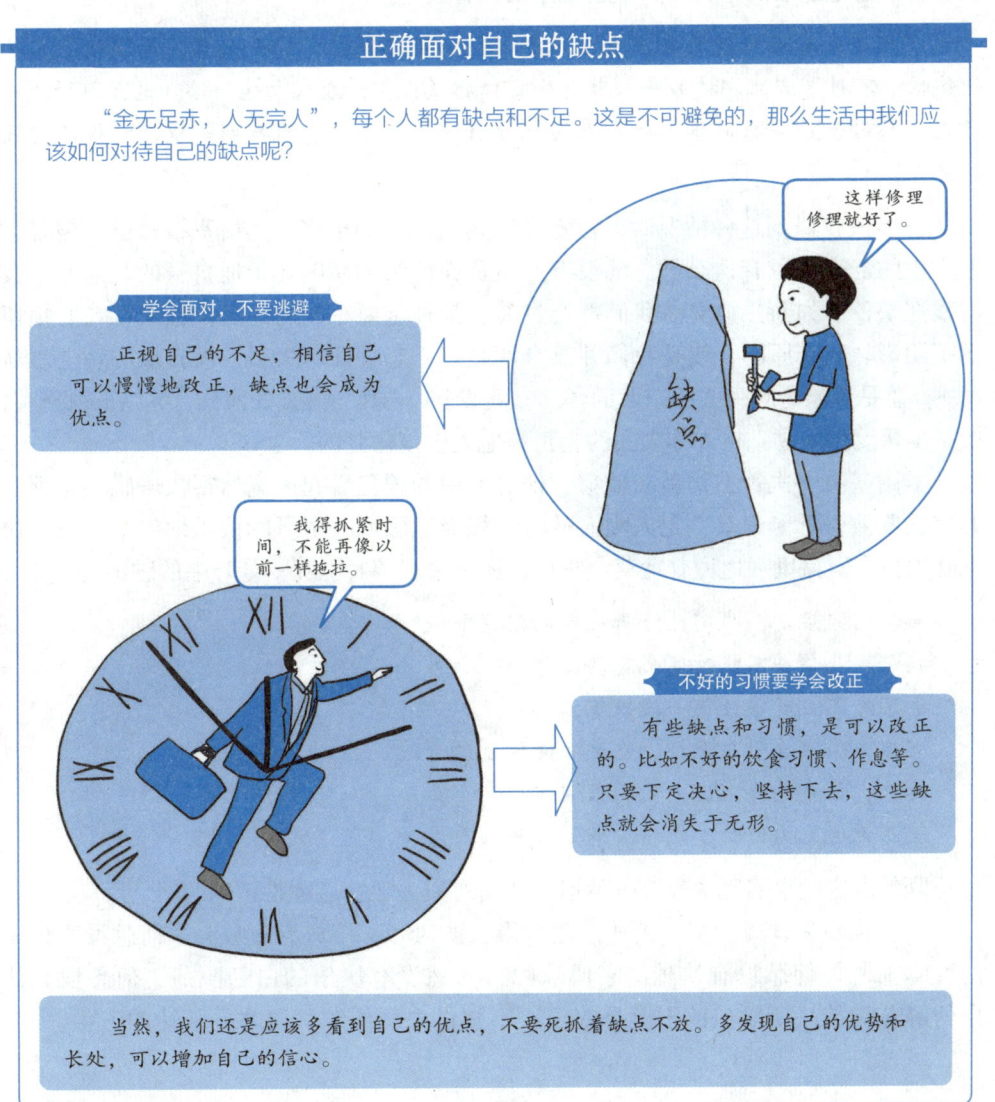

正确面对自己的缺点

"金无足赤,人无完人",每个人都有缺点和不足。这是不可避免的,那么生活中我们应该如何对待自己的缺点呢?

学会面对,不要逃避
正视自己的不足,相信自己可以慢慢地改正,缺点也会成为优点。

这样修理修理就好了。

我得抓紧时间,不能再像以前一样拖拉。

不好的习惯要学会改正
有些缺点和习惯,是可以改正的。比如不好的饮食习惯、作息等。只要下定决心,坚持下去,这些缺点就会消失于无形。

当然,我们还是应该多看到自己的优点,不要死抓着缺点不放。多发现自己的优势和长处,可以增加自己的信心。

然面对，这样我们就能够驱散心头的忧虑，让快乐永驻心间。

与其抱残守缺，不如断然放弃

爱默生经常以愉快的方式来结束每一天。他告诫人们："时光一去不返，每天都应尽力做完该做的事。疏忽和荒唐事在所难免，要尽快忘掉它们。明天将是新的一天，应当重新开始，振作精神，不要使过去的错误成为未来的包袱。"

要成为一个快乐的人，重要的一点是学会将过去的错误、罪恶、过失通通忘记，往前看。忘记过去的事，努力向着未来的目标前进。

有一个老者在行驶的火车上，不小心把刚买的新鞋弄掉了一只，周围的人都为他惋惜。不料老者立即把另一只鞋也从窗口扔了出去，众人大吃一惊。老者解释道："这一只鞋无论多么昂贵，对我来说也没有用了，如果有谁捡到一双鞋，说不定还能穿呢！"

许多人在遇到这种情况时，肯定会流露出懊悔的情绪，然后责备自己。但是，上文中的老者并没有这么做。他没有产生负面情绪的原因在于他自身的观念：与其抱残守缺，不如断然放弃。我们都有过失去某种重要东西的经历，且大都在心里留下了阴影。究其原因，就是我们并没有调整好心态去面对失去，没有从心理上承认失去，总是沉湎于对失去的东西的怀念。事实上，与其为失去的懊恼，不如正视现实，换一个角度想问题：也许你失去的，正是他人应该得到的。

卡耐基有一次曾造访新新监狱，他对狱中的囚犯看起来竟然很快乐感到惊讶。典狱长罗兹告诉卡耐基：犯人刚入狱时都积极地服刑，尽可能快乐地生活。有一位花匠囚犯在监狱里一边种着蔬菜、花草，还一边轻哼着歌呢！他哼唱的歌词是：

事实已经注定，事实已沿着一定的路线前进，

痛苦、悲伤并不能改变既定的情势，

也不能删减其中任何一段情节，

当然，眼泪也于事无补，它无法使你创造奇迹。

那么，让我们停止流无用的眼泪吧！

既然谁也无力使时光倒转，不如抬头往前看。

既然既定的事实无法改变，就坦然地面对失去吧！这才是正确的情绪反应。

只要你心无挂碍，把失去的东西看得云淡风轻，该放弃时放弃，何愁没有快乐的春莺啼鸣，何愁没有快乐的泉溪歌唱，何愁没有快乐的白云飘荡，何愁没有快乐的鲜花绽放！所以，放下就是快乐，不被过去所纠缠，这才是豁达的人生。

第六章

锻造屡败屡战的魄力——战胜挫折

对自己说声"不要紧"

生活中有很多突发的挫折，会给我们的心灵带来巨大的压力，很多人会因为这些压力而变得情绪低沉，感到绝望、恐惧、万念俱灰，甚至会因此而失去活下去的勇气。

但是越是这个时候，越要与自己的负面情绪做抗争，越需要在心底对自己说：坚持一下，没什么要紧的。一切都会好起来的。

一天，一位老教授在爱米莉的班上说："我有句三字箴言要奉送给各位，它对你们的学习和生活都会大有帮助，而且可使你们心境平和，这三个字就是'不要紧'。"

爱米莉领会到了这句三字箴言所蕴含的智慧，于是在笔记簿上端端正正地写下了"不要紧"三个大字，她决定不让挫败感和失望破坏自己平和的心境。

后来，她的心态经受了考验，她爱上了英俊潇洒的凯文，他对她很重要，爱米莉确信他是自己的白马王子。

可是有一天晚上，凯文却温柔委婉地对爱米莉说，他只把她当作普通朋友。爱米莉以他为中心构想的世界顿时就土崩瓦解了。那天夜里，爱米莉在卧室里哭泣时，觉得记事簿上的"不要紧"三个字看来很荒唐。"要紧得很，"她喃喃地说，"我爱他，没有他我就不能活。"

但第二日早上爱米莉醒来再看这三个字，她就开始分析自己的情况：到底有多要紧？

凯文很要紧，自己很要紧，我们的快乐也很要紧。但自己会希望和一个不爱自己的人结婚吗？日子一天天过去了，爱米莉发现没有凯文，自己也可以生活得很好。爱米莉觉得自己仍然很快乐，将来肯定会有另一个人进入自己的生活，即使没有，她也仍然要快乐。

几年后，更适合爱米莉的人出现了。在兴奋地筹备婚礼的时候，她把"不要紧"这三个字抛到九霄云外。她不再需要这三个字了，她觉得以后将永远快乐，她的生命中不会再有挫折和失望了。

然而，有一天，丈夫和爱米莉却得到了一个坏消息：他们用所有积蓄投资的生意经营不下去了。

丈夫把这个坏消息告诉爱米莉之后,她感到一阵凄酸,胃像扭作一团似的难受。爱米莉又想起那句三字箴言:"不要紧。"她心里想:"真的,这一次可真的要紧!"可是就在这时候,小儿子用力敲打积木的声音转移了爱米莉的注意力。儿子看见妈妈看着他,就停止了敲击,对她笑着,他的笑容真是无价之宝。爱米莉的目光越过他的头望出窗外,爱米莉看到了生机盎然的花园和晴朗的天空。她觉得自己的心情恢复了。于是她对丈夫说:"一切都会好起来的,损失的只是金钱,不要紧。"

意志和希望是治愈绝望情绪的最好良药,情绪是一个天平,就看你倒向哪一边。遇到困难时就像爱米莉一样,对自己说一句"不要紧",相信自己终会熬过去,相信风雨过后,一定会有彩虹。我们面对的最大的敌人,是我们自己,是我们内心的恐惧、焦虑和懦弱。

事实上,很多问题并不像我们想象的那么严重,面对狂风暴雨,如果我们能够尝试着对自己说"不要紧",时刻保持积极的心态,那么困难最终都将被克服。

别让自己打败自己

有些人遭受了多次的打击,丧失了奋发向上的激情,自我压制拼搏的欲望,同时封杀自己的信心和勇气,于是挫败感就由此产生了,也开始对一切事物感到悲观。

有人曾经用两种鱼做了一个实验。实验者用玻璃板把一个水池隔成两半,把一条鲮鱼和一条鲦鱼分别放在玻璃隔板的两侧。开始时,鲮鱼要吃鲦鱼,飞快地向鲦鱼游去,可第一次撞在玻璃隔板上,游不过去。于是鲮鱼又开始了第二次,第三次……一共攻击了十几次,可是结果还是一样,它永远也吃不到鲦鱼。于是,最终鲮鱼放弃了努力,不再向鲦鱼那边游去。而让人吃惊的是,当实验者将玻璃板抽出来之后,鲮鱼也不再尝试去吃鲦鱼!鲮鱼失去了吃掉鲦鱼的信心,放弃了努力。

其实生活中,又有多少人犯了和鲮鱼一样的错误呢?希腊有这样一个故事:

自古希腊以来,人们一直试图达到4分钟跑完1英里的目标。人们为了达到这个目标,曾让狮子追赶奔跑者,但是也没能4分钟跑完1英里。于是,许许多多的医生、教练员和运动员断言:要人在4分钟内跑完1英里的路程,那是绝不可能的。因为,我们的肺活量不够,风的阻力又太大。

而当所有人都相信这已经成为一个铁的事实时,罗杰·班尼斯特用自己的亲身经历击碎了所有医生、教练员和运动员的断言,他开创了4分钟跑完1英里的纪录。而更令人惊叹的是,在此之后的一年中,又有300名运动员在4分钟内跑完了1英里的路程。

由此可见,人的潜能和拼搏的欲望完全可以被一次次的挫折扼杀。回到鲮鱼的

怎样克服挫折感

人生旅途中,不可能一帆风顺,遇到点挫折再正常不过了,那么,怎样克服内心的挫折感呢?可以从下面的方法入手。

选择一项以前很想涉猎但始终没有去做的事情,并努力做好,这样可以提升自己的自信心,摆脱挫折感。

多与人沟通、多参加各类活动,驱除自己的挫折感。

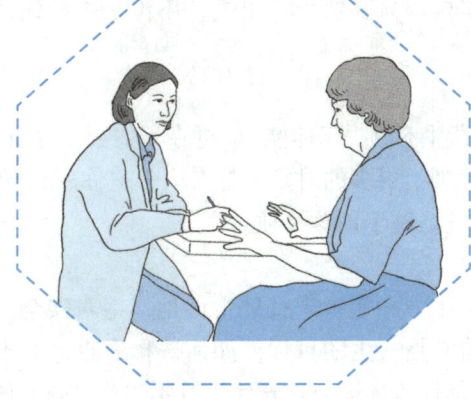

当然,如果因挫折产生的不良情绪自身已经无法排解,可以求助于专业的心理咨询师。他们会耐心地为你提供专业的服务。

故事中，最可悲的是，玻璃板隔开的不只是一次弱肉强食的自然法则，而是把心灵的行动欲望和进取精神抹杀了，而这种抹杀的元凶却是自己。生活中的挫折随时会有，随处可见，难道每一次都要把自己困在绝望中？关键还是看你怎样对待挫折。

尼采曾把他的哲学归为一句至理名言：成为你自己。的确，人生的成功与人生的期望密切相关。一个对生活、对自己失去希望的人，永远不会成功。而一个懂得改变、笑对挫折的人，才会最终取得成功。

有一次，著名的小提琴家欧利布尔在巴黎举行一场音乐会，他的小提琴上的 A 弦突然断了，可是欧利布尔就用另外的那三根弦演奏完那支曲子。"这就是生活，"爱默生说，"如果你的 A 弦突然断了，就在其他三根弦上把曲子演奏完。"

挫折并不可畏，可怕的是在心灵上被彻底打败，而又未能体会真正的"教训"，反而一再重蹈覆辙，以致到最后落得一败涂地。人们常说，胜败乃兵家常事，因此要"胜勿骄，败勿馁"，更重要的是要经得起挫折，重整旗鼓，开辟人生新的战场。

有意识地训练坚强的意志

坚强的意志是通过不断锤炼得到的，这里所说的锤炼是指克服不良的意志品质，培养优良的意志品质。当拥有了坚强的意志后，你会发现，自己的"健康城堡"已变得坚不可摧。

下面介绍几种集体训练和自我训练的方法：

1. 集体训练方法

由两个或两个以上的人组成训练小组，包括以下几项训练：

（1）空中单杠训练

a. 器材与训练要求

离地 7 米高的一根直径 40 厘米、长 1 米的单杠。让小组成员站在离地 5 米高的木板上，跃起抓前方一臂以外空中的单杠。只要敢于跃出去，不论是否抓住，都是满分。

b. 训练目的

这是在心理上进行自我挑战，能否完成并不取决于体能，关键在于能否战胜自我。因为在社会上，对于如何生存、如何战胜困难，更多的时候不是有人强迫你、指导你，而是靠自己的意志去指导自己的行为。因此，这个训练要独立完成。

c. 训练方式

每个成员依次上去，由教练系好安全带，并实事求是地告诉他，绝对安全。教练可以引导，但不可以强迫。可以暗示前方是人生的目标，如何选择靠自己。不规定时间，只要最终敢于迈出去，是否抓住单杠，都按 100 分计。但要注意，高血压、心脏病患者不宜参加。

（2）断桥训练

a. 器材与训练要求

离地9.4米高的宽30厘米、长1米的木板，小组成员依次上去，跃向对面1米宽的木板，中间距离1.1米。这个训练也不是体能训练，因为在地上做任何人都可以跃过去的，只要能在内心战胜自己，就可以跃出去，不论是否落在木板上，皆可以得满分。

b. 训练目的

本来是每个人都可以做到的事，但由于离开地面，环境的差异使人的潜意识里产生对自己的怀疑、担心，这个训练就是要在潜意识里强化相信自己的意识，敢于去做，即使失败，也要失败在实践之后，而不应在实践之前就自己打败自己。因此，这个训练也要独立、自觉地完成。

c. 训练方式

每个成员依次上去，由教练系好安全带，并告诉他绝对安全，不会出事。教练可以进行必要的语言引导，但不能施加任何压力。不规定作业时间，只要最终自觉地迈出去，不论是否踏在对面板上，皆为满分。但要注意，高血压、心脏病患者不宜参加。

（3）过"缅甸桥"训练

a. 器材与训练要求

三条绳索悬在空中组成绳桥，脚踩一根，手抓两根，有保险绳，别人帮助系好保险绳。离地面4米，长度10米。

b. 训练目的

这是心态与技巧并重的训练，体能上任何一个人都能完成，心态上可能有的人不相信自己，胆怯；技巧上可能有的人掌握不了，因为三条绳子都是软的。

c. 训练方式

小组成员依次上去，由教练系好安全带，并告之绝对安全。成员凭自觉，不受时间限制，只要走过去即得满分。

除了上面介绍的三个训练项目外，组织野外长途行军、爬山、跑跳以及举办演讲等也是很好的集体训练方法。

2. 自我训练方法

（1）根据自身的特点，写出个人提高体能的训练计划，并逐步付诸行动。

（2）每天早晨坚持体育锻炼。

（3）制订计划克服自身存在的惰性。

（4）每天早晨在镜子前激励自己，肯定已取得的成绩。

（5）进行几次开发市场行动，碰的钉子越多越好。

（6）每当别人说某事难以做到时，一定亲自试一试。

（7）寻找一句格言作为激励自己的座右铭。

想得到他人的认可，自己先要变得强而有力。也许生活有缺陷，但生活却给人们同样的机会。在坎坷的路途上，坚强勇敢地抓住机会，然后充满信心和勇气去争取，就会战胜自身的缺陷，在生命的困顿中出人头地，成为一个把苦难打倒的坚韧之人。

正视挫折，战胜自我

在现实社会生活中，谁都会遇到挫折，挫折感是在你的某种需要得不到满足时的一种紧张情绪状态。假若挫折感过于强烈，或时间过久，超过个体的承受能力，就会引起情绪紊乱、心理失衡而导致疾病发生。但是，如果我们熬过了这段情绪困顿期，生活的色彩又会重新展现。

在宾夕法尼亚州的匹兹堡有一个女人，她已经35岁了，过着平静、舒适的中产阶层的家庭生活。但是，她突然连遭四重厄运的打击。丈夫在一次事故中丧生，留下两个小孩；没过多久，一个女儿被烤面包的油脂烫伤了脸，医生告诉她孩子脸上的伤疤终生难消；她在一家小商店找了份工作，可没过多久，这家商店就关门倒闭了；丈夫给她留下了一份小额保险，但是她耽误了最后一次保费的续交期，因此保险公司拒绝支付保费。

碰到一连串不幸事件后，这个女人近乎绝望。她左思右想，为了走出困境，她决定再进行一次努力，尽力拿到保险补偿。在此之前，她一直与保险公司的员工打交道。当她想面见经理时，一位接待员告诉她经理出去了。她站在办公室门口无所适从，就在这时，接待员离开了办公桌，机遇来了。她毫不犹豫地走进里面的办公室，不出意料，她看见经理独自一人坐在那里。经理很有礼貌地问候了她。她受到了鼓励，沉着镇静地讲述了索赔时碰到的难题。经理派人取来她的资料，经过再三思索，决定应当以德为先，给予赔偿，虽然从法律上讲公司没有承担赔偿的义务。工作人员按照经理的决定为她办了赔偿手续。

但是，由此引发的好运并没有到此中止。年轻有为的经理尚未结婚，对这位年轻寡妇一见倾心。他给她打了电话，几星期后，他为这位寡妇推荐了一位医生，医生把她的女儿脸上的伤疤清除干净了；经理通过在一家大百货公司工作的朋友给这位寡妇安排了一份工作，这份工作比以前那份工作好多了。不久，经理向她求婚。几个月后，他们结为夫妻，而且婚姻生活相当美满。

这个女人克服了种种挫折，最后迎来了生活的阳光。当然，她并不是没有经历过情绪的困顿期，但是在这个过程中，她没有持续消沉，而是勇敢地走了出来。

受挫后的情绪失衡，不仅影响人的工作、生活，还严重影响身心健康。长久的情绪失衡，不仅会引起各种疾病，甚至能使人丧生。

受挫后有时很难找到适当的倾诉对象,这时便需要自己设法平衡心理。优势比较法要求去想那些比自己受挫更大、困难更多、处境更差的人。通过比较,将自己的失控情绪逐步转化为平心静气。另外,还可以寻找自己没有受挫的方面,即找出自己的优势点,强化优势感,从而增强挫折承受力。

经受挫折是在所难免的,重要的不是绝对避免挫折,而是要在面对挫折时采取积极的态度。若经历每次挫折之后都能有所"领悟",把每一次挫折都当作成功的前奏,就能化消极为积极。作为一个现代人,应当具有迎接挫折的心理准备。世界充满了成功的机遇,也充满了失败的风险,要树立持久心,不断提高应对挫折与干扰的能力。

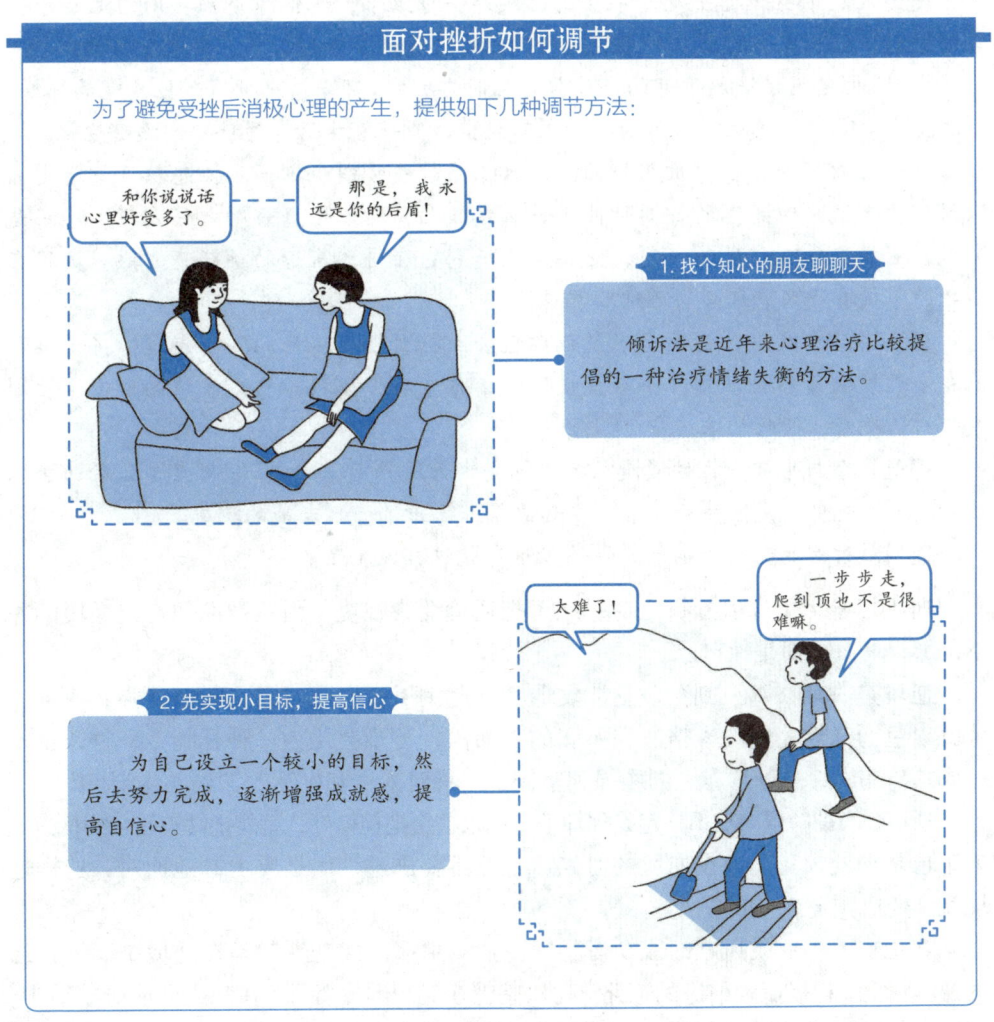

获得"逆境情商"的能量

人生的际遇有两种,一种是顺境,一种是逆境。在顺境中顺流而上,抓牢机会,或许每个人都能够做到。但面对逆境,许多人却纷纷败退,在逆流中舟沉人亡。善于掌控情绪往往能穿越逆境有所成就。

我们不妨换个思路:逆境,就是危险中的顺境。事实上,世界上任何危机都孕育着机会,且危机愈重商机愈大。洛克希德—马丁公司前任CEO奥古斯丁认为,每一次危机本身既包含着导致失败的根源,也孕育着成功的机会。在逆境之中,一个人要善于把自己最脆弱的部分转化为最强大的优势,这样才能为自己开拓人生的新局面。

美国人沃尔特·迪士尼,年轻的时候是一位画家,但他很孤独,因为他是一个贫困潦倒、无人赏识的画家。几经周折,他终于找到了一份工作,替教堂作画。

当时,他借用了一间废弃的车库作为临时办公室。可事情并没有如他期望的那样,命运没有出现一丝转机。微薄的报酬入不敷出,他一直生活在逆境中,没有生机。

更令他心烦的是,每次熄灯后,一只老鼠就吱吱叫个不停。他想拉开灯赶走那只讨厌的老鼠,但疲倦的身心让他干什么都没劲,所以他只好听之任之了。反正是失眠,他就仔细听老鼠的叫声,他甚至能听到它在自己床边的跳跃声。他习惯了在孤独的午夜有一只老鼠与自己默默相伴。

后来不只在夜里,白天小老鼠偶尔也会大摇大摆地从他的脚下走过,得意忘形地在不远处做着各种动作。小老鼠使他的工作室有了生机。它成了他的朋友,他则成了它的观众,彼此相依为命。

那是一个与平常一样的漫漫长夜,他突然听到一声"吱吱",那是老鼠的叫声。这一刻,灵光乍现,他拉开了灯,支起画架,画出了一只老鼠的轮廓。

美国最著名的动物卡通形象——米老鼠就这样诞生了。

迪士尼经历了许多挫折之后,终于把逆境变为顺境,当然帮助他走出逆境的并不是那只老鼠,而是他自己。

逆境是一柄"双刃剑",它能使弱者从此倒下,但同时它也能够让强者更强,练就出色而几近完美的人格。在不屈的人面前,苦难会化为一种礼物,一种人格上的成熟与伟岸,一种意志上的顽强和坚韧,一种对人生和生活的深刻的认识。

所以,有的时候缺点不一定是件坏事,如果情绪把控得好,就能把缺点转化为优点。人生也是如此,我们处在逆境的时候,千万不要逃避,而是要勇敢地面对,这样逆境就会变成顺境。

在历史上,一帆风顺的成功者是很少的,更多的成功者都是在逆境中磨炼自己的逆境情商,积极探索前进的道路。高尔基曾在老板的皮鞭下,在敌人的明枪暗箭中,在饥饿和残废的威胁下坚持读书、写作,终于成为世界文豪;富兰克林在贫困中奋发自学,刻苦钻研,进取不息,成为近代电学的奠基人。可见,情绪掌控高手或是煎熬于生活苦海，或是挣扎于传统偏见，或是奋发于先天落后，或是发愤于失败之中，他们最终得以成功的秘诀在于朝着预定的目标，砥砺于各种难以想象的逆境之中，勇于奋战，知难而上，终于成为淬火之钢、经霜之梅。

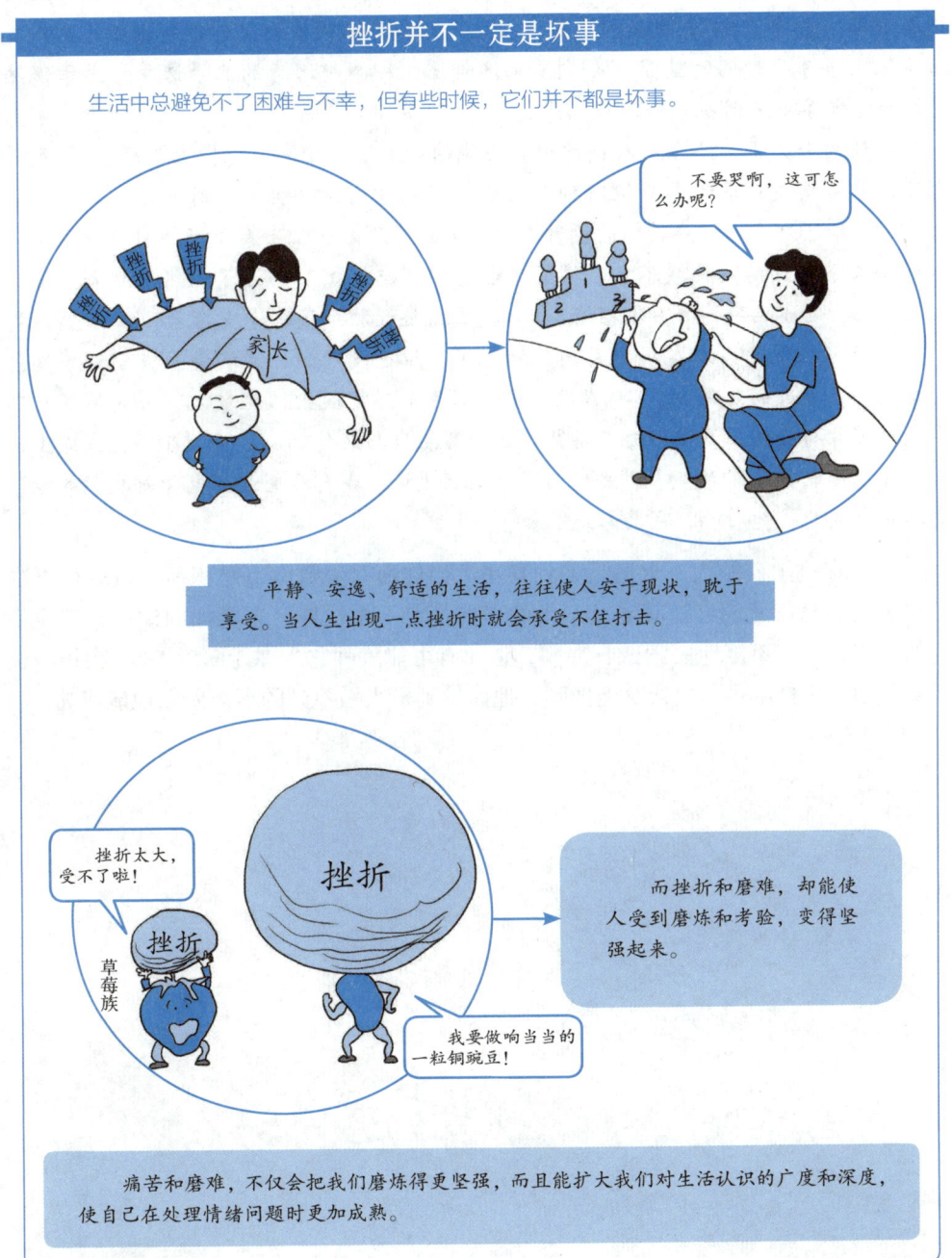

史泰龙在成名以前十分落魄，连房子都租不起，晚上只好睡在金龟车里。当时，他立志要当一名演员，并自信满满地到纽约电影公司应聘，但都因外貌平平及咬字不清而遭拒绝。在被拒绝了1500次之后，有天晚上，他意外地看了一场电视直播的拳赛，由拳王阿里对一位名不见经传的拳击手查克·威普勒。这个威普勒在阿里的铁拳下居然支撑了15个回合。拳赛一结束，史泰龙立刻找到了创作新剧本的灵感。然后他用了3天时间写就了一个剧本《洛奇》：一个叫洛奇的业余选手，由于偶然的机会与世界拳王对抗而一战成名。

在他的努力下，终于有人愿意出钱买他的剧本了。这时，他身上只剩40美元现金了，非常需要钱。可是当他听到电影公司不同意由他来主演的时候他生气了。他第一次拒绝了别人。一些精明的制片人很看好这个剧本，但史泰龙坚持自己当主角，这一要求令制片商们犹豫不定。很多机会也因此与他擦肩而过了。然而皇天不负有心人，几经辗转，经历1855次拒绝以后，史泰龙终于找到了一个支持者，他如愿以偿。

片子以很低的成本在一个月内就拍完了。谁也没想到，《洛奇》成了好莱坞电影史上一匹最大的黑马：在1976年，这部影片票房突破2.25亿美元，并夺得了奥斯卡最佳影片与最佳导演奖，史泰龙获得最佳男主角与最佳编剧提名。在颁奖仪式上，著名导演兼制片人弗兰克·科波拉由衷地赞叹道："我真希望这部电影是我拍的。"史泰龙也因此一炮打响，成为超级巨星。

不敢穿过黑夜的人，永远见不到黎明。当你面对失败时，是积蓄力量等待下次的迸发，还是就此放弃？其实每个人的面前都有一根栏杆，它就如同横在我们生活中的困难，只有不停地去尝试、冲刺，你才有可能战胜它。你能面对1855次拒绝仍不被负面情绪打倒吗？史泰龙能做到，他能做到别人做不到的事，所以他能成功。

第五篇
激发自己的积极情绪

　　人在开心的时候，体内会发生奇妙的变化，从而获得不竭的动力和力量。因此，我们可以利用情绪高涨期不断激励自己，有了积极的心态，在工作和学习中自然精力充沛。反过来，积极情绪还能激发人的创造力和自信心，从而对我们的生活、学习和工作起到积极的作用。

第一章

相信阳光一定会再来——永怀希望

事情没有你想象的那么糟

很多刚刚步入社会的年轻人，由于自身的经验、才能都尚在成长之中，情绪容易受外界影响，加上社会上竞争激烈，各个用人单位对人才的要求不尽相同，面试遭淘汰，或者工作不适被辞退，这都是很正常的事情，我们不必为此耿耿于怀。只要我们相信自己，时刻提起精神，终会有"柳暗花明又一村"的新景象等待着我们。因为当生活把苦难带给我们时，其实又给我们推开了一扇窗，所以事情并没有你想象的那么糟。让我们学着用积极的态度去面对苦难，在苦难中学习，在苦难中成长。当越过苦难，这个过程就变成一生弥足珍贵的记忆。

西娅在维伦公司担任高级主管，待遇优厚。但是，突然不幸的事情发生了，为了应对激烈的竞争，公司开始裁员，而西娅也在其中。那一年，她43岁。

"我在学校一直表现不错，"她对好友墨菲说，"但没有哪一项特别突出。后来，我开始从事市场销售。在30岁的时候，我加入了那家大公司，担任高级主管。我以为一切都会很好，但在我43岁的时候，我失业了。那感觉就像有人在我的鼻子上给了我一拳。"她接着说，"简直糟糕透了。"西娅似乎又回到了那段灰暗的日子，语气也沉重了许多。

"有一段时间，我不能接受自己失业的事实。躲在家里，不敢出门，因为每当看到忙碌的人们，我都会觉得自己没用，脾气也越来越坏，孩子们也越来越怕我。情况似乎越来越糟糕。但就在这时，转机出现了。一个月后，一个出版界的朋友询问我，如何向化妆业出售广告。这是我擅长的东西。我重新找到了自己的方向：为很多上市公司提供建议，出谋划策。"两年后，西娅已经拥有了自己的咨询公司。她已经不再是一个打工者，而是成了一个老板，收入自然也比以前多了很多。

"被裁员是一件糟糕的事情，但那绝不是地狱。也许，对你来说，可能还是一个改变命运的机会，比如现在的我。重要的是如何看待它，我记得那句名言：世界上没有失败，只有暂时的不成功。"西娅真诚地对墨菲说。

相信任何人在面临西娅那样的遭遇时都会苦恼不已，沉溺在低迷的情绪中。但

用积极的思维面对人生的苦难

人的一生不可能永远一帆风顺，会有不少时间是灰暗的。这些灰暗的日子被我们称为苦难，面对苦难，每个人会表现出不同的情绪。

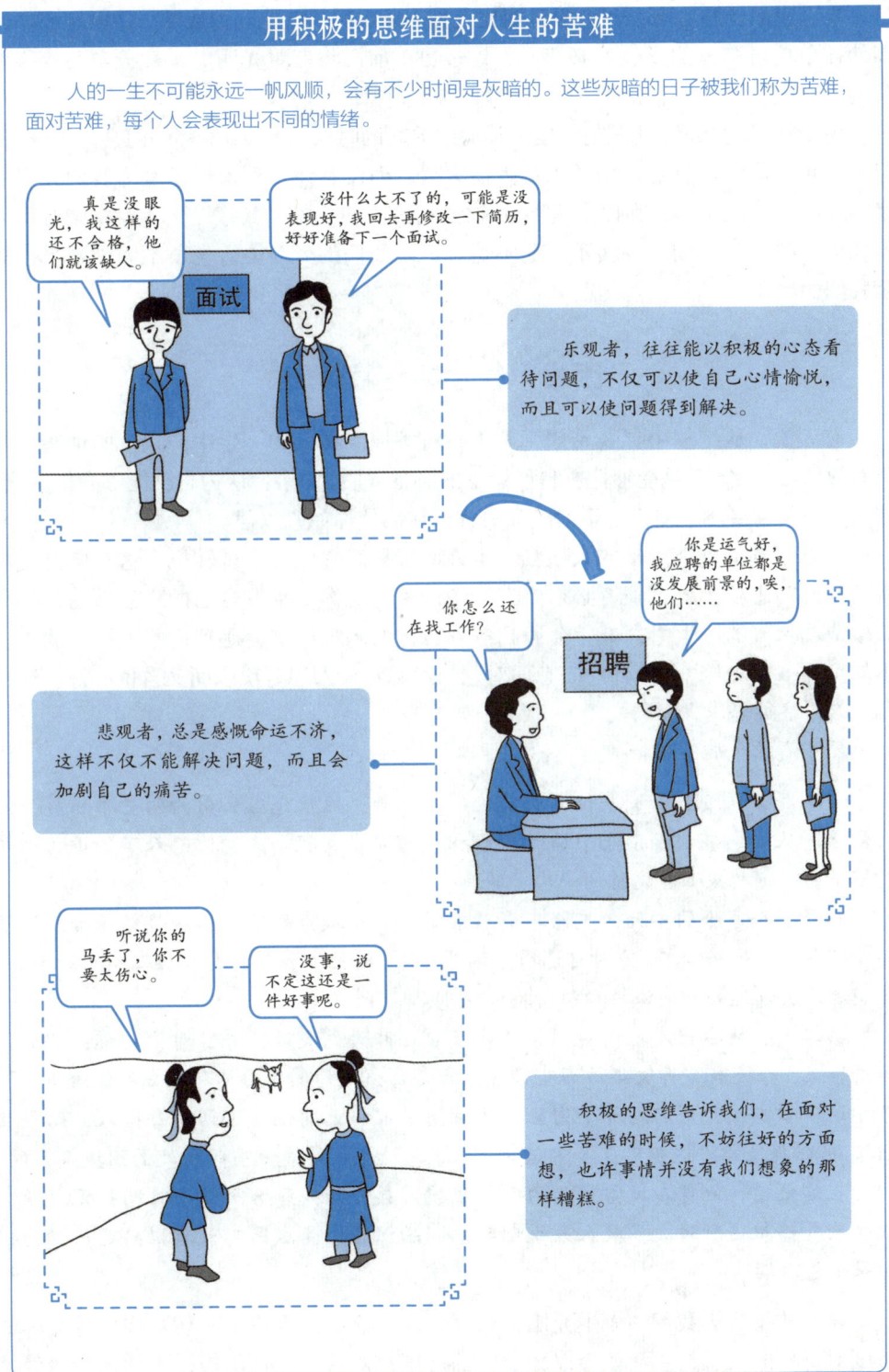

是只要迅速地调整心态，转个弯就能找到另一条出路，就能获得成功。像西娅那样，即使被单位解聘淘汰了也不必灰心，走过去，前面将有更光明的一片天空在等待着我们。

海伦·凯勒曾经说过："当一扇幸福的门关起的时候，另一扇幸福的门会因此开启；但是，我们却经常看着这扇关闭的大门太久，而没有注意到那扇已经为我们开启的幸福之门。"这正是上帝在以另一种方式告诉我们，我们未尽其才，"天生我材必有用"，不如天生我材自己用，现实不残酷不足以激发我们的生命力，竞争不激烈不足以显示我们的战斗力。

困难中往往孕育着希望

有人说，从绝望中寻找希望，人生终将辉煌。在人的一生中，积极的情绪是一种有效的心理工具，是能够把握自己命运的必备素质。如果你认为自己能够发挥潜能，那么积极的情绪便会使你产生力量和勇气，从而使你如愿以偿。

千万不要把事情想象的太糟糕，也许明天早晨它就会出现转机。这是所有成功者给我们的忠告。成大事者必须要在情绪低落的时候，激发自己的积极情绪，从而获取成功。人的一生中，难免会遇到各种各样的困难，总会遇到一些不称心的人、不如意的事，应该以什么样的心态面对这一切呢？如果你有快乐而又自信的好习惯，那么效果往往是出人意料的。

看一看这个故事吧：

美国联合保险公司有一位名叫艾伦的推销员，他很想当公司的明星推销员。因此他不断从励志书籍和杂志中培养自己积极的心态。有一次，他陷入了困境，这是对他平时进行积极心态训练的一次考验。

那是一个寒冷的冬天，艾伦在威斯康星州一个城市的某个街区推销保险。结果却没有售出一张保险单。他对自己很不满意，但当时他这种不满是积极心态下的不满。他想起过去读过的一些保持积极心境的法则。

第二天，他在出发之前对同事讲述了自己昨天的失败，并且对他们说："你们等着瞧吧，今天我会再次拜访那些顾客，我会售出比你们售出总和还多的保险单。"基于这种心态，艾伦回到那个街区，又访问了前一天同他谈过话的每个人，结果售出了66张保险单。这确实是了不起的成绩，而这个成绩是他当时所处的困境带来的，因为在这之前，他曾在风雪交加的天气里挨家挨户地走了8个多小时而一无所获，但艾伦能够把这种对大多数人来说都会感到的沮丧，变成第二天激励自己的动力，结果如愿以偿。

这个故事告诉我们，人生充满了选择，而生活的态度决定一切。你用什么样的态度对待你的人生，生活就会以什么样的态度来对待你，你消极，生活便会暗淡；

你积极向上，生活就会给你许多快乐。

当人们遭到严重的（或一定的）挫折以后所产生的诸如失落、无奈、困惑等情绪，会使自己对未来失去信心，因而牢骚满腹，于是老气横秋，怨天怨地，长吁短叹，结果失去了青春的活力，失去了人生的乐趣。

只有正确地对待生活，保持良好的情绪才能克服各种困难，快乐地生活。

当你的意识告诉你"完了，没有希望了"，你的潜意识也就会告诉你，绝处可以逢生，在绝望中也能抓住希望，在黑暗中总有一点光明。不错，黎明前的夜是最黑的，只要我们在漆黑的夜中能看到一线曙光，那么，我们就要相信光明总会到来，事情总会有转机。不要消沉，不要一蹶不振，只要抱有积极的情绪，相信大雨过后天更蓝，船到桥头自然直。

任何时候都不要放弃希望

著名的英国文学家罗伯特·史蒂文森说过："不论担子有多重，每个人都能支持到夜晚的来临；不论工作多么辛苦，每个人都能做完一天的工作，每个人都能很甜美、很有耐心、很可爱、很纯洁地活到太阳下山，这就是生命的真谛。"确实如此，唯有流着眼泪吞咽面包的人才能理解人生的真谛。因为苦难是孕育智慧的摇篮，它不仅能磨炼人的意志，而且能净化人的灵魂。如果没有那些坎坷和挫折，人绝不会有丰富的内心世界，也不会从中吸取经验。苦难能毁掉弱者，同样也能造就强者。

有些人一遇到挫折就灰心丧气、意志消沉，甚至用死来躲避厄运的打击。这是弱者的表现，可以说生比死更需要勇气。死只需要一时的勇气，生则需要一世的勇气。人的一生中都可能有消沉的时候，居里夫人曾两次想过自杀，奥斯特洛夫斯基也曾用手枪对准过自己的脑袋，但他们最终都以顽强的意志面对生活，并获得了巨大的成功。可见，一时的消沉并不可怕，可怕的是陷入消沉中不能自拔。

做一个生命的强者，就要在任何时候都不放弃希望，耐心等待转机来临的那一天。

从前，两军对峙，城市被围，情况危急。守城的将军派一名士兵去河对岸的另一座城市求援，假如救兵在明天中午赶不回来，这座城市就将沦陷。

整整两个时辰过去了，这名士兵才来到河边的渡口。平时渡口会有几只木船摆渡，但由于兵荒马乱，船夫全都避难去了。本来他可以游泳过去，但现在数九寒天，河水太冷，河面太宽，而敌人的追兵随时可能出现。

他的头发都快愁白了，假如过不了河，不仅自己会成为俘虏，整个城市也会落在敌人手里。万般无奈，他只得在河边静静地等待。这是一生中最难熬的一夜，他觉得自己都快要冻死了。他感到四面楚歌、走投无路了。自己不是冻死，就是饿死，要么就是落在敌人手里被杀死。更糟的是，到了夜里，刮起了北风，后来又下起了鹅毛大雪。他冻得瑟缩成一团，甚至连抱怨命运的力气都没有了。此时，他的心里

在不如意的人生中好好活着

有人说，人的一生之中只有三件事，一件是"自己的事"，一件是"别人的事"，一件是"老天爷的事"。处理好这三件事的关系，就能活得更轻松自在。

所以，要轻松自在很简单：管理好自己的事情，每天给自己一个美好的心情，让自己处于一个积极的情绪之中，不管"别人的事"，也不操心"老天爷的事"。

只有一个念头：活下来！

他暗暗祈求：上天啊，求你再让我活一分钟，求你让我再活一分钟！也许他的祈求真的感动了上天，当他气息奄奄的时候，他看到东方渐渐发亮。等天亮时他惊奇地发现，那条阻挡他前进的大河上面，已经结了一层冰壳。他在河面上试着走了几步，发现冰冻得非常结实，他完全可以从上面走过去。

他欣喜若狂，牵着马从上面轻松地走过了河面。

因为没有放弃希望，所以这名士兵等到了转机，从而给自己等来了重生的机会。可见，万事没有绝路，只要我们不放弃希望，那么即使是再危难的处境，也可能绝处逢生。只有坚持不放弃的人，才能够走向最终的胜利。

事实上，处在绝望境地的拼搏，最能激发人身体里的潜在力量。每个人都是凤凰，但是只有经过命运烈火的煎熬和痛苦的考验，才能浴火重生，并在重生中得以升华。只有心中充满了胜利的希望，才不会被任何艰难困苦所打倒。

别让精神先于身躯垮下

当我们面对挫折和困难时，逃避和消沉是解决不了问题的，唯有以积极的心态去迎接，问题才有可能最终被解决。积极乐观的人每天都拥有一个全新的太阳，奋发向上，并能从生活中不断汲取前进的动力。当我们处于困境中时，只要我们保持昂扬的精神，奋力拼搏，终将迎来阳光明媚的春天。

遗憾的是，很多时候我们的精神先于身躯垮下去了。

如果你的心灵已太久不曾有过渴望的涌动，请你轻轻地将它激活，让它焕发健康的亮色。下面，我们一起看一则关于信念的故事。

一场突然而至的沙尘暴，让一位独自穿行大漠者迷失了方向，更可怕的是连装干粮和水的背包都不见了。翻遍所有的衣袋，他只找到一个泛青的苹果。

"哦，我还有一个苹果。"他惊喜地喊道。

他攥着那个苹果，深一脚浅一脚地在大漠里寻找着出路。整整一个昼夜过去了，他仍未走出空阔的大漠。饥饿、干渴、疲惫，一齐涌上来。望着茫茫无际的沙海，有好几次他都觉得自己快要支撑不住了，可是他看了一眼手里的苹果，抿了抿干裂的嘴唇，陡然又添了些许力量。

顶着炎炎烈日，他又继续艰难地跋涉。三天以后，他终于走出了大漠。那个他始终未曾咬过的青苹果，已干巴得不成样子，他还宝贝似的擎在手中，久久地凝视着。

在人生的旅途中，我们常常会遭遇各种挫折和失败，会身陷某些意想不到的情绪困境之中。这时，不要轻易地说自己什么都没有了，只要心灵不熄灭信念的圣火，努力地去寻找，总会找到能渡过难关的那"一个苹果"。攥紧信念的"苹果"，就没有穿不过的风雨、涉不过的险途。所以，无论面对怎样的环境、面对多大的困难，都不能放弃自己的信念、放弃对生活的热爱。因为很多时候，打败自己的不是外部环境，而是你自己。

从大自然中汲取力量

人在任何时候都不应该放弃信念和希望，只要一息尚存，就要追求，就要奋斗。其实，大自然始终在用它的方式给我们提供战胜困难的力量。

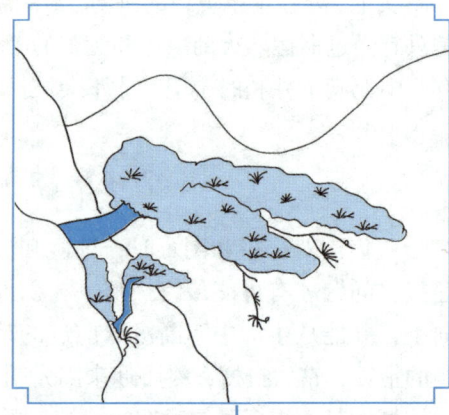

巨大岩石的裂缝中钻出的小草告诉我们，再艰难的处境，只要有顽强的信念，依然可以活出奇迹。

不断被山风修改着形象的悬崖边的苍松展示给我们，风霜刀剑不可畏，生命之心尤可贵！

在任何时候，无论处在怎样的境遇，都不要放弃希望和信念。就像石缝中的小草、山崖上的苍松一样，只要努力生长，生命依然郁郁葱葱。

第二章

对生命满怀热忱——常怀感恩

感谢你所拥有的，这山更比那山高

生活中，我们很难做到不与人进行比较。如果我们没有一颗感恩之心，那么在各种各样的比较下，我们很容易产生心理和情绪上的偏差。我们又不太可能隐居在乡间，所以我们只能不断调整自己的情绪。

一对青年男女步入了婚姻的殿堂，甜蜜的爱情高潮过去之后，他们开始面对日益艰难的生计。妻子每天都为缺少财富而忧郁不乐，他们需要很多很多的钱，一万、十万，最好有一百万。有了钱才能买房子，买家具、家电，才能吃好的、穿好的……可是他们的钱太少了，少得只够维持最基本的日常开支。

她的丈夫却是个很乐观的人，不断寻找机会开导妻子。

有一天，他们去医院看望一个朋友。朋友说，他的病是累出来的，常常为了挣钱不吃饭、不睡觉。回到家里，丈夫就问妻子："如果给你钱，但同时让你跟他一样躺在医院里，你要不要？"妻子想了想，说："不要。"

过了几天，他们去郊外散步。他们经过的路边有一幢漂亮的别墅，从别墅里走出来一对白发苍苍的老者。丈夫又问妻子："假如现在就让你住上这样的别墅，同时变得和他们一样老，你愿意不愿意？"妻子不假思索地回答："我才不愿意呢。"

他们所在的城市破获了一起重大团伙抢劫案。这个团伙的主犯抢劫现钞超过一百万，被法院判处死刑。

罪犯押赴刑场的那一天，丈夫对妻子说："假如给你一百万，让你马上去死，你干不干？"

妻子生气了："你胡说什么呀？给我一座金山我也不干！"

丈夫笑了："这就对了。你看，我们原来是这么富有：我们拥有生命，拥有青春和健康，这些财富已经超过了一百万，我们还有靠劳动创造财富的双手，你还愁什么呢？"妻子把丈夫的话细细地咀嚼、品味了一番，从此变得快乐起来。

像那位丈夫一样，看看自己拥有的，自己原来已经很富有。那些总认为自己一无所有的人，他们心灵的空间挤满了太多的负累，从而无法欣赏自己真正拥有的东西。

学会正确比较

我们要接受自己生活中不完美的地方,用"和自己赛跑,不要和别人比较"的生活态度来面对生活。

正确比较,就是不盲目和别人攀比,别人有别人的长处,自己有自己的优点。

正确比较,就是要知道自己的差距,虚心向别人学习。其实,如果我们愿意放下架子,观摩别人表现杰出的地方,或者向对方请教,收获最多的还是自己。

所以说,与他人作比较并不是一件坏事,但是要看比较的是什么,只有正确的比较才能让自己更好地发展。

逆境感恩,减轻心中的痛楚

逆境,可以锻炼人的意志,使人变得无比坚强。拼搏时留下的那累累创伤,是峥嵘岁月的一种馈赠。那每一道伤口,都是一次演练、一次登高、一次顿悟。有磨难才会有痛苦,才会使人思索。一个人只有经过痛苦的思索,才会顿悟人生的真谛,才会明智练达。而只有明智的人,生命才会不同凡响。

逆境,可以唤醒人们潜在的高尚品质。一个人如果一帆风顺,生活中没有经受任何磨炼,就很容易变得自满自足、无忧无虑,甚至飘飘然起来。这样的人往往经不住任何打击,而且极易在小小的挫折面前乱了阵脚,坠入绝望的深渊。而经过逆境考验的人,往往对社会、对他人更具有爱心,对于人生有更深刻的体会。如果没有苦难的磨炼和困境中的挣扎,我们也许体验不到人间的冷暖真情。

有一次,小和尚在挑水的途中不小心摔倒。水洒了一地,木桶也摔坏了,小和尚的衣服破了,膝盖也划伤了,他只好拎着唯一完好的扁担一拐一拐地回到寺庙里。

老和尚看他这副模样,哈哈大笑起来。

小和尚更加不悦:"师父,我这么狼狈,你怎么还笑得出来呢!"

老和尚说:"我这是替你高兴啊!"

小和尚把扁担摔在地上说:"师父,枉你打坐那么多年,非但没有怜悯之心,还和世人一样落井下石!"

老和尚拾起扁担,笑着说:"我并非落井下石,而是替你高兴,过了今天,你能学会修木桶;膝盖摔坏了,休养几天就没事了,而且,你以后挑水再也不会摔倒了,这样不是很好吗?"

接过师父手中的扁担,小和尚顿悟。

像老和尚说的那样,经历过挫败的人,会从中吸取经验教训,使自己不断成长。哲人尼采曾说:"那些能将我杀死的事物,会使我变得更有力。"在逆境中挣扎奋斗过,你终会明白幸福的真谛。许多人的坚强、韧性并非与生俱来,而是在后天的奋斗中逐渐形成的。

逆境,更能激励人走向成功。处于逆境的人,为了摆脱困难,创出一番事业,做有益于社会的事,必然会在逆境中悟出人生哲理,并为之奋斗、为之拼搏,从而走上成功之路。伟大与渺小,卓绝与平庸,深刻与肤浅,常常在这时候变得泾渭分明。

顺境中感恩我们很容易做到,但能在逆境中感恩的人,才是真正幸福的人。因为逆境中的磨难,仍不能让他们忘记幸福的滋味,从而不会放弃对幸福的坚守。逆境感恩,是对挫折的蔑视,对幸福的渴望;逆境感恩,是对生活的彻悟,对幸福的珍惜。

感谢磨难,它们让你变得更加坚强

在人生的岔道口,若你选择了一条平坦的大道,你可能会有一个舒适而享乐的青春,但你会失去很好的历练机会;若你选择了坎坷的小路,你的青春也许会充满痛苦,但人生的真谛也许就此被你领悟。

人生其实没有弯路,每一步都是必需的。失败、挫折并不可怕,正是它们教会我们如何寻找经验与教训。如果一路都是坦途，那只能像渔夫的儿子那样，沦为平庸。

有个渔夫有着一流的捕鱼技术，被人们尊称为"渔王"。依靠捕鱼，"渔王"积累了一大笔财富。然而，年老的"渔王"一点也不快活，因为他三个儿子的捕鱼技术都极平庸。于是他经常向智者倾诉心中的苦恼："我真不明白，我捕鱼的技术这么好，我的儿子们为什么这么差？我从他们懂事起就传授捕鱼技术给他们，从最基本的东西教起，告诉他们怎样织网最容易捕捉到鱼、怎样划船最不会惊动鱼、怎样下网最容易请鱼入瓮。他们长大了，我又教他们怎样识潮汐、辨鱼汛，等等。凡是我多年辛辛苦苦总结出来的经验，我都毫无保留地传授给他们，可他们的捕鱼技术竟然赶不上技术比我差的其他渔民的儿子！"

智者听了他的诉说后，问："你一直手把手地教他们吗？"

"是的，为了让他们学会一流的捕鱼技术，我教得很仔细、很耐心。"

"他们一直跟随着你吗？"

"是的，为了让他们少走弯路，我一直让他们跟着我学。"

智者说："这样说来，你的错误就很明显了。你只是传授给了他们技术，却没有传授给他们教训，对于才能来说，没有教训与没有经验一样，都不能使人成大器。"

正如智者所说，教训有时候比经验更有价值。只有历经折磨，才能够历练出成熟与美丽，抹平岁月给予我们的皱纹，让心保持年轻和平静，让我们得到成长。所以，每一个勇于追求幸福的人，每一个有乐观豁达心态的人，都会感谢磨难，唯有以这种态度面对人生，我们的生活才会洋溢着更多的欢乐和幸福，世界在我们眼里才会更加美丽动人。

对于生活中的各种磨难，我们应时时心存感激。只有这样，我们才会常常有一种幸福的感觉，纷繁复杂的世界才会变得鲜活、温馨和动人。一朵美丽的花，如果你不能以一种美好的心情去欣赏它，它在你的心中和眼里永远也不会娇艳妩媚，正如你的心情一般灰暗和没有生机。只有心存感激，我们才会珍视他人的爱心，才会享受生活的美好，才会发现世界原本有太多的温情。对磨难心存感激，是一种人格的升华，是一种美好的人性。只有对折磨心存感激，我们才会热爱生活，珍惜生命，以平和的心态去努力地工作与学习，使自己成为一个有益于社会的人。对折磨心存感激，我们的生活就会洋溢着更多的欢笑和阳光，世界在我们眼里就会更加美丽动人。

法国启蒙思想家伏尔泰说："人生布满了荆棘，我们的唯一办法是从那些荆棘上面迅速踏过。"人生是不平坦的，但同时也说明生命需要磨炼，"燧石受到的敲打越厉害，发出的光就越灿烂"。正是这种敲打才使燧石发出光来，因此，燧石需要感谢那些敲打。人也一样，感谢折磨你的人，你就是在感恩命运。

感谢磨难

面对人生中各种各样的磨难,不要想着逃避,更不要想着走捷径,而是要用汗水浇灌它,用信心战胜它。

没有经历过风霜雨雪的花朵,无论如何也结不出丰硕的果实,温室的花朵注定禁不起摧残。

面对艰辛,不断挑战自我,战胜磨难,就能迎来成功的结果。

因此,不要害怕磨难,也不要逃避磨难,而是要感谢它,正是它让生命之花更加娇艳动人!

别以为父母的付出理所当然

一位诗人说过:"我们的孩子是行走在天地间的心肝。"也许你熟悉这句话,但即使你读过一千遍,也未必能读出父母心中的感受。孩子是父母的心肝,一旦他们不在,父母就会立即感到空寂失落。

有一对夫妇是登山运动员,为庆祝他们儿子一周岁的生日,他们决定背着儿子登上 7000 米的雪山。夫妇俩很快便轻松地登上了 5000 米的高度。然而,就在他们稍作休息准备向新的高度进发之时,风云突起,一时间狂风大作,雪花飞卷,气温陡降至零下三四十度。由于风势太大,能见度不足一米,向上或向下都意味着危险或死亡。两人无奈,情急之中找到一个山洞,只好进洞暂时躲避风雪。

气温继续下降,妻子怀中的孩子被冻得嘴唇发紫,最主要的是他要吃奶。可是在如此低温的环境下,任何一寸肌肤裸露都会导致体温迅速降低,时间一长就会有生命危险。怎么办?孩子的哭声越来越弱,他很快就会因为缺少食物而死。丈夫制止了妻子几次要喂奶的要求,他不能眼睁睁地看着妻子被冻死。然而,如果不给孩子喂奶,孩子就会很快死去。妻子哀求丈夫:"就喂一次。"丈夫把妻子和儿子揽在怀中。喂过一次奶的妻子体温下降了两度,她的体能严重损耗。时间在一分一秒地流逝,孩子需要一次又一次地喂奶,妻子的体温在一次又一次地下降。

三天后,当救援人员赶到时,丈夫已冻昏在妻子的身旁;而他的妻子——那位伟大的母亲已被冻成一尊雕塑,却依然保持着喂奶的姿势屹立不倒。她的儿子,她用生命哺育的孩子正在丈夫的怀里安然地睡眠,他脸色红润,神态安详。为了纪念这位伟大的母亲,丈夫决定将妻子最后的姿势铸成铜像,让她最后的爱永远流传。

读过这个故事,你是否因为妈妈舍命护子而潸然泪下?真正创造了这个世界、支撑这个世界的,使这一片土地有绿的希冀的,更多地属于那些平凡、正直、善良、坚忍不拔、任劳任怨的父母们。

一位知名学者曾写下这样的文字:

当你 1 岁的时候,她喂你吃奶并给你洗澡,而作为报答,你整晚地哭着;当你 3 岁的时候,她怜爱地为你做菜,而作为报答,你把她做的菜扔在地上;当你 4 岁的时候,她给你买下彩色笔,而作为报答,你涂了满墙的抽象画;当你 5 岁的时候,她给你买既漂亮又贵的衣服,而作为报答,你穿着它到泥坑里玩耍;当你 7 岁的时候,她给你买了球,而作为报答,你用球打破了邻居的玻璃;当你 9 岁的时候,她付了很多钱给你辅导钢琴,而作为报答,你常常旷课并不去练习;当你 11 岁的时候,她陪你和你的朋友们去看电影,而作为报答,你让她坐到另一排去;当你 13 岁的时候,她建议你去把头发剪了,而你说她不懂什么是现在的时髦发型;当你 14 岁的时候,她付了你一个月的夏令营费用,而你却整整一个月没有打一个电话给她;当你 15 岁的时候,她下班回家想拥抱你一下,而作为报答,你转身进屋把门插上了;当你17岁的时候,她在等一个重要的电话,而你抱着电话和你的朋友聊了一晚上;当你18岁的时候,她为你高中毕业感动得流下眼泪,而你和朋友在外聚会到天亮;当你19

学会感恩父母

父母为了我们,即使背负了我们太多的情绪债务,也不会有任何怨言,他们还是会一如既往地关怀你、照顾你。因此,我们要学会感恩父母,以正确的情绪面对父母。

不对父母乱发脾气。现在很多年轻人在朋友面前很有风度,但在父母面前却随意发泄情绪,把父母当成情绪的垃圾桶。

多为父母着想。在家时不要把坏情绪摆在脸上,要知道他们也有自己的喜怒哀乐,也需要你的安慰和爱。

当然了,即使他们心甘情愿做你情感的垃圾桶,你也不能放纵自己。如果你学会了用理智的情绪对待父母,那么你才算一个真正懂得感恩父母的人。

岁的时候，她付了你的大学学费又送你到学校，你要求她在远处下车怕同学看见笑话你；当你20岁的时候，她问你"你整天去哪儿了"，而你回答"我不想像你一样"；当你23岁的时候，她给你买家具布置你的新家，而你对朋友说她买的家具真糟糕；当你30岁的时候，她对怎样照顾小孩提出劝告，而你对她说"妈，时代不同了"；当你40岁的时候，她给你打电话，说亲戚过生日，而你回答"妈，我很忙没时间"；当你50岁的时候，她常患病，需要你的看护，而你却在家读一本关于父母在孩子家寄身的书；终于有一天，她去世了，突然，你想起了所有该做却从来没做过的事，它们像榔头一样痛击着你的心……

如果说爱是一股力量的话，那么，母爱绝非尘世间一股普通的力量，而是一股吸恒星之刚强、纳星月之柔肠、萃狂风暴雨、取闪电惊雷，日积月累逐渐形成的超自然神力。这股神力在母亲心中如蝴蝶般不断扇展，就算躲藏于荒草丛仰望星空，亦能感受到熠熠繁星朝她拉引，邀她一起完成瑰丽的星系；就算掩耳于海洋中，亦被大涛赶回沙岸，要她去种植桑田，好让海洋永远有喧哗的理由。对母亲而言，爱的付出不是一种责任，而是一种本能。因此，尽管她的孩子畸形弱智，被浅薄者视作瘟疫，遭社会遗弃，她也会忠贞于生生不息的母爱精神，让生命的光在孩子身上辉映。

许多时候，我们对抗着、逆反着、叛离着父母。长大了，又因为懒惰或是一心追求名利，慢慢忽略了亲情，忽略了一日比一日年迈的父母，忽略了双亲望眼欲穿的牵挂。千金散去还复来，亲情逝去永不返。年轻时我们总以为来日方长，却忘记了父母已经黄昏迟暮。说不定哪天，我们正为不失掉一次赚钱的机会而忙得天昏地暗的时候，却惊悉自己永远失去了至爱的亲人。所以，天下儿女们，找点空闲，常回家看看吧！或是认真地写封信，告诉双亲："好想你们！"这些许的点滴将会使他们获得莫大的慰藉和满足。否则，"子欲养而亲不在"，是世上最痛彻心扉的愧疚和遗憾。

父母是为你付出最多的人，也是你永远的牵挂、心灵的港湾，所以不要把父母的付出当作理所当然，千万不要等到失去了，才觉得珍贵而悔恨不已。为人子女者，应该珍惜这份伟大的爱，尽自己的孝道，以回报父母的爱。幸福，只需要常回家看看。

感谢对手，是他们激发了你的潜能

许多人都视对手为眼中钉、肉中刺，欲除之而后快。其实，如果没有对手，也许我们就不会走向成功。人要对对手心存感激，而不应对对手怀有嫉妒之心，这样才能提高自己，化不利为有利。

有意义的生命才会精彩，精彩的生命才会有意义。快出发，寻找你的对手，让你的生命折射出迷人、永恒的光彩。

1996年世界爱鸟日这一天，芬兰维多利亚国家公园应广大市民的要求，放飞了一只在笼子里关了4年的秃鹰。事过三日，当那些爱鸟者还在为自己的善举津津乐道时，一位游客在距公园不远处的一片小树林里发现了这只秃鹰的尸体。解剖发现，秃鹰死于饥饿。

秃鹰本来是一种十分凶悍的鸟，甚至可与美洲豹争食。然而它由于在笼子里关得太久，远离天敌，结果失去了生存能力。还有一个类似的故事：

一位动物学家在考察生活于非洲奥兰治河两岸的动物时，注意到河东岸和河西岸的羚羊大不一样，前者繁殖能力比后者强，而且奔跑的速度每分钟也要快13米。

他感到十分奇怪，既然环境和食物都相同，何以差别如此之大？为了解开其中之谜，动物学家和当地动物保护协会进行了一项实验：在两岸分别捉10只羚羊送到对岸生活。结果送到西岸的羚羊发展到14只，而送到东岸的羚羊只剩下了3只，另外7只被狼吃掉了。谜底终于被揭开，原来东岸的羚羊之所以身体强健，是因为它们附近居住着一个狼群，这使羚羊天天处在一个"竞争氛围"中，为了生存下去，它们变得越来越有"战斗力"；而西岸的羚羊长得弱不禁风，恰恰就是因为缺少天敌，没有生存压力。

上述现象对我们不无启迪，生活中出现一个对手、一些压力或一些磨难，的确并不是坏事。一份研究资料说，一年中不患一次感冒的人，得癌症的概率是经常患感冒者的6倍。至于俗语"蚌病生珠"，则更说明此问题。一粒沙子嵌入蚌的体内后，它将分泌出一种物质来疗伤，时间长了，便会逐渐形成一颗晶莹的珍珠。

生活中有各种各样的笼子，不少人的处境和那只笼子里的秃鹰相似。虽然它能让人暂时地乐而忘忧，流连忘返，但毕竟是笼子。可以设想，最后的结局只会和那只秃鹰没有什么两样。

人一定要觅得对手。知音难寻，对手更难求。没有对手，人们可能会不知所往，生命也将毫无意义。

第三章

善待他人胸怀更广阔——学会宽容

及时原谅别人

2009年12月16日,NBA常规赛,新泽西篮网的后卫德文·哈里斯在客场以89∶99的比赛中,因被奥尼尔抢断之后情绪失控,在骑士队球员穆恩上篮的时候将其一把搂住脖子拉下,险些造成其生命危险。然而赛后接受采访的穆恩向媒体表示:"我想他不是故意的,他很可能是冲着球去,但是恰恰没碰到球而已。"

曾经因为对方的犯规行为差点失去生命的穆恩用一句"他不是故意的",化解了彼此的尴尬。其实,很多时候别人得罪我们,也许并非出于本意,即使发生了冲突和矛盾,也往往是巧合,或者是情势所逼。

可见,建立积极的情绪,用心去宽容他人,信任他人,是对人性的肯定。要做到胸襟开阔,就要意识到人无完人,做到得理让人,宽容待人。

一个夜晚,在美国东海岸的一个城市里,有位韩国学生,走出公寓去寄一封信。路上,他被11个不良少年围攻,拳打脚踢揍了一顿。

不幸的是在救护车来到之前,他就断了气,两天之内,这11个人被一一逮捕。社会大众要求严惩他们,媒体也呼吁采取最严厉的惩罚。

后来,这位死者的父母寄来一封信,要求尽可能减轻对这些少年的责罚,并捐献一笔基金,作为这群孩子出狱重新生活及社会辅导的费用。他们不愿仇恨这些少年,他们只希望这些少年从残暴、粗鲁、野蛮和病态的虐待性格中获得新生。

世界上的事无独有偶,在意大利也曾发生过类似的事。

1994年9月的一天,在意大利境内的一条高速公路上,一对美国夫妇带着7岁的儿子尼古拉斯·格林正驾车向一个旅游胜地进发。突然,一辆菲亚特轿车超过他们。车窗内伸出几支枪,一阵射击之后,他们的儿子中弹身亡。

这对夫妇本该痛恨这个国家,因为在这块土地上他们失去了爱子。他们痛恨这里的人也并不为过,因为是意大利人杀了他们的孩子。可是,悲伤过后,他们做出一个令人震惊的决定:把儿子的健康器官捐献给意大利人!在意大利,即便是正常死亡的本国公民,自愿捐献器官的也很罕见,于是,一个15岁的少年接受了尼古拉斯的心脏,一个19岁的少女得到了他的肝,一个20岁的女孩换上了他的胃,另两个孩子分别得到了他的两个肾。5个意大利人在这份生命的馈赠中得救了。

1994年10月4日，意大利总统斯卡尔法罗将一枚金质奖章授予这对美国夫妇，为的是他们容纳百川的胸怀以及悲世悯人的情操，还有以德报怨的人生境界。

生活不同于战争，它没有战争那么残酷，时时都要面对生命的威胁。所以，在生活中的人，大多不会将对方逼到"不是你死就是我活"的地步。生活里的那些摩擦，通常都是不经意的。比如陌生人在地铁里挤到了你、同事因为不小心打碎了你的玻璃杯、朋友不经意地说了你不爱听的话……

世界上如果没有宽容和信任，一切亲情、友情、爱情都将失去存在的基础，每个角落都是尔虞我诈的欺骗，社会将毫无温情可言。当然，人非圣贤，要去爱我们的敌人或仇人也许真的有点强人所难，但出于自身的健康与幸福，学会宽恕，甚至忘记所有的仇恨，也可以算是一种明智之举。有句名言说："无论被虐待也好，被抢掠也好，只要忘掉就行了。"

气量大一点，生活才祥和

生活中，有的人能活得轻松快乐，而有的人却活得沉重压抑。究其原因，无非是因为前者情绪稳定而且有包容一切的气量；而后者之所以感觉负担沉重，是因为度量太小，计较太多，总是沉溺在不安的情绪里。

事实上，任何人都不是完美无缺的，世界上不存在绝对完美的人，我们不论与谁交往，都不可能要求对方事事都能做到让我们满意的程度。气量小的人，往往不能容忍比自己优秀的人，也容忍不了和自己存在分歧的人。其实细细品味人生，就会明白看似困难的事情也很容易解决，"以柔和驱赶仇恨"，这是布朗告诉我们的方式，这其实就是要求我们要有宽厚待人的气量。

美国的第16任总统林肯是美国历史上一位颇有建树的总统，他在任期内完成了数项足以影响美国乃至世界的丰功伟绩。他的身上具备显著的优秀品质，坚韧、智慧、低调等，他的宽容品质也颇受世人的称赞。在他身上曾经发生过这样一件事：

林肯在任期间，一次他下令调动一些军队参与作战。命令下达之后，却受到了当时任作战部部长的史丹顿的阻挠，他拒绝执行林肯的此项命令，犯下了军队的大忌，还发牢骚表示对林肯此项命令的不满、讽刺、嘲笑，甚至口不择言地说道："作为总统下达这种愚蠢的命令，他就是一个该杀的傻瓜。"

这件事很快被林肯得知。大家都在想，这次史丹顿对总统如此不敬，公开表示他的不满、怨恨，林肯一定不会放过史丹顿的。然而，林肯本人对这件事的态度非常出乎人们的意料。他没有恼羞成怒，而是静下心来检讨自己的命令是否妥当。他马上找到史丹顿，征求他的意见。史丹顿丝毫不留情面地指出了此项命令的不当之处。林肯经过深思熟虑之后，最终认为自己的方案的确存在很大的问题，于是收回了命令。

林肯面对部下的阻挠,并没有震怒,而是用一种温和的态度处理这件事,这正说明,越是位高权重的人,越应该尊重和采纳他人的意见,正所谓"得民心者得天下",林肯总统得到了人们的拥戴和肯定,这都要得益于他的宽容大度,在他的领导下,整个美国才得以稳定地发展。

人生的道路漫长而坎坷,在充满了艰辛的同时,也孕育着希望。我们不要总是抱怨自己生不逢时,不要总是抱怨没有结交到优秀的人,而是要对人多一分包容、多一分理解。气量和容人,犹如器之容水,器量大则容水多,器量小则容水少,器漏则上注而下逝,无器者则有水而不容。气量大的人,容人之量、容物之量也大,

能和不同性格、不同脾气的人融洽相处。能兼容并蓄，能接受别人的批评，也能忍辱负重，经得起误会和委屈。这样就能以轻松自如的心态来面对纷繁复杂的人间百态，让我们摆脱不满、愤恨的情绪，让生活变得简单、变得祥和。

豁达是衡量风度的标尺

在生活中，常常会见到这样一类人：他们受到一点委屈便斤斤计较、耿耿于怀；听到别人的批评就接受不了，甚至痛哭流涕；对学习、生活中一点小失误就认为是莫大的失败、挫折，长时间寝食难安；人际交往面狭窄，只同与自己意见一致或能力不超过自己的人交往，容不下那些与自己意见有分歧或比自己强的人……这些人就是典型的狭隘型性格的人。

比尔·盖茨曾说过："没有豁达就没有宽容。无论你取得多大的成功，无论你爬过多高的山，无论你有多少闲暇，无论你有多少美好的目标，没有宽容心，你仍然会遭受内心的痛苦。世界上最大的是海洋，比海洋更大的是天空，比天空更大的是人的胸怀。"

豁达的度量，从根本上说是来自一个人宽广的胸怀。一个人倘若没有远大的生活理想和目标，其心胸必然狭窄，就像马克思所形容的那样，愚蠢庸俗、斤斤计较、贪图私利的人，眼睛只盯着自己的私利，根本不可能有豁达和宽容的胸怀和度量。"心底无私天地宽"，只有从个人私利的小圈子中走出来，心里经常装着更远、更大目标的人，才能具有宽广的胸怀，领略到海阔天空的精神境界。

唐玄宗开元年间有位梦窗禅师，他德高望重，是当朝国师。

有一次，他搭船渡河，渡船刚要离岸，从远处来了一位骑马佩刀的大将军，大声喊道："等一等，等一等，载我过去！"他一边说一边把马拴在岸边，拿了鞭子朝水边走来。

船上的人纷纷说道："船已开行，不能回头了，干脆让他等下一班吧！"船夫也大声回答他："请等下一班吧！"将军急得在水边团团转。

这时坐在船头的梦窗禅师对船夫说道："船家，这船离岸还没有多远，你就行个方便，掉过船头载他过河吧！"船夫看到是一位气度不凡的出家师父开口求情，就把船撑了回去，让那位将军上了船。

将军上船以后四处寻找座位，无奈座位已满，这时他看见坐在船头的梦窗禅师，于是拿起鞭子就打，嘴里还粗野地骂道："老和尚！走开点，快把座位让给我！难道你没看见本大爷上船？"没想到这一鞭子正好打在梦窗禅师头上，鲜血顺着脸颊流了下来，禅师一言不发地把座位让给了那位蛮横的将军。

这一切，大家都看在眼里，心里既害怕将军的蛮横，又为禅师的遭遇感到不平，纷纷窃窃私语：将军真是忘恩负义，禅师请求船夫回去载他，他不但抢禅师的位子，

还动手打了他。将军从大家的议论中，似乎明白了什么。他心里非常惭愧，不免心生悔意，但身为将军却放不下面子，不好意思认错。

不一会儿，船到了对岸，大家都下了船。梦窗禅师默默地走到水边，慢慢地洗掉了脸上的血污。那位将军再也忍受不住良心的谴责，上前跪在禅师面前忏悔道："禅师，我……真对不起！"梦窗禅师心平气和地对他说："不要紧，出门在外难免心情不好。"

这是对人生的一种豁达，如果，梦窗禅师没有一颗豁达的心，只想着自己被别人侵犯了，他随即就会产生愤怒情绪。可是在他包容心的驱使下，生活中发生的冲突和争执也变得云淡风轻，同时他也感染了那位将军，让他的情绪也归于平静。

所以，要用豁达的心宽容一切违逆和挫折，也要以豁达的心去理解他人的误会和偏见。只有你真正明白了这些，才会促使自己成功，才会明白使自己变得机智勇敢、豁达大度的，不是顺境，而是那些常常让自己陷入困境的打击、挫折。陶渊明说：俯仰终宇宙，不乐复何如？一个睿智之人是不会抱着忧虑而愁眉不展的。无论在什么环境下，都要豁达乐观地生活。

忘记惹你生气的人

宽恕就是可以责罚时而不责罚，在可以报复时而不报复。做人做事应当拥有这种宽恕的德行。

写过不少美妙的儿童故事的英国学者路易斯小时候常受凶恶的老师侮辱，心灵深受创伤。他几乎一生不能宽恕这位伤害过自己的老师，且又因为自己的怨恨而感到困扰。然而在他去世前不久，他写信告诉朋友道："两三个星期前，我忽然醒悟，终于宽恕了那位使我童年极不愉快的老师。多年来我一直努力做到这一点，每次以为自己已经做到，却发觉还需再努力一试。可是这次我觉得我的确做到了。"这真是大彻大悟啊！

仇恨的习惯是难以破除的。和其他许多坏习惯一样，我们通常要把它粉碎很多次，才能最后把它完全消灭。伤害愈深，心理调整所需要的时间就愈长。可是终归会慢慢地把它消灭。

斯宾诺莎说："心不是靠武力征服，而是靠爱和宽容大度征服。"如果一个人能原谅、宽容别人的冒犯，就证明他的心灵是超越了一切伤害的。做人要心胸开阔，做事要思想开明。宽恕别人是一种高尚的行为。

人们在受到伤害的时候，最容易产生两种不同的情绪：一种是憎恨，一种是宽恕。

憎恨的情绪，使人一再地处于痛苦的深渊里。如果憎恨的情绪持续在心里发酵，可能会使生活逐渐失去秩序,行为越来越极端,最后一发不可收拾。

而宽恕就不同了。宽恕必须随被伤害的事实从"怨怒伤痛"到"没什么"这样的情绪转折,最后认识到不宽恕的坏处,从而积极地去思考如何原谅对方。

原谅别人,其实就是放过自己

我们每个人可能都遭受过别人带给我们的伤害,我们也会做出各种各样的反应。如果不加以控制,满腔怒火会烧到我们自己,对我们造成伤害。与其在耿耿于怀中让自己失去原本平和的生活,不如原谅别人。原谅别人,也就是熄灭自己的心中之火,抚平自己的情绪伤痕。

一位画家在集市上卖画,不远处,前呼后拥地走来一位大臣的孩子,这位大臣在年轻时曾经把画家的父亲欺诈得心碎而死去。这孩子在画家的作品前流连忘返,并且选中了一幅,画家却匆匆地用一块布把它遮盖住,声称这幅画不卖。

从此以后,这孩子因为心病而变得憔悴,最后,他父亲出面了,表示愿意出高

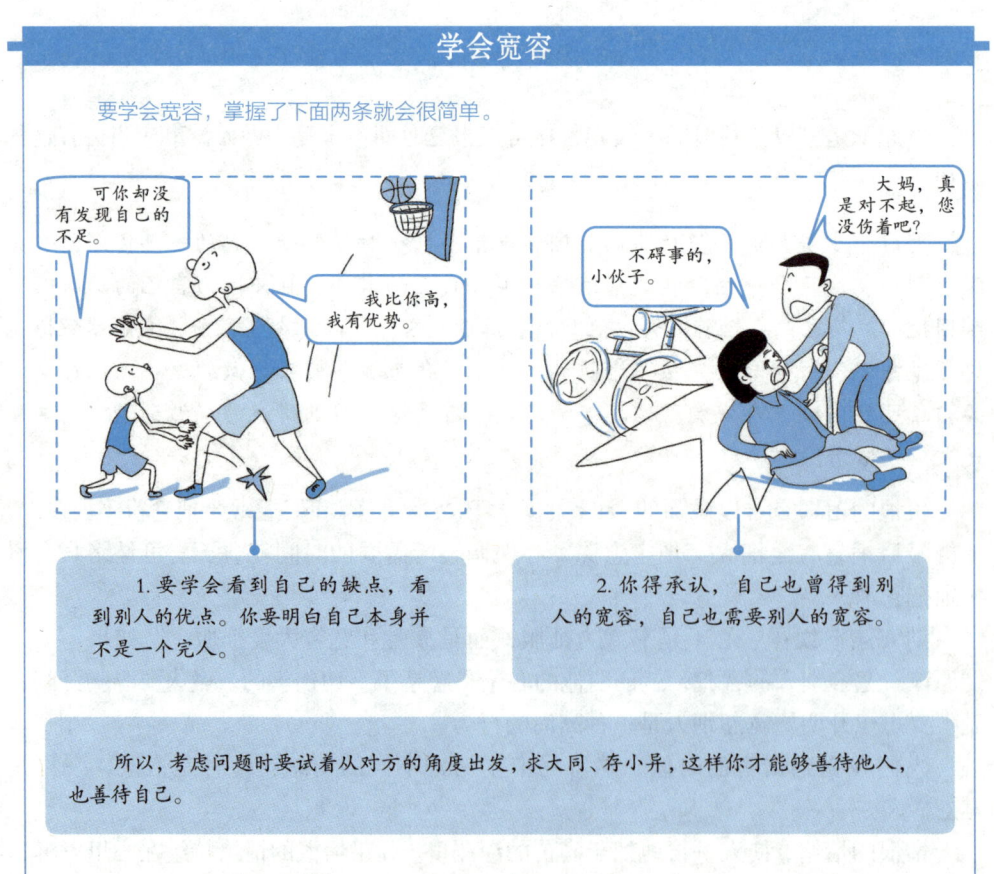

价购买那幅画。可是，画家宁愿把这幅画挂在自己画室的墙上，也不愿意出售。他阴沉着脸坐在画前，自言自语地说："这就是我的报复。"

每天早晨，画家都要画一幅他信奉的神像，这是他表示信仰的唯一方式。

可是现在，他觉得这些神像与他以前画的神像日渐相异。

这使他苦恼不已，他不停地找原因。然而有一天，他惊恐地丢下手中的画，跳了起来。因为他刚画好的神像的眼睛，竟然像那个大臣的眼睛，而嘴唇也酷似。

他把画撕碎，并且高喊："我的报复已经回报到我的头上来了！"

可见，报复会把人驱向疯狂的边缘，使人的心灵不能得到片刻安静。当你无法忘记心中的怨恨，总是想着去报复时，最终受伤害的不仅仅是对方，对你造成的伤害也许更大。

心理学研究证实，心存怨恨有害健康。

由此可见，原谅不但是宽恕别人，更是宽恕自己。唯有学着宽恕，忘记怨恨，才能抚慰你暴躁的心绪，弥补不幸对你的伤害，让你不再纠缠于心灵毒蛇的咬噬，从而获得心灵的自由。

宽容别人的同时，自己也就把怨恨或嫉恨从心中排解掉了，也才会怀着平和与喜悦的心情看待任何人和任何事，从而带着愉快的心情生活。所以，在生活的磨难中学会宽容，能原谅他人的人，心里的苦和恨比较少；或者说，心胸比较宽阔的人，就容易宽容他人。

第四章

学会给自己热烈鼓掌——增强自信

激发自己的潜能

面对困难,很多时候,我们往往不知所措,事实上,我们并不是输给了困难,而是输给了我们自己,因为我们常常低估了自己的能力。其实,我们比自己想象中的更优秀,只是我们还没有发现而已。

常听很多人说:"命运都由天注定,我再努力也没有用。"真是这样的吗?

美国知名学者奥图博士说:"人脑好像是一个沉睡的巨人,我们只用了不到1%的脑力。"一个正常的大脑记忆容量大约有6亿本书的知识总量,相当于一部大型电脑储存量的120万倍。如果人类发挥其一小半潜能,就可以轻易学会40种语言,记忆整套百科全书,获得12个博士学位。

根据研究,即使世界上记忆力最好的人,其大脑的使用也没有达到其功能的1%。人类的知识与智慧,迄今为止仍是"低度开发"。人的大脑是个无尽的宝藏,只要我们努力去挖掘,努力运用潜意识的力量,成功会比想象的更快、更轻松。

1796年的一天,德国哥廷根大学,一个很有数学天赋的19岁青年吃完晚饭,开始做导师单独布置给他的每天例行的三道数学题。前两道题他在两个小时内就顺利完成了。然而第三道要求只能用圆规和直尺就画出一个正17边形的题竟然毫无进展。

困难反而激起了他的斗志:我一定要把它做出来!他拿起圆规和直尺,一边思索一边在纸上画着,尝试着用一些超常规的思路去寻求答案。当窗口露出曙光时,青年长舒了一口气,他终于完成了这道难题。

见到导师时,他说:"您给我布置的第三道题,我竟然做了整整一个通宵。"导师接过学生的作业一看,当即惊呆了。他用颤抖的声音对青年说:"这是你自己做出来的吗?"青年有些疑惑地看着导师,回答道:"是我做的。"导师请他坐下,取出圆规和直尺,在书桌上铺开纸,让他当着自己的面再做出一个正17边形。

青年很快就做出了一个正17边形。导师激动地对他说:"你知不知道,你解开了一桩有两千多年历史的数学悬案!阿基米德没有解出来,牛顿也没有解出来,而你竟然一个晚上就解出来了,你是一个真正的天才!"

这个青年就是数学王子高斯。

当时，高斯不知道这是一道有两千多年历史的数学难题，仅仅把它当作一般的数学难题，只用了一个晚上就解出了它。高斯的确是天才，但如果他在做题前被告知那是一道连阿基米德和牛顿都没有解出来的难题时，结果可能是另一番情景。生活中，有很多困难时时困扰着我们，一些问题之所以没有能够解决，也许并不是因为问题难度大，而是我们把它想得太复杂了，不敢去面对它。学会告诉自己："你比你想象的更优秀。"

那么，该怎样去开发自己的潜能呢？以下提供些具体方法：

1. 自我暗示的成功心法

想要成功的你，要每天不辍地在心中念诵自励的暗示宣言，并牢记成功心法：要有强烈的成功欲望、无坚不摧的自信心。如果你使精神与行动一致的话，一种神奇的力量将会替你打开宝库之门。

2. 写下并念诵你的目标

每天两次念诵你的目标：一次在刚醒来的时候，一次在临睡之前——这两段时间是你潜意识活动比较弱，最容易与潜意识沟通的时段。

注意：在念诵的时候，要贯注感情，并且想象你已取得你想得到的成功。

就算是机械式的自我暗示也有效。当然，越能够注入感情，收效就越好。

3. 挖掘自身的无穷力量

拿破仑·希尔曾经说过："抱着微小希望，只能产生微小的结果，这就是人生。"

我们的能力都深深地埋藏在体内，若能把它发掘出来，并使它发展下去，我们就会有惊人的成就，不可能的事也会变成可能，但这要看这个人是否选择了自己应该走的路。杜拉因说："任何人都可以进到自己理想的天国，同时，当他选择要爬上去时，世界的力量就会帮助他，一直把他推上去。"

我们有了决心，并且对自己充满信心，那么各方面的资源都会协调运转起来，把人推向成功的方向。

4. 构想成功后的自我

伟大的人生源自你心里的想象，即你希望做什么事、希望成为什么人。在你心里的远方，应该稳定地放置一幅画像，然后向它靠近并与之吻合。如果你替自己画一幅失败的画像，那么，你必将远离胜利；相反，替自己画一幅获胜的画像，你与成功即可不期而遇。

生命蕴藏着巨大的潜能，生命永远不会贬值。爱迪生说："如果我们能做出所有能做的事情，我们毫无疑问地会使自己大吃一惊。"对自己的生命拥有热爱之情，对自己的潜能抱着肯定的态度，这样，生命就会爆发出前所未有的能量，创造出令人惊奇的成绩。

多做自己擅长的事

世界上没有两片完全相同的树叶，每个人的天赋也是不同的。和别人比，你或许在某些方面有些欠缺，但在其他方面你表现得更为突出。成功的关键不是克服缺点、弥补缺点，而是施展天赋、发扬长处。要想获得成就，就要发挥自己的强项。

美国盖洛普公司出了一本畅销书《现在，发掘你的优势》。盖洛普的研究人员发现，大部分人在成长过程中都试着改变自己的缺点，希望把缺点变为优点，但他们碰到了更多的困难和痛苦；而少数快乐、成功的人的秘诀是"加强自己的优点，并管理自己的缺点"。"管理自己的缺点"就是在不足的地方做得足够好，"加强自己的优点"就是把大部分精力花在自己感兴趣的事情上，从而获得成功。

一只小兔子被送进了动物学校，它最喜欢跑步课，并且总是得第一；它最不喜欢的是游泳课，一上游泳课它就非常痛苦。兔爸爸和兔妈妈要求小兔子什么都学，不允许它放弃任何一项课程。

小兔子只好每天垂头丧气地去学校上学，老师问它是不是在为游泳太差而烦恼，小兔子点点头。老师说，其实这个问题很好解决，你跑步是强项，但游泳是弱项。这样好了，你以后不用上游泳课了，可以专心练习跑步。小兔子听了非常高兴，它专门训练跑步，最后成为跑步冠军。

小兔子根本不是学游泳的料，即使再刻苦训练，它也无法成为游泳能手；相反，它专门训练跑步，结果成为跑步冠军。

假如一个人的性格天生内向，不善于表达，却要去学习演讲，这不仅是勉为其难，而且还会浪费大量的时间和精力；假如一个人身材矮小，弹跳力也不好，却要去打篮球，结果，不仅造成英雄无用武之地的局面，反而打击了自信心，变得一蹶不振。在漫漫的人生旅途中，没有人是弱者，只要找到自己的强项，就找到了通往成功的大门。

所谓的强项，并不是把每件事情都干得很好、样样精通，而是在某一方面特别出色。强项可以是一项技能、一种手艺、一门学问、一种特殊的能力或者只是直觉。你可以是鞋匠、修理工、厨师、木匠、裁缝，也可以是律师、广告设计人员、建筑师、作家、机械工程师、软件工程师、服装设计师、商务谈判高手、企业家或领导者，等等。

人生的诀窍就在于经营好自己的长处，扬长避短，才能创造出人生的辉煌。若舍本逐末，用自己的弱项和别人的强项拼，失败的只能是自己。从这个角度来说，千万别轻视了自己的一技之长，尽管它可能并不高雅，却可能是你终生依赖的财富。

每个人都不是弱者，每个人都有实现自己梦想的可能，只要我们找准自己的最佳位置，努力经营自己的强项，并将这个专长发挥到极致，我们一定能成为某一领域的王者。

努力发挥自己的长处

罗马不是一天建成的，我们想在某一方面拥有过人之处，就必须付出辛苦的努力。

为目标而有所舍弃
我们要想说一口流利的英语，可能要错过无数次和朋友酣唱的机会。

为成长而孜孜不倦
要想掌握一门技术，可能就要翻烂无数本专业书。

为成功而不怕失败
要想成为游泳池中最抢眼的高手，就必须比别人多"喝"水。

当自己的长处被真正发挥出来的时候，我们就有了一技之长，也就会有与别人竞争的资本和自信。

善于发现自己的优点

我们每个人都不会一无是处。人人都潜藏着独特的天赋,这种天赋就像金矿一样埋藏在看似平淡无奇的生命中。对于那些总是羡慕别人,认为自己一无是处的人,是挖掘不到自身的金矿的。

每个人身上都有优点与缺点,但人们在羡慕别人的同时,却很容易忽略自身的优点。

有一天,大仲马得知自己的儿子小仲马寄出的稿子总是碰壁,就告诉小仲马:"如果你在寄稿时,随稿给编辑先生附上一封短信,说'我是大仲马的儿子',或许情况就会好得多。"小仲马断然拒绝了父亲的建议。

小仲马给自己取了十几个其他姓氏的笔名,以避免那些编辑先生们把他和大名鼎鼎的父亲联系起来。面对那些冷酷无情的退稿笺,小仲马没有沮丧,仍然坚持创作自己的作品,因为他相信自己是有这方面的专长的,他热爱写作,并坚信自己一定能够成功。

他的长篇小说《茶花女》寄出后,终于震撼了一位资深编辑。这位资深编辑曾和大仲马有着多年的书信来往。他看到寄稿人的地址同大作家大仲马的丝毫不差,便怀疑是大仲马。他迫不及待地乘车造访大仲马家。令他大吃一惊的是,《茶花女》这部伟大作品的作者竟是大仲马名不见经传的儿子小仲马。

小仲马因为知道自己的优点,并充分利用自己的写作优势,最终获得了成功。所以,一定要记得我们不会一无是处,每个人都不会一无是处,人人都有闪光点,一定要学会发现自己的优点。

有一个叫爱丽莎的美丽女孩,总是觉得自己没有人喜欢,总是担心自己嫁不出去。

一个周末的上午,这位痛苦的姑娘去找一位有名的心理学家,心理学家请爱丽莎坐下,跟她谈话,最后他对爱丽莎说:"爱丽莎,我有办法,但你得按我说的去做。"他要爱丽莎去买一套新衣服,再去修整一下自己的头发,他要爱丽莎打扮得漂漂亮亮的,告诉她星期一他家有个晚会,他要请她来参加,并按照他的嘱咐来办。

星期一这天,爱丽莎衣衫合适、发式得体地来到晚会上。她按照心理学家的吩咐尽职尽责,一会儿和客人打招呼,一会儿帮客人端饮料,她在客人间穿梭不停,来回奔走,始终在帮助别人,完全忘记了自己。她眼神活泼,笑容可掬,成了晚会上的一道彩虹,晚会结束后,有三位男士自告奋勇要送她回家。

在随后的日子里,这三位男士热烈地追求着爱丽莎,她选中了其中一位,让他给自己戴上了订婚戒指。不久,在婚礼上,有人对这位心理学家说:"你创造了奇迹。""不,"心理学家说,"是她自己为自己创造了奇迹。人不能总想着自己、怜惜自己,而应该想着别人、体恤别人,爱丽莎懂得了这个道理,所以变了。所有的女人都能拥有这个奇迹,只要你想,你就能让自己变得美丽。"

爱丽莎的幸福是她发现了自己原来也是一朵有魅力的玫瑰。每个人身上都有别人所没有的东西,都有比别人做得好的地方,这就是属于你自己的特长,这是你身上最值得肯定的地方。不要拿别人的长处来和自己的短处相比,这样会掩盖掉你身上闪光的亮点,压抑你向上发展的自信。要充分地肯定自己的长处,始终如一地肯定。

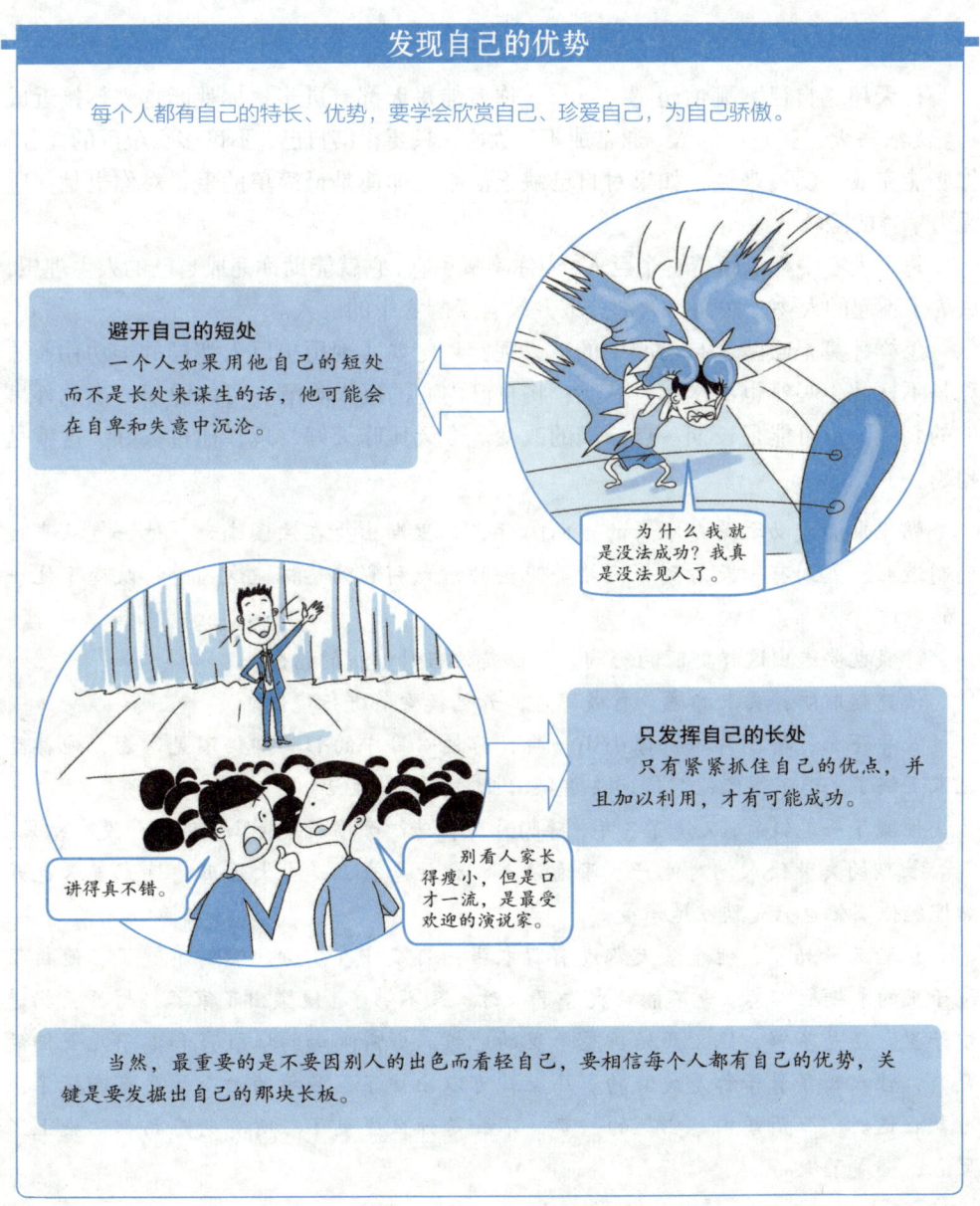

发现自己的优势

每个人都有自己的特长、优势,要学会欣赏自己、珍爱自己,为自己骄傲。

避开自己的短处
一个人如果用他自己的短处而不是长处来谋生的话,他可能会在自卑和失意中沉沦。

为什么我就是没法成功?我真是没法见人了。

只发挥自己的长处
只有紧紧抓住自己的优点,并且加以利用,才有可能成功。

讲得真不错。

别看人家长得瘦小,但是口才一流,是最受欢迎的演说家。

当然,最重要的是不要因别人的出色而看轻自己,要相信每个人都有自己的优势,关键是要发掘出自己的那块长板。

自然界有一种补偿原则，当你在某方面很有优势时，肯定在另一个方面有所不足。而当你在某个方面有缺点时，可能又在另一个方面有优点。如果你想出类拔萃，就必须腾出时间和精力来使自己的强项更加突出。

高情商的人，在漫漫的人生旅途中，能找到自己的强项与优势，同样他们也就找到了通往成功的大门。那么，如果你是鱼，就跳进大海，在茫茫的大海里尽情畅游；如果你是鹰，就飞向蓝天，在广阔的天空里自由翱翔。

打造一颗超越自己的心

每天超越自己，哪怕超越一点点，你就能每天都有进步，你就能越来越接近成功。无法每天超越自己的人，通常成不了大事。只要相信自己，不论多么艰巨的任务，你必能完成。反过来说，如果对自己缺乏信心，即使是最简单的事，对你也是一座无力攀登的险峰。

每个人心中都沉睡着一个巨人，当你唤醒了它，它就能助你完成自己的人生理想，成为了不起的人物。然而，大部分人并没有唤醒心中的巨人。

怎样才算是唤醒了自己心中的巨人呢？一定要实现历史巨人那样的丰功伟业才算是不枉此生吗？也不尽然。其实，将自己内心的巨人唤醒，可能源于一次意外事件的刺激，也可能是长期一点一滴的改变。今天比昨天好，现在比过去好，这就是超越。

帕里斯的成功之路是艰辛的。1510 年，帕里斯出生在法国南部，他一直从事玻璃制造业，直到有一天看到一只精美绝伦的意大利彩陶茶杯。这一瞥，改变了他一生的命运。

"我也要造出这样美丽的彩陶。"这是他当时唯一的信念。

他建起煅炉，买来陶罐，打成碎片，开始摸索着进行烧制。

几年下来，碎陶片堆得像小山一样，可他心目中的彩陶却仍不见踪影，他甚至无米下锅了。迫不得已他只得回去重操旧业，挣钱来生活。

他赚了一笔钱后，又烧了 3 年，碎陶片又在砖炉旁堆成了大山，可仍然没有结果。

长期的失败使人们对他产生了看法。都说他愚蠢，是个大傻瓜，连家里人也开始埋怨他。他也只是默默地承受。

试验又开始了，他十多天都没有脱衣服，日夜守在炉旁。燃料不够了。他拆了院子里的木栅栏，怎么也不能让火停下来呀。又不够了！他搬出了家具，劈开，扔进炉子里。还是不够，他又开始拆屋子里的地板。劈噼啪啪的爆裂声和妻子儿女们的哭声，让人听了鼻子都是酸酸的。马上就可以出炉了，多年的心血就要有回报了，可就在这时，只听炉内"嘭"的一声，不知是什么爆裂了。所有的产品都沾染上了黑点，全成了次品。

建立自信的方法

要超越自己就要有非常强大的自信心,心理学博士大卫·史华兹从心理学的角度提出了建立自信心的 3 种方法:

1. 把你走路的速度加快 25%

使用这种"加快 25%"的方法,可助你建立自信心。抬头挺胸走快一点,你就会感到自信心的增长。

2. 练习当众发言

尽量在各种场合多发言,就会增加自信心,多发言,这是自信心的"维生素"。

3. 咧嘴大笑

大部分的人都知道笑能给自己带来动力,它是拯救自信心不足的良药。

不要小看这些小的技巧,只要勤加练习,对增加我们的自信是大有作用的。

眼看到手的成功，又失败了！帕里斯也感受到了巨大的打击，他独自一人到田野里漫无目的地走着。不知走了多长时间，优美的大自然终于使他恢复了心里的平静，他平静地又开始了下一次试验。

经过 16 年无数次的艰辛实验，他终于成功了，而这一刻，他却一片平静。他的作品成了稀世珍宝，价值连城，艺术家们争相收藏。他烧制的彩陶瓦，至今仍在法国的卢浮宫上闪耀着光芒。

他的成功来得何等不易，在一次又一次的失败中一次又一次地重新站起，这正是帕里斯成功的秘诀。

一个人只有战胜不良情绪，不断超越自我，才能全面发展自己。只要每一天都超越自己一点点，或者是让自己的优点更加稳固，这样的成长都是值得期待的、充满希望的。但今天和昨天一个样，甚至不如昨天，这样的生活就会令人厌倦，感到没有希望。

成功的动力源于拥有一个不断超越的进取目标。人生就是一个不断超越的过程。

追求超越自我的人，每一分每一秒都活得很踏实，除了工作和赚钱以外，他们的人生还有其他意义。若非如此，即使身居高位，生活富裕，也会感到空虚、乏味，无生活的乐趣可言。

在成长的过程中，很多人因为遭受来自社会、家庭的议论、否定、批评和打击，奋发向上的热情会慢慢冷却，逐渐丧失了信心和勇气，对失败惶恐不安，变得懦弱、狭隘、自卑、孤僻、害怕承担责任、不思进取、不敢拼搏。事实上，他们不是输给了外界压力，而是输给了自己。很多时候，阻挡我们前进的不是别人，而是我们自己。

第五章

升华战胜一切的力量——提高热情

消融冷漠，去除人际隔膜

冷漠，就如同在人体内注入了"冰毒"，其中的痛苦是让人难以忍受的。孤独、冰冷、无助的感觉，会让人感觉到无法适从。具有冷漠心理的人，会对什么事情都不感兴趣，做什么事情都觉得索然无味，而且内心很脆弱、很孤独，总是觉得世界很大，却没有自己的容身之所。而这样的想法，时常会让人产生悲观和厌世的情绪。可是怎样才能消除冷漠的心态呢？答案是热情，热情是消融冷漠的一剂良药。

1. 肯定热情

永远不要失去应有的热情。若你能保有一颗热情之心，那么，冷漠就会消融，热情甚至会给你带来奇迹。两个具有相同才能的人，必定是那个更具热情的人会取得更大的成就。许多人都或多或少地有些自卑感，常常低估自己，对自己缺乏信心，缺少热情，然而，每个人都应该相信自己，这种自信会给予你极大的帮助。热爱自己，肯定自己的热情，就会帮助你获得成功。

2. 培养热情

消融冷漠需要培养热情。培养热情需要遵循以下两个步骤：

（1）深入了解每个问题。要对任何事情都具有热情，要学习更多你目前尚不热爱的事物。了解越多，越容易培养兴趣。有兴趣就有了热情，自然就驱赶了冷漠。

（2）做事要充满热情。你热心不热心或有没有兴趣，都会很自然地在你的行为上表现出来，没有办法隐瞒。

比如，微笑真诚一点，眼睛要配合你的微笑才好，当你对别人说"谢谢你"的时候，也要真心实意、充满热情。

你的谈话要真挚热情。说话热情的人都会受到欢迎。当你话语充满热情时，你自己也会变得很有热情。你必须时时刻刻保持活泼热情，这样才能消除冷漠。

3. 满足他人的愿望

每个人，无论默默无闻或身世显赫，年轻或年老，都有自己的愿望。如果你满足了别人的愿望，使他们觉得自己重要，你就会因为减少了冷漠让自己变得热情起来。

4. 采取热情行动

热情就是将内心的感觉表现出来。让我们用热情面对社会、面对工作、面对生活，采取热情的行动，世界才能消除冷漠而更加温馨。

5. 振奋精神

热情，是指深入人内心里的一种热烈的精神特质。如果你内心里充满要帮助别人的愿望，你就会一扫冷漠，兴奋不已。你的兴奋从你的面孔、你的灵魂以及你整

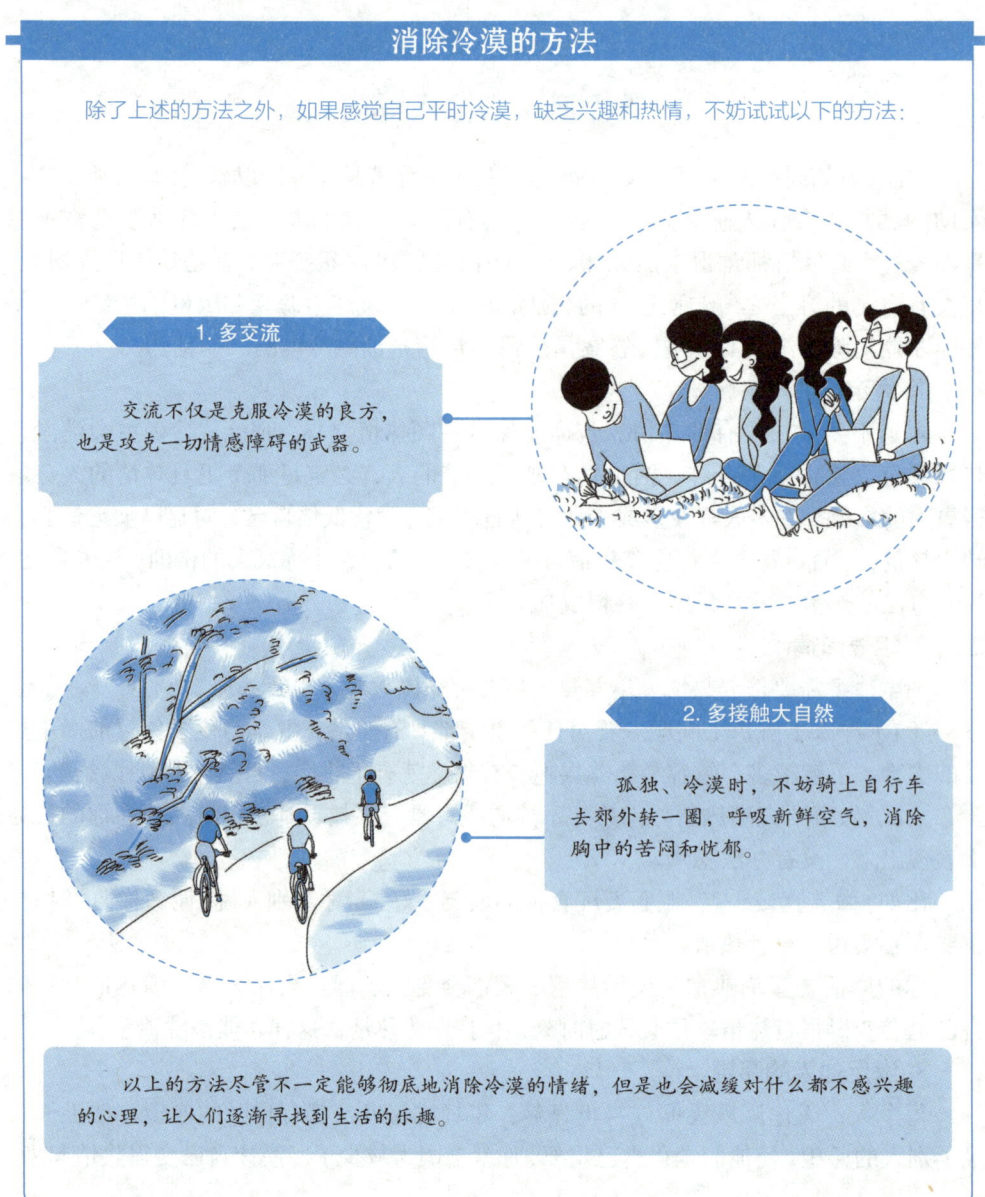

消除冷漠的方法

除了上述的方法之外，如果感觉自己平时冷漠，缺乏兴趣和热情，不妨试试以下的方法：

1. 多交流

交流不仅是克服冷漠的良方，也是攻克一切情感障碍的武器。

2. 多接触大自然

孤独、冷漠时，不妨骑上自行车去郊外转一圈，呼吸新鲜空气，消除胸中的苦闷和忧郁。

以上的方法尽管不一定能够彻底地消除冷漠的情绪，但是也会减缓对什么都不感兴趣的心理，让人们逐渐寻找到生活的乐趣。

个行为中辐射出来。你的精神振奋，也会鼓舞别人。

6. 充满活力

一个人如果行动充满了活力，他的精神和情感也会充满了活力。充满活力的人斗志昂扬，精神抖擞，精力充沛，不畏艰险，不惧困难，坚持不懈，始终如一，绝不会冷漠处世。

7. 语言鼓励

教练用语言来鼓舞球员，业务经理用语言来鼓励推销人员，以及团队领导者用语言来鼓励一个团体。无疑这种语言就是团体奋进的助力器。虽然自己对自己进行精神鼓励并不普遍，却极为有效，其效果就像教练对球员的鼓励一样。在做任何事前，给自己一些语言方面的精神鼓励，鼓舞自己，消除冷漠，定将收到奇效。

热忱：促使你采取行动的原动力

积极向上的人总能感觉到生活中阳光普照，而失望、沮丧的人看见的只是阴影和暴风雨。无论遭遇挫折或失败，积极向上的人在心中都充满了不灭的热忱。

热忱是一种积极的心态意识。"热忱"这个词源自希腊文，直译过来是"内在的上帝"。也就是说，一个人的热忱来自于一种内在的精神特质。你微笑，因为你很快乐，而在微笑的同时你会变得更加快乐。热忱就像微笑一样，是会传染的。

热忱是一种重要的力量。你可以加以利用，克服自己对一些事物毫无兴趣的弱点，从而改变自己。没有了它，人就像一块没有电的电池。

热忱是一种积极状态——你24小时不断地思考一件事，甚至在睡梦中仍念念不忘。

热忱可使你释放出潜意识的巨大力量。在认知的层次，一般人是无法和天才竞争的，然而，大多数的心理学家都同意，潜意识的力量要比显意识的大得多。虽然，并不是所有的人都可以成为达·芬奇或比尔·盖茨之类的奇才，但是，我们有理由相信，如果能够发挥潜意识的力量，即使是普通人也能创造奇迹。

热忱并不复杂，热忱其实很简单。真正的热忱常能带来成功，但如果热忱是出于贪婪或自私，成功也就如昙花一现。如果你对正义毫无感觉，凡事都以自己为出发点，热忱也许一开始会让你尝到成功的甜头，但这样的成功是无法持久的。只有发自内心的热忱，才能造成震撼人心的效果。

那么，如何构筑热忱的人生乐园呢？

1. 积极地自我对话

如，"我是最好的""我是最棒的""我充满了激情"。

2. 养成使用正面、积极词语的习惯

比如，不说"我不行"，而说"我可以"；不说"我试试看"，而说"我会"等，

用正面词汇代替负面词汇。

3. 放弃过去的创伤

太多的人每天花很多时间想着过去的创伤,不要把你的精力浪费在这些地方,要学会原谅和遗忘。

4. 在团体里寻找热情和快乐

世界著名潜能大师博恩·崔西说:"一个人的幸福快乐80%来自于与他相处的人,20%来自于自己的心灵。"一个正面、积极的团队是你热情的源泉,可以召集一些思想积极的人,每个月聚会一次,一起讨论完成任务的方法,激发彼此的脑力。

5. 让你的每一天都活得精彩

最重要的是把每一天、每一刻都变成最开心的时光。牢牢记住,时间一旦过去,就不会回来。

6. 角色假定

假定你是自己心里向往或是崇拜的人的样子。

拥有热忱,并且下定决心,促使自己学习、奋斗、成长,这样才能摘到成功的甜美果实。缺乏决心与实际行动,生活的激情就会慢慢消失,种种消极与不可能的情绪可能会衍生,这样,怎么能成功呢?

在工作中寻找乐趣

思科公司的总裁约翰·钱伯斯曾说过:"我们不能把工作看作为了五斗米折腰的事情,我们必须从工作中获得更多的意义才行。"我们得从工作当中找到乐趣、尊严、成就感以及和谐的人际关系,这是我们作为职场人士所必须承担的责任。

有个英国记者到北美的一个部落采访,这天是个集市日,当地土著人都拿着自己的物产到集市上交易。这位英国记者看见一个老太太在卖柠檬,5美分一个。

老太太的生意显然并不太好,一上午也没卖出去几个。这位记者动了恻隐之心,打算把老太太的柠檬全部买下来,以便使她能"高高兴兴地早些回家"。

当他把自己的想法告诉老太太的时候,她的话却使记者大吃一惊:"都卖给你!那我下午卖什么?"

人生最大的价值,就是对工作保持兴趣。爱迪生说:"在我的一生中,从未感觉是在工作,一切都是对我的安慰……"然而,在职场中,像卖柠檬的老太太那样,对自己所从事的事业充满热情的人并不是太多,他们不是把工作当作乐趣,而是视工作为苦役。早上一醒来,头脑里想的第一件事就是:痛苦的一天又开始了……磨磨蹭蹭地到公司以后,无精打采地开始一天的工作,好不容易熬到下班,立刻就高兴起来,和朋友花天酒地之时总不忘诉说自己的工作有多乏味、有多无聊。

有些人抱怨工作太枯燥，然而，问题往往不是出在工作上，而是出在我们自己身上。如果你本身不能热情地对待自己的工作，那么即使让你做你喜欢的工作，一个月后你依然会觉得它乏味至极。

精神状态是可以互相感染的，如果你始终以最佳的精神状态出现在办公室，工作有效率而且有成就，那么你周围的人一定会因此受到感染和鼓舞，工作的热情会像野火般蔓延开来。

汤姆是一家电脑公司的业务主管，现在这家公司的生意相当火爆，公司的员工对待自己的工作也充满了热情。

但是，以前并不是这种情况。那时候，公司里的员工都厌倦了自己的工作，他们中的许多人都已经做好写辞职报告的准备了。但是，汤姆的到来改变了这一切，

对工作保持新鲜感

有关专家认为，保持对工作的新鲜感是保证你对工作充满热忱的有效方法。要想保持对工作恒久的新鲜感，就要做到下面两点：

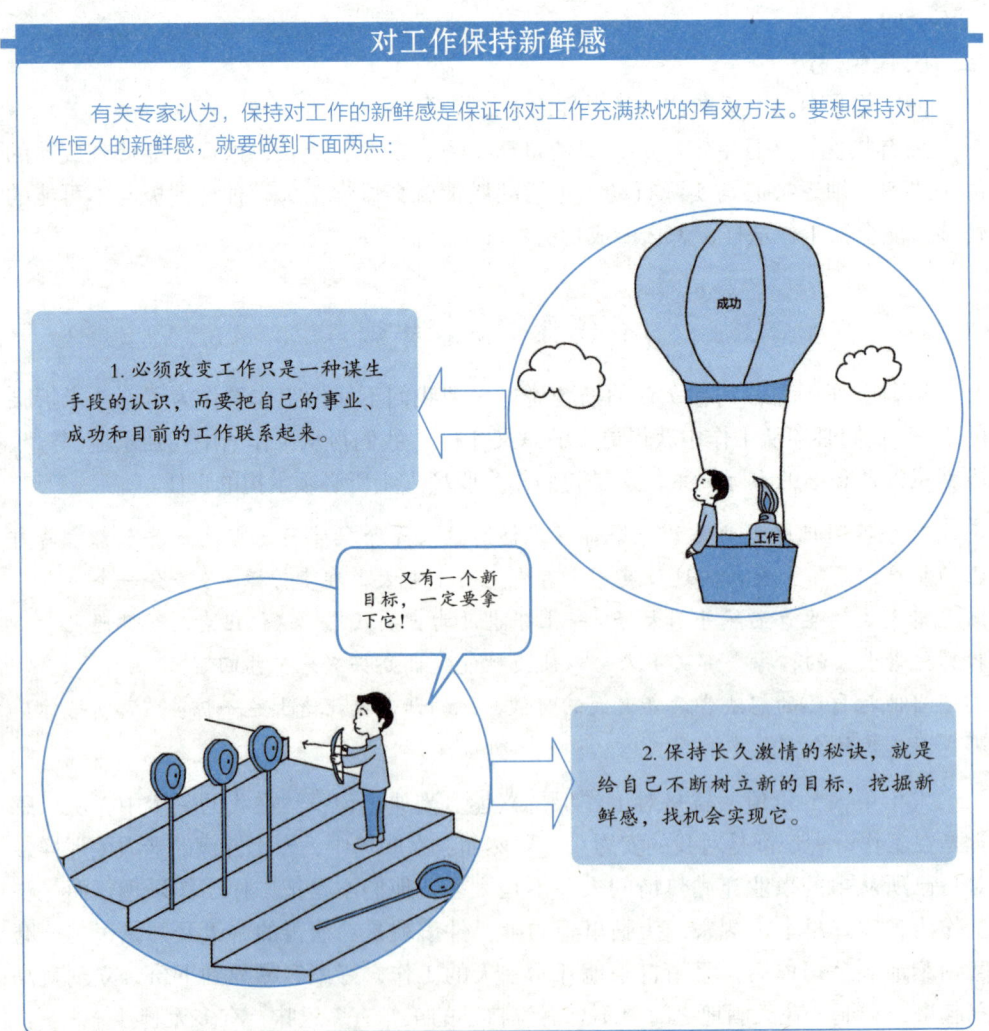

1. 必须改变工作只是一种谋生手段的认识，而要把自己的事业、成功和目前的工作联系起来。

又有一个新目标，一定要拿下它！

2. 保持长久激情的秘诀，就是给自己不断树立新的目标，挖掘新鲜感，找机会实现它。

他对待工作充满了激情,这种精神状态燃起了其他员工胸中热情的火焰。

每天,汤姆第一个到达公司,并微笑着与每一个同事打招呼。工作时,他容光焕发,好像生活又焕然一新。在工作的过程中,他调动自己身上的潜力,开发新的工作方法。在他的影响下,公司的员工也都早来晚走,斗志昂扬,即使有时候腹中饥饿,也舍不得离开自己的工作岗位。因汤姆能经常保持这种激情四射的工作状态,在很短的时间内,便被经理提拔到主管的位置。

在他的带动和感染下,其他员工也一个个充满了活力,公司的业绩不断上升。

· 热情具有感染力,汤姆正是以他的热情感染着他周围的人。

如果把工作当作人生的使命,尽力把它做得完美,我们的成就感和信心就会愈来愈强,工作也会愈来愈顺畅。当别人看到我们热情地、努力地把工作做好时,自然会被我们感染。工作并不只是谋生的手段,当我们把它看作人生的一种快乐的使命并投入自己的热情时,上班就不再是一件苦差事,工作就会变成一种乐趣,就会有许多人愿意聘请你来做你所喜欢的事。工作是为了自己更快乐!做快乐而又成功的工作,是一件多么幸福的事啊!

第六章

常存平平常常一颗心——享受平静

"接受"才会平静

在荷兰阿姆斯特丹，有一座15世纪建造的寺院，寺院的废墟里有一个石碑，石碑上刻着：既已成为事实，只能如此。

天有不测风云，人有旦夕祸福。人活在世上，谁都难免会遇上几次灾难或某些难以改变的事情。世上有些事是可以抗拒的，有些事是无法抗拒的，如亲人亡故和各种自然灾害，既已成为事实，你只能接受它、适应它。否则，忧闷、悲伤、焦虑、失眠会接踵而来，最后的结局是，你没有改变这些事实，反而让它们改变了你。

有一位老教授，他有一只祖传三代的玉镯，每天擦了又擦、看了又看，真是爱不释手。一天，玉镯不小心掉在地上摔碎了，老教授心痛万分，从此茶饭不思，人变得越来越憔悴。时隔一年，他离开了人世。最后咽气时，手里还紧紧攥着那只破碎的玉镯子。

老教授由于在玉镯摔碎的刺激下，再也无法保持内心的平静，情绪日益消沉，最后竟然撒手人寰。

任何人遇上灾难，情绪都会受到影响，这时一定要操纵好情绪的转换器。面对无法改变的不幸或无能为力的事，就抬起头来，对天大喊："这没有什么了不起，它不可能打败我。"或者耸耸肩，默默地告诉自己："忘掉它吧，这一切都会过去！"

紧接着就要往头脑里补充新东西，这种补充能使情绪"转换器"发生积极作用。最好的办法是用繁忙的工作去补充、转换，也可以通过参加有兴趣的活动来抚平心灵的创伤。如果这时有新的思想和意识突发出来，那就是最佳的补充和转换。

物理学家普朗克，在研究量子理论的时候，妻子去世，两个女儿先后死于难产，儿子又不幸死于战争。面对这一系列的不幸，普朗克没有过多地去怨悔，而是用废寝忘食的工作来转移自己内心巨大的悲痛。情绪的转换不但使他减少了痛苦，还促使他发现了基本量子，获得诺贝尔物理学奖。可以肯定地说，控制好自己的情绪，才能解救自己。

用"难得糊涂"增添生活美景

我们无论处于何时何地,都会遇到各种各样的人,都会与各种各样的人相处。在人际关系中,难免会出现磕磕碰碰,难免会发生矛盾。有人说:"只要是有人的地方,就会有竞争,就会有弱肉强食。"虽然这话有些偏激,但不无道理。

你要与人和平相处,要拥有一个良好的人际关系和前途,你就需要一本"糊涂经"。所谓糊涂经就是外表糊涂、内心清明的大智若愚,不用想太多,纠缠于思考是人生的负担、枷锁,别太因看重结果,而忽视过程。

"扬州八怪"之一的郑板桥,最为著名的言论莫过于"难得糊涂"四个字。

据说,"难得糊涂"四个字是他写在山东莱州的云峰山上的。有一年,郑板桥专程到此地观郑文公碑,流连忘返,天黑了,不得已借宿于山间茅屋。屋主为一鹤发老翁,自命"糊涂老人",出语不俗。他的室中陈列了一块方桌般大小的砚台,石质细腻,镂刻精良,非常罕见。郑板桥对其十分叹赏。老人请郑板桥题字以便刻于砚背。郑板桥认为老人必有来历,便题写了"难得糊涂"四字,用了"康熙秀才

糊涂一些更清明

"糊涂经"是一种平和超然的心态,是一种人生智慧的哲学。有时候糊涂一些,自己的情绪和人生才会更清明。

在非原则性的问题上"糊涂"一些,能增强心理承受力,避免不必要的精神痛楚和心理困惑。

适时装糊涂,会使你处乱不惊,以恬淡平和的心境对待各种事件。

其实,生活中适时装糊涂,就会避免许多不必要的麻烦。

雍正举人乾隆进士"的方印。

因砚台尚有许多空白，郑板桥建议老先生写一段跋语。老人便写了："得美石难，得顽石尤难，由美石而转入顽石更难。美于中，顽于外，藏野人之庐，不入宝贵之门也。"他用了一块方印，印上的字是"院试第一，乡试第二，殿试第三"。郑板桥一看大惊，知道老人是一位隐退的官员。有感于糊涂老人的命名，见砚背上还有空隙，便也补写了一段话："聪明难，糊涂尤难，由聪明而转入糊涂更难。放一著，退一步，当下安心，非图后来报也。"

一段佳话，一段趣谈，成就了一种智慧——装糊涂。"糊涂"的人往往更快乐，幸福会追着他们走，他们不必费尽心机争取，却可以随意享受阳光的温暖。

太过理性的人则是追着幸福跑，用尽全力也抓不住飘忽不定、转瞬即逝的幸福。

可笑的追逐，就如无声的宣判，如终审不能上诉，人生有时就是这么无奈，没有选择的权利，只有顺从。

许多人处在痛苦之中，生命里充满矛盾与挣扎，在放与不放间徘徊，何止一个累字了得。不要太过理性，糊涂一番又何妨？拿得起，放得下，朝前看，这样才能从琐事的纠缠中超脱出来。假如对生活中发生的每件事，都寻根究底，去问一个为什么，这既无好处，又无必要，而且败坏了生活的诗意。

建一道宠辱不惊的防线

人生在世，谁都会遇到许多不尽如人意的事，关键是你要以平和的心态去面对这一切。世界总是凡人的世界，生活更是大众的生活。我们应在平和的心态中寻找一份希望，驱散心中的阴霾。

平和就是对人对事有豁达的胸怀，不斤斤计较生活中的得失，超脱世俗困扰，远离红尘诱惑，视功名利禄为过眼烟云，有博大的胸怀。这样的心态，不是看破红尘心灰意冷，也不是与世无争、冷眼旁观、随波逐流，而是一种修养、一种境界。

拜伦说："真正有血性的人，绝不乞求别人的重视，也不怕被人忽视。"爱因斯坦用支票当书签，居里夫人把诺贝尔奖牌给女儿当玩具。莫笑他们的"荒唐"之举，这正是他们淡泊名利的平常心的表现，是他们崇高精神的折射。他们赢得了世人的尊重和敬仰，也震撼了我们的灵魂。

日本有个白隐禅师，由于他对宠辱的超然态度，受到了人们的尊重。

有一对夫妇，在住处附近开了一家食品店，家里有一个漂亮的女儿。无意间，夫妇俩发现女儿的肚子无缘无故地大起来。这种羞耻的事，使得她的父母震怒异常！在父母的一再逼问下，她终于吞吞吐吐地说出"白隐"两字。

她的父母怒不可遏地去找白隐理论，但这位大师不置可否，只若无其事地答道："就是这样吗？"孩子生下来后，就被送给白隐。此时，白隐的名誉虽已扫地，但他并不以为然，只是非常细心地照顾孩子——他向邻居乞求婴儿所需的奶水和其他用品，虽不免横遭白眼，或是冷嘲热讽，但他总是处之泰然，仿佛他是受托抚养别人的孩子一般。

事隔一年后，这位未婚妈妈，终于不忍心再欺瞒下去了。她向父母吐露真情：孩子的生父是在鱼市工作的一名青年。

她的父母立即将她带到白隐那里，向他道歉，请他原谅，并将孩子带回。

白隐仍然是淡然如水，他只是在交回孩子的时候，轻声说道："就是这样吗？"仿佛不曾发生过什么事，所有的责难与难堪，对他来说，就如微风一般，风过无痕。

是非公道自在人心。人是为自己而活，不要让外物的得失而扰乱了自己的心。白隐守住了自己心中的那份平和，外界的非议对他来说，也就无足轻重了。

平和贵在平常，对待外物得失的超然态度只是其外在表现，真正平和的是一颗心。内心修炼至宠辱不惊的境界，不仅会正确对待得失，更会在人生大痛苦、大挫折前波澜不惊、生死不畏。

宠辱不惊，超脱了眼前的荣辱得失，心静如水，是人生一大智慧。宠辱俱平常，人生境界实不平常。事事平常，事事也不平常。无论处于何种环境下，都能做到宠辱不惊，那一定是个了不起的人，就如孔子所赞美的，不是个圣人，也是个贤人。以平和的心态踏踏实实地做事、坦坦荡荡地做人，并不因为工作的琐细而拒绝平凡的生活，并不因为名利的诱惑而放弃做人的原则。见识人生百态，品尝人间百味，积累丰富的阅历和诸多的感慨用于指点后人，这何尝不是一种幸福？

拥有平和的心态，笑对一切，即使失败了也不要一蹶不振，只要你奋斗过、拼搏过，就可以无愧地对自己说："天空不留下我的痕迹，但我已飞过。"（泰戈尔语）这样就会赢得一个广阔的心灵空间，得而不喜，失而不忧，从而把自己的人生提升到一种宠辱不惊的境界。

善于做金钱的主人

不得不承认，金钱在我们的生活中扮演着重要的角色。但是应对金钱有一个理性的认识。当看到有的人为了金钱而疲于奔命的时候，当看到有人抵挡不住金钱的诱惑而自取毁灭的时候，当看到有人富可敌国却依然不能消除内心贪婪和恐惧的时候，或许我们会觉得这些人很可悲。

我们必须得承认金钱的从属地位，从社会乃至人性的角度看待金钱，但这并不意味着忽视乃至否认金钱的作用。更重要的是，我们正确对待金钱，要做金钱的主人。

人们不断寻找快速挣钱的方法，但最重要的，其实应该是具备获得金钱的能力

做金钱的主人

做金钱的主人,不是不重视钱,也不是不需要钱,而是不被钱所左右,不因为钱而影响自己的情绪。

不必为钱而争

如果我们仔细观察,就会发现人们之间的许多纠纷都是因为钱而产生的。

不把钱作为人生目标

金钱仅仅是为目标而奋斗的产物,它不是我们的人生目标。若只是把钱作为奋斗目标,则很容易成为金钱的奴隶。

不让钱蒙蔽了心智

钱,被人驾驭则能为人服务;若是人被钱驾驭,让钱蒙蔽了心智,则会走上犯罪的道路,最终悔恨终生。

总之,钱虽然很重要,但它也只是我们实现幸福生活的工具而已,真正让我们获得幸福的是我们自己,而不是金钱。

和力量，这种力量不在于金钱本身，它在金钱之外，这种力量存在于每个人的观念之中。改变一些观念，你就能够控制金钱，而不是任由金钱来控制你。一个人相信自己能够拥有财富、能够过上富足的生活，那么他会通过他的努力来达到目标，反之，一个人总觉得自己一无所能，那他就会真的一无所能。

金钱并不一定能使人快乐。如果一个人在致富过程中没有感到快乐的话，大多数情况下，他在富有之后也不会快乐。

美国富豪巴菲特认为，快乐仅仅是一种过程，而不是一种结果。拥有上百亿美元的美国富豪巴菲特已安排好其后事。他将其身后的遗产以信托基金的方式委托给几位极具智慧的人来决定钱的用途。他们拥有绝对的权力，且不受任何限制。巴菲特宣称，对于遗产的用途不预先设附加条件，因为他希望这笔基金日后不会变成官僚十足的传统基金，他说："如果他们搞出个高高在上的殿堂来，又变得守旧封闭，我的鬼魂一定不会放过他们。"

根据巴菲特的安排，他只留给两个孩子各 300 万美元。巴菲特的赚钱观很值得人欣赏，他说："人生真正的快乐不是住在皇宫里，而是每年替你的房子加一间房间，因为快乐是一种过程，而不是一种结果。"

李嘉诚也认为，他的人生哲学就是过简单的日子，待人谦和，钱对他没有什么意义。"叫我过皇帝生活也可以，平民生活也可以。"庆丰集团董事长黄世惠说，"即使现在丢掉 1/2，甚至 2/3 的财产，我仍旧可以活得很好。"

我们必须明白，金钱本身并不能成为人生主角，它只是人生的一部分，任何妄想将金钱置于主导性地位的企图，终将会导致各种各样的灾难。

有许多人已经拥有大笔的财富，可是他们却生活在忧郁之中，有的人甚至觉得自己很无聊、很空虚，这是为什么？他们没有意识到，真正的财富在于不断地进取。如果你心中已经没有了目标和信念，你的生命便会黯然无光。一个人无论在社会中处于什么位置，只要他心目中没有了前进的动力，他就不可能是幸福的。当我们渴望得到某种东西时，我们感到有一股无形的力量在驱使我们去争取它，但是一旦得到了，便会觉得那也不过如此，并没有什么特别之处，于是我们重新去追求另外一个目标。

第七章

不要和快乐形同陌路——经营快乐

快乐不在于拥有得多，而在于计较得少

我们总觉得生活中的快乐太少，其实是因为我们计较得太多。只要我们用心去体验，就会发现幸福和快乐，就隐藏在普通的生活中。

如果你拥有一双发现的眼睛，减少对生活中各种事物的苛求，很容易就能够发现快乐。快乐不是你拥有了多少的财富、拥有了多少的房产、拥有了多少被人艳羡的珠宝，而是你能够在平常的任何事物中能得到感触，这种感触存在于你生活的每一部分，并且点亮了你的生活。

有位青年，厌倦了平淡的生活，感到生活是那么无聊和痛苦。为寻求刺激，青年参加了挑战极限的活动。活动规则是：一个人待在山洞里，无光无火亦无粮，每天只供应5千克的水，时间为整整5个昼夜。

第一天，青年颇觉刺激。

第二天，饥饿、孤独、恐惧一齐袭来，四周漆黑一片，听不到任何声响。于是他有点向往起平日里的无忧无虑来。他想起了乡下的老母亲不远千里地赶来，只为送一坛韭菜花酱以及小孙子的一双虎头鞋；他想起了终日相伴的妻子在寒夜里为自己披好被子；他想起了宝贝儿子为自己端的第一杯水；他甚至想起了与他发生争执的同事曾经给自己买过的一份工作餐……渐渐地，他后悔起平日里对生活的态度来：懒懒散散，敷衍了事，冷漠虚伪，无所作为。

到了第三天，他几乎要饿昏过去。可是一想到人世间的种种美好，便坚持了下来。第四天、第五天，他仍然在饥饿、孤独、极大的恐惧中反思过去，向往未来。

他责骂自己竟然忘记了母亲的生日；他遗憾妻子分娩之时未尽照料的义务；他后悔听信流言与好友分道扬镳……他这才发现需要他努力弥补的事情竟是那么多。可是，连他自己也不知道，他能不能挺过最后一关。此时，泪流满面的他发现：洞门开了。阳光照射进来，白云就在眼前，淡淡的花香，悦耳的鸟鸣——他又迎来了一个美好的人间。

青年扶着石壁蹒跚着走出山洞，脸上浮现出了一丝难得的笑容。五天来，他一直用心在说一句话，那就是：活着，就是幸福。

幸福就是这么简单，人在困境中，才会发现生活的美好，才知道自己以前的苛求是那么多，才发现自己的人生是那么肤浅。在困境中以往人生中那些对名利的追逐，都比不过对生命的追求、对亲情的渴望。这些是多么简单的事情，却总是被人们所忽略。

如果为了小事而斤斤计较，就会让自己忘了初衷，变得不可理喻，最后只会伤人伤己。为了一点小事，去放弃美好的生命，这是一件多么得不偿失的事情啊，非洲的野马就是如此。

在非洲大草原上，有一种极不起眼的动物叫吸血蝙蝠。它体形很小，却是野马的天敌。这种蝙蝠靠吸动物的血生存，它在攻击野马时，常附在马腿上，用锋利的牙齿极敏捷地刺破野马的腿，然后用尖尖的嘴吸血。无论野马怎么蹦跳、狂奔，都无法驱逐蝙蝠。蝙蝠却从容地吸附在野马身上，直到吸饱吸足，才满意地飞去。而野马常常在暴怒、狂奔、流血中无可奈何地死去。

动物学家们在分析这一问题时，一致认为吸血蝙蝠所吸的血量是微不足道的，

远不会让野马死去，野马的死亡是它暴怒的习性和狂奔所致。杀死野马的并不是蝙蝠，而是它自己。因为自己的过多计较，让习性变得暴怒，使头脑不再清醒，只看到眼前的小蝙蝠对自己的伤害，而忘了生命的美好。

其实人也是一样，真正让人失败的不是挫折，不是困难，而是生活中的小事，就是这些小事，让你斤斤计较，总是在这些事情上难以释怀，占去了大量的时间和精力，让你无法静下心来去品味生活，更让你无法静下心来去拼搏创造。总是在小事上看到自己的人生，那么眼光就会越来越狭窄，丧失掉远大的理想，最后也只能碌碌无为、抱怨终生地过一辈子。

所以，不要让斤斤计较充斥你的生活，对于一些小事，不如一笑而过。把时间和精力放在自己的理想上。人的一生太过短暂，既然实现理想的时间都不充裕，又何必在斤斤计较上浪费时间呢？

只有不过分地计较才会发现更多的快乐，拥有更多的幸福。

学会付出，学会与人分享

俗语说："赠花予人，手上留香！"学会付出是美好人性的体现，同时也是一种处世智慧和快乐之道。有一句名言说："人活着应该让别人因为你活着而得到益处。"学会分享、给予和付出，你会感受到舍己为人，不求任何回报的快乐和满足。罗曼·罗兰说得很精彩："快乐和幸福不能靠外来的物质和虚荣，而要靠自己内心的高贵和正直。"

贝尔太太是美国一位有钱的贵妇，她在亚特兰大城外修了一座花园。花园又大又美，吸引了许多游客，他们毫无顾忌地跑到贝尔太太的花园里游玩。

年轻人在绿草如茵的草坪上跳起了欢快的舞蹈；小孩子扎进花丛中捕捉蝴蝶；老人蹲在池塘边垂钓；有人甚至在花园当中支起了帐篷，打算在此过他们浪漫的盛夏之夜。贝尔太太站在窗前，看着这群快乐得忘乎所以的人们，看着他们在属于她的园子里尽情地唱歌、跳舞、欢笑。她越看越生气，就叫仆人在园门外挂了一块牌子，上面写着："私人花园，未经允许，请勿入内。"可是这一点也不管用，那些人还是成群结队地走进花园游玩。贝尔太太只好让她的仆人前去阻拦，结果发生了争执，有人竟拆走了花园的篱笆墙。

后来贝尔太太想出了一个主意，她让仆人把园门外的那块牌子取下来，换上了一块新牌子，上面写着："欢迎你们来此游玩，为了安全起见，本园的主人特别提醒大家，花园的草丛中有一种毒蛇。如果哪位不慎被蛇咬伤，请在半小时内采取紧急救治措施，否则性命难保。最后告诉大家，离此地最近的一家医院在威尔镇，驱车大约50分钟即到。"

这真是一个绝妙的主意，那些贪玩的游客看了这块牌子后，对这座美丽的花园望而却步了。可是几年后，有人再往贝尔太太的花园去，却发现那里因为园子太大，走动的人太少而真的杂草丛生，毒蛇横行，几乎荒芜了。孤独、寂寞的贝尔太太守着她的大花园，她非常怀念那些曾经来她的园子里游玩的快乐的游客。

篱笆墙是农家用来把房子四周的空地围起来的类似栅栏的东西，有的上面还有荆棘，不小心碰上会扎人。篱笆墙的存在是向别人表示这是属于自己的"领地"，要进入必须征得自己的同意。贝尔太太用一块牌子为自己筑了一道特别的"篱笆墙"，

随时防止别人的靠近。这道看不见的篱笆墙是一种自私的表象，它隔开的不只是人的脚步，更是心与心的靠近，当所有朋友都远离，当所有脚步都绕路而行，那么再美的花园又有什么用？无人分享，就永远不能实现它本身的价值。

只有与别人分享，才能获得真正的快乐。只要拥有博爱之心，把自己一份微不足道的关爱送到别人的身边，你就会得到更多的关爱，你的快乐也将会加倍地增长。

学会给予和付出，你会感受到舍己为人，不求任何回报的快乐和满足。一位儿童教育家说："只知索取，不知付出；只知爱己，不知爱人，是当前独生子女的通病。"那么我们如果能在此刻学会付出，快乐就会铺天盖地而来。

即使你拥有金钱、爱情、荣誉、成功和刺激，也许你也不会感到快乐。在生活中，从一个表情、一句问候、一个眼神、一件小事开始，学会付出，善意地看待这个世界，快乐会时时与我们相伴。说到底，拥有快乐其实很简单。

知足常乐，不做欲望的仆人

法国杰出的哲学家卢梭用一句经典的话形容现代人的物欲，他说："10岁被点心、20岁被恋人、30岁被快乐、40岁被野心、50岁被贪婪所俘虏，人到什么时候才能只追求睿智呢？"人心不能清净，是因为物欲太盛。人生在世，不能没有欲望；然而，物欲太强，就会沦为欲望的仆人，一生也不得轻松。

从前，一个想发财的人得到了一张藏宝图，上面标明密林深处的一连串宝藏。他立即准备好一切旅行用具，还特意携带了四五个大袋子用来装宝物。一切就绪后，他进入了那片密林。他斩断了挡路的荆棘，蹚过了小溪，冒险冲过了沼泽地，终于找到了第一个宝藏，满屋的金币熠熠夺目。他急忙掏出袋子，把所有的金币装进了口袋。离开这一宝藏时，他看到了门上的一行字："知足常乐，适可而止。"

他笑了笑，心想：有谁会丢下这闪光的金币呢？于是，他没留下一枚金币，扛着大袋子来到了第二个宝藏，出现在眼前的是成堆的金条。他见状，兴奋得不得了，依旧把所有的金条放进了袋子，当他拿起最后一条时，上面刻着："放弃了下一个屋子中的宝物，你会得到更宝贵的东西。"

他看了这一行字后，更迫不及待地走进了第三个宝藏，里面有一块磐石般大小的钻石。他发红的眼睛中泛着亮光，贪婪的双手抬起了这块钻石，放入了袋子中。他发现，这块钻石下面有一扇小门，心想，下面一定有更多的东西。于是，他毫不迟疑地打开门，跳了下去，谁知，等着他的不是金银财宝，而是一片流沙。他在流沙中不停地挣扎着，可是越挣扎就陷得越深，最终与金币、金条和钻石一起长埋在流沙下。

如果这个人能在看了警示后离开，能在跳下去之前多想一想，那么他就会平安地返回，过上富足的生活了。知足，从某种意义上来讲，给了自己一个生存的空间，给了自己一条走向成功的道路……

生活中我们应该明白，即使你拥有整个世界，但你一天也只能吃三餐。这是人生思悟后的一种清醒，谁真正懂得它的含义，谁就能活得轻松，过得自在，白天知足常乐，夜里睡得安宁，走路感觉踏实，蓦然回首时没有遗憾。

人赤条条地来去于这个世界上，不可能永久地拥有什么，当你煞费心机所获取来的又在自己赤条条地离开之前交给他人的时候，那将是怎样的一种心态呢！相反，假使我们能对我们现有的一切感到满足，那么，我们便会自得其乐，拥有幸福。所以有人提出："人生是这样的短暂，我们纵然身在陋巷，也应享受每一刻美好的时光。"

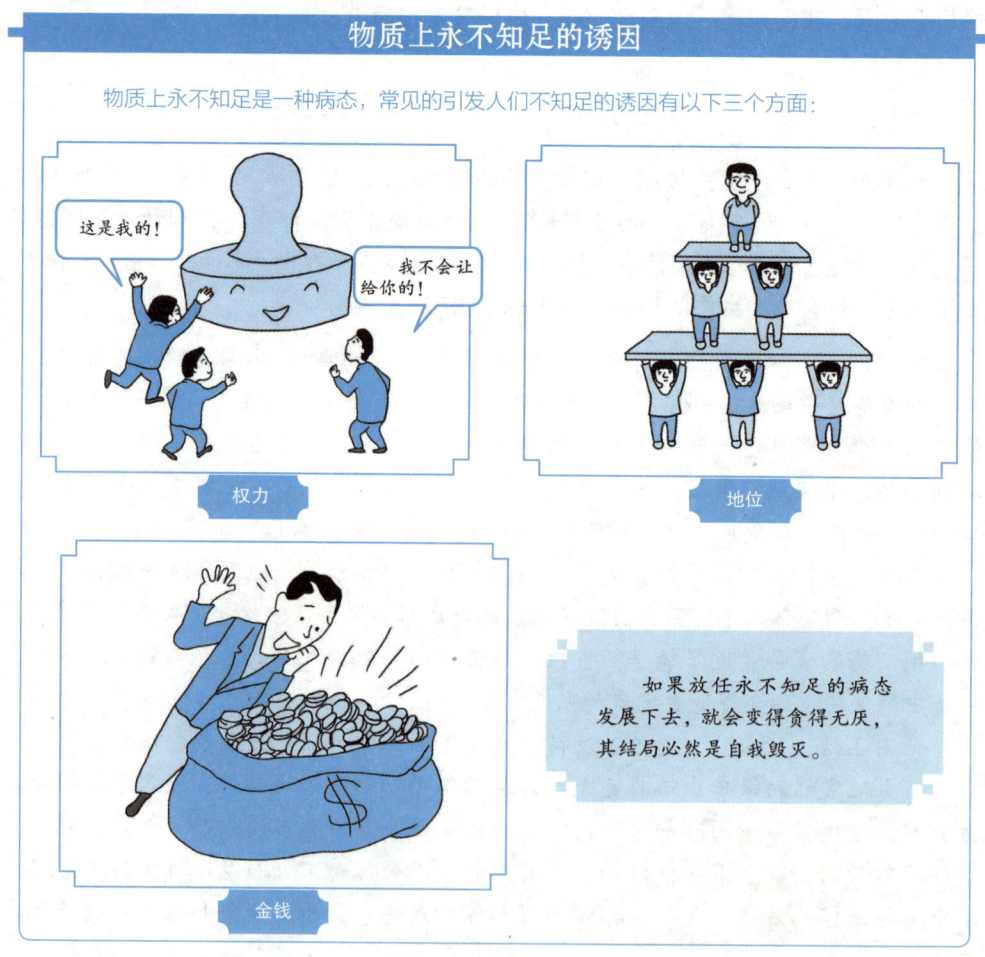

第六篇
做情绪的主人

人不可能永远都有好情绪，生活中既然有挫折、有烦恼，就会有情绪消极的时候。一个心理成熟的人，是一个善于调控自我情绪的人。所以，我们要做情绪的主人，控制自己的情绪，这才是成熟的心理管理。

第一章

懂得表达自己的情绪

用表情传递你的情绪

一个人的情绪往往通过他的表情表现出来。生活中，要懂得察言观色，才能更好地与人交流。不懂得观察表情的人，无法体会他人的情绪，也就没办法与他人沟通。这是社会上必需的交流技巧，更是职场上必须学会的"阅读"工具。

人的表情有很多种，喜怒哀乐尽显其中。每个人都有不同的个性，表情也各有不同。但是只要平时多留意一下对方的表情，随时注意身边的环境、气氛变化，就可以很好地把握他人的情绪。俗话说：知己知彼，百战不殆。当你真正了解一个人的时候，你就可以从他的表情中及时把握他的情绪脉搏。当然对于初次见面的人，要想掌握对方的情绪，就要设身处地地从他的角度考虑问题。

李明是一家小公司的普通员工。一天，他觉得身体不舒服，就来到了公司附近的诊所看病。当时恰好是周末，诊所的人特别多。医生忙得团团转，根本就没办法专心地给人看病，人群的不满和叫嚷声此起彼伏。一见这阵势，李明也犯起了愁。

好不容易轮到他，他心里早就已经不耐烦了。可那个医生已经疲惫不堪，身边堆了一大堆病例，还要接不断打进来的电话，看病人都已经不愿意抬头了。于是，李明在病历本上写下了一句话："您的项链真漂亮，一看就很有品位。"

烦躁的医生看到了这句话，脸上的表情缓缓舒展开了，微微抬起头，说："谢谢！"李明接着说："是您把它戴得非常美丽。"这时候，医生显然有点不好意思了，不过脸上充满得意的笑。

李明趁热打铁："项链这么好看，感觉挺时尚的，是今年的新款吧？"

"是的，刚买没几天，同事也说好看，"医生像是找到知音似的，美滋滋地摸了一下自己的项链，"是我老公送的。"

"哦，你老公真体贴啊！真是让人羡慕呢！"李明发现医生的表情已经变得轻松畅快了。经过闲聊，医生的烦躁已经烟消云散了，认真地对李明进行了检查，开了点药。李明也心满意足地走了。

李明简简单单的一句话起到了良好的效果，既缓解了医生疲惫的身心，为自己赢得好的治疗，同时也抚平了自己烦躁不安的情绪。

每个人的情绪表达方式是不一样的，这增加了观察的难度。但只要细心观察，还是可以掌握他人的情绪，这就看你的眼睛是否锐利。

听声音，也能知晓情绪

一个人的情绪往往可以通过很多途径表达出来。除了面部表情，声音也是一个重要的因素。声音是一个非常正直诚实的伙伴。当你在同他人交谈时，语气和声调的变化，向对方传达的就是你的情绪。一般人都不会刻意对声音进行伪装，内心世界容易展现在听者的面前。因此，当你想要表达某种情绪的时候，不妨说出来。只要你内心是诚恳的，相信听的人一定会感受到你内心的真诚。

没有声音的世界是枯燥无味的，不懂得用声音来传达情绪的人，就失去了一个向他人抒发情绪的方式。既然声音有如此大的魅力，懂得运用自己的声音，也就可以准确地传达你的情绪，让他人知道你的真实意图，这样沟通就变得顺畅了。美国著名的政治家丹尼尔·韦布斯特就是运用声音的高手，不论是怎样棘手的状况，经过他铿锵有力的声音，面带微笑就把问题解决了。

声音是表达情感的一种直接的途径。喜怒哀乐，都需要通过声音来传达。尤其是在生活中，当你的内心愉悦时，你的声音就悦耳动听；当你内心苦闷时，你的声音也一定是沙哑无力的。温和的声音里，可以看到关爱与呵护的微笑的脸；粗暴的

用声音抒发情绪

声音与情绪密切相关，不同的声音代表着说话者的不同情绪。

1. 语速与情绪
人在不同的情绪下说话的语速会不同，比如在紧张时候语速就会加快。

我们应该重点加强建设和谐社区，具体来说应该……

她说话怎么这么快啊？

哭什么哭！不——准——哭！

妈妈的声音好吓人啊！

2. 音量与情绪
说话的音量与情绪也有关，比如生气的时候，音量就会增大。

声音是解读他人情绪的密码，同时也可以准确地表达你的情绪。当情绪需要表达的时候，不妨求助于声音这个沟通工具。

声音，似剑锋划过，留下一道冷冷的风。

声音不仅为我们带来美好的享受，同时也是人与人之间交流的载体。当你与对方存在争执的时候，不妨把你的情绪通过声音表达出来，这样，对方就可以明白你的真实想法，从而有助于彼此矛盾的化解。当你的情绪是温和真诚的时候，相信对方也不会固执地将分歧扩大化。

你真正感受到的远远比你想的和说的重要得多。你的情绪从来不会撒谎。它是你思想的真实显现，无论你是否按照真实的意愿在行动，它都是你真心实意的表达。不要忽视你的情绪，也不要试图压抑你的情绪。

了解语言中的深层情绪

人与人之间的交流，都是通过对话来实现的。领会他人话语中的含义，才能有效地实现情绪上的互动。有时候，往往可以从他人的话语中，感知他人的情绪，判断对方当时的心理。结合谈话的场景和环境，沟通就会很顺利。如果无法体会对方的情绪，不仅会使交流出现困难，甚至某些情况下可能产生误会，这就是所谓的"会错意"。

会错意，顾名思义，就是把对方的意思理解错误。通常情况下，如果双方的交流不是特别频繁，或者了解不够透彻，那么就应该注意对方说话的语气和语调。毕竟汉语的字面意思是很好理解的，但是，汉语博大精深。有些时候，即使用词上有一个细小的差异，表达出的意思也会是不一样的。与人交流，首先就要明白对方的意思。否则，理解出现了偏差，就会导致误会和矛盾的产生。这就好比男人和女人之间的沟通障碍。女人思维感性，说话往往偏向于感情的交流；男人则偏向于事情的逻辑顺序。如果不能从对方的话语中理解对方的情绪，双方的交流就变得扑朔迷离。生活中也是这样。每个人的性格特点都有差异，只有体会他人话语的意思，准确抓住对方的情绪波动，才能更好地实现交流互动。

张杰是某大学篮球队的主力，林楠是啦啦队的队长，两人认识不久就坠入爱河。张杰很爱交朋友，为人爽朗，但就是不善于揣度女孩子的心思；林楠属于心思细腻的女生，感情比较丰富，两人起初进展得挺顺利，可时间一长，问题就出来了。

每逢篮球比赛结束，张杰就拉着林楠出去跟朋友聚会。林楠虽然不是特别讨厌聚会，但她担心张杰太累，想让他早点回去休息。于是，几次之后，就劝张杰改天再聚。为人耿直的张杰没有体会到林楠的好意，还以为林楠故意想疏远他跟朋友的关系，两人因为这件事情总是争吵不断。

一次，刚进行完比赛，林楠找到张杰，说自己有点累。张杰说："那这次的聚会你就不要参加了，回去好好休息吧！"林楠心里本来就不高兴，想让张杰送她回家，一听这话，立马不高兴了，怒气冲冲地说："我自己一个人害怕！"张杰还是没有觉察出林楠的不高兴，随口说道："那就找个同学陪你吧！"没等张杰说完，林楠就气呼呼地跑了。

　　张杰没有理解林楠话中的真实意图，没有体会林楠的情绪，导致误会的产生。男女朋友之间，本就应该了解对方的性格特点和说话方式。为人爽朗的张杰揣测不到林楠的小心思，林楠又是一个不愿意直接表达自己想法的女孩子，两人的矛盾，就在于都无法通过对方的话语判断对方的情绪。如果林楠了解张杰的个性，恐怕也不会因为张杰对自己疏忽而生气了。中国人讲究含蓄之美，说话也不例外，常常不会把话说得特别清楚，所以两个人必须相当默契，才有可能完全明白对方话中含带的情绪。

　　生活中这样的状况时有发生。真正的成功者，懂得运用自己的感官和听觉能力，识别他人话中表达的情绪，从而实现零距离沟通。

　　倾听他人话中的情绪很重要，明白无误地表达自己的情绪同样重要。如果你无法通过话语，把自己的内心真实地表达出来，对方也就无法聆听你内心的声音了。

　　那么，如何通过说话传达你的情绪呢？

　　首先，语气一定要温和婉转。声调要和悦柔顺，使听者悦耳；态度要温和诚恳，使见者动容；措辞要圆润周到，使听者感动；三者缺一，绝不能算是婉转。

　　其次，要条理清楚，措辞准确。语言要层次分明，先后有序，应该说的话，一句都不漏；不必说的话，一句都不说。

　　最后，语气要诚恳亲切。你可以用柔和的眼光，正视对方，态度诚恳，语气诚恳；说话时最好避免双手搭着天平架子，挺着胸脯，双目视于他处，更不能耷拉着头。

　　懂得了倾听，学会了倾诉，准确地理解了他人的情绪，同时也正确地表达了自己的情绪，这样就能真正做情绪的主人，进而与他人顺利沟通。

隐藏在习惯动作中的情绪

　　下意识的习惯动作往往能真实地暴露一个人的情绪。研究表明，人可以掩饰自己的语言，但是肢体语言却无法掩饰。一旦某些小动作形成习惯，就会在不自觉的时候表现出来。与人交流的时候，通过他人不经意的小动作，可以巧妙地判断对方的情绪变化。每个人都有这样的直觉，只是有的人没有在意这样的小细节。比如，有的人喜欢在不知所措的时候摸一下自己的鼻子。这是情绪紧张引起的鼻腔组织充血造成的瘙痒。再比如，有的人喜欢兴奋的时候翘起小腿，有的人习惯在紧张的时候东张西望。这样的小动作就能帮我们向对方传递情绪信息。但是，如果表达不准确，就会引起他人的误解。

　　每个人都有一些习惯性的小动作。有时候，这些小动作在他人眼中或许不是特别重要，但是，我们应该小心，如果造成一定的误会，得不偿失。

　　有的人与他人交谈时，会不自觉地东张西望，或者摆弄自己的衣服角，或者不

常见的小动作与情绪的关系

日常生活中的小动作，往往也能反映出一个人的情绪气质。

1. 吐舌头

吐舌头表面上看起来像是很可爱的表现，实际上是不自信的表现。

2. 时常对别人动手动脚

有的人为了表示亲密，或者对别人的同情，常拍对方的肩膀，这是一种骄傲的情绪表现。

3. 用手捂嘴

有的人，与人交谈时，经常会下意识地捂住自己的嘴，这是害羞情绪的表现。

知道手该放在哪里。这样的小动作，或许是因为紧张情绪调动身体内部组织的运动带来的一些外在的表现。

另外，很多人总担心不能引起别人的注意，所以会精神紧张，表情、动作僵硬等从而产生很多潜意识的小动作。其实，只要努力提高自身素质，有意识地锻炼自己，临场时就会放松心情，释放自己独有的个性和特质。免去了矫揉造作，对方也会因为你的率真而喜欢你。交流起来也就顺畅了。

第二章

学会引导他人的情绪

情绪掌控高手能管理他人的情绪

哈佛学者说:"能够管理他人情绪的人是高情商之人。"所谓管理他人情绪是指在准确识别他人情绪的基础上,用自己的情商影响他人。这当中识别他人情绪是管理他人情绪的首要环节,不能正确认识别人的真正意图就不能很好地施加影响力。

情绪掌控高手能够管理他人的情绪,哪怕是对手。

情商的高低直接影响这种管理他人的能力,情绪控制能力强的人,万事操之在我;情绪控制能力弱的人,处处受制于人。绝大多数的人会认为人际关系是令他们头痛的麻烦事儿,奇怪的是你越觉得它讨厌,你就越不容易搞好它。于是,我们会羡慕一些总是受人欢迎的人,不知他们的成功秘诀在哪儿。其实,关键就在于你是否能管理他人的情绪并影响他人。

美国前总统富兰克林年轻的时候,曾把所有的积蓄都投资在一家小印刷厂里。他很想获得为议会印文件的工作,可是出现了一个不利的情况。议会中有一个极有钱又能干的议员非常不喜欢富兰克林,并曾公开斥骂他。因此,富兰克林决心使对方喜欢他。

富兰克林听说这个议员的图书馆里有一本非常稀奇而特殊的书,于是他就写了一封信给这位议员,表示自己想一睹为快,请求他把那本书借给自己几天,好让他仔细阅读。

这位议员马上叫人把那本书送来。过了大约一星期的时间,富兰克林把书还给那位议员,并附上一封信,强烈表达了自己的谢意。

于是,下次当他们在议会里相遇时,那位议员居然主动跟富兰克林打招呼,并且极为有礼。自此以后,这位议员对富兰克林的事非常乐于帮忙,他们变成了好朋友。

富兰克林的故事在向我们表示一个情绪掌控高手的魅力,他能够发现别人的情绪,并利用他人的情绪,让对方成为自己的朋友。

如何激发对方的说话情绪

在有些场合，出于防备心理，人们不喜欢开口和陌生人说话，此时，你就应该学会去激起谈话对象的情绪，让他开口讲话。

其实，很多时候人们并非不愿意开口，只是你没有引起他们的兴趣，激发他们的情绪。他们也是有"情绪开关"的，只要你能准确把握并且适时打开它，就能够打破尴尬气氛，让对方主动开口。下面是一些简单的方法，教你如何激发他人的谈话情绪。

假如你正坐在火车上，你已坐了很久了，而前面还有很长很长的路程。你想与他人讲讲话，但是，你要尽力使你的谈话显得有趣和富有刺激性。

坐在你旁边的一位像是一个有趣的旅客，而你颇想了解他的情况，于是你便搭讪道："对不起，你有火柴吗？"

他一句话也不讲，只是点点头，从口袋里掏出一盒火柴递给你。你点了一支烟，在还给他火柴时说了声"谢谢"，他又点了点头，然后把火柴放进了口袋里。

你继续说："真是一段又长又讨厌的旅程，你是否也有这种感觉？""是的，真讨厌。"他同意你的看法，而且语调中包含着不耐烦的意味。"若看看一路上的稻田，倒会使人高兴起来。在稻谷收获之前的一两个月，那一定更有趣。"

"唔，唔！"他含糊地答应着。这时你再也没有勇气说下去了。你在农业方面，给他一个表现兴趣的机会，他若是个农夫，接下来他一定会发表一番他的看法。

假若一个话题能引起他的兴趣，那么无论他是如何内向的一个人，他也会发表一些言论的。因此你在谈话停滞之时，思考了一番，然后又重新开始了。

"天气真好，凉爽极了！"你说，"真是理想的踢球时节。今年秋季有好几个大学的球队都很出色呢！"那位坐在你身旁的乘客直起身来。

"你看理工大学球队怎么样？"他问。你回答："理工大学球队很好，虽然有几个老将已经离队，然而几位新人都很不错。"

"你曾听过一个叫李刚的队员吗？"他急着问。

你的确听说过这个球员，你猛然发现此人和李刚长得很像，于是你说："他是一个强壮有力、有技巧，而且品行很好的青年。理工大学球队如果少了这位球员，恐怕实力将会大减。但是李刚快要毕业了，以后这个队如何还很难说。"

这位乘客听了这话便兴高采烈、滔滔不绝地和你谈了起来。

可见，你激发了他谈话的情绪，情绪一上来，就很难控制，谈话就会滔滔不绝。

和陌生人谈话的场合是不可避免的，那种紧张压抑的气氛抑制了大家说话的勇气，这时，必须想办法挑起一种快乐的情绪，让所有人都参与到交谈当中来。

一个人爱不爱说话，关键看他的情绪状况是怎样的，有很多沉默寡言的人，当其说话的情绪被激发时，也会滔滔不绝。

演讲中如何掌控听众的情绪

演讲中，由于演讲者自身的关系，以及外部因素的影响，听众对演讲的关注度会随着情绪的下降而产生转移，从而直接影响演讲的进行。这个时候，演讲者的信心也会受到严重的打击。那么如何有效地把控听众的情绪，让他们始终关注演讲呢？

1. 满足求知欲

陌生的知识领域或神秘不可知的事物总是能引起人的求知欲，激起探索的欲望，对于不知道的东西，想要弄清楚其工作原理，这是人的本能，针对奇闻轶事展开话题可以大大地吸引听众的注意力。

2. 激发好奇心

好奇心是每个人都有的。演讲者可以利用这种好奇心，通过各类趣闻、名人轶事、突发事件、科学幻想、传奇经历等，来激发听众的兴趣。

3. 利益相关切

在很多单位都会有这样一种现象，公司的一些大的发展方向或者整体规划往往不能得到每个员工的重视。相反地，每个小的细节例如年终奖金的评定方法、午餐的标准，这样的事情反而能赢得大部分人的关注，这是因为群众最关心的无非就是涉及自己切身利益的事情。所以，纵观各种说话内容，一旦关系到吃、穿、住、行、生活琐事的都会非常受欢迎。所以高明的说话者常常能将要说的问题和人们生活中的实际利益联系到一起，例如在讲解全球变暖，号召大家爱护环境时，可以不用空洞的说明，而是根据现实生活中的实际情况来说明，如夏天气温越来越闷热等。

4. 信仰的话题

在物质生活越来越丰富的今天，人们对于理想和信仰的追求也越来越明确，没有追求、没有理想的人几乎是没有的。古今中外，人们都在为信仰和理想而不停地奋斗。

因此，有关这方面的话题能够被大多数的听众所接受，尤其是青年听众，他们正处于人生观、价值观形成的时期，关于信仰和理想的演讲对于他们正是良好的启迪。同时也要注意演讲的内容必须要有针对性、现实性，符合现实生活，符合时代的需求，只有这样才能达到励志的目的。

5. 娱乐性话题

现代人的生活节奏越来越快，工作生活的压力也越来越大，这使得人们的心情越来越烦躁。为了缓解人们的压力，可以进行娱乐性的演讲。一般娱乐性的演讲大都是选择一些社会上热议的话题，演讲者在演讲中穿插些幽默、笑话或娱乐性故事以在短

怎样让演讲更具吸引力

精彩的演讲,对观众有持续的吸引力,能充分地调动听众的情绪。那么,怎样才能让你的演讲更具吸引力呢?

在演讲开始前,请允许我问大家一个问题:生命中最美丽的瞬间是什么?

设置疑问

演讲者一上台就采用设置疑问的方式开讲,往往能够吸引听众对演讲内容的关注。

大家可能奇怪为什么今天我没有站在演讲台上,因为我不想让你们仰望,而是我们平等地交流一下,今天我演讲的内容就是:平等。

显出新意

为了增强吸引力,演讲者要力求以与众不同的内容和独特的表达技巧引起观众的注意。

承蒙各位的大力支持和提携,才使得我一路"浑水摸鱼"杀入了今天的决赛现场。

展示风趣

在演讲过程中,听众对演讲者风趣的语言,往往特别感兴趣。

时间内提起听众的兴趣。礼仪场合或者社交场合大都喜欢用这种话题来缓解或者活跃气氛。

　　让听众的情绪随着你走，才算是真正有效果的演讲，你的演讲才会对听众产生影响，敲击他们的心灵。所以，除了关注自身语言技能的精湛以外，还要多与听众进行情绪互动，这样才能成为一个真正优秀的演讲家。

第三章

正确地思考才能拥有好情绪

执着，但不固执

执着是一种很好的品质，但执着与固执只在一念之间。执着过头了，就会变成固执，在遇到任何事，如果固执不肯改变，情绪就一直处于紧绷的状态，一旦有人提出反对，或是有外物影响自我，都有可能让自己的情绪爆发。所以我们无论做人还是做事，都要学会在思考上保持理智，在情绪上保持冷静。只有理智和冷静，才能找到情绪表达的度。

固执地坚守某一样事物，不愿有丝毫改进，往往容易偏离目标，铸成大错。做人做事都不可以太固执，应该充分考虑他人的意见，因为没有一个人的思想总是正确无误的。执着地追求某一样东西，是需要智慧的，如果不切实际地坚持一己之见，不接受新事物，不愿做丝毫的改进，那么，所追求的目标肯定很难实现。

许多人常咬定"青山"不放松，结果却败得一塌糊涂。事实上，换一个角度，换一种方法，将会"柳暗花明又一村"。我们都被教导过，做事情要有恒心和毅力，比如："只要努力、再努力，就可以达到目的。"但是，有时你如果按照这样的准则做事，你就会不断地遇到挫折和产生负疚感。由于"不惜代价，坚持到底"这一教条的影响，那些中途放弃的人，常常被认为"半途而废"，令周围的人失望。

有一个年轻人出生在农村，他从小就渴望成为一个作家。为此，他十年如一日地努力着。他每天坚持写作500字，一篇文章完成后，他反复修改，直到自己满意之后，才满怀希望地寄往远方的报社、杂志社。

可是，多年以来，他写的东西从没有只字片言变成铅字，甚至连一封退稿信也没有收到过。29岁那年，他总算收到了第一封退稿信。那是他坚持投稿的刊物的总编寄来的，信中写道："……看得出，你是一个很努力的青年。但我不得不遗憾地告诉你，你的知识面过于狭窄，生活经历也相对苍白，这些说明你可能不适合创作这条道路。但我从你多年的来稿中发现，你的钢笔字越来越出色……"

这个投稿的年轻人就是张文举，现在是有名的硬笔书法家。记者们去采访他，提得最多的问题是："您认为一个人走向成功，最重要的条件是什么？"

张文举说："一个人能否成功，理想很重要，勇气很重要，毅力很重要，但更重要的是，人生路上要懂得舍弃，更要懂得转弯！"

执着，但不固执，就是要适时调整自己的状态和方向。张文举不适合当作家，却意外地成为一个书法家。"条条大路通罗马"，此路不通，请走彼路。人的成长路途中有许多的机遇，只要变通一下，也许就会柳暗花明。

坚持是一种良好的品性，可是如果这个目标是错误的，仍要奋力向前，并且又自以为自己意志坚定、态度坚决，那么，由此导致的恶劣后果，恐怕比没有目标更为可怕。因为，在错误的道路上，过分坚持会让我们迷失在自己的情绪困境中，从而导致更大的失败。这个时候所做的所有努力都是徒劳的。成功者的秘诀是随时检视自己的选择是否有偏差，合理地调整目标，放弃无谓的坚持，轻松地走向成功。

我们无法改变生存的外在环境，但是我们可以转换一下自己的思维，适时改变一下思路，只要我们放弃了盲目的执着，选择了理智的改变，就有可能开辟出一条别样的成功之路。世界上没有死胡同，关键就看你如何去寻找出路。

其实，有些事情，你虽然付出了很大努力，但你会发现自己却处于一个进退两难的境地，这时候，最明智的办法就是抽身退出，寻找其他的成功机会。

没有果敢的放弃，就没有辉煌的选择。与其苦苦挣扎，撞得头破血流，不如潇洒地挥挥手，勇敢地选择放弃。

站在对方的角度看问题

我们共同生活在这个世界上，但是我们每个人之间存在着很多不同，这些不同有可能是源于我们生活的背景、性格的差异。有的人总是坚持自己的原则、自己的性格，这并没有错。但是每个人从来都不是独立活在世界上的，都需要别人的协作。如果一味地固执己见，必然让双方都陷入愤怒的情绪中。我们没有必要把自己的想法强加给别人，却必须学会从他人的角度思考问题。一个情绪掌控高手会用以心换心的方式与人交往，即便是自己的亲人也要站在对方的角度去感受。

一位母亲在圣诞节带着5岁的儿子去买礼物。大街上回响着圣诞赞歌，橱窗里装饰着彩灯，盛装可爱的小精灵载歌载舞，商店里五光十色的玩具琳琅满目。

"一个5岁的男孩将以多么兴奋的目光观赏这绚丽的世界啊！"母亲毫不怀疑地想。

然而她绝对没有想到，儿子呜呜地哭出声来。"怎么了，宝贝？""我……我的鞋带开了……"母亲不得不在人行道上蹲下身来，为儿子系好鞋带。母亲无意中抬起头来，啊，怎么什么都没有？没有绚丽的彩灯，没有迷人的橱窗，没有圣诞礼物……原来那些东西都太高了，孩子什么也看不见！这是这位母亲第一次以5岁儿子目光的高度仰望世界。她感到非常震惊，立即起身把儿子抱了起来……

从他人的角度看问题

每个人都有自己既定的习惯和立场,容易忘却他人的想法。要想了解别人的情绪,必须要学会站在他人的角度思考问题。

其实他也挺不容易的。

其实她也挺忙的。

首先,转换思维模式,从对方的立场来看事情,以别人的心境来思考问题。

只有知道对方的心理世界,才能知道他在想什么。

你在看什么呢?

其次,要多了解别人的内心世界。对他人抱以善意的心,多关心了解别人。

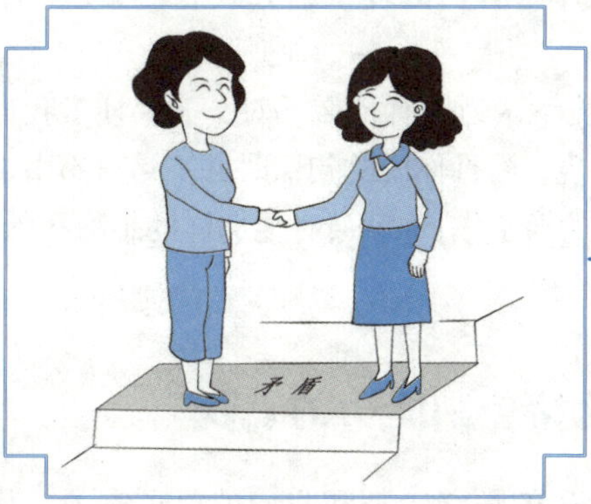

最后,多考虑别人的感受。事实证明,凡事只要我们多考虑对方的感受,为对方多想一下,即便是很尖锐的矛盾也能缓和下来。

从此这位母亲牢记,再也不要把自己认为的"快乐"强加给儿子。"站在孩子的立场上看待问题",这位母亲通过自己的亲身体会认识到了这一点。

孩子看见的东西,母亲不一定能看到,而母亲能看到的东西,孩子不一定能看到。然而如果母亲放低身子或让孩子抬高角度,那么彼此都能理解对方的情绪和感受。同样,在与人交往中也要站在对方的角度看问题。

一位沟通大师说:"当你认为别人的感受和你自己的一样重要时,才会出现融洽的气氛。"我们需要多从他人的角度考虑问题,如果对方觉得自己受到重视和赞赏,就会报以友好的态度。如果我们只强调自己的感受,别人就不会与你交往。

为对方着想就是为自己着想,这才是情绪掌控高手应具备的品质。

千万不要以自我为中心而完全不顾他人的颜面、立场,如果将自己的价值标准强加给别人,轻则得到的是不和谐的人际关系,重则可能使自己一败涂地。

时常有人抱怨自己不被他人理解,其实,换个角度可能别人也有同样的感受。当我们希望获得他人的理解,想到"他怎么就不能站在我的角度想一想呢"时,我们也可以尝试自己先主动站在对方的角度思考问题,这样就能明白他人的情绪感受,顺利引导他人情绪。

卡耐基有一个保持了多年的习惯,经常在他家附近的公园内散步。令他痛心的是,每一年树林里都会失火。那些火灾几乎全是那些到公园里野餐的孩子引起的。卡耐基决定尽自己所能改变这种状况。他告诉不听话的孩子会叫警察把他们抓起来。卡耐基后来说自己只是在发泄某种不快,根本没有考虑过孩子们的感受。那些孩子即使服从了,等卡耐基一走,他们很可能又把火点燃。

后来,卡耐基意识到必须换一种方式来和那些孩子沟通。他再次看到孩子们在树林里生火时,就微笑着问他们:"孩子们,你们玩得高兴吗?"卡耐基和孩子们融洽相处。在与孩子们交往中向他们灌输不要玩火的思想。比如,生火时要离枯叶远一点,不要在大风的天气中生火,等等。孩子们立刻就照做了。

显然,卡耐基前后的做法收到的效果大不一样,改变谈话方式后,那些孩子很愿意合作,而且毫不勉强。

卡耐基有一个避免争执的神奇句子:"我不认为你有什么不对,如果换了我肯定也会这样想。"这句话能使最顽固的人改变态度,而且你说这句话时并不是言不由衷,因为人类的情绪和需求是大致相同的,如果真的换了你,你就会有他那样的想法和感觉,尽管你也许不会像他那样去做。

懂得放弃是具有较高情绪控制能力的表现

忧郁、无聊、困惑、无奈以及一切不快乐的情绪,都和我们的要求有关。我们之所以会产生这些情绪，是因为我们渴望拥有的东西太多了；或者，太执着了，不知不觉，我们已经沉迷于某个事物中了。"把手握紧，什么都没有，但把手张开就可以拥有一切。"

假如在一个暴风雨的夜里，你驾车经过一个车站。车站上有三个人在等巴士，其中一个是病得快死的老妇人，一个是曾经救过你命的医生，还有一个是你长久以来的梦中情人。

如果你只能带上其中一个乘客走，你会选择哪一个？

很多人都只选了其中唯一一个选项。而最好的答案是，"把车钥匙给医生，让

学会放弃

很多人在生活中，往往都会为是否舍弃一种生活追求而犹豫不决。这种优柔寡断是不可取的，要学会适时放弃。

一个人的精力是有限的，如果每件事情都影响到自己的情绪，自己肯定会吃不消。

人的一生很短暂，世界上的精彩太多，我们不可能每一个都抓住，这时候，放弃就成了一种大智慧。

期望所有事情都有好的发展，结果可能一无所成。学会适时放弃，才是成大事者明智的选择。

医生带老妇人去医院，然后我和我的梦中情人一起等巴士"。

大部分人从来不想放弃任何好处，就像那把车钥匙。有时候，如果我们可以放弃一些固执、限制甚至是利益，我们反而可以得到更多。这里有很多关于取和舍的深层问题。

在人生的旅途中，需要我们放弃的东西很多。如果不是我们应该拥有的，我们就要学会放弃。几十年的人生旅途，会有山山水水、风风雨雨，有所得也必然有所失，我们只有学会了放弃，才会拥有一份成熟，才会活得更加充实、坦然和轻松。

放弃一件事情，也许会开启另一道成功的门。生活是一个单项选择题，每时每刻你都要有所选择、有所放弃，要追求一个目标，你必须在同一时间放弃一个或数个其他的目标。该放弃时就放弃，不要在犹豫不决中虚度光阴，否则到最后可能会一无所有。

放弃，是一种智慧，是一种豁达，它不盲目、不狭隘。放弃，为我们的情绪提供一个相对宽松的环境，它滋润了心灵，驱散了乌云，清扫了心房。有了它，人生才有坦然的心境；有了它，生活才会阳光灿烂。

由美国励志演讲者杰克·坎菲尔和马克·汉森合作推出的《心灵鸡汤》系列读本，被翻译成数十种语言，感动激励了无数的人。可是谁能想到在开始写作之前，马克·汉森经营的是建筑业呢？原来马克在建筑业经营彻底失败，自己也破产之后，果断地选择了放弃，选择彻底退出建筑业，并忘记有关这一行的一切知识和经历，甚至包括他的老师——著名建筑师布克敏斯特·富勒。他决定去一个截然不同的领域创业。很快，他就发现自己对公众演说有独到的领悟，而这是个容易赚钱的职业。一段时间之后，他成为一个具有感召力的一流演讲师。后来，他的著作《心灵鸡汤》和《心灵鸡汤2》双双登上《纽约时报》的畅销书排行榜，并停留数月之久。

马克放弃了建筑业，但是不能简单地说他是个半途而废的人，他是一个会给情绪松绑的人。要知道，只有懂得放弃，才能做出更好的选择，才能获得成功。选择和放弃都是人生的智慧，太执着，占有欲太强只能给自己的人生增加负担。理智选择，果断放弃才能让自己轻装上阵，走向成功。

放弃其实是为了得到，只要能得到你想得到的，放弃一些对你而言并不必需的"精彩"，又有什么不可以呢？

对自己的人生主动出击

很多人都无法从负面情绪中走出来，因为他们认为自己失败，是因为不能得到别人所享有的机会，没有人帮助和提拔他们。他们会说，好的位置已经满了，高的职位已被抢走了，一切好的机会都已被别人捷足先登，所以他们毫无机会了。这种人把失败原因都归咎于别人，所以他们没有情绪负担是不可能的。

但积极的人却不会推脱,他们不在负面情绪中做过多停留,而是主动对自己的人生出击。他们迈步向前,不等待别人的援助,他们靠的是自己。

刚毕业不久的大学生小杨,在工作初期,遇到了很多困难,但他告诉自己:面对问题时,要用尽全力,心中除了胜利以外,什么都不想。这种想法改变了他的人生。如今,他已成为一家大公司的第一号推销员了。

他说:"约在4年前,我还是个落伍者,成天唉声叹气、愁眉不展,抱怨苍天待我不公。我终日懒懒散散,整天做着发财梦,可是这些异想天开的事,始终没有降临在我身上。我的幻想终于破灭了,只觉得前途一片黑暗。就在这个时候,一个朋友对我说:'天下没有不劳而获的事情,人生要靠自己主动去开创,你对人生付出多少,人生就给予你多少。'人生每天都向我们提出一些问题——你是否对人生怀疑?你是否对自己的能力有信心?唯有信心,才能使你主动去创造成功的人生。

"过去我从没有努力地工作过,再加上自己又缺乏信心,当然尝不到成功的果实。突然间,我感到自己整个人都变了,也发现现实充满了新的机会,我决定从推销员干起,我相信自己有能力突破任何困难。从此,'信心与行动'便成了我的人生信条。"

天下没有不劳而获的事情,一直等待机会,不主动出击是不会获得成功的。小杨正因为明白了这个道理,才找到了自信,积极地工作,最后获得成功。积极进取的人,不会等待运气护送他走向成功,而会努力争取更多成功的机会。也许,他可能会因为经验不足、判断失误而犯错,但是只要肯从错误中学习,等他逐渐成熟后,就会成功。

真正想成功的人,不会只坐下来发泄自己的抱怨情绪,怨天怨地,他会检讨自己,再接再厉。掌握自己人生的主动权,就需要主动对自己的人生出击,事情不顺利时,必须抱着主动的精神和充分的信心,积极努力地去克服困难,就是遇到了再大的阻力,也绝不退缩,如此才有成功的希望。若开始就抱着放弃的心理,那就根本产生不了斗志,到头来困难更多,这样下去一定会失败。所以,我们在遇到困难时必须直面问题,冷静思考,再努力地去尝试。

在遇到困难时,不要找理由或借口逃避现实。但凡世上成功立业之人,都能勇敢地面对困难,解决困难,不被逆流轻易击倒。

在日常生活和工作活动中,机遇不会时时光顾你,消极等待只能是徒劳;只有主动出击,才能让我们拥有阳光般的良好情绪,最后我们才能为自己赢得一份成功的把握。

第四章

掌控好职场给你带来的情绪

老板的批评应冷静对待

职场上的每个人，在挨批评或受到警告、指责时，心里都会不痛快。尽管你知道，这是再正常不过的事了，可还是常常会产生抵触和抱怨情绪，从而影响到你和上司的关系。面对上司的批评，应当保持冷静，首先要做的就是认真地承认错误。既然上司批评你，就说明你的工作存在漏洞。如果你坚持自己的观点，和老板争吵，闹得没有办法收场，那么，你跟老板的关系就会变得僵化。

黄芳是一家网络公司的设计师。一周前，她因为一个小错误导致公司的系统出现问题。老板当时就大发雷霆，斥责她工作不认真。黄芳虽然心里很不舒服，但毕竟是自己的错误，也就诚恳地认错了。但是，没过几天，公司的系统又出现问题。这次老板没有追查，直接找到黄芳，不问原因就把黄芳狠狠地批评了一通。黄芳心里非常委屈。但是，这一次，她觉得虽然不是自己的错误，但如果跟老板直接顶撞，对自己也没有任何好处。既不能解决问题，还在同事中造成不好的影响。于是她就承认了自己工作上的失误，并把问题解决了。

黄芳的做法，有的人会认为是懦弱的表现。然而，职场上只有冷静地对待老板的批评，才不会做出与自己身份不符的事情。其实，受到一两次批评并不代表自己就没有前途，更没必要觉得一切都没有希望了。上司批评你主要是针对你所犯的错误，除了个别有偏见的上司外，大部分的领导都不会针对员工个人。上司的本意是通过责备让你意识到错误，避免下次再犯，并不是觉得你什么事情都做不好，对你进行打击。如果受到一两次批评你就一蹶不振、精神萎靡，这样才会让上司看不起你，今后他可能也就不会再信任和提拔你了。如果确实是你的错误，那么，老板批评你的时候，毫不犹豫地接受才是正确的。但是如果你是被冤枉的，尽管心里非常生气，非常不平衡，但是，你一定要等老板的脾气发完了才可以解释。在对待挨骂的态度上，我们不妨参悟一下河蚌的自卫方式。

河蚌身上的壳就是最好的自卫武器。众所周知，河蚌在遭受到外力干扰或进攻时，便把它的柔软的身体缩进壳里，它从不反击，直到外力消失之后，它认为安全了，才把自己的壳打开，享受美妙的海水。这样，不管是什么样的打击和压力，只要不超过河蚌壳的承受能力，它都可以完好无损。

面对怒气冲冲的上司，我们与其做一头狮子，不如把自己当作一只河蚌，收起自己的不满和冲动，任凭指责和批评，直到上司的情绪得到缓和。这或许显得有点懦弱，但是从摆正心态的角度来理解却是聪明和正确的。忍一时风平浪静，退一步海阔天空，如果上司对你的批评没有任何附加意义，只是一次简单的训斥，就把它当成一次暴风雨。你可以通过得当的处理，充分利用它，让它成为你走进上司视线、受其关注的一次契机。这样比一味争吵、发一通牢骚好得多。

工作中，老板发脾气是常有的事情，但你不能让自己的情绪受影响。老板的怒气很快就会消失，如果你和老板顶撞生气，闹得沸沸扬扬，除了影响自己的情绪甚至发展前途，可能就完全没有其他的好处了。所以，面对老板的指责和无端的生气，最好的办法就是理性地管理自己的情绪，不让它受到老板的影响，这样才能做一个理智而聪慧的人。

看清老板的"黑色情绪"

每个人都有情绪不好的时候。但是身在职场，如果不能体会到老板的情绪，就算不上一个好员工。有些情况下，如果老板的情绪非常不好，员工恐怕就成了老板发怒的对象了。这样撞枪口的事情，每个公司里都会不定期地上演。所以人在职场，最重要的就是能够察言观色，巧妙地应对老板的负面情绪。

老板是公司里最重要的人物之一。如果得罪了老板，你的工作就不会进展得太顺利，有时候甚至会被老板一怒之下开除。谁都不愿意被老板批评，所以，当碰到老板情绪很差时，能躲则躲，如果躲不过，要尽力地让老板的情绪在你这里变得好转。

赵鑫是一家投资公司的小职员。平时工作也很卖力，深受老板和同事的欣赏。这天，他特意很早地就到了公司，想尽快做出一份满意的报表给老板看。辛苦了一上午，终于做完了，他兴冲冲地来到老板的办公室。不巧，老板正在跟几个客户谈合同。于是，他就在外面等了一会儿。

半个小时后，老板从办公室出来了。赵鑫就迫不及待地给老板看自己的报表。谁知道，老板连看都没看，就说做得不合格，让他回去重做一份，情绪极其暴躁。赵鑫一时呆住了，不知道出了什么状况。

回到办公室后，才从同事的口中得知，老板今天谈的项目没有成功，正在气头上。赵鑫这才恍然大悟，看来是自己没找对时机，辛亏自己当时没有辩解，要不然，老板说不定就会拿自己当出气筒了。

莫名其妙地被老板训斥一通，心里必定不舒服。赵鑫还是很聪明的，在老板发怒的时候没有顶撞。如果当时赵鑫因自己的努力被忽视而跟老板顶撞，那么，后果不堪设想。所以，汇报工作也要看准老板的情绪才能进行。

不懂得注意老板情绪的员工，遇到个脾气温和的老板，或许只是批评你几句，要是遇到个脾气暴躁的老板，恐怕不但对你横眉冷对，还会让你直接递上辞呈。所以，身在职场，要学会察言观色，老板的脸色能准确地反映他现在的情绪。如果你弄不懂老板的情绪，后果就会很严重。这也是很多员工埋头苦干却还是经常挨骂的原因。

如果你不幸碰到老板情绪非常差，那么，挨骂的你该做出什么反应呢？相信很多人会在为莫名其妙地被领导骂而耿耿于怀。甚至有的人忍受不了委屈，当即就澄清自己的冤屈。这样做，是不明智的。遇到老板情绪很糟糕时，你最应该做的就是忍耐。忍一时风平浪静，领导正在气头上，不妨站在他的位置上思考问题。人都有压力大的时候，你为老板着想，你就能成为老板信赖的人。等老板的气消了，一切也就恢复了原状。老板发怒时的情形也就没人会记在心上。

经常在老板身边的人，一定有一双锐利的眼睛，老板脸上的情绪都能够被他看在眼里，记在心上。做事情的时候，不但时刻注意自己的言辞，更是想办法化解老板的负面情绪。这样的员工才会得到老板的重用和赏识。

看清老板的情绪

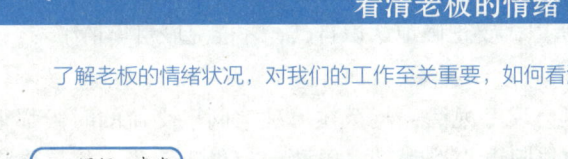
了解老板的情绪状况，对我们的工作至关重要，如何看清老板的情绪呢？

方法一，要能看清楚状况，要及时地捕捉老板脸上的阴晴圆缺。

方法二，一旦遇到老板情绪不好，一定不要当面顶撞。顶撞无疑是火上浇油，让老板的情绪更加恶劣。

不仅不能跟老板顶撞，还要用巧妙的言辞让老板的脸色阴转晴。化解老板的怒气，让自己的工作顺利完成。

与同事交往要摆脱自卑

自卑情绪会影响你的职场人际关系,不利于工作的顺利开展。

自卑,往往是由于在与同事交往时内心不自信,总是拿别人的优点和自己的缺点相比较。现代职场,越来越需要团队的合作精神。自卑的人与同事合作的时候,往往会对他人给予的压力,难以承受,于是对自己说"我做不了"。

另外,有自卑情绪的人还特别关注自己的形象,如果同事赞美一句,就会变得开朗,心情也阳光起来,若是同事不关注自己或是批评自己,就马上产生不好的情绪,甚至成为心病。他们还害怕做错事情,当受到同事的指责时,情绪就忍不住爆发。所以,如果你恰好有这种自卑情绪,一定要有勇气克服它,活出属于自己的精彩。我们可以通过以下几个方法来达到目的:

首先,要正确地认识自己。

我们先在一张纸上,写出自己工作和人际交往上的优点和缺点,尽量做到客观公正。

正确地评价自己,才能给自己足够的信心。有了信心,才能战胜自卑情绪。工作中就不会不敢直视同事的眼睛。正视同事,才会让他发现你的真诚和热情,才能让你和同事之间的关系变得亲密。所以,要正确地认识自己,才能克服自卑情绪。

其次,主动与同事交流。

自卑的人,往往不敢在公司会议上说话,甚至在单独与同事交流的时候都很紧张。所以,不妨鼓励自己,主动与同事交谈。只要勇敢地迈出第一步,相信你将会收到意想不到的效果。你主动地与同事交流,就表明了你的真诚,相信你的同事也会很乐意与你坦诚相待。等你从与他人交流中获得自信后,自卑的情绪就会稍稍减轻,然后你就可以尝试着在公众面前发言。只要你有才能,就一定会得到同事们的赞赏。可是如果你连交流的勇气都没有,你也就失去了与同事成为朋友的机会。

最后,给自己一些外表上的暗示。

我们都知道暗示对消除自卑情绪有帮助。研究证明,走路拖沓的人必定是行为懒散,没有自信的人。相反,昂首挺胸、步伐矫健的人,给人一种积极向上的好印象。在职场中更是如此,打扮一下自己,给同事们耳目一新的感觉;保持微笑,展现出自己积极向上的一面。对他人微笑,也对自己微笑,让同事对你充满好感,也让自己的正面情绪保持饱满。有自卑情绪并不可怕,只要我们正确地对待、勇敢地克服,终究能露出自信的微笑。

周围的压力、自身的缺陷都可以通过积极努力来克服,那时,你的事业也会越来越成功。相信你的同事看到你的进步,也会非常乐意与你交往。摆脱了自卑,在职场中会更加如鱼得水,你的生活也将更加丰富多彩。别自卑,相信自己很优秀。

如何与同事沟通

良好的同事关系,能帮你排除压力,赢得自信。那么,如何与同事进行良好的沟通呢?

1.找几个关系不错的同事一起聊天,良好的同事关系能增加自己敢于表达的自信。

2.多跟同事一起出去运动。集体运动能增强彼此的认识和了解,融洽的同事关系会让自己更勇于表现。

3.周末不妨找几个同事出去闲逛,也能缓解工作日的紧张状态。工作之外的交往,更能促进同事关系的和谐。

只有与同事沟通良好才能更有利于自己的工作,也能避免在面对同事时产生自卑的情绪。

清除"心理污染",办公室也阳光

今天,人们面临的压力越来越大,在办公室工作的人的心理卫生也成了一个不可忽视的问题,而且日趋严重。当你每天走进办公室时,不知你是否发现有很多因素在影响着每个人的情绪,进而影响到工作的质量。我们将影响一个人情绪的诸多因素称为"心理污染"。

办公室内如果存在"心理污染",从某种意义上讲比大气、水质、噪声等污染更为严重,它会打击人们工作的积极性,乃至影响工作效率、工作质量。

病毒的传染有药可治,并不可怕。但是,情绪的传染,打击的则不仅是躯体,还有精神。它会使人丧失自信,失去前进的动力。在生活中,人们经常会遇到令人烦恼、悲伤甚至愤恨的事情,并由此产生不良情绪。所以,我们应该学会控制和调节自己的情绪,保持身心健康。

下面的方法不妨一试。

1. 意识调节

人的意识能够控制情绪的发生和强度。一般来说,修养较高的人,能更有效地调节自己的情绪,因为他们在遇到问题时,能够做到明理和宽容。

2. 语言调节

语言是影响人情绪体验与表现的强有力工具,通过语言可以引起或抑制情绪反应。如林则徐在墙上挂着写有"制怒"二字的条幅,就是用语言来控制和调节情绪的例证。

3. 注意力转移

把注意力从自己的消极情绪转移到其他方面。俄国文豪屠格涅夫劝告那些刚愎自用、喜欢争吵的人,在发言之前,应把舌头在嘴里转10个圈。这些劝导,对于缓和情绪非常有益。

4. 行动转移

行动转移是把愤怒的情绪转化为行动的力量,以缓解不良情绪。

5. 释放法

让愤怒者把有意见的、不公平的、义愤的事情坦率地说出来,或者对着沙包、橡皮人猛击几拳,可以达到松弛神经的目的。

6. 自我控制

自我控制即按照一套特定的程序,以机体的一些随意反应来改善机体的另一些非随意反应,用心理过程来影响心理过程,从而达到松弛入静的效果,以排除紧张和焦虑等不良情绪。

通过以上方法,清除自己的"心理污染",不仅会改善自己的办公心情,提高自己的工作效率,而且还会为他人创造一个和谐的办公环境,让办公室变得"阳光"。

办公室的"心理污染"

在办公室有不少心理污染,常常会左右我们的情绪:

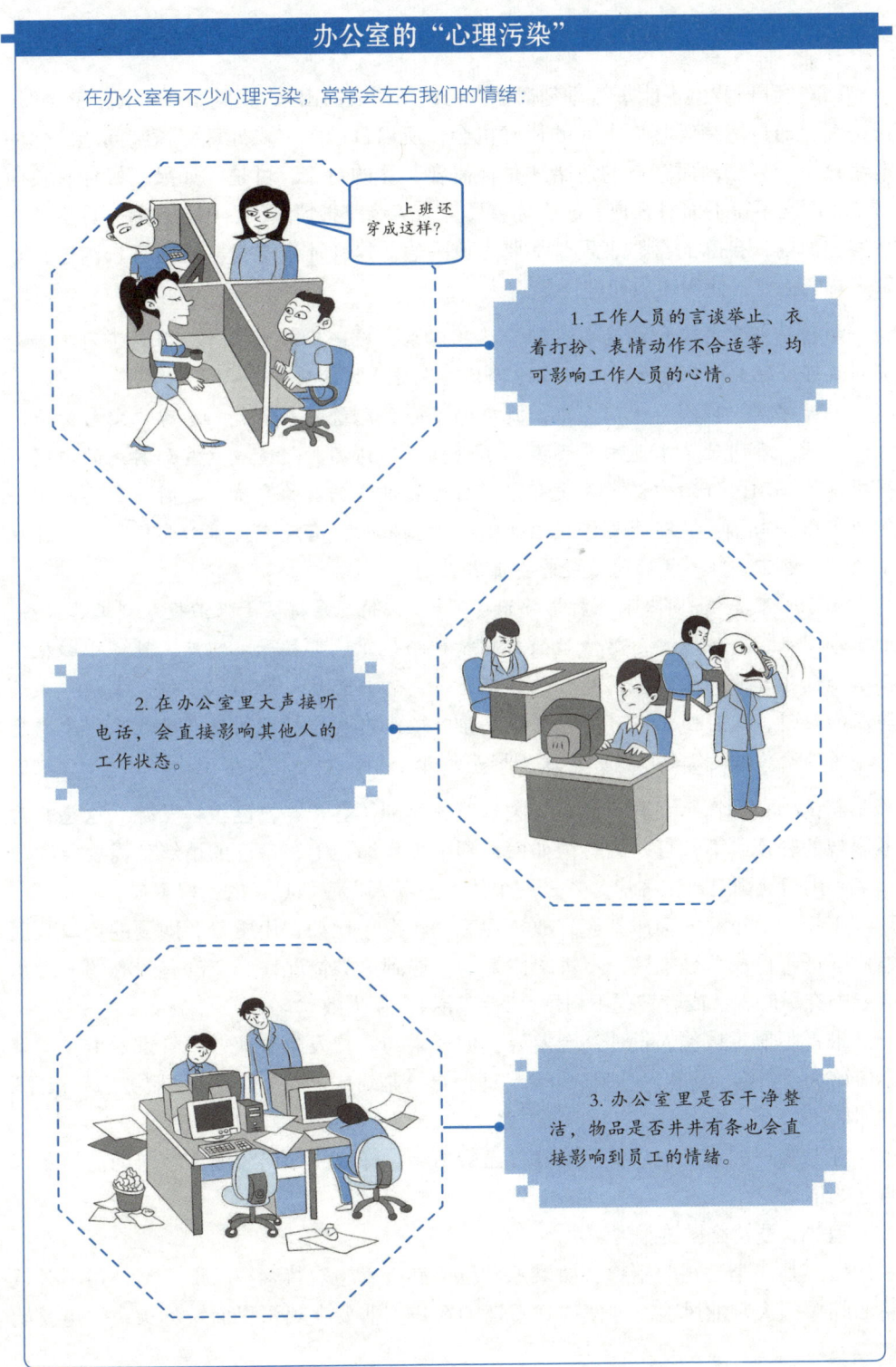

1. 工作人员的言谈举止、衣着打扮、表情动作不合适等,均可影响工作人员的心情。

2. 在办公室里大声接听电话,会直接影响其他人的工作状态。

3. 办公室里是否干净整洁,物品是否井井有条也会直接影响到员工的情绪。

面对客户，调控好自我情绪

面对客户，我们不能每时每刻都把自己的情绪表露出来，尤其是在与客户交谈时，正是客户通过情绪观察你本人的最好机会，所以自己一定要处理好情绪问题。你的情绪只属于自己，而客户的情绪才是你需要关注的对象。可是，如果正好你有负面情绪，而又不得不面对客户，那么你就要努力克制这种情绪。否则，你就不算成熟。在客户面前，自己的喜怒哀乐，都要先放一边。这样才会全身心地与客户沟通，了解客户的需要，使沟通顺利进行。

赵倩是一家美容机构的美容师。从业以来，她一直努力工作，得到了同事和老板的认可。她是个独生女，平时省吃俭用，也非常孝顺父母。

一天早晨，她刚要出门上班，就碰到了一件尴尬的事情。一个客户急匆匆地打电话给她，责问她是不是向自己推荐了价格贵的商品。赵倩被这突如其来的质问弄得摸不着头脑，仔细回忆，并没有觉得自己做过这一类的事情。这时，客户阴阳怪气地抛出一句话："即使要挣钱，也不要欺骗他人，有没有羞耻心啊！"说罢就挂了电话。憋了一肚子气的赵倩哭着去上班。

由于心里委屈，同事跟她打招呼她也不理。但她还是得擦干眼泪投入到工作中去。上班期间来了一位客户，赵倩勉强打起精神给她做脸部按摩。突然，她不小心把化妆水滴到了客户的眼睛里，尽管她频频道歉，客户仍然对她不依不饶。本来心里就委屈的赵倩，这时候怒不可遏，与客户争吵起来。幸好经理闻讯及时赶来，才平息了这场风波。但赵倩却因服务态度不好而被开除。

赵倩因负面情绪在客户面前失去理智，得罪了客户，自己也被开除。这是非常不理智的表现。不管自己的心情如何，到了工作岗位上，自己的情绪就需要及时收起来。用微笑面对每位客户，才是一个优秀职场人士应该具备的良好素质。

工作中，也经常会碰到客户故意刁难的情况。比如，用质量有问题的借口来逼迫你降低售价；总是挑剔，不肯跟你签约。遇到这类情况，一个没有耐心的人肯定会心中充满怒气，或者表现不耐烦，最终导致合作失败。

谁都不愿意被他人批评甚至羞辱，但如果与客户发生争执，不管谁对谁错，都不应该大发雷霆，与客户吵闹。否则，即使自己是对的，也会被冠上"服务态度极差"的罪名。

在与客户的交流中，要控制好自己的情绪。那么，如何才能在客户面前控制好自己的情绪呢？

首先，要始终微笑服务。

微笑是一个公司的招牌。如果每个员工都板着脸对待客户，那么，公司不久就将面临关门大吉的风险。即使遇到刁钻的客户，非要在鸡蛋里面挑骨头，你也要始

与客户面谈要控制自己的情绪

1. 不抱怨
   即使在见客户时天气恶劣，影响了自己的情绪，在面对客户时也不能抱怨，而是像往常一样热情。

2. 微笑面对客户
   不管自己的真实心情如何，都要调整好自己的情绪，面对客户时要微笑，不能让自己的心情影响客户。

3. 不发泄
   如果和客户之间在沟通时出现不良情绪，也要把这些不良情绪控制住，不能对客户表现出来。

咱那样说他都不生气，真是个好脾气的人啊。

以饱满的热情来对待你的每位客户，会帮你迎来一个事业的高峰，同时，即使客户有恶劣的情绪，你的热情也会感染他们，使合作顺利进行下去。

终保持微笑，耐心真诚地为他们解答问题。遭到客户拒绝时，也应该微笑着为下一次合作打基础。

其次，要不气馁、不骄躁。

工作中，难免会出现与客户无法达成共识的情况。这个时候，不要因失望而对客户产生冷漠的情绪。要认清即使这次无法进行合作，并不代表以后也没有合作的机会。不要因自己的情绪问题与客户断绝关系，那么，即使以后再有合作机会，对方也会因你态度转变而对你失去信心。同时，一次成功并不代表永远都会成功。谈成一笔合作项目后也别忘乎所以，表现出对客户的极度不尊重。

或许客户始终都在用挑剔的眼光看着你，而你的表现直接代表公司的形象。不能控制自己的情绪，即使公司的条件再好，也不会有客户希望与你合作。用一颗真诚的心，设身处地地为客户着想。发生任何事情，首先要以客户的利益为出发点，控制好自身的情绪。

别因自己的情绪影响客户对自己业务能力的判断，如果失去客户的信任，工作可能就难以顺利进行。

第五章

社交、婚恋中如何掌控自己的情绪

打开心窗，战胜社交焦虑症

患有社交焦虑症的人，对任何社交或公开场合都会感到恐惧或忧虑，害怕自己的行为或紧张的表现会引起羞辱或难堪。

欧阳上学时性格比较内向，与人交往时总是小心翼翼的。因为晕车，每次坐车前都特别紧张，害怕自己会出现干呕的症状，但上车之前就很少会有这个感觉。某天要去一个老师家补习，刚坐完车，她突然想到万一在老师家忍不住呕吐怎么办？那时越想越感觉不舒服，最后果然吐了，老师家也没去成。后来又联想到去学校如果也发生这样的事怎么办，结果在路上也出现了干呕的症状。这样持续一段时间后，她害怕出现在公共场合，很多集体活动也不参加了。

我们大多数人在见到陌生人的时候多少会觉得紧张，这本是正常的反应，它可以提高我们的警惕性，有助于我们更快更好地了解对方。这种正常的紧张往往是短暂的，随着交往的加深，大多数人会逐渐放松，继而享受交往带来的乐趣。

然而对于社交焦虑症患者来说，这种紧张不安和恐惧是一直存在的，而且不能通过任何方式得到缓解。在每个社交场合，每次与人交往时，这种紧张状态都会出现。紧张、恐惧远远超过了正常的程度，并表现为生理上的不适：干呕甚至呕吐。类似欧阳这样的人，在日常生活中有很多。

一个不容忽视的方面是社交焦虑症的恶性循环。你可能会说："既然知道患有社交焦虑症，避免参加社交活动不就行了？"

其实，你心里清楚没那么简单。我们可以给你图解一下你的恶性循环：害怕被人评价—缺乏社交技能—缺少社交强化、缺少社交经历—回避特定的场合—害怕被人评价。

由此可见，单纯回避可导致一系列的问题，如害怕被人评价，社交技能缺乏，而这种缺乏会导致回避行为的增加，进一步加重了社交焦虑症的症状。所以，单纯通过回避减轻病情无异于"饮鸩止渴"，只会导致病情越来越恶化。

对于社交焦虑症患者来说，只有积极地进行治疗才是对付社交焦虑症的最佳办法。一方面加强社交技能的学习和强化，另一方面可通过适当的药物治疗来帮助克服社交时由紧张、恐惧引起的身体不适，逐渐形成良性循环。对治疗既不要急于求成，也不能自暴自弃。

有个患有社交焦虑症的青年，医生用妙法帮他摆脱了困扰。

这个青年十分害怕去人多的地方，于是医生给他做了硬性安排，让他每天卖100份当天的报纸，开始他不敢在街上抬头叫喊，就写了一张大字报"谁买报纸，5角一份"，结果第一天仅卖了10份，第二天有所好转，第五天就全部卖光，第十天他竟一晚上走街串巷地卖了200份报纸，他感到特别兴奋。

当然，这种方法并不是对每个人都适用，因为许多人从开始就无法面对这种方法，

如何预防孩子的"社交焦虑症"

有效预防孩子的社交焦虑症，可以让孩子正常交际或者变得善于交际，让孩子健康成长。

1. 为孩子营造一个良好的家庭氛围，不过分溺爱孩子，增强孩子承受挫折的能力，但也不可过分严厉。

2. 学校应该对孩子进行引导，比如开设心理学课程，教孩子在遇到问题时该如何处理。

当然，父母从小培养孩子的独立、与人和谐交往的意识，是有效预防"社交焦虑症"的关键。

多数人会半途而废，不久又习惯地进入恐惧之中，最后还是回避。

另外，需要强调的是，由于社交焦虑症的发病年龄较低，我们认为预防社交焦虑症应从娃娃抓起。据有关报道，社交焦虑症与遗传及父母的行为方式有关。所以，为人父母的应引起注意。（习惯性焦虑、遗传因素、父母的过度保护→儿时缺乏适应能力的锻炼）+（父母的排斥或批评、令人难堪或耻辱的特殊经历→预期性的焦虑）=回避。由此可见，父母在教养孩子的过程中易犯的错误，可能增加孩子长大以后患社交焦虑症的可能性。

作为家长，培养孩子们从小树立自信，战胜恐惧情绪是很有必要的。一个被恐惧情绪控制的人是无法成功的，因为他拒绝一切新鲜事物，不让它们走进自己的生活。即使有那么一点渴望，也立刻被压制下来，不敢争取自己渴望的东西。

无故的猜疑会加重情绪负担

猜疑就是无缘无故地对一些自己并不知道的人或事进行各种设想，并让自己信以为真。怀疑一切是错误的，我们可能就会因为这种不当情绪，失去生活中的美好。我们必须认识到，猜疑情绪是人们心理上的劣根性，猜疑因素流淌在我们每个人的血管里，如果我们不采取解毒的手段，它就会像毒品一样把我们的生活推向水深火热之中，哪里还有精力去维护友谊的发展，哪有时间去好好享受生活呢？

两个人结伴横穿沙漠，水喝完了，其中一人中暑不能走动，剩下的那个健康而饥渴的人对同伴说："你在这里等着，我去找水。"他把手枪塞在同伴的手里，说："枪里有五颗子弹，记住，三个小时后，每个小时对空鸣枪一次，枪声会告诉我你所在的位置，这样我就能顺利找到你。"

两人分手后，一个人充满信心地去找水了。另一个人满腹狐疑地躺在那里等候，他看着手表，按时鸣枪，但他一直以为只有自己才能听到枪声，他的恐惧加深，认为同伴找水失败，中途渴死，过了一会儿他又想一定是同伴找到了水，却弃自己而去。到应该开第五枪的时候，这人悲愤地想："这是最后一颗子弹了，同伴早已听不到我的枪声了，等到这颗子弹用过之后，我还有什么依靠呢？只有等死了，而在临死前，秃鹰会啄瞎我的眼睛，那时该多么痛苦，还不如……"于是颤抖着把枪口对准自己的太阳穴，扣动了扳机。不久，那个提着满壶清水的同伴领着一队骆驼商旅循声而至，但是他们找到的只是一具尸体。

猜疑是有害的，上述案例中那位不幸的人由于不相信同伴而使自己陷入情绪困境，恐惧、担忧各种情绪轮番上阵，最后因为过重的情绪压力丢掉了性命。

具有猜疑情绪的人每天忧心忡忡，对于一切的事情都在担忧，总觉得无论自己做什么事、说什么话，都有人评论自己，议论自己的一举一动，甚至总有人在跟自己过不去。其实呢，大家根本没去注意他，在这个飞速发展的时代，每个人都有自己忙不完的工作，谁还有那些闲情逸致去管别人的事呢？都是猜疑惹的祸。

猜疑在生活中往往给人带来很大的危机感，如何解决和处理掉这种危机，则成为人们共同应对的问题。

当你疑心别人在讽刺你、轻视你的时候，不要马上采取行动，先分析一下，你的猜疑是否正确。不妨设身处地地站在对方的立场设想一下，看他的言行是否合乎情理。这样一来，也许你会发现，事情常常和你猜想的不一样。多做深入的调查了解，能避免用错误情绪处理问题。

如何应对自己猜疑的情绪

通常，人们对自己信得过的人，不大会产生猜疑；反之，越是自己不信任的人，越容易疑神疑鬼，总以为别人在同自己作对。

既然彼此信任，有什么我就直说了啊。

信任

首先，信任别人
对别人直言相告，有了彼此间的信任，猜疑情绪的基础就不存在了。

其次，主动化解猜疑
如果对某人产生了猜疑，可以主动与对方开诚布公地谈一谈，多沟通思想。这样不但可以消除误会，驱散疑云，还能进一步增进彼此间的友谊。

我觉得你最近似乎有点处处针对我！

我们是朋友，我为什么那样对你？

身正不怕影子斜，一个人有了充分的自信，就不会时时为疑心所困，别人的态度甚至闲言碎语，就不会使自己敏感，也不会计较。谁人背后无人说，哪个人前不说人？几句议论算得了什么？在许多情况下，不是别人对你有成见，而是多疑使你产生了别人对你有成见的错觉，这又会反过来影响你对别人的看法，从而真的使别人对你产生看法。生活中、工作上，如果自己确有不足的地方，又怕别人背后议论自己，以致疑心重重，那就要敢于承认自己的缺点和错误，并坚决改正。相信自己才能得到别人的承认。

适当地保留自己的秘密

在人际交往中，许多人常常把自己的秘密毫无保留地坦露出来。有时如果没把自己的心事完完全全地告诉问及的人，心中就会有不安的情绪，认为自己没有以诚待人，感到对不起他人；认为别人对自己很好或很重要，不把自己的秘密告诉他是错的。但是，这样我们就很容易被人抓住把柄，从而让别人影响我们的情绪。

在生活中，坦诚是交际中的美好品格之一。人与人之间需要交流，需要友情，谁都不愿与一个从不坦露自己的内心世界、对任何问题都不明确表态的高深莫测的人交往。然而，对于坦诚我们应有一个正确的理解。所谓坦诚并不意味着别人要把内心世界的一切都暴露给你，也不意味着你要把内心世界的一切都暴露给别人。每个人都有秘密，这是正常的，也是必要的。

约翰把自己的重大秘密告诉了乔治，同时再三叮嘱："这件事只告诉你一个人，千万别对别人说。"然而一转脸，乔治便把约翰的秘密添枝加叶地告诉了别人，让约翰在众人面前很难堪。

这种背信弃义有时出于恶意，有时却是无意的。这与个人的品质修养有关。有的人透明度太高，这种人不但不能为别人保守秘密，就连自己的秘密也保守不住；有的人泄露别人的秘密，不是为了伤害别人，而是为了抬高自己，"咱们单位的事，没有我不知道的"，"我要是想知道某件事，我就一定能了解出来"……这种人常这样炫耀自己，他们认为，知道别人的秘密越多，自己的身价就越高；有的人通过泄露别人的秘密来伤害别人、娱乐自己，甚至把掌握的秘密当作要挟别人的把柄，当作自己晋升的阶梯，对这种人应该提高警惕。

当然，过于封闭自己也于自己的身心不利。有时我们需要找人倾诉衷肠。这种倾吐，有时是为了企求帮助，请对方出主意；有时则只是能向人打开心扉就十分满足了，渴望找人诉说心事，但问题在于你应该找准可以信赖的倾吐对象。人们倾吐的目的是驱除孤独，如果向不该倾吐的人倾吐了心事，结果会适得其反，你会因为遭到嘲弄和背叛而感到更加孤独。所以，在生活中你有必要找到关键时刻能替自己分担忧愁和苦恼的挚友，以免在需要找人倾诉时无处倾诉。

婉言谢绝别人对自己秘密的探问确是一门交际艺术。对于关系不甚密切的人，谢绝不会让你陷入难堪的情绪状态。然而对于自己的老同事、老同学、老朋友，谢绝时就难以开口了。不过，无论关系是否密切，你在谢绝时最好不要用"无可奉告"、"暂时保密"这类过于直白的言辞，而是应该把话说得婉转些。例如甲想了解乙的择偶标准，就问乙："想找个什么样的？"乙想对甲保密，就可以这样说："这个问题我还没考虑好。"这样，虽然你没有直接回答对方的问题，对方也非常容易接受。

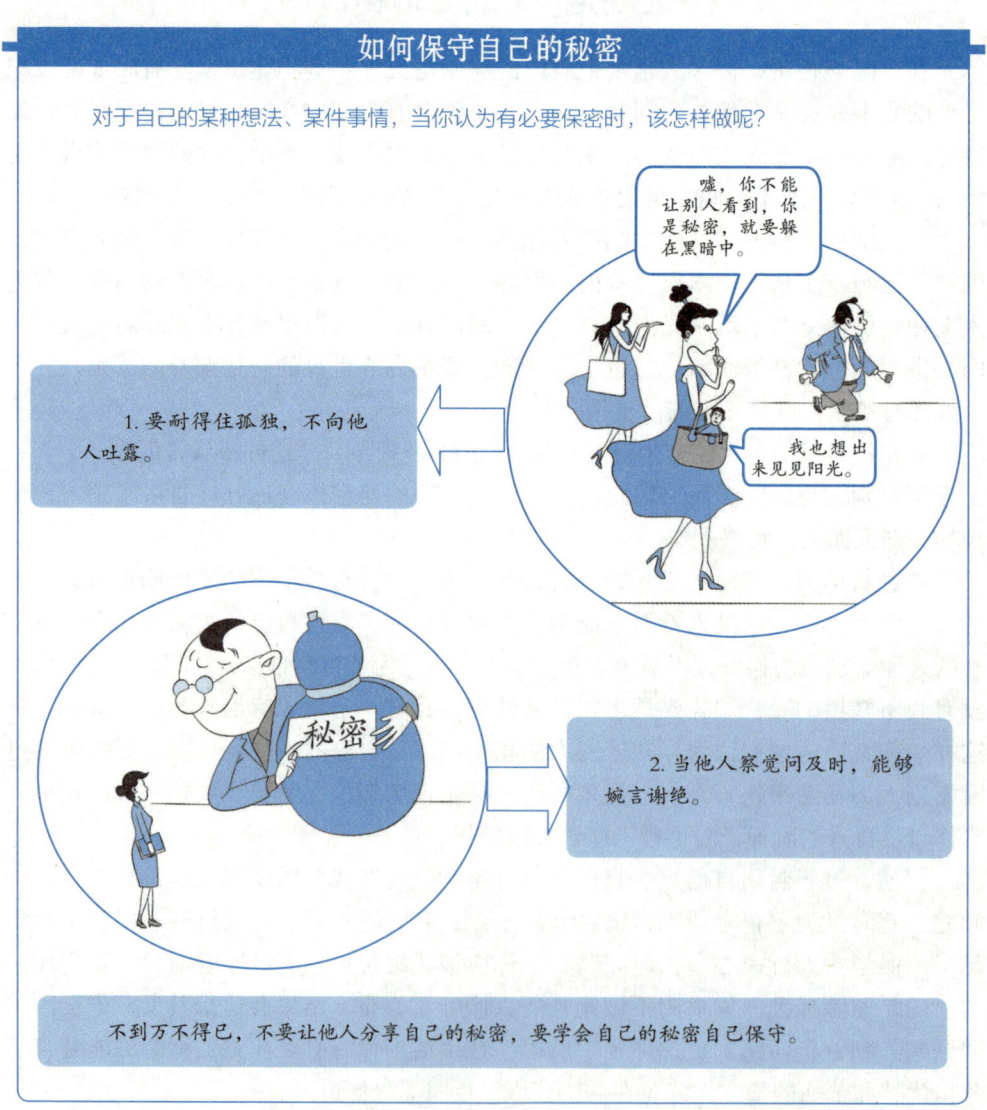

如何保守自己的秘密

对于自己的某种想法、某件事情，当你认为有必要保密时，该怎样做呢？

嘘，你不能让别人看到，你是秘密，就要躲在黑暗中。

我也想出来见见阳光。

1. 要耐得住孤独，不向他人吐露。

2. 当他人察觉问及时，能够婉言谢绝。

不到万不得已，不要让他人分享自己的秘密，要学会自己的秘密自己保守。

增强你的亲和力

　　一个人的亲和力在人际交往中十分重要，要想使别人认可你，愿意一直与你交往下去，亲和力往往在其中起着非常重要的作用。

　　在日常生活中，我们经常会听到有人这样评价一个非常受欢迎的人："他看起来很亲切。""她让人不由自主地接近。""跟他在一起十分惬意，我很愿意与他交往。"这些都说明了一点，那就是亲和力在人际交往中的重要性。那些成功的人士，往往都是具有很强亲和力的人。

　　那是1960年10月的一天，科宁斯在报社办公室里看到那张工作人员任务单上，简直不敢相信自己的眼睛，反复把那一行字看了几遍：科宁斯——采访埃莉诺·罗斯福。

　　这不是非分之想吧？科宁斯成为《西部报》报社成员才几个月，还是一个新手呢，怎么会给他如此重要的任务？科宁斯拔腿去找责任编辑。

　　责任编辑停住手中的活，冲科宁斯一笑："没错，我们很欣赏你采访那位哈伍德教授的表现，所以派给你这个重要任务。后天只管把采访报道送到我办公室来就是了，祝你好运，小伙子！"科宁斯急匆匆地奔进图书馆，寻找所需要的资料。科宁斯认真地将要提的问题依次排序，力图使其中至少有一个不同于罗斯福夫人以前回答过的问题。最后，科宁斯终于成竹在胸，甚至对即将开始的采访有点迫不及待了。

　　采访是在一间布置得格外别致典雅的房中进行的。当科宁斯进去时，这位75岁的老太太已经坐在那里等他了。一看见科宁斯，她马上起身与他握手。她那敏锐的目光、慈祥的笑容给人以不可磨灭的印象。科宁斯在她旁边落座以后，便率先抛出一个自认为别具一格的问题。

　　"请问夫人，在您会晤过的人中，您发觉哪一位最有趣？"

　　这个问题提得好极了，而且科宁斯早就预估了一下答案：无论她回答的是她的丈夫罗斯福，还是丘吉尔、海伦·凯勒等，科宁斯都能就她选择的人物接二连三地提出问题。

　　罗斯福夫人莞尔一笑："戴维·科宁斯。"

　　科宁斯不敢相信自己的耳朵：选中我，开什么玩笑？

　　"夫人，"他终于挤出一句话来，"我不明白您的意思。"

　　"和一个陌生人会晤并开始交往，这是生活中最令人感兴趣的一部分，"她非常感慨地说，"你这么辛苦地采访我，真是非常感谢你……"

　　科宁斯对罗斯福夫人一个小时的采访转眼结束了。她一开始就使他感到轻松自如，整个采访过程中，他无拘无束，十分满意。

　　这篇采访报道见报后获得全美学生新闻报道奖。然而科宁斯最重要的收获是，罗斯福夫人教给他的人生哲学——有时候亲和力比威严更让人怀念。多年来，科宁

如何培养自己的亲和力

亲和力不是每一个人都有的,然而亲和力在沟通交流中具有很重要的作用,那么如何培养亲和力呢?

主动问候
亲切主动地问候是一种文明更是一种礼貌,会让对方觉得你很亲切。

恰当的称呼
我们要学会更好地称呼对方,亲昵的称呼往往能缩短彼此的距离。

学会微笑
微笑是增加自己亲和力最有效的方法,没有人会拒绝一个微笑的人。

斯一直都要求自己做个像罗斯福夫人那样具有亲和力的人。

不但成功人士的亲和力让人觉得十分可贵，而且一个普通人的亲和力也往往会带给他人快乐，从而成为个人的招牌。

美国著名职业演说家桑布恩迁至新居不久，就有一位邮差来敲他的房门。

"上午好，桑布恩先生！我叫保罗，是这里的邮差。我顺道来看看，并向您表示欢迎，同时也希望对您有所了解。"他说起话来有一股兴高采烈的味道，他的真诚和热情始终溢于言表，并且他的这种真诚和热情让桑布恩既惊讶又温暖，因为桑布恩从来没有遇到过如此认真的邮差。他告诉保罗，自己是一位职业演说家。

"既然是职业演说家，那您一定经常出差旅行了？"保罗点点头继续说，"既然如此，那您出差不在家的时候，我可以把您的信件和报纸刊物代为保管，打包放好。等您回到家的时候，我再送过来。"

这简直太让人难以置信了，不过桑布恩说："那样太麻烦了，把信放进邮箱里就行了，我回来时取也一样的。"保罗解释说："桑布恩先生，窃贼会经常窥视住户的邮箱，如果发现是满的，就表明主人不在家，那您可能就要身受其害了。"桑布恩先生心里想，保罗比我还关心我的邮箱呢，不过，毕竟这方面他才是专家。

保罗继续说："我看不如这样，只要邮箱的盖子还能盖上，我就把信件和报刊放到里面，别人就不会看出您不在家。塞不进邮箱的邮件，我就搁在您房门和屏栅门之间，从外面看不见。如果那里也放满了，我就把其他的留着，等您回来再给您送来。"保罗这种认真负责的态度确实让桑布恩感动，他说话时带着的那种温暖的笑容更是深深地打动了桑布恩。以前的时候，桑布恩甚至没有注意过邮差是什么样子的，他只对自己能否按时拿到邮件感兴趣。

桑布恩在这个社区长久地住了下来，后来他才发现，感觉到保罗身上具有一种神奇魔力的并不是他一个人，社区的很多邻居都非常喜欢保罗，并亲切地称呼他为"我们的保罗"。

亲和力具有一种魔力，它使伟大人物变得如我们身边的人一样可以亲近，使普通的人身上充满着魅力的光环。保罗就是一个充满魅力的普通人，因为他的善良和真诚，以及他温暖的笑容，赢得了社区邻居的爱戴。

也许你会问："亲和力真的如此重要吗？"是的，亲和力能很好地展现你积极的情绪，的确很重要。不论你是一个成功者，还是一个普通人，只要做到在与人交流的时候，保持一个稳定的情绪状态，不抬高自己，也不贬低自己，用你的亲和力去凸显你的诚恳和善良，就能拉近人与人之间的距离，得到更多人的青睐。

恋爱中男女情绪各异

由于生理特征、认知方式等方面的差异，恋爱中的男女，在情绪表达上是有差异的。所以面对同一件事时，会产生不同的情绪，例如女人在看到男朋友来接自己以后，会非常高兴，但是当男友无意间说了一句"我是顺便过来接你的"以后，女人会瞬间情绪爆发，认为这是男友对自己毫不重视的体现，而男人则认为仅仅是一句话，根本无所谓，也就不会对自己女友的情绪有认同感。

我们需要了解这些差异，这样有助于我们建立更加稳固的恋情。恋爱中男女的心理差异具体表现在以下方面：

1. 男性比女性更容易一见钟情

人们之间的了解，总是从相识开始。爱情萌生于好感，而人与人之间的好感，也离不开最初的一见。有的初见没有什么，但是日久生情；而有的只要见上一面，就会顿生情愫。通常情况下，男性更注重女性的外貌特征，而女性更注重男性的内心世界，选择对象一般比较慎重。因而男性比女性更易一见钟情。

2. 男性求爱时积极主动，女性则偏爱"爱情马拉松"

在恋爱的过程中，男性往往比较主动，敢于率先表白自己的爱情，喜欢速战速决，与对方接触不久，就展开大胆的追求，希望在短期内能够取得成功。女性则不然，她们喜欢采取迂回、间接的方式，含蓄地表达自己的感情，喜欢将爱情的种子珍藏在心灵深处。

3. 男性在恋爱中的自尊心没有女性强

在恋爱中，男性一般并不过分计较求爱时遭到对方拒绝所带来的尴尬。如果求爱受挫，他们会用精神胜利法来安慰自己以求得自身心理上的平衡。女性则不然，她们在恋爱中极其敏感，自尊心强，并想方设法来满足这种需要。

4. 男性的戒备心理没有女性强

一般来说，男性在恋爱中的戒备心理比女性弱一些。不少男性在与女性接触后，几乎没有怀疑对方的心理。女性则不然，她们在恋爱初期显得十分冷静，常常以审视的态度来观察对方是否出自真心，考察对方的家庭细节，唯恐上当受骗。所以在恋爱的初期，女性往往显得十分小心谨慎。

5. 女性的情感比男性细腻

在恋爱中，男性往往有些粗心，不能体察女方细微的爱情心理。他们顾及大的方面，而不注意小的细节，发现对方情绪变化时，经常百思不得其解，不知所措。

女性的情感很细腻，善于观察对方的心理。她们追求爱情的完美，要求男友的言谈举止都要称心。马马虎虎、粗心大意的男友不经意间说的一句话、做的一件事，常常会搞得她们伤感不已或大发脾气。

失恋后的常见心理表现

1. 悲伤、痛苦、愤怒与绝望,这是大多数人在失恋之后的心理状态。

2. 强烈的报复心,这种心理通常发生在一些感情受到欺骗的失恋者身上。

我这么没用,没人会喜欢我的。

3. 强烈的自卑感,严重的甚至从此关闭感情的闸门,拒绝爱情,性格变得孤僻、古怪。

　　一个人失恋时,头脑一片混乱,甚至会因此产生绝望的情绪,最容易做出错误的判断。因此,失恋时要学会调节自己的心情,平复自己的内心。

6. 在情感表现方面，女性较男性含蓄

男女在恋爱中的情感表现大不相同，即使到了感情白热化的热恋阶段。

男性一般反应迅速强烈、意志坚强、勇敢大胆、感情洋溢，但情绪不稳定。这种个性特点，使他们对爱的感受容易溢于言表、喜形于色。言行多不深思后果，易冲动，受到刺激时不善控制自己，如急于用亲吻、拥抱等亲昵形式表达爱。

女性一般沉稳持重、灵活好动、情绪多变、感情充沛而脆弱，体现在恋爱过程中，则是她们感情羞涩而少外露，善于掩饰自己，表达爱慕常感到羞口难开，喜欢用婉转含蓄、暗示的方法而不喜欢过早用动作、行为的亲昵来表达。

7. 失恋后，女性的承受能力较强

失恋对于男女双方来说，多是痛苦的事情。但面对失恋，男性的承受力低于女性，常常表现得消沉、哀伤，乃至绝望。这是因为男性恋爱中的浪漫色彩较重，对失恋缺少理智的分析和考虑。另外，男性的承受力较差，在失恋这种重大挫折面前易于消沉、哀伤。女性失恋后自然也非常痛苦、伤感，但她们承受力比较强，又喜欢憋在心里，所以看起来并不怎么痛不欲生。

"问世间情为何物，直教人生死相许"，爱情的力量是这样伟大，不断激发着两个人体验生命中的快乐，从相识到相恋到相伴。人生若舟，常常漂泊不定，爱情如桨，推波助澜，在平淡的生活中荡起片片涟漪。真爱是美好的，真爱是宝贵的，懂得了男女在心理方面的差异，你便不会为了交往中的各种不同表现而产生坏的情绪了。

有最佳距离，才有良好情绪

一本杂志上登过这样一段对话：

一位女性向另外两位女性朋友抱怨："我突然发现最近我男朋友行踪很诡秘，每次回家都很晚，他在外面一定有了别的女人！"几乎就是肯定的语气。

这时候，另一位女性对她说："从明天开始，你每隔一个小时就给他打一个电话，随时掌握他的行踪，我就是这么对付我男朋友的！"

第三位女性也发表了自己的意见："我赞同这样，最好每天下班以后，让他自己交代一下一整天的行踪。"

由此可见，女人的坏情绪都是这么产生的。这三个女人觉得她们这样做都是出于对男朋友的爱，关心他们。这是一个很好的理由吗？这到底是不是一种爱呢？确实，她们这种做法完全是出于对爱情的珍视，可是当这种爱发展成一种病态时，就会营造出一种让人窒息的情绪氛围，即使对方爱你也会拼命地想要远离你。

爱人之间的真正的安全是保持恰当的距离，爱情的安全距离到底是多远呢？远了，形同陌路；近了，又有可能彼此伤害对方。恋人之间不像楚河汉界，清晰明了，

你也不可能拿尺子去精确测量，分寸的掌握要靠智商和情商。恋人就像两只相互依靠彼此取暖的豪猪，离得远了温暖不到对方；靠得近了又会被对方刺到。只好在一次次刺痛与试探之后，慢慢地调整距离，营造出一个"中间地带"。

　　一天早晨，丈夫在临出门的时候，突然说："今天和朋友出游。"以前，丈夫去哪里，妻子也不多问，因为丈夫会随时告诉自己。但是这一次，丈夫一句招呼都没打，只随便说一声就要出门。

　　妻子有点生气，她觉得出游这件事一定是事先约好的，至少在前一天就约好了，"他为什么不跟我说一声呢？他到底还有多少事情是瞒着我的？"越想越不高兴，于是就拦着丈夫，要他说清楚。丈夫很生气地问："我的吃喝拉撒睡，是不是都要向你汇报？"说完摔门而去。

　　妻子开始赌气，接下来的好几天里，自己不管是和朋友吃饭还是晚回家，或是回娘家，一概不理丈夫，同时也闭口不问丈夫的一切事情。"冷战"了好几天之后，丈夫终于忍不住了，对妻子说："我现在终于知道了，你根本一点儿都不在意我。"妻子回答说："是吗？不是你自己说吃喝拉撒睡都不用向我汇报的吗？"

　　两个人同时笑了，他们之间的距离也调整到了最佳距离。就这样，两颗心在一种松弛的氛围中拉近了。

　　有些时候就是这样，两人因为爱而彼此走近，近得恨不得不分你我。于是，两人走进婚姻的殿堂，长相厮守。但是，彼此的距离则在不知不觉中慢慢被拉开，亲密有间。当你感到不安全的时候，你就会缩短距离，要求对方向你靠近，于是开始打探他的行踪，知道他的想法，要明确知道他一天到晚在干什么、想什么、现在在什么地方等，这些事情在恋爱的时候他会主动向你汇报，可结婚后就不会了。但是你想让你们之间的距离回归到以前，但他的内心有了危机，感觉自己的私人领域被你侵占了，于是，他转身逃跑。你逼得越紧，他反而跑得越快。

　　空间距离很好测量，心理的距离却很难测量。爱情的安全线，恰恰是看不见摸不着的心理距离。当他感到情绪压抑时，会仓皇地逃离你的掌控，因为他也想找个地方，放松一下绷紧的心弦。